追寻历史的印迹

杨天石解读海外秘档

杨天石 著

重庆出版集团
重庆出版社

目　录

序 / 1

自序 / 3

第一辑　东瀛幕后——日本所藏秘档解读

康有为致日、英各国领袖函 / 2
　　——读日本外务省档案之一
跋孙中山在檀香山的几次谈话 / 5
　　——读日本外务省档案之二
黄兴与日本驻旧金山总领事的通讯 / 15
　　——读日本外务省档案之三
黄兴致井上馨函回译及解读 / 18
　　——读日本井上馨文书
孙中山与田中义一 / 27
　　——读日本山口县文书馆档案
跋钟鼎与孙中山断绝关系书 / 32
　　——宫崎滔天家藏书札研究
附：访日漫记 / 42

第二辑　隔海烟云——台湾所藏秘档解读

康有为的联满倒袁计划 / 54
　　——读台湾所藏梁启超未刊函稿
孙中山的一次北京未遂之行 / 63
　　——读台湾中国国民党党史会藏段祺瑞函
徐致靖大骂梁启超 / 68
　　——读台湾所藏徐致靖未刊函札
瞿秋白的《声明》与国共两党的"分家"风波 / 72
　　——读台湾中国国民党党史会藏档案
国民党档案中的毛泽东手迹 / 83
　　——读台湾中国国民党党史会藏档案
国民党中央致毛泽东函存稿 / 88
　　——读台湾中国国民党党史会藏档案
沈雁冰致林伯渠函手迹 / 95
　　——读台湾中国国民党党史会藏档案
董必武的一份辞呈 / 99
　　——读台湾中国国民党党史会藏档案
30年代初期国民党内部的反蒋抗日潮流 / 103
　　——读台湾所藏胡汉民档案之一
一项南北联合，打倒蒋介石计划的夭折 / 127
　　——台湾所藏阎锡山档案一瞥
1935年国民党内的倒汪迎胡暗潮 / 136
　　——读台湾所藏胡汉民旅欧期间往来电报
吴开先与上海统一委员会的敌后抗日工作 / 150
　　——读台湾所藏朱家骅档案
傅斯年攻倒孔祥熙 / 164
　　——读台湾所藏傅斯年档案

胡适曾"充分的承认社会主义的主张"／177
　　　——读胡适日记之一
胡适与蒋介石的最初会见／183
　　　——读胡适日记之二
胡适1933年的保定之行／187
　　　——读胡适日记之三

第三辑　西来风雨——美国所藏秘档解读

何震揭发章太炎／192
　　　——北美访报
北京政府致巴黎和会中国代表团电／198
　　　——读美国所藏顾维钧档案之一
张发奎谈南昌起义／209
　　　——读张发奎口述历史之一
果真要改写民国史吗？／222
　　　——陈洁如回忆录的产生、遭遇及作伪举证
济案交涉与蒋介石对日妥协的开端／232
　　　——读黄郛档案之一
黄郛与《塘沽协定》善后交涉／248
　　　——读黄郛档案之二
宋庆龄关于邓演达的一封英文函件／269
　　　——在美国国会图书馆的发现
李济深与胡汉民／272
　　　——胡汉民晚年往来函电考释之一
张学良与胡汉民／277
　　　——胡汉民晚年往来函电考释之二
冯玉祥与胡汉民／285
　　　——胡汉民晚年往来函电考释之三

3

曹任远与胡汉民的"新国民党" / 292
　　——读谢幼田未刊稿《谢慧生先生年谱长编》
陈立夫与国共谈判 / 296
　　——读陈立夫口述历史之一
陈立夫与西安事变 / 302
　　——读陈立夫口述历史之二
毛泽东、李富春的一封未刊英文函件 / 314
　　——美国所见中国名人书札
保卫中国同盟与中国"工合"运动的珍贵文献 / 317
　　——读宋庆龄往来英文函札
孔祥熙所藏西安事变期间未刊电报 / 343
　　——读孔祥熙档案之一
日蒋秘密谈判的重要资料 / 397
　　——读孔祥熙档案之二
蒋孔关系探微 / 402
　　——读孔祥熙档案之三
豪门之间的争斗 / 414
　　——宋子文档案管窥之一
关怀张学良全家 / 424
　　——宋子文档案管窥之二
排挤驻美大使胡适 / 427
　　——宋子文档案管窥之三
对苏外交的一鳞半爪 / 433
　　——宋子文档案管窥之四
宋子文与戴笠之间 / 439
　　——宋子文档案管窥之五
从大举进攻到全面败北 / 443
　　——读蒋介石致熊式辉手札

南京政府崩溃时期的陈光甫 / 460
  ——读陈光甫档案之一
蒋介石的"慰问"与北平的邀请 / 491
  ——读陈光甫档案之二
蒋介石"复职"与李宗仁抗争 / 499
  ——读居正藏札及李宗仁档案
海峡两岸争取张发奎 / 508
  ——读张发奎档案札记
附：访美漫记 / 514

序

杨天石先生的这部著作，是一本好书，也可以说，是一本奇书。

好在什么地方呢？奇在什么地方呢？

史学本是古老的学问。在世界史学中，中国史学又是个资深的老前辈，国人常常引以为豪。自豪之故，只相信老店，对后起的分店、支店，不免有点怀疑。"在海外研究中国，骗洋人！"类此的话，不想听到，而又常常听到。

杨先生写此书，旨不在驳斥这种论说，但是，这本书，使此说不攻自破。杨先生治学，非常勤奋，而且务实。所以，他到海外，一心一意地要找史料，既无心游山玩水，也无意观览名胜，而成天在图书馆、档案馆里用功，寻寻觅觅，并不凄凄戚戚，而是高高兴兴，因为他常常发现历史的秘密。既是秘密，当然前所未知，人所不知，而且，又散落在海外，怎能不令人兴奋呢？

杨先生是佼佼者。他不但博闻强记，而且目光敏锐，有淘沙拣金的本领。别人没注意的，他注意了；别人看不出所以然的，他看出了。他能宏观，也能微观。经他的整理和解释，许多史事和人物，都跳出纸面了。啊！原来这么回事。这是拜读杨先生近作时屡起的感想。

一本书的造成，也如一件事的造成，有多种的因素。前此，没有类同的书，为什么呢？杨先生看见的史料，早就保存或散落在海外，到过海外的学者，也不知其数。可以想见，有杨先生的才学和勤奋，才会写出这样的一本书。当然，也可从另外一种角度推论：有海外的图书和档案管理制度，才有本书。诚如杨先生在自序里所说："海外许多国家或地区都把历史档案视为全民的共同财富，实行人人平等的阅览利用原则，开放的程度都很高，利用也极为方便。"如果不是这样，杨先生如何能在较短的时间内，收集那么多的资料呢！

杨先生的这本书，有力地说明，到海外收集中国近代史料，会有收获，而且在某些专题的研究上，是必要的。杨先生在自序里说："近代中国和古代中国的不同点之一就是中国真正成了世界的中国，和世界的联系空前地增加了、复杂化了。可以说，近代中国社会发生的各种变化无不与世界声息相关，互为因果。因此，要研究中国近代史，就必须认真收集、研究海外的各种有关中国的史料，包括中国人散落、存放于海外的档案。前些年，史学界曾经讨论过中国近代史的研究从何处突破，我以为，认真收集、研究海内外的各种有关史料，应是造成突破的条件之一。"这是有识者的高见。笔者希望，海内外的史料，不但认真地去收集，而且要尽早公诸于世，朝向史学研究世界化的方向迈进。史学研究的世界化，在21世纪，必将加速加广地进行。

收集史料，是种本领；分析史料，是另一种本领。有的学者擅于前者，有的擅于后者。杨先生兼而有之，所以他笔下快速，叙述有条，分析精辟。他的著述很多，本书是他治史历程中的又一重大收获，真正做到见人所未见，言人所未言。它使读者惊讶而又欢喜，感触而又兴奋。它是中国近代史研究过程中的一个突破，标志着一种新的研究方向，由它引导出来的发展，是未可限量的。

              李又宁　谨志于纽约圣若望大学

自序

历史和文学不同。文学可以虚构，表现生活中可能有、即将有或根本不可能有的事物，需要充分展开想象的翅膀。一个想象力不发达的作家绝不会是一个好作家。历史则容不得想象。它表现已逝的过程，一切必须是曾经发生过的，而且必须是信而有征的。一事不知，则一事缺如。没有可靠的根据，历史家不能下笔叙述任何一个细节。有时，历史家也会做出某些推论，但是，推论只是史家对历史可能性的一种分析，还有待于验证，不能视之为信史。历史学的这一特点决定了史料的特殊重要性。可以说，没有史料，就不会有历史学。任何人，要写出部优秀的历史著作，都必须下大功夫，花苦力气，充分地掌握史料，单凭个人聪明，或单凭几条食而不化的理论原则，或者什么新方法之类，都是无济于事的。

近十多年中，著者有几次赴海外访问的机会。所至之处，均以收集中国近代史料为事。记得第一次去日本国会图书馆宪政资料室时，对那里收藏的大量日本近代名人档案发生强烈的兴趣，于是一意在其中淘筛有关中国的史料，所获颇多。其后，又去日本外交史料馆和防卫厅研究所查阅，那两处的有关史料之富，用得着中国的一句古话，汗牛充栋了。我去美国访问时也有同样的感受。由于韦慕庭（C. Martin Wilbur）

教授等人多年的辛勤工作，哥伦比亚大学珍本和手稿图书馆收藏有大量中国近代名人的口述历史及档案。其中仅顾维钧一人，藏品就有九万余件。我原计划在哥大停留一个月，一看情况，不得不设法延期。最后停留了三个多月，尽量减少其他活动，将一切可能利用的时间都用来阅读，离去时还只能说略有涉猎。斯坦福大学的胡佛档案馆收藏着宋子文、张嘉璈和许多美国来华人士的档案，其价值之高，当不亚于哥伦比亚大学珍本和手稿图书馆。至于华盛顿D.C.的美国国家档案馆和美国国防部、财政部等处，其收藏有关中国史料之富，当可与日本外交史料馆相匹配。

国民党人在离开大陆时将大批重要档案移存台湾。国民党党史会系统的藏于阳明山，原国民政府系统的藏于"国史馆"，还有若干档案分藏于"中研院"近史所、历史语言研究所等处。1996年，我应邀赴台访问，有机会在上述单位阅读档案，发现那里的收藏相当丰富、完整，系统性强，史料价值也高。研究近代中国历史的学人如果不能利用那里的档案，将是很大的缺憾。近年来，台湾有关机构加强了历史档案的开放程度，国民党党史会的档案已经开放到1961年，除了会议速记录之外，其他资料均可自由索阅，自己动手复印。

近代中国和古代中国的不同点之一就是中国真正成了世界的中国，和世界的联系空前地增加了、复杂化了。可以说，近代中国社会发生的各种变化无不与世界声息相关，互为因果。因此，要研究中国近代史，就必须认真收集、研究海外的各种有关中国的史料，包括中国人散落、存放于海外的档案。前些年，史学界曾经讨论过中国近代史的研究从何处突破，我以为，认真收集、研究海内外各种有关史料，应是造成突破的条件之一。如果有一天，日、美、英、德、法等国的中国问题档案能充分利用，前苏联保存的中国问题档案、共产国际档案，台湾保存的蒋中正档案都能充分开放的话，中国近代史研究的面貌将焕然一新，许多扑朔迷离的历史疑案将水落石出。

海外许多国家或地区都把历史档案视为全民的共同财富，实行人人平等的阅览利用原则，开放的程度都很高，利用也极为方便。有些档案，目前虽不开放，但都有年限，到了年头，一定开放。那里的历史档案管理人员的职责，就是为研究者提供最大的方便。日本外交史料馆和美国国家档案馆都设有专人，为研究者详细地介绍馆藏状况，千方百计地为读者提供咨询服务。有时候，在你离馆之后，他还会写信通知你，又新增加了什么与你的研究有关的资料。我的一个在美国攻读博士学位的学生告诉我，为了保证所有的资料都及时地、充分地为读者利用，美国国家档案馆甚至规定，馆内人员不得利用馆藏档案写作（有别的办法奖励那些精通业务，热诚为读者服务的专家们）。我还听澳大利亚学者骆惠敏教授说过，他有一次去伦敦英国档案馆查阅，工作人员告诉他，有关资料已被外交部借走。骆惠敏教授表示坚决要看，结果，档案馆立即通知外交部，限期交还。

本书是著者海外访史的初步成果。一部分曾经发表过。有些文章，如《康有为谋围颐和园捕杀西太后确证》、《须磨村密札与改良派请诛袁世凯的谋划》、《胡汉民的军事倒蒋密谋及胡、蒋和解》等，因已收入作者所著《寻求历史的谜底——近代中国的政治与人物》一书，分别在大陆和台湾两地出版了，这里不再收录。

我到海外访问的次数不多，每次时间也都不长。一管窥天，一勺测海，而且，还有不少带回来的资料未及利用，之所以先行出版这一部分者，一是为了引起同行的重视，共同努力，一是为了及早对盛情相邀或给予了各种帮助的海外学者们有所汇报，同时也是为了不使书太厚，好卖一点。在学术著作难销的今天，这似乎是不能不考虑的问题。

清人龚自珍词云："纵使文章惊海内，纸上苍生而已。"慨叹的是书生无用。历史学研究过去，似乎连"纸上苍生"也谈不到。不过，历史学自有其自身独特的功用，还是不可或缺的吧！是为序。

著者
1997年7月于北京东厂胡同1号508室

第一辑
东瀛幕后
——日本所藏秘档解读

康有为致日、英各国领袖函
——读日本外务省档案之一

在日本外务省档案中，保存着康有为的一份英文函件，下有康有为亲笔英文签名。同函亦见于英国外交部机要档案，可见是写给日、英等各国领袖的。

康有为并不懂英文，显系他人代笔。不过，其内容倒真实地反映了康有为当时的处境和思想。现译出如下：

阁下：在排外阴谋中，西太后和她的谋臣端王、庆王、荣禄、刚毅、董福祥、赵舒翘和马玉昆狼狈为奸，巨大的灾难已经降临我国。您现在充分意识到卑鄙的义和团和清朝反动军队犯罪而造成的全部破坏。

我感到欣慰，在北京的外国人能坚持不屈，直到被救。所有懂得国际公法的中国人都真诚地哀悼德国公使的被杀。

现在和平在望，联军已经打败了黜废我国合法君主的卖国贼部队。我请求您注意某些建议，我相信，如能实行，将保证：（1）公正地惩罚真正的罪犯，（2）对遭受非法攻击的各国人民和代表实行赔偿，（3）永久和解我国的国际关系。

首先，盟国决不应承认西太后和我已经提到的谋臣们有资格进行和平谈判。他们全都必将受到有盟国强大援助的皇帝陛下的应有惩罚。

其次，光绪皇帝，外国人的伟大朋友，应该恢复皇位。

1898年10月，皇帝陛下以密诏命臣恳求外国的保护和帮助。这以后，我将皇帝的处境通知了代表贵国的公使。

我还指出，西太后是西方文明的敌人。在致贵国公使的备忘录里，我报告说，我们的光绪皇帝渴望采用可行的西方文明原则。在这样的时刻，如果听取我的呼吁，如果外国政府帮助皇上复位，动乱可以不再发生。

由于皇帝陛下已经实际上命令我寻求办法，使他能从卑鄙的敌人手中解救出来，因此，我感到，代表皇帝陛下致函于您是我的责任。

为了永久和平，为了正当地惩罚使我的可爱的国家沦入巨大灾难的真正祸首，我恳求，您能友好地考虑我的建议。

（1）使光绪皇帝复位。

（2）逮捕所有的反动官员。

（3）仔细地观察所谓"南方互保"的总督们。

除非荣禄、端王和其他人受到严肃的处理，他们将继续告诉中国人，外国人无力反对他们。一旦他们收集到足够的人员、武装和金钱时，他们将会再次攻击外国人。

至于互保的总督们，我不愿多说，只请求阁下在把他们当作进步分子和外国人的朋友之前，充分注意他们的行动，当他们和领事们签订了和平协定时，他们不向西太后输送人员、金钱和武器吗？他们实际上是西太后的忠顺的仆人。阁下应该当心他们，这是重要的。

我希望，光绪陛下将能恢复皇位。那时，整个帝国将会欢庆。帝党由这片土地上最开明、进步的人士组成，这些人士友好地对待外国人，也希望将他们国家古老的文化和西方文明结合起来。

您将受到亿万人民的感激。根据上述条件奠定和平，贵国将从世界贸易和我的可爱国家的不幸人民方面得到巨大的利益。作为阁

3

下谦卑而顺从的仆人，不胜荣幸！

康有为
海峡殖民地
1900年11月14日

　　1898年戊戌政变前夕，康有为仓皇出亡。9月29日抵达香港，10月24日抵达东京。1899年4月转赴加拿大，5月31日抵达伦敦。在英国期间，曾通过前海军大臣柏丽斯辉子爵，运动英国政府帮助推翻西太后政权，使光绪复位，未成。1900年2月，由香港抵达新加坡，正式接受英国保护。同年8月，受新加坡总督之邀，迁居槟榔屿。本函即作于当地。

　　康有为迁居新加坡之后，义和团运动在中国北方崛起。西太后及端王载漪，军机大臣刚毅、赵舒翘等企图利用义和团"灭洋"。6月10日，英国海军中将西摩尔率领八国联军自天津向北京进攻。19日，载漪所属虎神营的一个下级军官在北京东单枪杀德国公使克林德。20日，义和团及清军董福祥部开始围攻东交民巷使馆区及西什库教堂。21日，清政府向各国宣战。但是，李鸿章、刘坤一、张之洞等东南督抚却拒绝执行。6月26日，由盛宣怀等出面，向驻上海各国领事提出《中外互保章程》，清政府也于7月13日任命李鸿章为全权议和大臣，企图乞和。8月14日，八国联军占领北京，西太后在马玉昆所部保护下逃往西安。10月4日，法国通牒各国，提出惩凶、赔款、在中国驻扎军队、平毁大沽炮台等为议和条款。康有为本函即是在这一背景下写作的。

　　对于义和团运动，康有为不能正确地区分其反侵略的爱国性质与笼统的排外主义错误，一概加以否定；对于八国联军的侵略性质，康有为也无所认识。他企图利用列强和西太后的矛盾，打击后党，排斥李鸿章等洋务派官僚，使光绪皇帝复位，为此，不惜以"巨大的利益"相许。但是，帝国主义懂得，保存一个腐败但是听话的政权显然更有利。因此，康有为的这封信便被扔进档案堆里去了。

跋孙中山在檀香山的几次谈话
——读日本外务省档案之二

1910年3月28日，孙中山第六次访问檀香山，一直逗留到5月30日。在此期间，曾对记者发表过几次谈话，陆续刊登在当地英文报纸上。它们引起了日本驻檀香山总领事上野专一的注意，立即作为机密第22号、24号、29号文件，寄给外务大臣小村寿太郎。现存日本外务省外交史料馆，档案号为1·6·1·4-2-1（4）。

孙中山的这些谈话表现了他的巨大的爱国主义和民主主义的激情，也反映了他对当时国内外许多重大问题的看法和策略考虑。孙中山满怀信心地指出，清政府即将垮台，革命即将爆发，中国最终将成为世界上最繁荣的国家之一。他认真地研究了土耳其革命的经验，对清政府正在建立的新军寄以希望，认为只要在新军中做好鼓动工作，它将成为推动革命胜利的决定性力量。后来武昌起义的事实完全证明了孙中山此时的观点。当然，这些谈话也反映出孙中山思想中的若干弱点，如，将满族看作外国人，对列强抱有不切实际的幻想，对人民自发斗争的积极作用缺乏认识等。

附[1]：孙中山在檀香山的几次谈话

中国将发生内部冲突

满洲政府摇摇欲坠，自称是改革者

孙逸仙博士，海岛的孩子，中国革命党的领导人之一，正在檀香山。他上周从美国乘高丽号到达，应邀来此向夏威夷华人报告中国的政治事态。

人们将记住，孙博士是领导人中的一个，为了抓住他，满洲政府正提供一笔很大的赏金。虽然当第一次悬赏的时候，他正在中国，但他从未被抓住过。现在他仍然被满洲政府通缉。这天早晨，他被访问时说，他将再次去中国，使自己熟悉那里的情况。问他是否害怕被抓住，孙博士坦率地微笑说，他决心去做他认为对中国人民和国家有好处的事情。

在访问过程中，孙博士作出了下列陈述：

"只要现在的满洲政府继续存在，中国就没有希望。明智的、爱国的中国人打算推翻现在的外国政府——我指的是满洲政府——并且建立一个他们自己的政府。这意味着民有，民享，民治。

"满洲政府的所有官职都可以用钱贿买。这是众所周知的事实。那些为其所追求的官职付出最高价钱的人，能如愿以偿。

"现在，正酝酿一场革命以推翻满洲政府。他们意识到，进行得愈快，愈有益于人民。期待的革命即将爆发，这仅仅是一个时间问题。明智的、有思想的中国人支持这一变动，因为他们不能永远生活在现政体的腐败制度之下。

"政府显然害怕在中国爆发革命起义，答应人民建立一个立宪政体。今天的中国是一个专制的君主政体。它并不真正打算给予人民一个

---

[1] 本文所有注释，均为译者所加。

为大众喜爱的立宪政府，却极力抵制革命运动。

"这是真实的，有一个明智的、有能力的领导者在策划中国的革命运动。每一个受过现代教育的人都支持这一变动。"

中国军队的强大

"中国军队今天相当强大，但是，它没有足够的能力去保卫它的领土。中国的军队有三十六镇。其中的十五个镇已经按照现代的军事制度组成。人们实际上认为，他们赞成革命的主张。士兵们被在外国受过教育和训练的人统率。他们掌握现代军事知识。

"正像土耳其所发生的情况那样，中国在时势发展的过程中最终将被这支军队革命化。

"自从中国军事部门的这十五个镇组成以来，在中国全境内已经爆发了好几次革命。最近的一次，几星期以前发生于广州。由于同情这一运动的人民没有准备，革命党人被政府的力量打败了。"

中国将要成为共和国

"中国应该建立共和国。"博士继续说，"一旦共和政体建立起来，中国将焕然一新，政府事务将得到正确的管理，最终将成为世界上最繁荣的国家之一。我充分相信，革命运动将成功。"

"如果发生革命，满洲政府呼吁列强干涉时，你们革命党人怎么办？"记者问。

"我认为，实际上全世界赞成中国的现代化。"博士回答。"今天世界所需要的是和平与贸易。"他继续说，"文明国家需要中国向世界贸易开放门户。应当承认，中国人中较好的阶级赞成这样做，但是，不幸的是，它经常被满洲政府干扰。

"现在的政府不能维持中国的秩序,也不能抵御外来的攻击,保护自己。这是世界和平受到扰乱的原因,也是某些强国为了最终解决远东问题正在倡议瓜分中国的理由之一。

"如果中国人民全体站起来,推翻现在的满洲政府,使局势秩序井然,它的行动可能得到世界列强的赞同。在进行过程中,中国人民无论如何必须与世界列强的政策一致。

"我的看法是,列强帮助现在的政府将没有任何益处,任何国家,没有某种利益,却愿和满洲政府这样衰老而腐败的君主政体站在一起,这几乎是不可能的。"

在国外受教育

"正在国外受教育的大多数年轻中国学生是被地方政府派遣的。除了那些正在美国接受教育的学生以外,中央政府没有为他们做过什么事情。长时间以来,中央政府试图干涉年轻有为的海外留学生,但是,迫于正在中国形成的公众舆论,中央政府撤回了对这些海外留学生的异议。这实际上表示它无能为力。"

根据孙逸仙博士的意见,这一点是明显的,侨居国外的中国人正在慢慢地领会改造中国的思想。他们生活在繁荣与和平的国家,因此,他们不能认识中国的困苦。

从另一方面,那些生活在中国的人正渴望看到这一天,那时,中国将成为世界上最繁荣、最进步的国家之一。

孙逸仙博士是一个海岛的孩子,出生于依华(Ewa)[1],生活在茂宜岛上的姑剌(Kula, Maui)。他是孙眉先生的弟弟。从前,孙眉是茂宜著名的商人和牧场主。目前,他正在中国访问。据说,他愿永久在那里定居。

---

1 1904年3月,孙中山由檀香山赴美国大陆,因美国政府排华,孙中山为易于入境,便编造情况,设法签领了檀香山出生证。此处所述,即据该出生证。

孙博士受过很好的教育。在公立学校毕业后，他进入了意奥兰尼学院。

上星期日的演讲

在当地华人的强烈请求下，他在中国剧院报告了中国的政治情况。结束演说时，受到了热烈的鼓掌欢呼。

应夏威夷华人的邀请，孙博士上星期一乘高丽号太平洋邮船到达这里。在返回美国之前，准备在这里停留几个星期。在美国，他正在行医。他是中国香港一所医学院的毕业生。

发表于1910年4月8日檀香山《晚间公报》(Evening Bulletin)。

头颅标有赏格的檀香山人

**攻占城市的革命领袖回到故乡，又一次义和团起义
孙逸仙博士叙述他怀抱的希望，在中国建立共和政体**

他的头颅标有近三十万元赏格，为北京满洲政府所畏惧，视为汉族中的强力人物，没有一个保镖却周游世界的中国激进的革命党领袖孙逸仙博士，两周以前到达檀香山，正在这里和他的拥护者秘密会谈，并且再一次拜访亲戚们。孙逸仙博士出生并受教育于檀香山，意奥兰尼学院因这个世界知名人物曾在这里求学而引为自豪。

这个著名的革命家经常把檀香山作为他的指挥部，他的党的坚强的理事会也设在这里[1]。法院方面判定他是美国公民。

---

[1] 兴中会并无理事会一类组织，此处记述有误。

几个月之前，当孙博士在中国南部领导革命时，北京政府出洋六万五千元购买他的头颅。在过去的四年里，中国的总督们为了提供更充足的赏金而将价格提高到近三十万元。尽管清政府以巨金悬赏，不论死活，孙逸仙博士不但仍然在没有一个保镖的情况下周游世界，而且经常在中国，特别在南部，作为造反的中国人的领袖，和政府军战斗。

改变的时机

孙博士相信，彻底改变庞大的中华帝国政体的时机已近成熟。他判定，并且明确地指出，满洲王朝正在削弱，在几年——很有限的几年内，他意味深长地补充说——汉族将要奋起，将满洲人赶出帝国。在王朝宝座的废墟上，孙博士希望看到，建立一个共和政体。

"你是否相信，中国人能在政体方面实行这样一个激进的政策——从一个皇帝到一个总统？"他被询问。

"中国人认为，满洲人是篡位者，我们的征服者。"孙博士回答，"满洲人从来未能臣服中国人，但是后者因为某些原因也从来未能站起来并推翻他们。如果向他们指示推翻这些外国人——满洲人的方法，我相信他们将会接受任何一种提供给他们的新政体，如果它是中国人的政府。"

战争准备

《自由新闻》编辑部设在楼上狭小的后部，这是一家中文日报。那里，卢信挥动着编辑之笔，为了追随孙博士的夏威夷华人的利益，经营着一个激进的革命宣传机构。孙逸仙，这个著名的革命家，昨天晚上谈到了他追求多年的希望和理想。大约两周以来，孙中山秘密地在檀香山生活，准备再次访问中国。他现在相信，这次旅行将载入史册，它将引起所有列强的关注。

六年以前，孙博士坐在另一家编辑部里，为《广告者》(Advertiser)的读者叙述过他的希望和某些计划。在以往的六年里，孙博士不断地以他的教育方法在帝国的中国人之间工作，不论何时何地尽可能地削弱满洲政府的根基。

昨天晚上，他以平静的语言谈到，他相信，运动正开始削弱满洲王朝，就像水珠滴在石头上一样，逐渐地磨穿它。

孙博士可以被有些人称之为梦想家和理想主义者，不过，他是注重实际的。他提到土耳其的少年土耳其运动，并且说，他在中国领导的运动在精神和计划方面和它完全相同。这一运动，导致推翻阿布都·哈米德（Abdul Hamid）[1]，并且建立了一个现代化的政府，它没有倒台的苏丹一度拥有的专制弊病。

又一次义和团起义

"你的党对满洲政权有威胁吗？"他被询问。

"有。不过，超过摄政王想象的更大危险来自王朝自身的弊病。"孙博士说。

"又要发生一次义和团起义。"这是他的惊人的叙述，"正如第一次起义时，帝国的军队援助排外运动一样，现在的政府将是起义的幕后操纵者。满洲人经常反对外国人——欧洲人和美洲人。中国人也反对外国人，不过，对于我们来说，外国人仅仅意味着满洲人，而不是欧洲人和美洲人。

"满洲王朝相信，当煽动对欧洲人和美洲人的敌对情绪时，它将使自己受到中国人民的拥护。现在，满洲政府正在建立一支庞大的军队，并且将它置于现代化的基础之上。它计划立即在全国扩展三十六个镇，包括武装部队的所有军种。这意味着近百万人，同时，它计划在六年内拥有三百万现役军人。"

---

[1] 指阿布都·哈米德二世，土耳其皇帝，1876~1909年在位。

"但是，"孙博士眯缝着眼睛微笑说，"这支军队不可能全是满洲人。他们可以任命许多满洲军官，但是，军队的大部分将是中国人。当满洲王朝指望使用这支军队去使政府为人民接受时，这支军队能够颠覆篡位者并压碎他们。在我看来，这样的事即将发生，因为在这段时间内，我们不会睡觉。只要一种思想感情在中国军队中鼓动起来，它将使这支巨大的武装力量去反对政府而不是为它服务。无论如何，义和团起义可能已经开始，这场攻击如果不是由于满洲政府的直接煽动，它也将是一种诡计，满洲政府利用它，将攻击矛头指向那里的外国人。"

需要一个共和国

"当篡位者被赶走并被压倒的时候，我赞成中国建立共和政体，赞成选举人民的总统，赞成在这个伟大国家的发展中进行根本变革。

"我已经在进行反对政府的军事行动吗？是的。主要是在中国南部，紧靠中法边境[1]。我们的部队常常与政府军交战。我们已经投身于战斗中。是的，我和部队在一起。但是，我们没有力量保持赢得的土地，因为财力有限，获得武器很困难。"

占领两个城市

博士没有叙述过去的详情，但是，大约三年前来自中国的电报说明，在攻占两个城市时，孙博士的部队在武器装备方面是成功的。

有一次，孙博士的计划被他的一个部下出卖了，博士逃到澳门。藏在水泥桶中的武器被当局没收了。一份发给孙博士的电报谈到了这些装载英国脏东西的桶。一个党员泄露了这些"脏东西"的秘密。当这些水泥桶被检查的时候，他们发现了易于用于战争目的的手斧、匕首和别的工具。

---

[1] 指中越边境，当时越南受法国统治。

在伦敦被逮捕

几年以前,当孙博士从檀香山经由伦敦前往中国时,被中国驻伦敦大使馆非法地拘禁了。但是,当事情开始成为国际异议的一部分时,他就被释放了。他的护照一再被没收,经常为了安全而被迫逃亡。在日本,他经常在那里设立指挥部。他被中国特务跟踪。在中国,孙博士把生命捏在手里。但是,他说,他比较安全,因为,各个城市的官吏虽然可以知道他的存在,却不能突破保卫他的中国人的强固的警戒线。人民的感情在他一边。

"帝国政府的庞大军队将援助还是阻止你的运动?"

"我相信,它将有益于我们。我们很高兴,他们正在建立这样一支庞大的军队。因为我们能以这种感情在军队中工作。当伟大的高潮来临时,军队将成为我们的军队。

"至于摄政王周围的官员,现在主要是他的亲属。摄政王解除才智出众的中国人的职务,排挤他们,将满洲贵族提拔到高位上。他们中的一个,他的兄弟载涛上星期为了一项使命经过这里。另一个八月将要经过这里。他派遣他们出使,为了让中国人感到,他关注国家的现代化。"

发表于1910年4月21日檀香山《广告者》(*Advertiser*)。

政府支持的暴徒

孙博士说,湖南暴动是排外阴谋的一部分,不过,是不成熟的

中国革命党的首脑孙逸仙博士正在檀香山,和党的成员会谈。几个星期以前,他为《广告者》写作,反复说明,帝国支持对在华的外国人的攻击,这已从长沙暴动[1]得到证实。

孙博士说,在那个时候,他期待着比1900年规模更大的又一次义和团起义。他预言,这一次起义将要得到拥有三十六镇强大正规军的满洲王朝的支持。接着他宣告,政府正在实施巨大的军事计划。当它变成强大有力之时,当统治者相信,他们可以依靠这支庞大的武装力量时,另一次义和团起义的时机就成熟了。

但是,正如孙博士所断言,长沙暴动是不成熟的。它虽然是王朝未来计划的一部分,而实际上几乎是一次独立的起义。只是由于它太仓促,没能得到帝国阴谋家的支持。

"我仍然断言,中国将要发生另一次直接指向外国人的起义,它将比十年以前的起义更可怕。"孙博士昨天说,"这些起义或暴动直接指向外国人,甚至连我们革命党人都成了目标,我们已有三个学生被杀。不久以前,他们中的几个被烧死。我们这些进步分子,如同外国人一样,已经被包括在攻击范围中。它向我指示,这一切在义和团起义中仅仅是最初的行动。

"满洲核准组建的中国新军包括三十六镇,每一镇由一万二千个步兵,加上正在训练的骑兵、炮兵,总计一万五千人。两镇三万人组成一个军团。这支军队将由大约一百万武装的现役和后备人员组成。

"至于我自己的计划,我可能在三周左右离开这里,去美国太平洋海岸照料我们党的事务,然后再次去中国旅行。"

发表于1910年5月26日檀香山《广告者》(*Advertiser*)。

---

[1] 指1910年4月长沙饥民暴动。事件中,饥民纵火焚烧或捣毁了巡抚衙门、教堂、学堂及洋货店等。

黄兴与日本驻旧金山总领事的通讯
——读日本外务省档案之三

1914年9月,黄兴在美国加利福尼亚期间,曾因胶州湾问题致函日本驻旧金山总领事沼野安太郎。日本外务省存有该函的英文打字稿,国内外学人迄今尚未论及。现译介如下:

亲爱的先生:

我打算在几天内离开这里,这是很遗憾的。我渴望再次访问您,而时间已经不允许了。当我重访旧金山之际,各事丛集,偶有空暇,您又不能接见。这样,我不得不放弃促进我们友谊进一步发展的荣幸。我仍然希望,在明年展览会期间,我从远东旅行回来,有朝一日,能因和您重叙旧谊而感到荣幸和愉快。

最令人遗憾的是,德国竟然放纵其帝国的扩张侵略政策。为了一个暴君的野心而牺牲许多人的生命,这实在是最不人道的。

如果人民的意志和声音能在政府事务中有适当的地位,这样的政策就不能实行。人们高兴地看到,现在公众舆论将不能容忍这种帝国的扩张,因而,许多公正无私的国家为了人道主义的事业,已被卷入其中。毫不怀疑,正义的事业最终将胜利;我认为,多年备战的德国将要接受这种教训,以致使它在将来,在任意践踏世界人民的幸福时，有更多的顾忌。贵国已经拿起武器反对这种全面的威胁；最使人欣慰和满意的是，您的伟大的国家采取了宽宏而开明的政策。无疑，胶州归还中国将巩固正在增长的友情，密切我们两国之间的现存关系。它将使世界相信，贵国对中国没有隐秘不明的动机。尽管欧洲形势纷乱，台端公务日增，祝您愉快健康。致以最热诚的问候和良好的祝愿。

您最忠诚的黄兴敬上（签名）

本函对德国帝国主义发动世界大战进行谴责，表示了对正义事业终将胜利的信心，但其主旨则在婉转而坚决地要求日本政府保证将胶州湾归还中国。

胶州湾，一称胶澳，地点约当今青岛市及其附近地区。1897年11月，德国以两个传教士在山东巨野被杀为借口，派兵强占胶州湾。1898年3月，德国强迫清政府签订条约，"租借"胶州湾为军港，时限99年。自此，胶州湾沦入德国帝国主义之手。但是，日本帝国主义也同时觊觎着这个优良的港口。1914年8月23日，日本对德宣战。8月25日，日本政府借第一次世界大战之机，向德国政府提出最后通牒，要求它在9月15日以前，"将全部胶州租界地，无偿无条件交付于日本官宪，以备将来交还中国"。日本政府所称"将来交还中国"是假，企图取代德国，占而有之是真。因此，9月16日黄兴写了上述信件。

沼野安太郎收到黄兴来信后，次日就作出答复。其英文打字稿也存于日本外务省。译文为：

亲爱的先生：

我非常高兴地收到了您本月16日谦和有礼的来信，请允许我十分诚恳地酬答您丰富的感情，并且自由地展望世界事务。

我特别愉快地得知，在现时贵我两国人民注意的问题上，您对于日本的态度不抱怀疑。日本许诺，如果胶州作为战利品落入它的手中，将和中国公正地处理，而且感觉到，这样一种方针，在任何情况下都是明智和正确的。

　　无论是中国，还是日本，都经不起相互间的背信弃义，这样做对它们也没有好处。它们被上千种纽带和需要加强友谊及好感的共同兴趣联系在一起。如果日本获得胶州，将归还中国，因为她既没有领土野心，也不被任何征服的贪欲所苦恼。我真诚地相信，将会再次荣幸地见到您，并请允许我向您保证，只要能有机会增进和加强我们之间幸福地萌发的友谊，我将总是非常高兴的。

　　　　　　　　您最忠诚的沼野安太郎（签名）

　　应该承认，沼野强调中日友好，表示两国间有"上千种纽带"、"被需要加强友谊及好感的共同兴趣联系在一起"，声明在获得胶州后，"将归还中国"，这是正确的。但是，当年11月日军攻占青岛后，却并不肯交还中国。直到1922年年末，才根据在华盛顿会议上签订的《解决山东悬案条约》由北京政府派人接管。

黄兴致井上馨函回译及解读
——读日本井上馨文书

  日本国会图书馆所藏井上馨文书中有黄兴函两通。其一中、日两种文本俱全,日本彭泽周教授等已作过介绍;而另一通则由于仅存日文译本,至今无人述及。推想起来,可能由于该译文系日本文言文中的候文,艰深难解,又以草体书写,笔迹潦乱,再加上年深日久,纸墨洇染,辨识困难之故。

  我在1985年访问东京时即读到了这封信,当时茫然不知所云。十年过去了,重展该函复印件,反复揣摩,渐有所得,又承日本友人狭间直树、江田宪治、石川祯浩诸君及吕永清诸先生热情相助,勘辨疑难,得以豁然贯通,因作回译、解读如次。

译文原件影印

  译文原件共四页,所用为东京三井物产株式会社的信笺。据此可知,信件当先由黄兴交给该社,后由该社译为候文,然后转交井上馨,原文则留在该社,或在转交井上之后失落了。译文原件影印如下:

黄兴致井上馨函日文译件

黄兴致井上馨函日文译件

日文移写

　　为了研究方便，并便于读者审核，先将译文原件移写为日文通行印刷体。鉴于原件以日文片假名书写，但少数地方似也用平假名。为保持原状，姑仍之。其中个别不易确定之处，加（？）表示。

　　书写格式一依原件，但根据笔者的理解，略加标点。

井上侯爵閣下恭シク申上候。敵軍、事ヲ起シ候以來、常ニ貴國國士諸君ノ御同情ト御援助ヲ蒙リ居リ、深ク感銘在罷候。

目下、敵國東南一帶ノ大勢既ニ確定仕リ、人心モ悉ケ漢族ノ文物ヲ典儀すと（？）想起シ、十四省（直隸、山東、陝西、河南ヲ除ケル他ノ十四省ヲ意味ス）ノ都市ニハ、革命軍ノ新國旗揚リ、人民皆歡喜ヲテ、再ビ漢族ノ政治ヲ見ル事ヲ幸福ト致居候、而シテ民軍ハ至ル處ニ歡迎ヲ受ケ、衣食住ノ供給ヲ得テ、人民ト兵士等トノ交情極メテ親密ニシテ、其ノ狀態ヲ賭〔睹〕、其ノ此ニ至レル心情ヲ忖度シテ、小生ハ私ニ流涕禁ジ難キ次第ニ候。

抑モ清政府ハ不ニシテ、到處ニ焚戮ヲ肆ニシ、諸民ノ恨骨ニ徹シ、我軍ノ到來ヲ希望スル事雲霓を望ムガ如キモノアリ、直隸、山東等ノ省人ノ請願書ヲ見ルニ何レモ民軍ノ早ク北伐セザルヲ恨事ト致居候、然シ小生共ハ清袁（？）ガ或ハ其非ヲ悔悟致ス事モアンカト存ジ、暫ク和議ノ相談ニ耳ヲ傾ケテ、休戰ニ應ズル事一ケ月ニ及ビ居リシガ、最早近日中ニ斷然新政府ヲ組織シテ、正式ニ列國ニ此儀通知致ス心組ニ有之候。要スルニ和議ハ到底成立ノ見込無之、戰ヲ以テ事ヲ解決スルノ已ムヲ得ザルニ立チ至ルベク、既ニ各軍ヲシテ一切ノ戰鬥準備ヲ為サシメ申侯右樣ノ次第ニ有之、愈新政府成立ノ日ニハ一重ニ閣下ノ御同情ト御賢察ニ礎ケル御贊助ヲ得度奉懇致候、幸ニ閣下ノ御援助ニ據リテ能ク新政府成立ノ志ヲ完成致スヲ得バ、我上下國民、凡テ閣下ノ

21

御高恩ヲ拜シテ喜躍此ノ事ト相感可申候。

猶ホ敝政府ハ貴國三井森恪君ニ資金ノ調達ヲ依頼致居候間、何卒此ノ點モ御助聲ヲ賜リ度奉祈上候。

右御覽迄敬シデ如此候。頓首。

弟　黄兴（判）

译　文

井上侯爵阁下：

敬启者。敝军起事以来，常蒙贵国国士诸君之同情与援助，深为感铭。

目下敝国东南一带大势既定，人心悉思以汉族之文物为仪型（？），十四省（意为直隶、山东、陕西、河南以外之十四省）之城市飘扬革命军之新国旗，人民皆欢喜，以再见汉族之政治为幸福，且民军到处受欢迎，得到衣食住之供给，人民与兵士之交情极为亲密。睹其状态，忖度其心情，小生暗自涕泪难禁。

且清政府不仁，到处肆行焚戮，诸民恨之彻骨，望我军之到来如望云霓。直隶、山东等省人之请愿书均以民军未能早日北伐为恨事。然小生等以为清袁（？）或可悔悟其非，暂时倾听和议之磋商，答应休战达一月之久，已于近日内断然组织新政府，计议通告列国。要之，和议最终不能成立，则不得不以战争解决。现已命各军作一切之战斗准备。值此新政府终于成立之际，深切恳请阁下于同情与明察之基础上予以赞助。倘幸因阁下之援助而得以完成新政府成立之志，则凡我上下国民皆拜领阁下之大恩，定当喜跃感激矣！

此外，敝政府委托贵国三井之森恪君筹措资金一事，务祈赐以助声。以上敬请大览。

弟
黄兴（印）

分　析

　　本函未署年月，函云："暂时倾听和议之磋商，答应休战达一月之久，已于近日内断然组织新政府，计议通告列国。"据此，知此函为1912年1月上旬之作，时在南京临时政府成立之后不久。

　　收信人井上馨，系日本政界元老，三井财阀的总代表与总后台。历任外相、农商务大臣、代理首相、大藏大臣等要职。自1898年起以元老身份参与国政。1906年晋升侯爵，先后受命辅佐第二届（1908）和第三届（1912）桂内阁。

　　武昌起义后，清政府被迫起用袁世凯。袁世凯最初借故拖延，抬高出山价格；继而看准时机，迅速派冯国璋等率军南下，以武力镇压革命党人，同时大肆烧杀，借以立威。自11月30日起，清军连续放火焚烧汉口，延烧三天三夜。据清资政院总裁李家驹奏折称："汉口附近一带地方，官军恣意残杀，惨及妇孺，焚烧街市，绵亘十余里，奸淫掳掠，无所不至。人心愤激，达于极点。"[1] 本函称："且清政府不仁，到处肆行焚戮，诸民恨之彻骨。"当指此类情事。

　　中国历代统治者在镇压人民起义时，历来是剿抚兼用，恩威并施。老于计谋的袁世凯自然深谙此道。他一面武力施威，在攻下汉口后又于11月27日攻下汉阳，动摇革命党人的信心，一面则进行和平试探。自10月下旬起，他连续致函黎元洪等，提出"务宜设法和平了结"[2]。

　　革命党人分析了袁世凯和满族亲贵之间的矛盾，企图动员袁世凯起义，共同推翻清朝政府。11月9日，黄兴致函袁世凯，剖陈形势，历述满洲贵族集团对他的排挤与猜忌，劝袁早自为计。函称："兴思人才原有高下之分，起义断无先后之别。明公之才能，高出兴等万万，以拿破仑、华盛顿之资格，出而建拿破仑、华盛顿之事功，直捣黄龙，灭此虏而朝

---

[1]　中国史学会主编：《辛亥革命》（五），第339页。
[2]　《时报》，辛亥年九月二十四日。

食,非但湘鄂人民戴明公为拿破仑、华盛顿,即南北各省当亦无有不拱手听命者。"[1] 12月9日,黄兴在复汪精卫电中表示:"项城雄才英略,素负全国众望,能顾全大局,与民军为一致之行动,令全国大势早定,外人早日承认,此全国人人所仰望。中华民国大统领一位,断举项城无疑。"但是,黄兴强调:"惟项城举事宜速,且须令中国为完全民国,不得令孤儿寡妇尚拥虚位。"[2] 宋教仁赞同黄兴的策略。11月11日,袁世凯派代表到武昌谈判时,宋教仁提出,如袁世凯"转戈北征,驱逐建虏","我辈当敬之、爱之、将来自可被举为大总统"[3]。显然,这是革命党领导人的普遍主张。

汉阳为清军冯国璋部攻陷后,黎元洪于12月1日逃出武昌。次日,南北双方在武汉达成停战协议,决定自3日起停战三日。6日,决定延期三日。9日,展期十五日。自此,武汉方面即不再有战事。12月18日,南方代表伍廷芳与北方代表唐绍仪在上海英租界议政厅首次会议,开始议和谈判。20日,黄兴委托江浙联军参谋长顾忠琛与段祺瑞的密使廖宇春密商和议条款。其主要内容为:确定共和政体;优待清皇室;先推覆清政府者为大总统等。[4]

袁世凯的新军是当时清王朝最强的一支武装力量。利用袁世凯和清王朝之间的矛盾,动员他倒戈一击,加速清王朝的灭亡,不失为一项快速可行的克敌制胜的策略。但是,袁世凯是权欲熏心的阴谋家和野心家,应许他以"大统领"的地位,保证南北人民都将"拱手听命"又是极为危险的。对此,革命党人未必不了解,但是,由于革命党人是弱小者,缺乏强大的实力为后盾,没有和袁世凯讨价的足够本钱,因此,只能寄希望于廉价的胜利和侥幸的胜利。

黄兴一方面企图通过谈判,以和平的手段迅速达到推翻清朝统治,建立共和政体的目的,同时,也没有放松战争准备。12月1日,黄兴一到

---

1 《近代史资料》,1954年第1期。

2 《黄兴集》,第94页,中华书局,1981。

3 《民立报》,1911年11月20日。

4 廖宇春:《新中国武装和平解决记》卷首。

上海，就对《民立报》记者明确表示："此行目的，在速定北伐计划，并谋政治之统一。"[1] 次日，他与章太炎、宋教仁联名致电林述庆，要求他进驻临淮关，准备进攻开封。两天后，黄兴被各省驻沪代表公举为大元帅，但他辞不肯就，表示愿领兵北伐。他一面致电广东都督胡汉民，要求增调援军，会同北伐；一面与林述庆、柏文蔚商议，准备向黄河以南进攻，并派炸弹队北上，扰乱敌人后方，相机夺取山东与河南两省[2]。12月29日，他在同盟会本部欢迎孙中山大会上发表演说称："据目下和议情形观之，满洲命运已将告终，然战备不可少忽，以备进攻。"[3] 1月3日，黄兴就任陆军总长后，立即制订北伐计划：1.以湘鄂部队为第一军，由京汉路前进，在宁部队为第二军，由津浦路前进，二者会合于开封、郑州之间；2.以淮扬部队为第三军，烟台部队为第四军，会合于济南与秦皇岛；3.以关外之兵为第五军，山西、陕西之兵为第六军，向北京前进；4.第一、二、三、四军达到第一目标后，与第五、第六军会合，"共扑清廷"。[4] 本函称："要之，和议最终不能成立，则不得不以战争解决。现已命各军作一切之战斗准备。"反映的正是这一情况。

南京临时政府成立后，面临两大问题。一是尽快争取各国承认，一是迅速与国外财团达成借款协议，取得为维持政府运作和北伐所必需的经费。黄兴写信给井上馨，目的就在于利用井上在日本政界和财界的地位，解决上述问题。信中提到的森恪，早年在中国上海、长沙等地工作，与中国南方人，特别是革命党人陈其美、张静江，上海商界领袖王一亭等素有来往。武昌起义爆发时，他正在三井物产株式会社纽约支店工作。三井财阀考虑到，中国革命党人大多出生于南方，一旦组织共和政体，三井必将与南方人打交道。因此，特别将森恪调回东京本店任勤务。此后，森恪即频繁地来往于东京、上海、南京等地，充当日本财阀与中国革命党人之间的联系人。

1　《民立报》，1911年12月2日。

2　林述庆：《江左用兵记》。

3　《民立报》，1912年12月30日。

4　《临时政府公报》第2号。

革命党人素无财源，完全缺乏对于胜利突然到来时所必需的财政准备。武昌起义后，各省革命党人普遍感到经费窘迫，不得不以各种方式进行筹措。其中重要的方式就是借外债。1911年12月12日，黄兴与宋教仁、陈其美联名致电日人内田良平："请您以黄兴、宋教仁、陈其美、伍廷芳、李平书等人名义，草签一项从三井洋行借款30万元、年利七分的临时合同，并委您接受现款。"[1] 此项借款，由张謇担保，并经森恪活动，于1912年1月24日达成协议。此外，孙中山、黄兴还曾计划以中日合办汉冶萍公司等形式向日本借款，都必须利用森恪的力量。本函称："敝政府委托贵国三井之森恪君筹措资金一事，务祈赐以助声。"目的在希望井上对森恪予以支持。

此函发出后，1月19日，黄兴再发一函，分头递送井上馨与另一元老山县有朋，希望他们"以鼎力扶助民国，早邀各国之承认"[2]。然而，井上等并没有给予黄兴以急需的帮助。日本政府不肯承认南京临时政府，日本财阀也不肯提供大笔资金。结果，孙中山、黄兴不得不接受袁世凯的和平条件。

1　毛注青：《黄兴年谱长编》，第245～246页，中华书局。
2　同上，第279～280页。

孙中山与田中义一
——读日本山口县文书馆档案

日本山口县文书馆中，存有孙中山致田中义一函一通，反映了二人曲折关系中的一段。函称：

> 前寄尺书，略述中国情势，计达左右，迺者袁氏自毙，黎公依法继任，今且恢约法，召集国会，凡兹四者，皆如护国军所要求以应，自不能不一律休兵息战，以昭信义于天下。然而政局混沌依然如故，兴革事业与夫东亚问题，仍待其人而后能解，此文所以对于将来有不敢苟图安逸者也。先生前此援助之力，虽造次颠沛，不能忘怀，但时局变迁，收效无几，事势所至，无可如何。兹遣戴君东渡，趋谒台阶，奉商已往及将来诸要件，畅聆教益，祈进而语之。不尽之忱，统由戴君面达。

末署"孙文，七月三日"。函中提到"袁氏自毙，黎公依法继任"，知此函作于1916年。当时孙中山在上海。田中义一，当时任参谋本部次长，后曾任陆相、首相。函中所言戴君，指戴天仇（季陶）。

最初，日本政府企图以承认帝制为饵，从袁世凯手中榨取更多的权益。后来，日本政府看出，袁世凯的倒行逆施必将激起中国人民的强烈

孙中山致田中义一函

反对，便劝袁"善顾大局"，延缓称帝。1915年12月，护国运动兴起，日本政府估计袁世凯政权必将垮台，改取倒袁政策。1916年2月，田中致函陆相冈市之助，建议在采取"让袁完全退出"手段的同时，扶持反袁力量。为此，参谋本部将旅顺要塞司令青木宣纯调往上海，以加强和南方革命党人的接触。正是在这一情况下，孙中山在日本和田中义一发生了联系。

日本外务省档案记载：孙中山于1916年3月29日、4月2日，两次访问参谋本部情报部长福田雅太郎。4月7日、8日两次访问田中义一。26日，孙中山离日归国前一天，又两次访问福田雅太郎。所有这些访问，都有戴天仇参加。这些访问的主要目的在于争取从日方获得武器支援。孙中山当时在上海、青岛、广州、陕西等地组织了中华革命军，正在积极筹划发动反袁起义，迫切需要大量武器。5月24日，孙中山在上海致函田中义一，对在东京受到的"关切"表示感谢，同时说明国内反袁斗争情况，表示将亲赴山东，领导起义。信中说："事之成败全系于军火供应之有无，故已委托现在上海之青木将军设法提供两个师团所需之武器，青木将军已体察文意，对此计划表示赞成，据闻业已电告贵国政府云云。"孙中山称，已同时另委在东京的黄兴和日本当局协商，希望田中能"审度时势利弊，予以充分援助"[1]。此函当即本函所称"略述中国情势"的前函。本函云："先生前此援助之力，虽造次颠沛，不能忘怀。"显然，田中适当地满足了孙中山的要求。袁世凯死后，一时出现了"共和再造"的气象，而实际上，政权掌握在皖系军阀段祺瑞手中。孙中山敏锐地看到"政局混沌依然如故"，表示对于将来"不敢苟图安逸"，这是他思想中的清醒一面，但是，以为田中会继续给予援助，则是一种幻想。田中在反袁斗争中支持孙中山，不过是一种策略，这时，已经转而支持段祺瑞了。

1917年5月，田中到中国，在徐州会见辫子军大帅张勋之后，曾到上海见过孙中山一面。田中归国之后，报纸盛传田中来华是为了支持张勋复辟。6月，孙中山派戴天仇携函再次赴日，访问田中等人。在田中的书

---

[1] 《孙中山全集》第3卷，第296页。

房中,戴天仇发现了张勋新近送给田中的对联,田中显得有些尴尬,力辩自己和复辟运动无关,到徐州,就是为了叫张勋千万不要复辟的,田中的辩解给了戴天仇以"此地无银三百两"的感觉。当晚,戴天仇即将有关情况写信报告孙中山。当戴天仇完成任务回到上海之际,张勋复辟已经成为事实。经过了这一次又一次的教训,孙中山终于对田中,也对当时日本政府的政策有了认识。

1920年6月,孙中山与唐绍仪、伍廷芳、唐继尧联名发表宣言,呼吁恢复南北和谈。段祺瑞因在和直系军阀的对立中已处于劣势,为了摆脱困境,通电赞成孙中山等人的建议。同月,张作霖以"调停时局"的名义自东北入京。风传张作霖此行的目的是为了阻挠段祺瑞与南方和谈,并且酝酿新的复辟阴谋。为此,孙中山于同月29日第四次致书田中。函中,孙中山指出,日本政府"以武力的资本的侵略为骨干",在中国,"恒以扶植守旧的反对的势力,压抑革新运动为事"。孙中山具体分析了日本政府从扶袁到倒袁的历史过程以及其间的种种表现,明确指出,日本政府在帝制问题发生之后,"知袁氏绝不能再维持民国信用,欲与中国排袁势力相结纳,以图伸张日本在中国之势力,而又不欲民主主义者获得中国政权,因利用一守旧顽固且甚于袁氏之官僚如岑春煊者,使主南方政局,而在北方,则又假宗社党人金钱武器,贻后日无穷之祸"。孙中山不无深意地提醒田中:"此中经过,先生为主要当事者之一,当能记忆也。"关于张勋复辟,孙中山则委婉地表示:"有人疑阁下与张勋之复辟有关。文虽未敢信其说,然亦不能断其真伪。盖中国复辟运动,与日本陆军之政策,尝有不可离之关系也。"孙中山进一步提出,张作霖多年来一直得到日本当局的支持,他此次入京虽未必出于日本政府指使,但肯定经过日本政府同意。孙中山要求田中,"一变昔日方针,制止张氏之阴谋,以缓和民国人民对日之积愤"[1]。虽然他还有某种幻想,但在对田中的认识上,较之过去显然已经有了本质变化。

后来,戴天仇总结孙中山和田中的关系时曾说:"中山先生所希望于田中中将的,第一是希望他抛弃日本的传统政策,第二是希望他改正一

---

1 《孙中山全集》第5卷,第277页。

切认识错误。其他的日本人，没有比田中的地位关系中国更大的。然而这希望是绝没有效果。一切动植物都可以变做化石，而化石决不能再变成动植物。"[1] 田中终于用自己的行动证明了，他只是一块"化石"。

在对日本当局愈益失望之后，孙中山的目光就更多地投向列宁领导下的社会主义的苏俄了。

---

[1] 戴季陶：《日本论》。

跋钟鼎与孙中山断绝关系书
——宫崎滔天家藏书札研究

在宫崎滔天家藏资料中,有一通钟鼎给孙中山的宣布断绝关系的公开信,铅印,可能是当时的传单。内容如下:

中山先生鉴:启者:国贼窃政柄,党奸误大局。凡我同类,孰不痛心?溯自二次革命失败,鼎随诸同志之后,亡命海外,深恐名不符实,内绝同胞之渴望,外贻列邦之讪笑,战战兢兢,如履薄冰。及闻先生崛起宣言,包办三次革命,鼎本军人,应为先生执鞭,效力疆场,乃慨然缮立誓约,涂盖指印,摩掌拭拳,恭候命令。不料将近两载,寂若无闻。包办期间,业已到来。究其原因,即在中山先生目不识人,团体开创伊始,引用陈其美、居正、田桐、戴天仇、谢持等一般无赖,盘踞要津,排斥同志(如黄兴、李烈钧、张继、柏文蔚、陈炯明、林虎、钮永建、谭人凤、白逾桓、杨时杰诸君,皆在排斥之列),经凌钺君迭次密告陈等罪恶,先生不惟不察,且被陈等主使,大出传票,迫凌君与中山先生断绝关系。试问凌君非同志等共称为先生之死党乎?死党忠告,尚加排斥,先生可谓无情矣!

而今革命健将,陆续引扬,所余宵小数人,以先生为木偶,藉此诓骗华侨之金钱，断送同志之性命。而今春三月，闻中外各报载称，先生语大阪新闻记者，竟诬黄兴、李烈钧、柏文蔚、林虎、谭人凤、钮永建、凌钺、白逾桓诸君投降袁贼。传闻中外，颠倒是非。之数君者，既为同志所共悉，何待鼎为之辩护！不过先生年逾半百，身居党首，何以信口雌黄，陷人三字之狱？清夜自思，良心何在！鼎赋性梗直，代抱不平，亦曾迭进忠告，置若罔闻。国事如彼，党事如此，若不急起直追，前途何堪设想！夫天下兴亡，匹夫有责，鼎虽下愚，岂忍坐视！兹因事业与名誉两端，有不能不宣布与中山先生脱离关系者也。

（一）因事业之经营

革命事业为吾人天赋之职务，先生包办革命，不许他人染指（去夏先生致黄先生书云：二年内让我包办，不成尔再来革命云云），而军人、政客凡为革命人物者，均受先生之排斥，将来大革命起，以中山先生之心胸与手腕，果能与若辈抗衡乎？必不能也。况届包办期满，正吾人弃暗投明之日，否则自甘暴弃，有负革命之初心。此鼎为革命事业计，与先生脱离关系者一也。

（二）因名誉之保障

迩来中山先生之主义，唯我独尊。无论何人，顺我则生，逆我则死，宗旨同而手续稍别者诬之为降敌（如黄、李、柏、林、钮诸君），号死党而进忠言者报之以死刑（如凌钺君过于忠告，先生对刘大同君云：有权时必杀凌钺）。汉高之杀韩信也，未闻在破项之前；北魏之收邓艾也，史称在汉亡之后。今日先生之方略，为革命杀功勋乎？为袁贼杀敌人乎？鼎恐革命之大业未就，而先生已为袁家之功臣矣！

夫名誉为人第二之生命，以若辈之威望素著，犹召某某先生之诬，况鼎区区党员，迩来屡进忠言，他日名誉之败坏，更不知陷于何等之程度！此鼎为保全名誉计，与先生脱离关系者二也。

以上所具两端，为鼎与中山先生脱离关系之主因。至鼎之革命宗旨，虽海枯石烂，不得稍有变更。鼎知先生得函之后，不日为敌

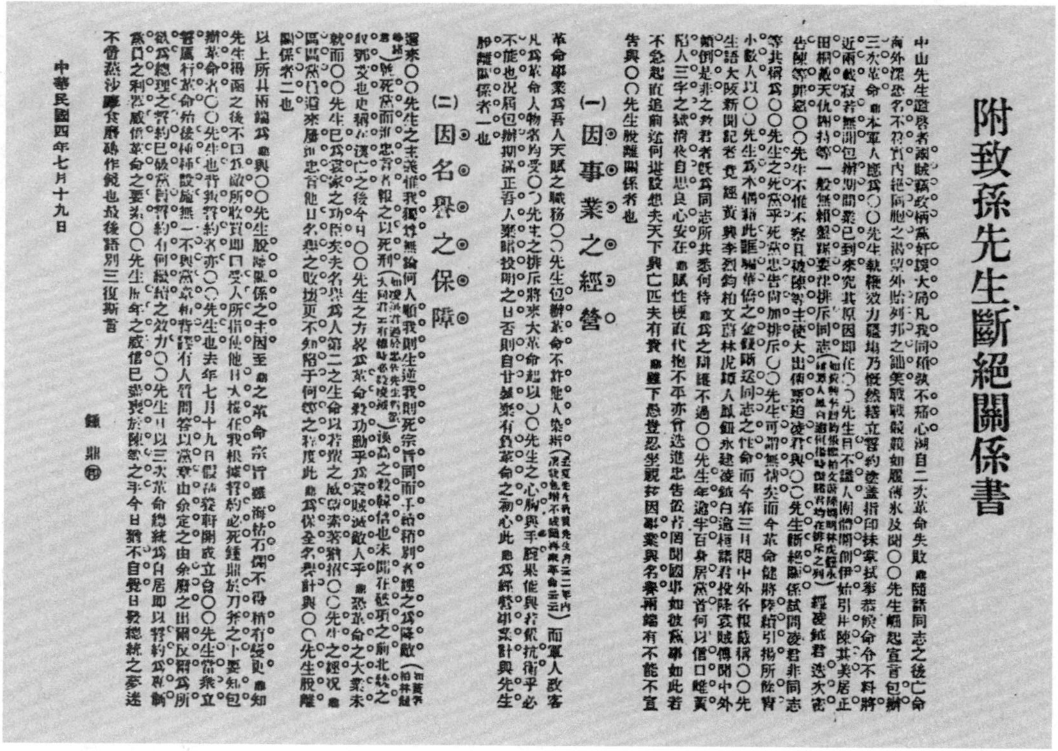

所收买，即日受人所指使，他日大权在我，根据誓约，必死钟鼎于刀斧之下。要知包办革命者，先生也；背叛誓约者，亦先生也。去年7月19日，假精养轩开成立会，先生当众立誓，厉行革命，殆后种种设施，无一不与党章相背谬。有人责问，答以由余定之，由余废之。出尔反尔，为所欲为。总理之誓约已废，党员之誓约有何继续之效力？先生日以三次革命总统为自居，即以誓约为专制党员之利器，威信革命之要素。先生历年之威信已尽丧于陈等之手，今日犹不自觉，日发总统之梦迷，不啻蒸沙求食，磨砖作镜也。

最后语别，三复斯言！

钟鼎印
中华民国四年7月19日

钟鼎，1913年二次革命失败后流亡日本，加入中华革命党。1914年2月，黄兴在东京郊外大森创办浩然庐军事学社，招收原任军职的革命党人研究军事，钟鼎曾入社学习。同年被委任为中华革命党党务部第三局职务员。他的这封公开信涉及孙中山和国民党史上的许多重要问题，须仔细地加以考索。

1913年3月宋教仁被刺后，孙中山主张武力讨袁，黄兴主张持冷静态度，谋法律解决。其后，孙中山命陈其美、章梓分别在上海、南京起义，黄兴认为孙中山不善用兵，自请挂帅。7月29日，黄兴认为败局已定，离军他走。事后，孙中山认为黄兴出走，导致二次革命失败，因此，对黄兴大为不满。1914年8月14日，他在致美国人戴德律的信中说："他在第二次革命期间竟然弃南京而逃，曾使我痛失所望。"[1] 二次革命失败，革命党人纷纷流亡日本。孙中山、黄兴之间的矛盾进一步发展并加深。孙中山主张解散本已十分松散的国民党，组织中华革命党，振作精神，"一致猛进"，迅速发动三次革命，以武力推翻袁世凯的统治；黄兴则主张保存国民党，加以整理扩充，宣传党义，培养干部，长期准备。支持孙中山的有陈其美、居正、田桐、戴季陶、谢持等；支持黄兴的有

---

[1] 《孙中山全集》第3卷，第109页。

李烈钧、柏文蔚、陈炯明、钮永建、谭人凤、李根源、林虎等。

当时，孙中山认为二次革命失败的原因在于：党员散漫，不统一，不肯服从领袖的命令。因此，在组织中华革命党时，力图加强组织性、纪律性，树立领袖的绝对权威，在誓约中规定：入党者必须"牺牲一己之生命、自由、权利，附从孙先生"，保证"服从命令，尽忠职守"，"如有二心，甘受极刑"，除填写誓约外，还要加盖指模。[1]黄兴、李烈钧等人反对孙中山的这些做法，拒绝加入中华革命党。柏文蔚虽曾一度加入，但不久即不再过问党务；陈炯明在南洋，孙中山几次写信，邀他来日，均置之不理。

1914年5月29日，孙中山致函黄兴，追溯二次革命失败原因，函称："及今图第三次，弟欲负完全责任，愿附从者，必当纯然听弟之命令。兄主张仍与弟不同，则不入会者宜也。此弟之所以敬佩而满足者也。弟有所求于兄者，则望兄让我于此第三次之事，限以二年为期，过此犹不成，兄可继续出而任事，弟当让兄独办。"[2]同函并称："弟所望党人者，今后若仍承认弟为党魁者，必当完全服从党魁之命令。因第二次之失败，全在不听我之命令耳。所以，弟欲为真党魁，不欲为假党魁，庶几事权统一，中国尚有救药也。"6月初，黄兴复函孙中山，承担南京兵败的责任，但是，黄兴也尖锐地批评孙中山说："若徒以人为治，慕袁氏之所为，窃恐功未成而人已攻其后，况更以权利相号召乎！"[3]批评孙中山"慕袁氏之所为"，实际上是批评孙中山搞专制独裁。同函中，黄兴又说："先生欲弟让先生为第三次之革命，以二年为期，如过期不成，即让弟独办等语，弟窃思以后革命，原求政治之改良，此乃个人之天职，非为一公司之权利，可相让渡，可能包办者比，以后请先生勿以此相要。"6月3日，孙中山再次致函黄兴，坚持认为，要建设完善民国，非按照自己的办法不可。他说："兄所见既异，不肯附从，以再图第三次之革命，则

---

[1]《蒋介石亲书中华革命党誓约》，《革命文献》第5辑，插页。
[2]《孙中山全集》第3卷，第88页。
[3]《黄兴集》，第357~358页。

弟甚望兄能静养两年,俾弟一试吾法。"[1] 孙中山的这种依靠个人,独力领导革命的想法受到包括宫崎滔天在内的许多人的反对,钟鼎本函所称"包办三次革命",指此。

6月3日函中,孙中山并表示,以后彼此间绝不谈公事,但仍视黄兴为良友。至此,孙黄间已无合作可能。同月30日,黄兴离日赴美。

陈其美、居正、田桐、戴季陶、谢持等支持孙中山。其中,陈其美尤其积极。黄兴在日时,陈、黄之间已互相龃龉,不能相安。加上张继、何海鸥从中煽动,矛盾更深。黄兴赴美后,陈其美于1915年2月4日致函,劝黄返日,认为此前革命之所以一再失败,都是因为违背了孙中山的"理想"。陈函并列举辛亥以来的史事,说明革命党人在五个方面"有负于中山先生",其中,对黄兴有所批评。陈其美并检查此前赞同黄兴主张而不赞同孙中山的错误,宣称此后欲达革命目的,当重视孙中山的主张,"必如众星之拱北辰","必如江汉之宗东海"。[2] 对于陈其美此函,黄兴未复。

在此期间,孙黄矛盾更增添了复杂因素。当年1月18日,日本驻华公使日置益代表日本政府向袁世凯提出21条要求,企图独占中国。在民族矛盾上升的情况下,中国社会出现拒日救国热潮,革命党内随之出现停止革命,一致对外的意见,同时还出现了黄兴等争取日本援助,企图乘机革命的传言。2月25日,黄兴与陈炯明、柏文蔚、钮永建、李烈钧等联名通电,否认自己有所谓"乞援思逞"、"假借外力"的想法,宣称:"一族以内之事,纵为万恶,亦惟族人自董理之。依赖他族,国必不保。"通电表示:二次革命时,尚有可战之兵与可据之地,但因不愿涂炭生灵,一击不中后即主动罢兵,虽因此被同志讥为胆小,但问心无愧。"今无一兵一卒,安敢妄言激进!"黄兴等声称:"今后如非社会有真切要求,决不轻言国事。今虽不能妄以何种信誓宣言于人,而国政是否必由革命始获更新,亦愿追随国人瞻其效果。"黄兴等并称:"兵凶战危,古有明训,苟可以免,畴曰不宜!重以吾国元气凋丧,盗贼充斥,一发偶动,全局

---

[1] 《孙中山全集》第3卷,第91页。

[2] 《陈英士先生文集》,第40、46页。

为危,故公等畏避革命之心,乃同人之所共谅。"[1]这一通电报虽以"告国人"的形式发表,但明确宣示了和孙中山当时一系列方针、政策的对立。其后,黄兴等又致上海《字林西报》、《大陆报》、《泰晤士报》、《文汇报》、《捷报》一函,内容与上述通电大体相同,但进一步声称:"吾人痛思前失,自安放逐。现政府果以何道能得民心,作民政,吾人正目视而手指之。吾人神圣之目的,在使吾最爱之国家庄严而灿烂,最爱之同胞鼓舞而欢欣,至何人掌握政权有以致此,吾人不问。"[2]

黄兴等人的通电在国内外引起了强烈反应。3月10日,中华革命党党务部发表第八号《通告》,批评黄兴等人"恐受借寇复仇之嫌而自供二次革命有罪(认革命为罪而不认私逃为罪)"[3]。这里所说的"不认私逃为罪",显指黄兴,13日,日本《大阪每日新闻》以《归顺革命党的宣言书》为题,摘要发表了黄兴等人通电,声称"被袁总统怀柔,相率归顺的黄兴、陈炯明、柏文蔚、钮永建、李烈钧等联名寄给上海、北京主要报纸一份宣言书"。同日,并以《革命党陆续归顺,仅余孙逸仙一派》为题发表消息称:

> 袁总统收买革命党,近来着着奏效。旅居本国的革命党人陆续向中国公使馆要求归顺,已达一百五、六十名之多。其中一些非知名人士,没有特别收买的必要,中国公使馆反而拒绝其申请。然中国政府计划颇大,甚至传说,由于在美国的有力人士的暗中斡旋,连黄兴、李烈钧、柏文蔚等革命党中的第一流人物也已发表宣言书,堂堂归顺。主要的归顺者为军人派,人们称为革命创始人的孙逸仙、陈其美等领袖依然不肯归顺,正不断鼓吹日中提携论。此次所传归顺者中的知名人士如下:
>
> 黄 兴　李烈钧　柏文蔚　林 虎　李根源　谭人凤
> 唐 蟒　白逾桓　钮永建　冷 遹　季雨霖　黄 郛

1　《黄兴集》,第397～399页。

2　《申报》,1915年3月27日。

3　《居正文集》,第259页。

刘艺舟　何海鸣　陈炯明　张耀曾　凌　钺　龚振鹏

章　梓　赵正平　熊克武　李书城　张孝准　彭程万（东京电话）

同文并引述了孙中山对记者的一段谈话：

> 此次归顺袁氏的革命党人主要为军人派。彼等疏于世界大势，不能明察将来的必然结果，过分夸大日本对华要求，视为不利于中国。基于此种误解，遂敢于轻举，与我等分手。参加二次革命的流亡军人固然卑怯，以致失败，真正之军人，即意志坚强之无名之士尚充满国中。吾人于将来达到目的方面不必有任何担心。就彼等变节一派之私情而言，有可同情之处，但相信此等薄志弱行之辈与我等同志分手，乃他日实现伟大目的之好机会。日中两国立国于亚细亚，倘不能相互提携，则难以与列强共存于竞争场里。中国与日本分离则国亡，日本与中国分离则陷于孤立境地。今日世界大势，当促进日中提携，以期保障东洋永久之和平。彼等一派之离散何足置意！（东京电话）

仔细研究上述报道，可以看出，宣布黄兴等归顺袁世凯的并不是孙中山，而是《大阪每日新闻》驻东京的记者，钟鼎公开信所称孙中山诬黄兴等"投降袁贼"云云并非事实，孙中山的不当只是轻信，并且在未得到准确消息前轻率地发表了谈话而已。

黄兴等人的通电反对"激进"，主张暂停革命，但是，通电称："至今空尸共和之名，有过专制之实"，"年来内政荒芜，纲纪坠地，国情愈恶，民困愈滋。一言蔽之，只知有私，不知有国"。又称："今吾国不见国家，不见国民，而惟见一人。"这些，都是对袁世凯的尖锐批判，其维护共和的立场仍然是坚定的，因此，《大阪每日新闻》很快就发现了自己判断及所发消息的错误。14日，该报在社论中明确指出："黄兴等虽被视为归顺派，其实决未归顺，唯于此际静观袁政府之出处而已。"该文并称：

"所谓革党归顺之说,其愚亦甚哉!"[1]同月,孙中山致函黄兴,仅称:"若公以徘徊为知机,以观望为识时,以缓进为稳健,以万全为商榷,则文虽至愚,不知其可。"[2]同函并邀请黄兴返日。5月15日,孙中山《复伍平一函》称:"克强等持缓进主义,故猝难一致,至弟与伊私交,则丝毫无损。"[3]态度、调子和与《大阪每日新闻》记者谈话都大不相同了。显然,这是孙中山冷静思考之后的结果。

孙中山和黄兴等人的分歧保持了相当一段时期。同年4月或5月,黄兴致函孙中山,批评其联日政策,函称:"或谓中日交涉未解决,吾侪正可藉此谋革命,振臂一呼,援者立至,苟能乘时勃起,必能收疾风扫箨之效。此言似焉而实非。我同志既以爱国为标帜,以革命相揭橥,无论借他国以颠覆宗邦,为世界所窃笑,而千秋万岁后,又将以先生为何如人也!"[4]此前,孙中山曾向日本外务省政务局长小池张造提出中日盟约草案11条,在日本政府支持中国"改良内政,整顿军备,建设健全之国家",及支持中国"改正条约,关税独立及撤废领事裁判权"的条件下,同意在聘用外籍顾问,合办矿山、铁路、航路等方面给予日本以优先权。[5]从黄兴本函口气看,他可能已经得知有关情况。该函并重申当时缺乏革命条件,冒险行动,必将惨败。7月,中华革命党巴东支部长杨汉孙致函孙中山,劝他与黄兴等和衷共济,函称:"同在患难之中,则杯酒可以释嫌。"8月4日,孙中山复函称:在秘密时期、军事进行时期,党的领袖应该具有特权。统一一切,不能视为专制;党员服从命令,也不能视为不自由。他愤愤地批评说:"陈(炯明)、李(烈钧)、柏(文蔚)谭(人凤)始终强执,苟非不明,则我不识其何所用心矣!"同函并表示:"若夫怀挟意见,不泯其私,藉有可为之资,不为讨贼之军,先树异

---

[1] 《重ねて袁总统に告ぐ》。
[2] 《孙中山全集》第3卷,第166、167页。
[3] 同上,第170、171页。
[4] 《申报》,1915年5月23日。
[5] 《孙中山年谱长编》,中华书局1991年版,第934、935页;参见藤井升三《21条交涉时期的孙中山和中日盟约》,《国外辛亥革命史研究动态》第5辑。

色之帜，如谭石屏所云殊途同归者，途则殊矣，亦听其所归可耳！"[1]但是，随着袁世凯帝制自为野心的日益暴露，黄兴等欧事研究会同人逐渐投入反袁活动，和孙中山之间的矛盾也逐渐消泯。1916年5月20日，孙中山致黄兴函云："机局紧急，袁系方张，民党无不相提携之理。况兄与弟有十余年最深关系之历史，未尝一日相忤之感情，弟信兄爱我助我，无殊曩日。"[2]此函表明，往日的分歧、意见、隔阂均作烟云散，两个巨人重新握手了。

钟鼎函中曾提到，孙中山当时和凌钺的关系很紧张，似乎有势不两立的样子。其实，二人后来也改善了关系，1918年，凌钺曾动员陆荣廷拥护孙中山[3]，次年12月9日致孙中山函云："钺素性刚直，论私交为先生之良友，论公益为国民之代表。"[4]可见，孙凌之间也只是一时的芥蒂。只要革命的大目标相同，那么，总是应该走到一起来的。

钟鼎发布与孙中山断绝关系书，有对中华革命党组织原则的不满，有因《大阪每日新闻》所刊消息而造成的误会，也可能还包含着某些个人情绪在内。据日本警察调查材料，1915年5月12日，钟鼎曾与刘大同、徐剑秋、宋涤尘等20人在东京聚会，讨论如何解决生活困难问题，众推宋涤尘向孙中山反映情况。当日下午，孙中山、居正、谢持、邓铿、廖仲恺等在《民国》杂志社与宋涤尘、刘大同讨论此事。据说，孙中山认为："革命党员中许多下层党员住在东京太不经济，想让他们回国。"[5]这或许是加剧他对孙中山不满的原因。

附记：本文写作，得到日本京都大学狭间直树教授及神户大学松尾洋二先生的帮助，谨此致谢。

---

1 《孙中山全集》第3卷，第184、185页。
2 《孙中山全集》第3卷，第290页。
3 《革命文献》第48辑，第295页。
4 《革命文献》第48辑，第96页。
5 《孙中山年谱长编》，第947页。

附：访日漫记

清人黄遵宪《留别日本诸君子》诗云："十分难别是樱花。"我访问日本的时候，花事已过，令我惜别的是日本学者醇厚的友情和浩如烟海的近代史料。

1985年5月14日，我受京都大学人文科学研究所狭间直树教授之邀，前往该所访问，先后到过京都、东京、大阪、神户、广岛、冈山等地，至7月22日归国，共历时70日。

在京都

京都大学人文科学研究所是日本著名的社会科学研究中心，下分日本、东方、西洋三部，设有日本思想、日本文化、日本社会、中国思想、中国社会、东洋考古学、现代中国、西洋思想、西洋文化、西洋社会、文化交流史、历史地理、艺术史、科学史、宗教史、社会人类学、比较文化、比较社会等研究部门。我到达该所东方部的时候，首先感到惊讶的是研究班之多。如中国贵族制社会、古代中国的科学、六朝隋唐时代的佛道论争、中国文明的诸源流、石刻资料、现代中国、国民革命等问题，都各有一个研究班，这类研究班设班长一名，除所内研究人员外，京都以至外地的大学教授、讲师、助手、研究生都可以参加。以国民革命研究班为例，成员即来自京都、大阪、神户、冈山等地的20所大学。我近年来研究国民革命，在京都期间多次参加该班活动，深感这是一种好的学术组织形式。

国民革命研究班班长为狭间直树。他长期研究中国近代史，也长期从事中日友好运动。我到日本后，多次听到过他在50年代，和小野信尔等为接待中国社会科学家访日而在民间募捐的感人事迹。他先后参加或主持辛亥革命、五四运动、民国初年的社会与文化等研究班，著有《中国社会主义的黎明》、《五四运动研究序说》等书，是日本中年汉学家中的佼佼者。班员中除长期从事中国近代史研究的著名学者伊原泽周、小野信尔、石田米子等人外，还包括各方面的专家，竹内实教授既精通中国近现代史，又精通中国文学，曾主持编辑日本版《毛泽东全集》，目前正在翻译《鲁迅书信集》。古屋哲夫是日本史专家，小野和子是明清史专家。班员中还包括一批年轻的新秀：森时彦，长于研究近代中国的棉纺织业和中国早期的共产主义运动；河田悌一，以研究乾嘉学派和章炳麟著名；松本英纪，是知名的宋教仁专家，目前正在翻译《宋教仁日记》。其他如北村稔、岩井茂树、江田宪治、村田裕子、林原文子等，也都学有专攻，成绩斐然。江田宪治原为北京大学的研究生，说一口流利的汉语。他对国民革命时期广东工人运动所做的研究，其深入、细致程度在我国也是罕见的。他是人文科研所大有希望的新一代。研究所鼓励所员扩大研究领域和知识结构，规定每人至少参加一个研究班。狭间直树教授参加了国民革命、明清史两个研究班，并且参加中国现代论争资料和东洋学文献类目的编纂。

国民革命研究班每星期五活动半日，主要内容为发表研究报告。班员们分工合作，仔细研究了《先驱》、《长沙大公报》、《新月》、《上海总商会月报》、《西北》、《建国月刊》、《四存月刊》、《新时代》、《人文》、《银行周报》、《少年中国》、《工人之路》，以及英国外交部文件（F. O. 317）、《密大日记》等报刊和档案，一一作了评介。其他在班上宣讲的重要成果有：《清末民初的日中思想交流》、《国民革命与黄埔军官学校》、

《国民革命时期的论争》、《国民革命诸问题》、《河北农村社会》、《北伐时期日本报纸对中国的认识》、《中国共产党的初期教育思想》、《孙文的民生主义》、《孙文思想中的民主与独裁》、《中国共产党旅欧支部的成立》、《国民革命时期的广东工人运动》、《辛亥革命前夜的民族危机感》、《中国共产党的国民革命论》、《南京事件与日本的对策》、《安徽、江西初期的农村合作社》、《辛亥革命后的浙江会党与共进会》等。每次报告都指定专人在充分准备的基础上进行质询。所有与会者也都是质询者，可以自由地提出各种问题。最后由报告者答辩。尽管班员中包含老、中、青三代，有些还有师生关系，但讨论起问题来却人人平等，既严肃认真，又融洽和睦，充满着学术民主气氛。发表的意见大都开门见山，明确扼要，绝无"很受教育"、"很受启发"一类俗套，也绝无说了半天而别人仍不得其要领的情况。这种讨论既可以扩大与会者的研究视野，也有益于报告者思考的深入，个人与集体的智慧都得到较好的发挥。在此基础上，再由报告者执笔，写成专文或专著，集合起来，就是一部文集或一组彼此联系的丛书。以前的辛亥革命、五四运动等研究班都曾以这种形式产生丰硕的成果，相信国民革命研究班也必将如此。

国民革命研究班的全部资料都公开。班员个人收藏的各种文献也都可以互相借阅，毫无保留。狭间教授的书房里，从地板到天花板，层层叠叠地堆积着各种图书和资料。狭间教授告诉我，这里的资料你都可以翻阅，也都可以复印。我在京都阅读的日本外务省文书拷贝，是向松本英纪教授借的；旧海陆军关系文书拷贝，是向古屋哲夫教授借的。他们的无私精神使我感动。

在京都见到的著名学者还有贝塚茂树、岛田虔次、井上清等，都已经退休，但均因有突出贡献而被授予京都大学名誉教授的头衔。贝塚茂树是中国古代史专家，又是日本当代少有的中国书画的收藏家。承他盛情，向我和厦门大学杨国桢教授展示了李唐《江村渔乐图》、文徵明《夏景山水》、徐渭《花卉图》以及林则徐的书法等大量珍品。岛田虔次是中国思想史专家，从朱熹、王阳明以至孙中山，都有精深的研究，学问广博，但却虚怀若谷。我在国民革命研究班讲学的时候，他特意从宇治市赶来参加，使我十分不安。井上清是日本近代史专家，中国历史学界的老朋友。年事虽高，却仍壮心不已。1987年是七七事变五十周年，他正和小野信尔、狭间直树、吉田富夫等一起，筹备于当年召开一次国际性的学术讨论会。见面那天，他非常高兴，谈兴很浓，话题很广。他谈到资料鉴别问题，特别指出日本有些资料靠不住，例如一·二八淞沪之战有所谓日军三勇士的说法，曾经喧腾一时，其实是假的。

我和北京大学的严绍璗同志曾联合在京都大学作过一次公开讲演。事前，《朝日新闻》、《每日新闻》两家大报都发了消息，听众来得很踊跃，气氛也热烈。我介绍了国内民国史研究的现状和我们所遵循的实事求是的原则。事后，竹内实教授曾以《中华民国史的新风》为题，撰文在《京都新闻》上介绍这次讲演。它说明，我们的民国史研究工作已经愈来愈多地为国际学者所重视和理解。

京都大学人文科学研究所藏书丰富，尤以所藏汉籍最为著名。其中包括原中国藏书家陶湘，日本藏书家村本英秀、中江丑吉、松本文三郎、内藤虎次郎、矢野仁一等人的藏书，颇多外间少见的善本和珍品。我因时间所限，阅览范围限于与辛亥革命、国民革命有关的典籍、杂志、档案等，其重要者有：

1.《各国内政关系杂纂中国之部》（革命党关系）。原件藏于东京日本外务省外交史料馆，人文科学研究所所藏为复印件。它包含着孙中山、黄兴、宋教仁、章太炎等人和辛亥革命、二次革命等大量史料，是一座尚未充分开发、利用的富矿。

2.《旧海陆军关系文书》。原件藏于日本防卫厅战史室，其中陆军部分八万三千册，海军部分三万三千册，大部分已摄成缩微胶卷。甲午战争以来近代中国的历史事件都有所反映，其利用程度较《各国内政关系杂纂中国之部》尤低。

3.《密大日记》，日本军部档案，原件也收藏于防卫厅战史室。从人文科学研究所已复印部分看，主要反映1921年至1926年时期中国军阀的情况。

人文科学研究所还广泛地从欧美、苏联等地收集资料。例如《国共合作、清党运动及工农运动文钞》与《中国共产主义关系文件集》，都是从美国购进的缩微胶卷。前者为当时人从报刊所抄辑的文选，某些报纸在我国国内已无法寻觅。后者辑录与中国共产主义运动发展有关的文献和出版物，有不少稀见或难见的资料。又如《中国革命与共产党》，是瞿秋白为总结大革命失败的经验教训，向在莫斯科召开的中共六大所提供的文件，系竹内实教授从苏联复印而来。目前国内仅发表了个别章节，其全文尚秘藏于个别档案馆内，一时也还难以见到。

东京十日

东京是日本的政治和文化中心。研究中国的学者多，学会多，图书馆、档案馆收藏的中国史料也多。在东京的十天，是我访日期间最忙碌、紧张的日子。

见到的第一位学者是东京大学的近藤邦康教授。他以研究中国近代思想史驰名，著有《中国近代思想史研究》等书。目前正在研究毛泽东。他听说我这两年正在研究国民革命，因此特邀日本外交史专家坂野润治教授一起见面。坂野教授带来了一堆卡片，阐述了他对币原外交、田中外交等问题的看法，热情可感。在近藤邦康教授的主持下，还召开了一个座谈会，使我有机会结识一批年轻学者。其中，坂元弘子研究谭嗣同，原岛春雄和阿川修三研究章太炎，佐藤丰研究《国粹学报》，大里浩秋研究光复会，村田雄二郎研究李大钊，藤井省三研究鲁迅，砂山幸雄研究民国史，田岛俊雄研究中国农业。

与久保田文次、小岛淑男、藤井升三、中村义等四位教授见面是在辛亥革命研究会和中国现代史研究会联合召开的座谈会上。他们四人都是东京辛亥革命研究会的中坚人物。该会的历史可以追溯到1960年。近年来会务日益发展，大体上每月举行例会一次，先后发表的学术报告有《朝鲜近代史与中国》、《在日华侨与革命运动》、《黄兴论》、《辛亥革命时期的留日女学生》、《刘思复与辛亥革命》、《清末直隶之谘议局与地方议会》、《中国国民会与辛亥革命》、《中国国民党的革新与改组》、《宋庆龄在中国革命中的地位》、《孙文的铁道论》、《宋教仁与日本》等。该会自1981年起，创办《辛亥革命研究》杂志。从已发行的几期看，学风扎实、细致，重视资料的收集和考订。在闲谈时，我曾问及该刊的经费是怎样解决的。久保田教授笑着说，这是个秘密。小岛淑男教授则告诉我，是他们几个人分摊的。

野泽丰教授也出席了座谈会。他是中国现代史研究会的主持人。该会起源于1964年的《向导》读书会，成立以后，以研究国民革命为主，其成果已汇集为《中国国民革命史研究》一书。近年来的研究领域日益扩大，在例会上发表的学术报告涉及广东政府、武汉政府、北京政府、张学良东北政权、南京政府、重庆政府、汪伪政权、国民党改组派、美中关系、李德、唐生智、陶行知、马寅初等多方面的问题，可谓洋洋大观。该会的刊物为《近邻》，由野泽丰教授个人发行。

山田辰雄教授是东京民国史研究会的发起人，国民党党史专家，著有《中国国民党左派研究》等书。在我去庆应大学访问的时候，他告诉我，现已担任该校地域研究中心副所长，正在实施一项研究近代中国人物的规模颇大的计划，民国史研究会的工作，已转请明治学院大学横山宏章教授负责。应山田教授之邀，我参加了民国史研究会的一次例会，由青年学者石川照子女士作《宋庆龄与中国民权保障同盟》的学术报告。在山田教授陪同下，我还参加了滔天会的一次学术活动，该会因纪念宫崎滔天而成立。那天的会议由久保田文次的夫人久保田博子女士主持。她是宋庆龄日本基金会的事务局长，研究宋庆龄的专家。会议的报告题目为《孙文与宋庆龄》。在日本，宋庆龄研究正在逐步兴起。

东京的青年学者中，久保亨、藤井省三、深泽泉等三位给我留下了深刻的印象。久保亨是东洋文化研究所助手，长于研究中国工人运动和南京国民政府时期的经济。他参加了好几个研究会。某次，他送我到达民国史研究会的会场后，就匆匆告别。原来，他还要赶去参加另一个研究会。藤井省三是樱美林大学副教授，他和村田雄二郎、代田智明、坂井洋史、陈正醍等几个年轻人组织了《新青年》读书会，自费出版研究近代中国思想和文学的刊物《猫头鹰》。刊物从内容到装帧都很精彩。深泽泉在中国研究所工作，热爱中国，热爱北京，我的访问得到她很多帮助。

我在东京的大部分时间都泡在图书馆、档案馆里。

国会图书馆。这是日本最大的图书馆，但阅览则极为方便。进门时，只需填一个小条，领一个徽章佩在胸前，就可以通行无阻。馆内的宪政资料室收藏着近二百个日本各界头面人物的档案，如伊藤博文、井上馨、桂太郎、山县有朋、西原龟三、宍户玑、阪谷朗庐、小川平吉、寺内正毅、斋藤实、伊东己代、宗方小太郎、上野景范、宇垣一成、宫岛诚一郎、大木乔任、安藤正纯、花房义质等人，都和近代中国历史有密切关系。有些档案，例如田中家文书，原件藏在山口县文书馆，但宪政资料室藏有全部复印件。入藏档案全部有详细的目录，包括件名、时间，甚至还有内容提要。目录完全开架，可以自由取阅。我到了这里，真有如入宝库，目不暇接之感。特别值得称道的是工作人员服务好，效率高。我有时几十分钟就要调换一次档案，心里直嘀咕，怕工作人员嫌麻烦，但他们每次都微笑着接待我，两三分钟内就将新档案送到面前。其中广濑顺皓先生尤为热情，他精通业务，经常告诉我，哪种档案已经出版，哪种档案京都有缩微胶卷，哪种档案内有中日关系资料，哪种档案还有一部分归私人收藏，等等。这里的复制也很方便。读者只需填写一张申请书，保证不将资料出售、出版、转让、再复制，在引用时注明国会图书馆收藏即可。个别档案，如田中家文书、山县有朋文书，则须征得原收藏者同意。

还应该提到的是，为了方便读者，图书馆内设有规模很大的快餐部，读者中午不用出馆，即可用餐。

外交史料馆。收藏日本多年来积存的外交档案，也许是目前日本最大的国家档案馆。由于美国国会图书馆已将其主要部分摄成缩微胶卷，因此，我在这里的主要目标是收罗其余部分。虽所费时间不多，但仍然得到了大量清末留学生和中国革命党人的资料。

东洋文库。日本最大的东洋学收藏中心。我在这里的最大收获是找到一套《中国国民党周刊》，它是研究国民党改组的重要史料。国内收藏不全，东洋文库仅缺一期，两者相合，就成全璧了。这里还有一套从美国购进的香港《华字日报》胶卷，对研究中国近代史也很有用处。此外，哈佛图书馆编辑并拍摄的《中国国民党党史资料汇编》虽是剪辑旧报，但也包含着不少珍贵史料。其他如《中国国民党中央执行委员会党务月报》、《中国国民党广东省党务月刊》、《蒋中正叛党祸国之罪恶》（1930）、《汪主席被迫离职之原因、经过与影响》（李之龙）等书刊，国内也均不易见到。

明治文库。这里收藏着大量明治时代的出版物，也收藏着多种日本头面人物的档案。我在这里查阅了有松英义、梅屋庄吉、宗方小太郎等几种，均已摄成缩微胶卷。

东洋文化研究所。该所收藏中、日、朝文图书近三十万册，中文杂志一千三百余种，其他重要资料有殷代甲骨、中国历代古钱、瓦当、古镜、兵器、铜器、玉器、土器、古砖、俑、佛像、衣饰等文物，以及中国绘画、清代和民国时期的档案，其中，甲骨、绘画、中国土地问题文书等，已分别编为图版、图录、目录，公开印行。这里的满铁调查资料尤其使我感兴趣。当年的这个"铁道株式会社"对中国问题调查之广、之深，实在使人惊愕。例如对浙江财阀，不仅调查了它的起源、发达史，经营的各项事业（纺织、煤、五金、航运、绸缎、缫丝、银楼、砂糖、药材、人参、棉花、布匹、米谷、家具、调味、染料、金融），而且调查了这一财团的七十多个人物，分析了它和南京政府的关系，推断了将来。又如对国民革命现状的调查分国民党、国共两党的合作与分裂、国民政府、国民革命军、社会运动等专题。在国共两党的合作与分裂这一专题中，包含共产党运动、国共合作史、第三国际对中国革命的政策、武汉政府统治下的农民运动、工人运动、土地公有问题及其经纬、湖南土地问题、反共产运动抬头、国民党驱逐共产党的理由及其对策等多方面的内容。调查完成得很快，仅仅在汪精卫"分共"之后一个半月，一份标有密件印记的长达250页的《满铁调查资料》第66编即已印出。

庆应大学图书馆。庆应大学是日本一所历史悠久的大学，因此藏书也极为丰富。我因时间匆促，只在书库走了一圈。承山田辰雄教授相告，有一册《湖南自治运动史》，其中收录了毛泽东早期的几篇文章。后来山田教授访华时，又承他惠赠该书复印件。此书国内虽有收藏，但也不易见到。

在东京期间，还访问了宫崎滔天旧居。同行者有久保田文次、藤井升三和中国研究所的深泽泉女士。承宫崎智雄、宫崎蕗苓夫妇盛情接待。宫崎旧居还保存着中国革命党人的书信四百余通。大部分都还没有发表过，均已由中国学者何子岚先生进行了整理。其他珍贵报刊尚在清理中。

本来还有许多资料想看，宫岛诚一郎的后人宫岛吉亮先生和其他一些人士也还有待访问；另外，日本有"不到日光，不配见阎王"的说法，我也想去这个久已闻名的胜地看看。但是，都不行了，在京都还有讲学的任务，只好匆匆离去。

神户与冈山的一瞥

在神户和冈山都只停留了一天。

神户有一个孙文研究会。会长山口一郎教授，是多年研究孙中山的专家。该会自1982年起筹备，1983年9月15日正式成立。其宗旨是收集、发掘、调查有关孙中山的资料，对孙中山以及日中关系进行理论的、历史的学术研究，刊行有关成果。筹备以来，在例会上发表的学术报告有《辛亥革命与神户华侨》、《南方熊楠与孙文》、《末永节与孙文、黄兴》、《孙文与神户》、《台湾的孙文研究》、《铃木久五郎与孙文》、《孙文最后的北上——国民会议与善后会议》等。该会计划创办《孙文研究》和《孙文研究会会报》，后者已发行两期。目前正在发行的日文本《孙文选集》（全三卷）也是该会的产品。它由伊地智善继、山口一郎二人监修，是京都、大阪、神户地区十多名研究者多年合作的产物。

神户还有一座孙文纪念馆，是在神户中华总商会会长陈德仁先生等人支持下，由山口一郎教授一手操办起来的。馆址在舞子海滨的移情阁，原为神户侨商吴锦堂的别墅。风景优美，登阁遥望，万里海天，尽收眼底。馆内陈列着孙中山各个时期的文物和山口一郎教授珍藏的孙中山研究资料，颇多精品。以少数人的精力而能办起这样的纪念馆来，确非易事。

神户的华侨博物馆也很有名。承孙文研究会和京都大学国民革命研究班盛意安排，我在该馆作了一次学术报告，题为《四·一二政变前后武汉政府的对策》。报告后，得到与会京都和神户两地的学者们热情指教，使我获益匪浅。

冈山是郭沫若的留学之地，但我去冈山，则是为了拜会冈山大学的石田米子教授。她以研究光复会著名。承她和好并隆司教授盛情接待，又蒙佐藤智水教授不辞劳苦，驾车陪我们参观犬养毅纪念馆等地。犬养毅是冈山人，纪念馆就是他当年的住宅。这一天并非开放日，但工作人员破例接待了我们。冈山县政府并派小出公大和山本光德两位先生前来陪同。当我在陈列柜中发现孙中山、康有为、梁启超、王照、毕永年、熊希龄等人的手札时，小出先生问我想不想拍照，这使我大喜过望。小出先生亲自从柜中将手札取出来为我拍照。胶卷不够了，山本先生又亲自出去购买。拍完了，山本先生表示：资料放在我们这里不能发挥作用。请利用吧！这使我深为感动。

从犬养毅纪念馆出来，佐藤智水、石田米子两位教授又引导我们去参观仓敷街。这条街还保留着江户时代的面貌。有一座纺织厂旧址，也还是那个时期的老样子。许多少女在那里参观，也许是为了感受当年劳动的艰辛吧！

冈山的参观是愉快的。但是，在吉备津神社外边的停车场上，我们意外地发现了一座所谓"殉国烈士"之碑，公然为二次大战时的战犯土肥原贤二等人翻案。当时，我们都很气愤。在回京都的列车上，狭间直树教授说："现在日本右派很活跃，这是我们不能允许的。我们不能让日本重新走上侵略道路。"是的，狭间教授的话讲得很对。为了世界和平和中日两国人民千秋万代的友好，有许多工作要做。这里面，也有着中日两国历史学家们义不容辞的责任。

第二辑 隔海烟云——台湾所藏秘档解读

康有为的联满倒袁计划
——读台湾所藏梁启超未刊函稿

梁启超的一份重要密函

台北"中研院"近代史研究所档案馆藏有梁启超致康有为未刊函件多通,其中有一通反映出1911年武昌起义后康有为的重要政治计划,值得认真加以释读。

函云:

今日第一义在先决吾党行止。弟子于北行之事总有不能释然者。前此有所希于公路,今彼乃如此,亦幸而未与共事耳!今日所希者,恐亦犹是。盖总不免求之在人,恐断未有能行吾志者。时〔昨〕觉顿携来一纸,可谓纤悉周备,而弟子犹有深念者数事:
——满人果可与共事否?

袁若去,则铁良、良弼等必出。此辈素以排汉为事,恐未必能推心于我。
——即能共事,其利害若何?

如此必明与民族主义为敌,代人受矢,以后舆望尽失。

——我辈果能得全权如今袁氏否？

恐不能。彼有兵而我无之，临时联络，基础甚薄，不为人所惮，且彼今方拟引赵尔巽、陈夔龙辈，此辈又岂可共事者。

——袁倒后我乃往乎？抑先往乃与各团共倒之乎？

先往自倒之，则可得实权，以后一切措施皆易，然漫然张空拳以当南北极强之敌，恐无此办法。若待彼倒后乃往，其可虑者有二：（一）袁倒后旬日间都中人无所恃，恐秩序全破，已为莠民所乘，不复可收拾。（二）若彼中有人能维持秩序，则其人必甚才，既有才人，则舆望归之，而彼之相需于吾辈者必不甚殷。我之归否，彼不甚以为重，即归亦寄彼篱下耳。而以后一切为彼分过，是否值得？质言之，则袁去后若能维持秩序，则其人必非赵、陈辈而铁、弼辈也。我寄铁、弼辈篱下是否得策？将来是否能有所转圜，以收暂时已失之人心，最当熟计。舍此则惟有即日起行亲往倒袁耳，然似太险。

——我即能得全权，如今之袁氏，能否得天下之贤才相与共事？

现在海内同志无一人不以沉几观变相勉，我若骤出，恐最亲信之人亦且量而后进。他勿论，即孺博、佛苏、觉顿，亦恐不肯相助。佛苏忽来一电沮北行，又昨有一电，亦言切勿往。窃计此皆都中同志，颇知蒙王等及其他各团体有敦迫消息，恐吾辈贸贸然应之，故皇急相沮也。蓝志先亦有□（电）来，言都中盛传吾二人已至，且有登报问住址者，彼拟登报代辨云云，党中不欲吾辈轻出，几成舆论。若排众议而往，必尽失党人之心，以后谁与共大事者？

——北军究竟能战与否，实属疑问。

饷项如何，已属极可忧。就令稍可支，而北中各处蠢动，防不胜防，兵力分疲于守御进攻，虑非可恃。

函中，梁启超对康有为拒绝承认现实的主观主义的思想方法提出了严厉的批评。函云：

师所论或亦有之。然遽断其必如是，得毋太武！汉阳复后，英日出而调停，此众目所共见者。英美商团请逊位，其建言书亦见各报，何由尽指为伪？吾师论事论学，凡既标一说，则一切与己说反对者，辄思抹杀之，论理学所谓隐匿证据是也。似此最易失其平。偶因兹事，更申昨函所言。至此事果为冢骨造论与否，原可备一说，但愿师勿持己脑中所构造之事实以误真相。凡论一切，皆谨于此耳！

末署两浑。

　　本函未署年月。函中言，"汉阳复后"，按，冯国璋攻占汉阳，时在1911年11月7日。此函必作于其后。函中又言："袁若去，则铁良、良弼等必出"，按良弼于1912年1月26日被革命党人彭家珍炸伤，两天后死去，此函必作于良弼被炸，死讯公布之前。函中所称"公路"、"冢中枯骨"，均指袁世凯。"觉顿"，指汤觉顿，康有为弟子。函称："时〔昨〕觉顿携来一纸，可谓纤悉周备。"汤觉顿带给梁启超的"一纸"当是康有为的计划，本函是对康有为计划的问难。它反映出，1911年武昌起义后，康有为曾企图联络满蒙亲贵，搞掉袁世凯，控制中央政权。

武昌起义前后康、梁等人的宫廷政变密谋

　　康有为、梁启超因担心大规模的武装起事会造成社会动乱，因此，在自立军失败后，即逐渐转向推动立宪运动，企图动员社会舆论，迫使清政府接受改革；同时，在有机可乘之时，康、梁等也积极策划宫廷政变，以期用最不引起社会震动，损失最小的方式取得最大的收获。1909年，溥仪登基，载沣摄政，为改良派带来了新希望。梁启超等人即积极联络满族亲贵，和掌管军谘处事务的郡王载涛及载洵建立联系。当时，载涛和庆亲王奕劻、贝子载泽有矛盾，向改良派打入北京做地下工作的潘若海问计。潘建议他一面收抚禁卫军，一面拉拢驻扎保定的新军第六

军统制吴禄贞,准备在1911年夏历九、十月间,里应外合,发动政变,消灭奕劻与载泽等,掌握政权[1]。计定,梁启超即利用华侨捐献的大量金钱,收买禁卫军,几乎将1910年各方所得全部投入,以致哑子吃黄连,无法回答同党的诘问。武昌起义后,清军第二十镇统制张绍曾和第二混成协协统蓝天蔚计划在滦州举行兵谏,联名要求清廷改组皇族内阁,召开国会,实行立宪。梁启超即准备急驰回国,利用禁卫军实现上述计划,拥立时已担任军谘府大臣的载涛为总理,收抚革命党人,消弭起义。康有为同意梁启超的这一计划。10月26日,他在致徐勤密函中说:

> 适有机会,北中兵事,有熟人,亦有亲贵,欲胁以改政府,即以资政院改国会,并合十八省咨议局议员,且罢征讨军令,往抚之。已发要人数四,入北运动。若不得,则欲募壮士数百为之,否则土头亦必自专,亦无我等回翔地矣!事之成否,书到已见,远亦决行。亡国恒于斯,得国恒于斯。[2]

这里所说的"北中兵事,有熟人",即指吴禄贞等;所说"亦有亲贵",指载涛等;"土头",指袁世凯;所说"远",指梁启超。本函表明,康有为企图抢在袁世凯成为气候之前取得政权。"事之成否,书到已见",张绍曾、蓝天蔚计划发动的日期为10月29日,故云。

然而,就在梁启超整装待发之际,忽然得到"袁党"调毅军统领姜贵题率兵入卫京师的消息,政变计划横生阻碍,急得梁启超大喊"真是魔障"。这样,他就犹豫起来了。

政治斗争中没有一成不变的固定敌人。戊戌政变后,梁启超等虽然把袁世凯视为不共戴天的仇敌,力谋去之而后快,但是,这以后,袁世凯的势力急剧膨胀,已经去之不能。姜贵题带兵入京后,梁启超即有与袁世凯"言和",共同对付革命军的考虑。张绍曾等在滦州举事后,清政府于次日下诏罪己,表示将"维新更始,实行宪政",同时,宣布开放党

---

1 《梁启超年谱长编》,第554页,上海人民出版社,1983。
2 《民立报》,1912年12月27、28日。

禁，赦免党人。这一切，使梁启超处于久未有过的兴奋中。11月3日，梁启超致函徐勤，确定"和袁、慰革、逼满、服汉"的八字方针，然后怀着要指挥一场大战的心情自日本回国[1]。他准备先到滦州住一宿，然后带百数十个军人入京，完成大事。11月9日，梁启超抵达大连，受到当地官吏的欢迎，满耳所闻，都是张绍曾已经入都一类的好消息，因此，更加踌躇满志，觉得事在必成，给长女函称："入都后若冢骨尚有人心，当与共勘大难，否则取而代之，取否惟我所欲耳！"[2]

吴禄贞是与保皇党和革命派都有联系的清军将领。1910年任新军第六军统制，掌握着一支用新式武器配备的精锐军队。1911年秋，梁启超曾特派潘若海持函见吴。函中，梁启超大谈军人在中国的巨大作用，声称"今后之中国，其所以起其衰而措诸安者，舍瑰伟绝特之军人莫属也"；由此，梁启超又进一步对吴大灌米汤："天下苍生所望于公者，岂有量哉！"[3] 潘若海与吴禄贞会面的情况如何，由于文献无征，具体情况不得而知，但二人间有某种协议是肯定的。梁启超回国时之所以如此踌躇满志，与他和吴禄贞、张绍曾之间的联系显然有关。但是，11月7日，吴禄贞在石家庄突然被袁世凯派人刺死，张绍曾吓得躲进天津租界。这样，康有为、梁启超实行宫廷政变的两大军事力量都已不能依靠。同时，又传说蓝天蔚拥护革命，有不利于梁启超的计划，梁不得不仓促返回日本。

此后，康有为即酝酿新的政变计划。

梁启超密函的历史内涵及其显示的意义

汤觉顿带给梁启超的康有为"一纸"，至今尚未发现。因此，笔者无从得知其细节，但是，其主要内容可以从梁启超对康有为的问难中推知。

1　《梁启超年谱长编》，第558页。
2　《梁启超年谱长编》，第559页。
3　《梁启超年谱长编》，第562页。

梁启超提出:"满人果可与共事否?""即能共事,其利害若何?"据此可知,康有为计划的内容之一是联络满族亲贵。

梁启超提出:"袁倒后我乃往乎?抑先往乃与各团共倒之乎?"据此可知,康有为计划的内容之二是搞掉已经掌握清政府实权的袁世凯。

梁启超提出:"我辈果能得全权如今袁氏否?""我即能得全权,如今之袁氏,能否得天下之贤才相与共事?"据此可知,康有为计划的内容之三是掌握中央政权的实际权力。

联络满族亲贵,推倒作为内阁总理大臣的袁世凯,由改良派掌握中央"全权",三者结合,构成了一份完整的政变纲领。它是康有为武昌起义后的一份新的应变计划。

武昌起义后,清政府单凭自身的力量已不足以镇压革命党,不得不起用罢黜在家的袁世凯。袁世凯最初作态不出,借以抬高身价。而在出山之后,即首先向满族亲贵开刀。11月1日,载沣授袁世凯为内阁总理大臣。13日,袁世凯入京。16日,成立内阁,先是罢免军谘府大臣载涛和毓朗,接着,于12月6日逼迫摄政王载沣交出大印,退回藩邸,并由隆裕太后声明,亲贵不得预闻政事。1912年1月16日,袁世凯与内阁诸大臣联衔密奏清廷,声称大局危迫已极,民军坚持共和,别无可议,要求召开皇族会议,决定方策,宣布共和。17日,隆裕召开近支王公亲贵会议,争议甚烈。19日,隆裕再开近支王公御前会议,国务大臣赵秉钧秉承袁世凯意旨,提出取消北京、南京两个政府,设临时政府于天津。亲贵们更加强烈地反对,纷纷哄闹。赵秉钧则称:若不采纳,内阁将全体辞职。第二天,袁世凯即称病不朝。

袁世凯出山时,清廷中即有一部分人不满意于袁世凯,寄希望于康、梁。1911年12月13日,罗惇曧(瘿公)致梁启超函云:"北省一般舆论有不满意于袁者,甚盼康梁内阁,谓继袁非康不可。"[1]袁世凯出山后,他利用民军压迫清廷、夺取权力的行为引起满蒙王公亲贵的强烈不满。恭亲王溥伟就曾面奏隆裕太后说:"革命党,无非是些年幼无知的人,本不足惧。臣

---

1 《梁启超年谱长编》。第576页。

最忧者，是乱臣藉革命党势力，恫吓朝廷。"[1] 溥伟这里所指的"乱臣"，显然就是袁世凯。与此同时，宗社党良弼等人则发布宣言或公启，指责袁世凯"蔑视纲常，损辱国体"，"其居心更不可问"。[2] 在这一情况下，有一部分满蒙亲贵主张听任袁世凯辞职，由铁良组织内阁[3]。还有一部分亲贵则准备联合康、梁等改良派，共同搞掉袁世凯。《梁启超年谱长编》收有蒙古王公那彦图等人给梁启超的一通电报，中云：

> 公倡议保皇，热心祖国，内外蒙藩部落，俱表同情。既因君位存亡，危在旦夕，请公等速归，共筹匡济之策。

电称："扶冲主而慰先皇，唯公是赖。蒙古合境上马，愿执鞭〔弭〕以从。"那等并要梁启超将此意转达康有为。末署"北京蒙古王公那彦图等同叩"。当时，在北京的以那彦图为首的蒙古王公是一支坚决的保皇力量，他们既坚决反对共和，也反对袁世凯篡权，曾准备组织勤王军，并曾准备派人赴日本，迎接康、梁回国，共同保皇[4]。显然，正是那彦图等人的电报及类似讯息点燃起了康有为的热情，促使他产生联络满蒙王公，排袁保皇的幻想，并且要求梁启超立即入都实行。上引梁函云："他勿论，即孺博、佛苏、觉顿，亦恐不肯相助。佛苏忽来一电沮北行，又昨有一电，亦言切勿往。窃计此皆都中同志，颇知蒙王等及其他各团体有敦迫消息，恐吾辈贸贸然应之，故皇急相沮也。"这里所说的"蒙王"，当即指那彦图亲王；"敦迫"云云，即指要求康、梁归国。

梁启超不赞成康有为的联满倒袁计划。从上引梁函的问难可以看出：1.他不信任铁良、良弼等"素以排汉为事"的满族亲贵，认为不足与共事。2.手中无兵，不能掌握倒袁的领导权，倒袁之后不会捞到多大好

---

1 《让国御前会议日记》，《辛亥革命》（八），第114页，上海人民出版社，1957。
2 《北京旗汉军民公启》（原件），《大树堂来鸿集》第1册，北京大学图书馆藏。
3 《梁启超年谱长编》，第589～590页。
4 《蒙古王公反对共和之坚决》，《大公报》，1912年1月25日；《那邸派员赴日消息》，《大公报》，1912年1月30日。

处，只能寄人篱下。3.梁已经认识到，革命党人所倡导的民族主义已不可抗拒，不愿代人受矢，成为舆论反对的目标。4.梁已经看到，清政府面临财政、军事诸多困难，未必能战。5.梁担心首都和北方的秩序被破坏，"为莠民所乘"，出现不可收拾的局面。

本函反映出梁启超思想的新动向，即准备承认清政府实际上被推翻的现实，也准备承认袁世凯掌握权力的现实，借以维持社会秩序，避免动乱。

袁世凯成立内阁时，即任命梁启超为法律副大臣。这一职务除了给袁内阁装潢门面外，不会有别的作用。因此，梁启超不肯就职。尽管如此，梁启超还是通过罗惇曧等人和袁谈判，兜售他的"虚君共和"理论，即保留清朝皇帝的名位，但使之"无否决之权，无调海陆军之权"。[1] 他向袁世凯表示，与其当官，不如让他办报。他自负地说："鄙人无他长处，然察国民心理之微，发言抓着痒处，使人移情于不觉，窃谓举国中无人能逮我者。"[2] 这时候，梁启超是准备和袁世凯"推心握手"，"分劳戮力"，共图天下事的。

辛亥革命前，梁启超基本上跟着康有为走。1903年前后，梁启超一度有赞成"孙党"革命之说的倾向。经康有为严词教训，梁启超作了检讨，重新归依师门。但是，在辛亥革命这样重大的历史事件发生后，梁启超就再也不肯对老师百依百顺了。本函除了对康有为的政变计划提出质疑外，还对康有为的刚愎自用的主观主义的思想方法提出了热辣辣的批评。"既标一说，则一切与己说反对者，辄思抹杀之"，"持己脑中所构造之事实以误真相"，云云，都是打中了康有为的要害的。这一切显示出，他的思想已经和康有为有重大分歧。此后，师弟子之间，就分道扬镳，各走各的路了。

康有为遗物中，还保留着梁启超的另一通函件，中云：

> 昨多冒犯，平旦思之，惟有惶恐。顷得北京蒙古王公一电云

---

[1] 《梁启超年谱长编》，第567页。
[2] 《梁启超年谱长编》，第570页。

（上有官电印记），谨抄呈。复之真难。如何之处，尚乞赐教，勿以昨之辞直而所咎，幸甚幸甚！[1]

本函所称"北京蒙古王公一电"，当即上引那彦图等致梁启超电。那电发于1912年1月24日，则上引梁函当作于此后的几天之内。当时，康有为、梁启超同居于日本神户须磨，共同商量或函札往来都是极为方便的。"昨多冒犯"云云，可见梁对康的意见，已多所反对了。

从上引梁函可以看出，除梁外，麦梦华（孺博）、徐佛苏、汤觉顿、蓝公武（志先）等人也都不赞成康有为的计划。

1912年2月3日，张浩、梁柄光、何天柱等致函梁启超，指斥康有为的计划"偏僻迂谬，不切时势，万无服从之理"。张等主张联袁，函称："本初早已赞成共和，南北磋商今复就绪，逊位之事发表在即。吾党不欲登舞台则已，如其欲之，必须早与本初携手，方能达其目的。"[2] 2月5日，罗惇曧致梁启超函也说："试思须磨所策划，均以为完满，一出发后，机局全然改变；无益费精神，亦大可不必矣。"[3] 须磨，指须磨村，梁启超在日本神户的住址。须磨所计划，即指上文所述拥戴载涛为总理的政变计划。罗惇曧认为，既然那个计划已因机局变化而流产，当此时局变迁更为剧烈之际，何必白费精神呢！

分化不仅表现于康、梁之间，而且更广泛地表现于昔日的维新、保皇党人之间，各派政治力量正在围绕着辛亥革命这一大主题重新组合，酝酿着新的角逐和斗争。

1　蒋贵麟编：《万木草堂遗稿外编》（下），第863～864页，台湾成文出版社，1978。
2　《梁启超年谱长编》，第598页。
3　《梁启超年谱长编》，第591页。

孙中山的一次北京未遂之行
——读台湾中国国民党党史会藏段祺瑞函

台北中国国民党党史会藏有段祺瑞致孙中山函一通,文云:

逸仙先生执事:前复寸笺,计邀鉴察。秋风拂拂,又作新凉,引领南云,日唯兴卫佳胜为颂。瑞忝尸高位,已历数月,本鲜宏毅之志,安能重远之图,亦惟摅此赤诚,与周行君子坦怀相见,冀或鉴其无私,欣相契合耳!惟纷变之后,重谋统一,若何以舒积困,挽凋瘵之民生?若何以振颓纲,扶踉跄之国步?其事至赜,隐患犹多,朝夕兢兢,罔知所措。我公救世之亟,爱国之殷,昭襮寰区,万流仰镜,智珠所映,必有宜时妙剂。是以屡盼大旆北来,冀聆伟谋,以俾经画。大总统亦亟思与公一道渴衷,缅想肺抱,应不能置之恝然也。兹由王君铁珊趋迓台从,请即诹期命驾,已饬馆人洁除以待矣!不尽之言,统由王君面陈专布,敬颂台绥,无任延企之至。

末署"段祺瑞拜启,九月四日"。本函未署年,据函中所言史事判断,知为1916年之作。

民国建立了,但袁世凯仍想一圆皇帝之梦,结果遭到各方反对。袁世凯又惊又气,于1916年6月6日死去。第二天,黎元洪就任大总统。同月29日，特任段祺瑞为国务院总理，于是，"民国重光"，中华民国总算维持住了一面"共和"的招牌。函中所言"纷变之后"，即指袁世凯称帝而又倒台之后。

袁世凯毙命后，孙中山即发表谈话，认为"袁死而中国真可大治"，"倘各执政者皆能表示其诚意之所在，则予愿与国民共助之"。[1]同时，孙中山又宣布"罢兵"，解散各路反袁军队。6月17日，黎元洪电请孙中山派代表北上，讨论善后各事。8月中旬，黎元洪又函聘孙中山为高等顾问。9月初，孙中山复函黎元洪，表示"高等顾问"头衔非所敢当，已派胡汉民、廖仲恺为代表进京面谒。当时，孙中山正在考虑发展民族工商业的问题，因此，他在函中向黎元洪提出裁撤厘金、防止出口进口重复征税、减轻土货出口税率、币制统一等四条意见，希望黎元洪采择[2]。在致函黎元洪的同时，孙中山又致函段祺瑞，祝贺他的国务总理一职被参议院和众议院全体通过，希望段能成为"救时良相"。函称："大变甫定，元气未复，民望皆属于救时良相，文以无似，犹得于海上遥听好音，何幸如之！"[3]

孙中山是民国的缔造者，又是反袁领袖，黎元洪、段祺瑞自然希望罗致于周围。9月初，黎元洪、段祺瑞决定派王铁珊到上海欢迎孙中山入京。上引段函即是为此而作。"若何以舒积困，挽凋瘵之民生？若何以振颓纲，扶踉跄之国步？"这确是当时黎、段政府面临的问题。"我公救世之亟，爱国之殷，昭襮寰区，万流仰镜"云云，反映出当时孙中山在全国人民中的崇高威望。

王铁珊到上海之际，胡汉民、廖仲恺已经出发。9月13日，孙中山分别复函黎元洪、段祺瑞，告以已派胡、廖二人入京，他们是自己二十年旧交，无论何事，均可代表己意，希望能充分倾听他们的意见，则有如亲见。孙中山并称：半年以来，自己"宿疴未除，百事殆废，今始稍为料理，未能遽毕"，因此，暂时不能入京。孙中山表示，两个月之后，擬

---

1 《在上海对某记者的谈话》，《孙中山全集》第3卷，第303~304页，中华书局，1984。

2 《孙中山全集》第3卷，第360~361页。

3 同上，第360页。

逖	仙	先	執	事	前	寸	賤	計	逖
聽	眷	秋	風	拂	拂	之	作	新	涼	引	領

	南	雲	日	惟							
興	衛	佳	勝	為	頌	緒	吞	尸	高	位	已	曆	數	月	奉
宏	毅	之	志	安	能	重	達	之	國	亦	惟	絢	此	誠	與	周
行	君	子	坦	懷	相	見	異	式	臨	其	無	私	所	相	契	合

耳	惟	紛	變	之	後	重	謀	統	一	若	何	以	存	積	困	挽	凋
源	之	民	生	若	何	以	振	頹	綱	扶	狼	貽	之	國	步	其
事	至	晴	隱	惠	尤	多	朝	夕	競	競	周	知	所	揩	我
公	毅	世	之	盂	愛	國	之	殷	貽	禄	家	區	萬	流	仰	鏡
智	珠	所	映	迄	有	宜	時	妙	劑	見	以	慶	盼
大	聊	此	未	葉	昤

段祺瑞函致孫中山函

律谋以挥经画
大总统亦希思及
公一道渴衷缅想
此抱应不能重之初然也函由王君缕细拖述
台从情卹
谅期命驾已饬馆人洒除以待无不尽之言统
因王君面陈兹布歆颂
台绥无任迟企之至
段祺瑞启 九月

段祺瑞致孙中山函

挡就绪,"当可北游燕冀"。[1]

孙中山之所以不肯即时入京,原因较多,一是他对段祺瑞内阁的人选不满意。段内阁虽然安排了几位"民党"人士,但均非孙中山所欲;二是北京的国民党党务有待整理;三是北方帝制余孽尚多,孙中山想观察一下段政府的发展动向。

袁世凯毙命之后,国会重开。在北京的部分原国民党议员主张恢复国民党,部分进步党、共和党分子也准备与国民党合并,合组大党,掌握国会的三分之二多数。孙中山派胡汉民、廖仲恺入京,除会见黎元洪、段祺瑞,阐述政见外,另一重要目的就是整理北京党务,扩张国民党的"党势"。此外,胡、廖二人入京,还有一项目的,即要求段政府代为偿还华侨债务。辛亥革命至反袁期间,海外各地华侨踊跃捐资,支持革命军,其中一部分需要偿还。现在,民国再造,政府自然有义务清理这一笔债务。

北京段政府的所作所为逐渐使孙中山失望。10月底,胡汉民回到上海,向孙中山报告,国会中的国民党议员准备推举孙中山为副总统。孙中山大不谓然,告诫胡汉民说:"你同仲恺在北京要当心一点。我将要造反了。北京当局现勾结帝国主义者有解散国会的意思。对于国家有捣乱的行为,我便要讨伐他们。你们要小心!"[2] 自然,孙中山原定访问北京的计划也就取消了。

1917年5月,段祺瑞因对德宣战问题,曾通过王宠惠邀请孙中山赴京,为孙中山拒绝。

---

[1] 《孙中山全集》第3卷,第366～367页。
[2] 陈锡祺主编:《孙中山年谱长编》,第1010页,中华书局,1991。

徐致靖大骂梁启超
——读台湾所藏徐致靖未刊函札

戊戌变法期间，徐致靖曾推荐康有为、谭嗣同、梁启超等人。政变时，徐致靖因"滥保匪人"获罪，定永远监禁。义和团运动期间，"出狱待罪"。他的作品很少流传，但台湾"中研院"近史所却保存着他晚年的四通致康有为函件，弥足珍贵。其一云：

绝交不已，又将加入，贵高足之主持斯义，究不知是何肺肠？报载各处公电及吾师致政府长函，痛斥若人之荒谬，逐条指驳，以矛刺盾，言之綦详，无庸赘及。独怪若人者，自戊戌政变久而论定，当今志士，尊吾先生师弟之间为先知先觉，望隆泰斗，人无间言。方谓时政虽荒，袁逆虽肆，外患内忧虽亟，而支柱乾坤，力挽危局，将必虽师若弟，两人金石不渝，岁寒可盟，私以窃幸。今已垂暮，犹冀须臾无死，拭目以观公等二人造福我国民，而不图人心难料，顿易生平，昧却惺惺使糊涂，竟欲以党见、私见，假外交以倾覆吾国，昏谬险毒，一至于此也。

吾先生缘是怒气冲激，几成肝厥。然而徒怒无益，吾意惟有宣布若人祸国罪，与众共弃，使天下人咸晓然于若人罪恶，人得而诛，甚于义和之罪魁，洪宪之鬻国，人人痛恨，势成独夫。即妄欲挟外以自重，亦何能为！

　　夫人孰无情，以数十年渊源授受，同心同德之谊，就令小有龃龉，何可遽加屏绝，贻诮凶终？然而事有重轻，大祸之构，惟在斯人。劝之不听，责之不复，是其叛弃师门，虽非怙恶，悍然祸国，以图一己之私，司马之心，路人皆知。此而可忍，孰不可忍！在先生取友不端，羿亦有罪，即鄙人戊戌被祸，虽以滥保为吾师罪，而问心无愧，处之坦然。今则目睹若人之肆毒，若起先皇帝于九原，治臣以滥保匪人之罪，其何能自解耶！早知如此，彼若人者，不如戊戌被戮，反得保有令名，免至今日肆虐，所谓"假使当年身便死，一身真伪有谁知"也。愤气填膺，言不能择，惟望速加断割，明示鸣鼓之攻，宣布两观之律，为背师祸国者戒。若再迟回姑息，意存不忍，致斥李斯者追究荀卿，恐吾师亦难逃斯责也。

末署"清明时节"。据此并据函中所述史事，知此函为1917年4月5日之作第一次世界大战，列强分为同盟国（德、奥、意）与协约国（英、法、俄、日、美）两大军事集团。日本借大战之机，出兵我国山东，强占原为德国侵占的胶州湾及胶济铁路沿线地区。同时，怂恿北京政府参加协约国，对德宣战。英国政府也鼓动中国政府一致行动。1917年2月，德国悍然实行潜艇新政策，封锁公海，袭击商船。同月9日，北京政府就此向德国政府提出抗议，日本外务大臣即于同日召见中国驻日公使章宗祥，建议中国政府即行宣布对德绝交。当时，中国政府觉得日本有求于中国，便抓住这一机会，要求日本给予财政援助，并请日本政府及有关各国政府同意中国提高关税税率，减缓交付庚子赔款。日本为了拉拢中国参加协约国，于27日通过外务大臣表示：中国希望之事，自有商量余地。有了日本这句话，国务总理段祺瑞等便决心加入协约国。3月3日，国务会议通过对德绝交案。段祺瑞没有想到的是，总统黎元洪却以事关重大，需要慎重为词，拒绝签字。段一怒之下，宣布辞职，离京赴津。

　　黎元洪的总统府和段祺瑞的国务院之间本来就存在着矛盾，参战之争使矛盾进一步加剧起来。黎元洪本想借此改组内阁，踢开段祺瑞，但是,他赤手空拳,无所凭借,自然斗不过武力在握的段祺瑞。7日,段祺瑞返京,宣称对德外交方针已获总统赞同。14日,北京政府宣布与德国断绝国交。8月14日,对德宣战。

对德外交问题不仅加剧了府院之争,而且在社会各阶层间引起了广泛争议。一时间,名流们纷纷表态,尖锐地形成两派。主张参战的有蔡元培、陈独秀、李大钊等,反对参战的有孙中山、章太炎、马君武等。双方都各有其理由。

徐致靖反对对德宣战。3月8日,他致函康有为称:中国参战绝无胜利的可能,即使勉强打胜了,也不会有什么好结果。函称:"无端加入,既与结约,必且受其要挟而不能拒,必且竭膏血以相供给。即能制德而胜,国已不支;若德终胜,则祸尚可问乎!"因此,他一方面谴责段祺瑞等人"儿戏国事,妄欲为孤注之一掷",把主张参战的诸人比之为"义和团罪魁",另一方面则盛赞黎元洪,支持他改组内阁。信中,徐致靖要康有为出面联合同志,汇集舆论,制止政府参战,以免打输了,"身为亡国之民"。[1]

康有为也反对对德宣战。他主张保持中立,乘欧战之际,励精图治,理财练兵,振兴农工商各业,争取国家自强。3月13日,他致电黎元洪和段祺瑞二人,历述不应参战的种种理由,声称德国强大,"全球畏德如虎",与德作战,必败无疑。电称:"仆为五千年之中国计,为四万万之同胞计,故流涕沥血,竭诚奉闻,望垂察行;否则悬吾目于国门,以视德舰之人也。"[2]

但是,梁启超却主张参战。3月上旬,他连续致函段祺瑞,建议先下手为强,首先捕获德国和奥国在中国海域的商船,以免它们以爆破的方式封锁黄埔,同时则宣布对德绝交。函称:"绝交既为终不能免之事,早绝一日,则德人及国内捣乱分子即少一份活动余地,此不可不当机立断者也。"[3] 为此,他六次会见黎元洪,劝黎支持段祺瑞。10日,他又对英

---

[1] 《仅叟来函》(徐致靖致康有为),台湾"中研院"近史所藏。

[2] 《时报》,1917年8月14日。

[3] 《梁启超年谱长编》,第814页。

文《京津时报》记者发表谈话，声称："现国会至少有五分之四赞成中德绝交，而后继之以宣战，北京有九大政团，几全体一致主张加入。势已如此，总统虽欲不许，亦不可得。"[1] 26日，他致函北京政府国务院政务评议会，主张从速对德奥宣战。

梁启超的主张受到徐致靖的强烈反对，也激起他的强烈愤怒。上引致康有为函指责梁启超"以党见、私见，假外交以倾覆吾国，昏谬险毒，一至于此"，罪名是相当大的。不仅如此，徐致靖还要康有为断绝和梁启超的师生关系，宣布其罪状，鸣鼓而攻，"使天下人咸晓然于若人罪恶，人得而诛"。他甚至表示，戊戌维新时不该保荐梁启超，认为政变时西太后将梁杀了倒好，"免至今日肆虐"云云，确乎已经到了"怒不择言"的状况。

梁启超的主张自然也受到康有为的强烈反对。本函称"吾先生缘是怒气冲激，几成肝厥"，可见康有为盛怒之下几乎发昏的情形。这一时期，康有为还有一篇手写的揭帖式的文字，破口大骂"梁贼启超"，当是接受了徐致靖此函的建议。

梁启超之所以主张参战，据他自己说，其理由有二：从积极方面看，必须乘此时有所表现，以求置身于国际团体之林；从消极维持现状看，必须与周围关系密切的国家"同其利害"，才能受到"均势"的庇护，云云。[2] 梁启超的理由是否正确，可以讨论。不过，他是看准了德国必败才敢于下此一着的。后来的历史发展是：德国终于被打败，中国成为"战胜国"，顾维钧等人有了在巴黎和会上要求收回山东权利的资格。

政治斗争中，双方因政见不同，难免意气用事，攻击过头。史家们必须超脱于双方之上，根据历史条件独立判断。如果取其中一方之说以论定另一方，那就离事实很远了。

---

[1] 《梁启超年谱长编》，第815页。

[2] 《梁启超年谱长编》，第807页。

瞿秋白的《声明》与国共两党的"分家"风波
——读台湾中国国民党党史会藏档案

国共合作之前,国民党内即有一部分人持反对态度;国共合作统一战线形成后,仍有一部分人继续反对。1924年8月下旬,瞿秋白有一份维护国共合作的文件,题为《候补执行委员瞿秋白对于八月十九、二十两天之中央全体会议议事录之声明》,在当时起了重要作用。这一声明,台湾李云汉教授在《容共与清党》一书中曾有所引述,其后,台湾出版的《国父年谱》、《中华民国史事纪要》等书陆续引述,但均不出李著范围,使人颇感不足。1996年,我访问台湾期间,才有机会在国民党党史会藏档中得见全豹。

一场反对"共产派"的风波

中共以个人身份加入国民党后,即在国民党部分组织内部建立中共"党团"。1924年上半年,国民党人陆续发现《中国社会主义青年团第二次大会决议案及宣言》(1923年8月25日)、《青年团团刊》第七号(1924年4月1日)、《中国共产党关于国民运动及国民党问题的决议》等文件,肯定了国民党内有中共"党团"这一事实,于是,部分反对国共合作或反对"容共"的国民党人便借此发难，要求和共产党"分立"、"分家"，从而掀起一场大波。

1924年6月18日，国民党中央监察委员张继、谢持、邓泽如向孙中山及国民党中央执行委员会提出弹劾共产党案，指责共产党在国民党内部组织"党团"，"完全不忠实于本党"，"且其行为尤不光明"，提出非"速求根本解决不可"！[1] 同月25日，谢持、张继等向当时担任国民党顾问的鲍罗廷提出质问："君以共产党加入国民党，而在党内作党团活动，认为合理乎？"[2] 7月3日，国民党中央召开执行委员会第四十次会议，决定发表宣言，说明以国民党第一次全国代表大会发表之宣言及政纲为准。"凡入党者，如具有革命决心及信仰三民主义之诚意者，不问其从前属于何派，均照党员待遇，有违背大会宣言及政纲者，均得以党之纪律绳之"[3]。同时并决定，在短期内召开全体会讨论，并呈请孙中山决定。

7月3日的会议并没有能平息风波。8月15日，冯自由致函孙中山，为张继等人辩护。函件指责孙中山偏袒共产党人，要求孙中山"毅然向党员引咎道歉，以平多数党员之公愤"。同时，"将共产党员一律除名，并将引狼入室之汉民、仲恺、精卫等严重惩办"[4]。比之张继等人的"弹劾"，冯自由的信件嚣张得多。

瞿秋白舌战张继

冯自由致函孙中山的同日，国民党中央执行委员会在广州召开全体会议。19日，讨论张继等人的弹劾案。当日到会中央执行委员12人，候补中央执行委员7人。会议由廖仲恺主持。张继首先发言，分7项：1.共产派在党中为党团活动之事实及其刊物；2.海内外党人与共产派冲突之真

1　张继等弹劾共产党呈文。
2　中央监察委员会缩印：《弹劾共产党两大要案》，1927年9月。
3　《中央执行委员会第四十次会议录》，《中国国民党周刊》第30期。
4　冯自由：《致孙中山先生函稿》，《档案与历史》1986年第1期。

相；3.共产派分子加入本党之始，原以信义为指归，现在发生纠纷，应负其责；4.第三国际共产党是否适宜于中国社会情形；5.革命党人应有自尊精神，以俄为挚友则可，以俄为宗旨则不可；6.党人应尊重情感，为共患难之要件；7.最后办法，主张实际的协同工作，名义上跨党徒滋纷扰。应注意以上各点，以分立为要。"[1] 王法勤不同意"分立"，主张"速谋救济党内纠纷办法"。覃振在王法勤发言的基础上进一步提出"救济方法"两条，一是从纪律上规定：国民党员不得任意加入其他政党；凡共产党员加入国民党者，应为国民党工作，不得援引国民党党员重新加入共产党，也不得为共产党征求党员；另一条为：由孙中山指派，在国民党中央党部加设国际宣传委员会，"凡关于第三国际与本党共产派之一切任务，均由本委员会为中心，以期救济"。[2]

听了张继等人的发言后，瞿秋白即挺身而出，维护国共合作。他的发言，据台湾中国国民党党史会所藏瞿秋白《声明》记载，共5点：

一、三民主义之政党是否能容纳马克思派，即是否能容思想上的派别。

二、国民党是否必要容纳一切思想上虽有异同而对于现时中国之政见上相同之革命分子。

三、共产派即马克思派加入本党，完全为参加国民革命，促进本党之进行，然此派是否有党团行动；此种党团行动是否有害抑系有利于本党之发展。

四、若有类似于党团之行动，是否不问其对于本党之利害，即因此而不容纳。

五、因监察委员会提出"好好的分家"，即分立问题，故提出上列数点，请会议注意。

当日会议未有结果。

---

1 中国国民党第一届第二次中央执行委员会全体会议记录。
2 同注1。

畅论国共合作

8月20日，会议继续举行，由胡汉民任主席。瞿秋白作了长篇发言，分七段。

在第一段中，瞿秋白首先阐述了国民党主义与共产党主义的相异之点：

国民党主义——先行训政制（革命独裁），以成就国家社会主义（民生主义），而"阴消"正在发生之私人资本主义。

共产党主义——先行无产阶级独裁制，以无产阶级的国家资本主义（新经济政策）渐次"扑灭"已发现之私人资本主义。

在第二段中，瞿秋白说明：共产派加入国民党，但"并未抛弃其无产阶级独裁之主张"。他说：

共产派加入本党，现时并未抛弃其无产阶级独裁之主张；然既加入本党，即足以表示其赞成试行之民生主义之平均地权节制资本，能否因此实现各尽所能各取所需之社会，则为将来之问题。如其能也，则阶级独裁制之"堕胎药"当然可以不用，盖民生主义之"消胎药"已发生效力，无胎可堕矣。如其不能，则堕胎药仍非用不可（至于改良派之所谓社会主义，恰好是资本主义之"安胎药"，不但非共产党所能赞成，且亦为国民党，如汪精卫先生等所力辟）。共产派之加入国民党，盖非放弃其无产阶级独裁制，却为主张国民革命之最急进者，然其思想上的研究，则仍保存其无产阶级独裁之学说。

在第三段中，瞿秋白说明："共产党之独立运动不但不与国民党运动相冲突，且大有辅助于国民党。"他说：

> 共产派之独立政党，代表无产阶级之特别利益，其政党的活动当然注重在此，然今日中国国民革命运动之中无产阶级运动亦其最主要之一部分。国民党与共产党各自独立运动，无意之中亦必互相辅助，有意的结合便为共产派加入国民党。故共产党员之兼国民党员者（跨党）其行动分两方面，例如（一）以国民党员之资格向一般国民（农工亦在其内）宣传国民当参加国民革命；（二）以共产党员之资格向农工宣传劳动阶级当参加国民革命。前一例之宣传无阶〈级〉性质，后一例则有阶级性质。农工之阶级觉悟盖为引其参加国民革命之必要条件。共产党之独立运动不但不与国民党运动相冲突，且大有辅助于国民党。

在第四段中，瞿秋白说明何以国民党与共产党"一方面宜合"，"别方面共产党宜独立"。他说：

> 政治策略上共产党与国民党同为革命的政党：在民族主义上共同反抗帝国主义及其工具之军阀，且在民权主义上现时同主张革命独裁制（训政与以党治国），并不幻想全民政治之突然涌现；在民生主义上现时同主张节制资本平均地权，并非调和阶级斗争，乃在自然的阶级斗争中辅助劳动界而节制资本家。至于将来国民党或从民族主义退而至于帝国主义，从革命之各阶级之独裁制退而至于资产阶级独裁，从节制资本退而至于放纵资本主义（所谓天赋人权说之欧美式民治派），或医治资本主义（改良派）；或则从民族主义进于世界主义，从各阶级之独裁进于无产阶级独裁，从节制资本进于消灭资本主义。——此则为将来之事。历史当有以示吾人也。然现时正在发生之中国资本主义尚未"阴消"，中国无产阶级尚确然存在，国民党与共产党亦并存于中国。同时两党应付此现时社会之策略与两党之革命对象则确然相同。故一方面宜合，合则革命力雄厚；别

方面共产党宜独立,独立则无产阶级之特殊利益,得于普通之国民利益外,有所特别表象及行动。将来三民主义之实现苟能"阴消"资本主义至于净尽,即消灭一切阶级,则不但无所用其共产党之组织,且已成"全民社会"而无所用其政治矣。

故共产党之独立,共产党之异于本党并非由于策略问题,革命与否,妥协与否,乃国民党之能否真正服从三民主义之革命原则与否之问题,而非共产派与否之问题也。若国民党中果有一部分以为国民党不应反对帝国主义,且已退于资产阶级独裁,已取放纵资本之主义而甘心为改良派,则亦难怪共产派以国民党员之资格而有所规箴,更难怪其在决定加入以前有此等过虑矣,凡此一切,皆为理论上或政策上之问题。

在第五段中,瞿秋白着重说明了所谓中共"党团"问题。他说:

既准跨党,便不能无党团之嫌疑。国民党外既有一共产党存在,则国民党便不能使共产派无一致行动,况既谓之派,思想言论必有相类之处,既有党外之党,则其一致行动更无可疑,何待团刊等之发现乎?故吾人只能问此一致行动是否有利于革命及党,不能以一致行动便为破坏国民党之证据。若其行动有违反宣言及章程之处,则彼辈既然以个人资格加入本党,尽可视为本党党员,不论其仍属于共产派与否,概以本党之纪律治之。否则只有取消跨党之决议。

在这一段中,瞿秋白还说明了吸收"左派"参加共产党的问题,他说:

至于共产派吸取阶级觉悟的左派分子,则更为当然之事。今日唯有阶级觉悟之农工,方能积极赞助国民革命,同时既有阶级觉悟,便自然加入阶级的政党;此阶级的政党既受国民党之正式承认,其吸收此等分子又何足为破坏国民党之证据。若此会议议决

"分立",方可谓共产之发展足以侵蚀国民<党>。若不分立,则共产党之发展即系国民党中一部分之发展,何用疑忌。

在第六段中,瞿秋白分析辛亥以来中国革命的进展和社会力量分化状况,说明国民党要反对列强和军阀,必须恢复民权主义精神,引进新的阶级力量。他说:

> 自辛亥以来纯粹排满的民族主义之社会力量日渐减少消散,而国民党之政权亦自全国的渐被迫而至于今日之广州革命政府——一切排满外人,向日利于中国之脱离"中世纪"以便于其资本主义之侵略(吸取原料)者,今已必不再继续接济中国革命政府,且自革命初成即已抱定协助反动军阀如袁世凯等之政策;买办阶级,向日之代表外人利益而愿同国民党反对满清者,今亦随之而退。倒戈反噬;其他小农、小工、小商,既失其排满之对象,固无阶级觉悟,故只知国民党有军事行动,足以害其"安居"、"乐业",不肯参加国民革命。因此广州市买办阶级助帝国主义阴谋推翻革命政府,妄想设立商人政府(买办政府);陈炯明、吴佩孚又从别一方面受外人之间接指使,负军阀之"历史使命",日谋进寇。国民党若不另觅一道路——于反抗北洋外,更加以反抗帝国主义,以此恢复民权主义之精神——则革命必且失败。此另一道路,即恢复民权主义精神之道路,恰在于辅助劳农阶级,先从彼等之实际利益入手,方能导之于民权主义及民族主义。

当年5月1日,张继在上海大学演说时曾称:"中国为列强之劳动国,列强为中国之资本国。"瞿秋白在引述张继的上述言论之后,发挥说:"故工人农民若不反对列强及军阀则已,一反对列强及军阀即为阶级斗争。苟无此种觉悟,则必不能进而为民族主义及民权主义奋斗也。"

接着,瞿秋白说明,排斥共产派必将削弱国民党的反帝力量,为帝国主义者所欢迎。他说:

此阶级利益之代表者即为共产党。本党苟能容纳共产派，即迎受新兴的反帝国主义之社会力量，则本党之革命又重新开始，而发展之前途未可限量。无阶级觉悟者固常诋毁共产党，破坏共产党，然其效功国民党，革命之实绩可于事实上见之，于其能否与劳动群众有密切关系见之，不在其僭称代表全厂工人或全路工人也。共产派之急进的反帝国主义主张，乃是国民党员之天责，并非欲赤化国民党。今若实行分裂，排斥共产派，无非令国民党反帝国主义之力量减少，帝国主义者实感谢不尽也。

第七段中，瞿秋白通过所谓"感情问题"尖锐地批评了反共产派。他说：

再则此次纠纷中又有所谓感情问题，然以忠于革命，日谋所以发展革命者，即为国民党内一部分人所"深恶痛绝"（见《护党特刊》），此等情感不知其为革命的情感抑反革命的情感也。

同时，瞿秋白也批评了共产派文件中的词语不当之处。他说：

至于共产派之文字，往往有不雅驯之辞，致伤其他同志之感情，因而疑其无诚意，此则适足以见其为治于人之小人，殊无君子之度，共产派于此诚不能辞其咎，吾党中央全体会议当有以告诫之也。

瞿秋白长于辩论，他的这篇发言剖析有力，层次井然，令人有"语惊四座"、"声震屋瓦"之想。不过，他的"无产阶级独裁"的理论当时未必能令人理解并接受。

当日会议上发言的还有张继、谢持、沈定一、傅汝霖、丁惟汾、覃振等6人，仍然不能作出结论。

国民党中央发布《训令》

　　国民党中央全体会议不能取得一致意见,但是,同日举行的国民党中央政治委员会第六次会议却顺利作出了结论。

　　政治委员会的参加者是孙中山、胡汉民、廖仲恺、瞿秋白、伍朝枢、鲍罗廷等6人,左派占优势,因此,会议通过《国民党内之共产派问题》和《国民党与世界革命运动之联络问题》两项决议草案,为解决"弹劾"案定了基调。

　　21日,国民党中央全体会议,胡汉民任主席。原来"弹劾"共产派的监察委员只有张继一人出席,形单影独,他表示愿将"弹劾"案暂时挂起来,"作为悬案"。会上,汪精卫宣读了没有参加会议的监察委员李石曾的来函:"两党既已合作如前,万不宜分裂于后。"胡汉民称:"这次党内纠纷主要原因,即在发现《团刊》之后,情感愈形险恶。但细察《团刊》内容,用语不当处固多,而内容确无其他恶意,不能即认为是一个有阴谋的党团。"[1]会议决定接受政治委员会的两项议案。会后,国民党中央根据两项议案的精神对全体党员发布《训令》,内称:

　　　　中国共产党员之加入本党,其事远在改组以前,溯其加入之原因,在于灼知中国今日军阀与帝国主义勾结之现状,非国民革命无由打破,而国民革命,惟本党负有历史的使命,非加入本党无由为国民革命而尽力。且当国民革命时代,一心一德,惟本党主义之是从。其原有之共产主义固不因之抛弃,而鉴于时势之关系,初不遽求其实现,故与本党主义亦无所冲突。

又称:

---

[1] 《中国国民党第一届第二次中央执行委员会全体会议记录》。

> 本党为代表国内各阶级之利益而奋斗，而中国共产党则于各阶级中之无产阶级特别注意，以代表其利益。无产阶级在国民中为大多数，加以特别注意，于本党之主义精神无所违反。

以上云云，鲜明地维护国共合作，显然接受了瞿秋白发言中的有关思想。但是，关于中共在国民党内建立"党团"问题，《训令》则未能采纳瞿秋白的观点。《训令》称：

> 凡属本党党员，不容有党团作用。共产派之在党内者，前此亦并无党团作用。……今中国共产党与本党同为革命组织，对于现时中国之政见又尽相同，故决不能发生党团作用，而加入本党之共产派既服从本党之主义，更不致有党团作用。……同志平日相与戮力，其精神之浃洽，不外于理智之互浚与感情之相符，而此等之秘密行为，实足为感情隔膜之导因。

但是，《训令》也并未要求共产党取消所建"党团"，只表示，希望了解与国民党有关的共产党方面的秘密。《训令》称：

> 倘使中国共产党关于此等之讨论及决议，使本党得以与闻，则本党敢信党内共产派所被党团作用之嫌疑，必无从发生。

《训令》表示，国民党并不反对党员中不同思想派别在"学理上之讨论"，只希望通过讨论，"求其殊途而同归于革命"。《训令》对共产派和"反共产派"都作了某种批评。《训令》称：

> 至于共产派之文字著作，语句之间，每有不逊。辞不驯雅，则伤感情，实有可责备者，而诸党员之反对共产派者，往往激昂过甚，逸于常轨。此皆所谓意气用事，本会于此，不能不申以告诫。[1]

---

1 《中国国民党周刊》第40期。

这段话，也显然采纳了瞿秋白发言中的有关思想。至此，监察委员弹劾案暂告结束，国共合作得以继续维持。

孙中山激愤表示："自己去加入共产党"

风波暂时平息了。8月30日，孙中山在会议闭幕上讲话。他宣布开除冯自由的党籍，并严厉指出："那些反对共产派的人，根本不懂得我们的主义。""民生主义与共产主义没有任何根本区别，区别仅仅在于实现的方法。"又说："民生主义和共产主义从原则上是一致的，所以我们决定容共。从现在起，如果谁再说我们的民生主义不是共产主义，那就意味着该同志的'民生主义'与我们的民生主义不同。"他并愤而表示："如果所有的国民党员都这样，我就抛开国民党，自己去加入共产党。"[1]

在孙中山宣布开除冯自由党籍的时候，张继表示自己的看法和冯相同，要求同样受到惩罚，但孙中山则称张的立场和冯"没有任何相同之处"。会后，张继由于提案被否决，愤而离开广东。同年10月14日，张继自上海致电时在韶关准备北伐的孙中山，电称："自八月大会以来，共产派背行无忌，耻与为伍，请解除继党职，兼除党籍。"[2] 孙中山收到电报后，批示道："交中央执行委员会执行，革除之！"[3] 张继虽然是同盟会时期的老同志，但由于他一再顽固地反对国共合作，孙中山不得不准备对他采取坚决的措施。只不过由于田桐、谢持、林业明等人的说情，张继才没有被革除出党[4]。

---

    1 《孙中山在国民党中央执行委员会上的讲话》，《百年潮》1997年第1期。
    2 中国第二历史档案馆编：《中华民国史档案资料汇编》第4辑（上），第33页，江苏古籍出版社，1986。
    3 国民党党史会藏，原件。
    4 《中华民国史档案资料汇编》第4辑（下），第631页。

国民党档案中的毛泽东手迹
——读台湾中国国民党党史会藏档案

我在台北中国国民党党史会阅读档案时，特别留意收集毛泽东的信函手迹，结果，颇有所获。其一，致国民党中央秘书处徐苏中函，函云：

苏中先生：
　　宣传部管书员张克张〔强〕同志因工作繁忙，请求由录事地位升为干事，增加薪水，以维持生活，是否可行，请编入星期五的会议日程，届时提出讨论为荷！此颂
　　大安！

　　　　　　　弟
　　　　　　毛泽东
　　　　　　　　　　十月二十五号

张克强，国民党中央宣传部发书处职员。1925年10月25日，张克强致函当时代理国民党中央宣传部长的毛泽东，叙述自己的工作情况，内称，自受任发书处职守以来，已有数月，每日发书数千本，每日回答各处取书函件数十件，"无时或息，其工作之忙，责任之重，远过他部"。张函并称："现下职位等于录事，月支薪水六十元，虽为党服务，不敢言劳，惟

当此生活日高，米珠薪桂，仍支录事薪水，实不足以资生活，况实际上为干事之职务，而形式上与录事同等，似属不平，用特不忖冒昧，表明职责，请予升为宣传部干事，照额支薪。如荷裁成，则感激无既矣！"

1925年10月5日，毛泽东经汪精卫提议，并经国民党中央党部常务会议通过，代理国民党中央宣传部长。自此，毛泽东即紧张地投入国民党的革命宣传工作。张克强致毛泽东函称，他每日发书数千本，每日答复各处取书函件数十件，从这一侧面也反映出毛泽东领导国民党宣传部工作的强度与成绩。

毛泽东虽然当时已是国民党中央领导大员，而且工作繁重，但是，他仍然重视张克强这个"小人物"的要求。当天就给国民党中央秘书处的徐苏中写了信，要求列入会议日程。10月30日，国民党中央执行委员会召开第117次会议，毛泽东又在会上提出此事，经讨论通过，升张克强为干事。现台北中国国民党党史会存有国民党中央复毛泽东函稿一份，内称：

迳启者。十月卅日。本会第一百十七次会议，执事提出宣传部管书员张克强因工作繁忙，请求由录事地位升为干事，增加薪水，以维生活乙案，经即决议照准在案，特此函达查照。此致
　宣传部部长毛
　　　　　　　　　　　　　　　　　中央执行委员会

稿头有"十一月二日送稿，十一月三日判行，十一月三日缮发"等字，稿后有谭平山、林祖涵（伯渠）签名。当时，谭平山任国民党中央政治委员会委员，林祖涵任国民党中央执行委员会常务委员会委员，显然此函是经他们之手审发的。

从张克强致函毛泽东到国民党中央作出决定，从作出决定到形成文件，总共不过9天，其效率为何如！

其二，致国民党中央秘书处及常务委员会函，函云：

国民党档案中的毛泽东手迹之一

国民党档案中的毛泽东手迹之一

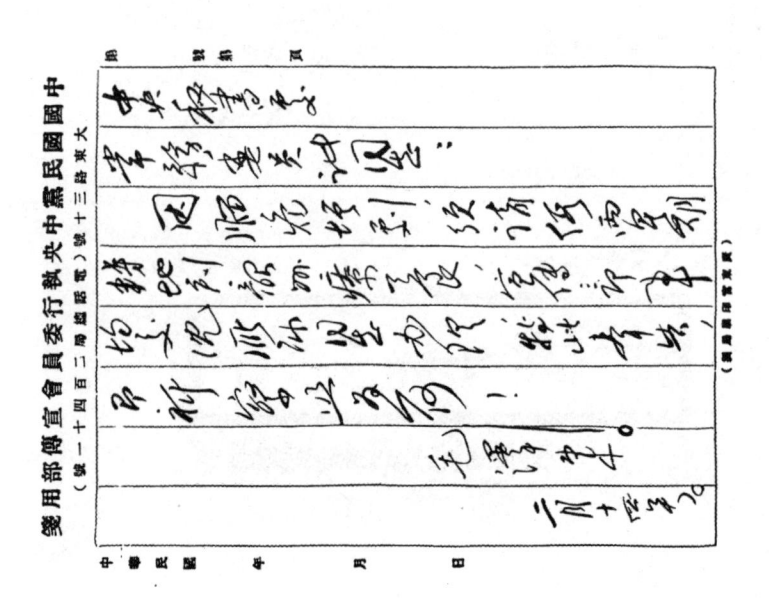

中央秘书处

常务委员诸同志：

因脑病增剧，须请假两星期转地到韶州疗养，宣传部事均交沈雁冰同志办理，特此奉告，即祈察照为荷！

毛泽东

二月十四日

封面为："中央秘书处林伯渠先生"，下署中国国民党中央执行委员会宣传部毛缄。封面上并有"报告中央"、"报，林"等字，前者当系秘书处工作人员拟具的意见，后者当系林伯渠批准上报的手迹。

本函未署年，据内容，应为1926年2月14日之作。

沈雁冰于1926年初到广州参加国民党第二次全国代表大会，会后，陈延年要沈留在广州任国民党中央宣传部秘书。当时宣传部长是毛泽东。关于此事，沈雁冰回忆说："毛泽东对我说，中央宣传部设在旧省议会二楼，离此稍远。又说，两三天后就要开国民党中央常务委员会，那时，他将提出任命我为秘书，请中常委通过。我问，任命一个秘书，也要中常委通过么？毛泽东答道，部长之下就是秘书，国民党中央委员会如妇女部、青年部，都是如此。我听说部长之下就是秘书，觉得担子重了，不能胜任。毛泽东说不要紧，萧楚女可以暂时帮助你处理部务。"[1] 此后，沈雁冰即到宣传部上班，接替毛泽东编辑《政治周报》，并与萧楚女共同起草国民党第二次全国代表大会宣传大纲。从毛泽东推荐沈雁冰代理部务一事看，毛对沈的工作及其能力是很看重的。

毛泽东为何选择韶关作为自己的疗养地呢：据沈雁冰回忆，"毛泽东的请假虽说'因病'，实际上他是往韶关（在湘、粤边界）去视察那里的农民运动"[2]。

---

[1] 茅盾：《我走过的道路》，第298页，人民文学出版社，1981。

[2] 同上，第303页。

国民党中央致毛泽东函存稿
——读台湾中国国民党党史会藏档案

  我在台北中国国民党党史会所藏广州时期档案中共辑得国民党中央致毛泽东函稿七通，其中1925年11月2日函已作过介绍，兹介绍其余六通。

函上海毛泽东转湖南省党部经费支票三百（大洋）元

函云：

  迳启者：兹附上广东银行大洋三百元支票一张，希为照收，即转湖南省党部妥收，见复为盼。再此票须向上海广东银行支付，合并奉闻。查湖南省党部报告书内开，关于汇款一项，寄长沙文化书社范博先生或拨交上海执事代转，须作普通寄款，不要说是党费等语。用特函请查照办理为荷！此致
  泽东同志
  计附支票一则。

中央执行委员会
七月十九

本函未署年，稿右上侧有汪精卫、谭平山的毛笔签名。据函中所叙事实，知为1924年7月19日之作。

1923年9月16日，毛泽东遵照中共中央决定，同时受中国国民党本部总务副部长林祖涵（伯渠）委托，自上海回长沙，筹建湖南国民党组织。其后，陆续在长沙、宁乡、安源等地建立国民党分部，并在长沙建立总支部。次年1月，毛泽东代表湖南国民党组织到广州参加国民党第一次全国代表大会。会后，毛泽东作为中央候补委员被派到国民党上海执行部工作，任组织部秘书。

在上海工作期间，毛泽东仍然关心湖南的工作。本函反映出，湖南国民党组织和广州国民党中央都选择毛泽东作为经费的转递者，可见毛和双方的密切关系。由于当时湖南还处在军阀赵恒惕的统治下，因此湖南省党部致国民党中央的报告特别说明："须作普通寄款，不要说是党费。"

文化书社，成立于1920年8月2日，其宗旨为"介绍中外各种最新书报杂志，以充实青年及全体湖南人新研究的材料"。筹备员为易礼容、彭璜、毛泽东。

函毛泽东，决议代理宣传部长

函云：

迳启者：十月五日第一百十一次会议由汪委员提出，请以毛泽东代理宣传部长案，经即席议决，特此函达查照。
此致
毛泽东同志

中央执行委员会

汪委员，指汪精卫。1924年1月，汪精卫被推为国民党中央宣传部长。次年7月,被推为广州国民政府主席。同年10月5日,汪精卫在国民党中央执行委员会上,以政府事务繁忙为理由,推荐刚到广州不久的毛泽东代理宣传部长,得到通过,此为国民党中央给毛泽东的书面通知。该函由黄众元起稿,10月7日送稿,当日判行并缮发,中央执行委员会下有林祖涵、谭平山二人的铅笔签名,表明二人是此函的"判行"者。

1926年1月,国民党在广州召开第二届全国代表大会,成立国民党第二届中央委员会,汪精卫继续被推为宣传部长。2月5日,汪精卫在中央执行委员会常务委员会第二次会议上称:"本人不能常到部办事,前曾由中央执行委员会全体会议许可另请代理,今请毛泽东同志代理宣传部长。"[1] 会议议决照准。因此,毛泽东在这个岗位上一直工作到1926年5月。当月,因国民党二届二中全会通过蒋介石的《整理党务案》,规定共产党员不得担任国民党中央的部长。25日,毛泽东向国民党中常会第二十八次会议提出辞职。28日,第二十九次会议任命顾孟余代理宣传部长。

函派陈公博、毛泽东代表本会参与新学生社各地代表大会开幕礼

函云:

迳启者:顷据新学生社函称,定期双十节上午八时假座广东大学雨<天>操场举行各地代表开幕典礼,届时请派员驾临指示等情。兹特派执事为本会代表,希依时赴会为盼。
此致
陈公博、毛泽东同志。

中央执行委员会

---

[1] 《中央执行委员会党务委员会第二次会议录》,《中国国民党第一、二次全国代表大会会议史料》,江苏古籍出版社1986年版,第471页。

1925年10月8日，广州新学生社致函国民党中央党部，邀请该部派出代表出席该会开幕典礼，"指示一切"。10月9日，谭平山、林祖涵即决定派陈公博、毛泽东参加。此为国民党中央致陈、毛二人的通知函原稿。稿上有谭平山、林祖涵二人的亲笔签名。

新学生社，成立于1923年。至1925年9月，有社员一千余人，散布于广东、广西及香港等地。《广州民国日报》称其"对于社会事业与民众运动，向称得力，对于国民革命运动，更不遗余力，颇能引起西南一般革命的青年之注意与同情"[1]。

函毛泽东，通知通告草案已通过

函云：

> 迳启者：本月四日本会第一百廿五次会议，执事遵照第一百廿四次会议第六项之决议，提出通告草案，请公决案，经即决议照原案通过在案，除照案印发外，特此函达查照。
> 此致
> 毛泽东同志
> 中央执行委员会

1925年11月23日，林森、居正、邹鲁、张继等在北京西山召开"第四次中央执行委员会全体会议"，决议取消共产党员在国民党的党籍，解除共产党员谭平山、李大钊、林祖涵、毛泽东等人的中央执行委员、候补中央执行委员职务。同时决议解除鲍罗廷顾问职务，中央执行委员会迁移上海等。27日，汪精卫、谭延闿、谭平山、林祖涵、李大钊、于右任、毛泽东、瞿秋白等通电全国各级国民党党部，指出根据三中全会决议，全国代表大会及中央全会必须在广州召开，林森等在北京西山召开

---

[1] 《广州民国日报》，1925年10月9日。

的会议是非法的。同日，国民党中央委托毛泽东起草有关通告。12月4日，国民党中央执行委员、监察委员、各部部长联席会议讨论通过了毛泽东起草的《中国国民党对全国及海外全体党员解释革命策略之通告》，内称："联俄与容纳共产派分子，则为本党求达到革命成功之重要政策。先总理决之于先，第一次全国大会采纳于后，乃有客观之根据及深切之理由。"又称："若吾党之革命策略不出于联合苏俄，不以占大多数之农工阶级为基础，不容纳主张农工利益的共产派分子，则革命势力陷于孤立，革命将不能成功。本党辛亥革命所以未能成功，即因当时反革命派势力已有国际联合，而吾党革命势力尚无国际联合，在国内亦未唤起多数民众为之基础，完全陷于孤立地位，故不得不妥协迁就以驯至于失败。"[1] 会议批准了上项通告。本函即为通知毛泽东此事而作。

本函由张光祖于12月6日起草，8日判行，同日缮发。稿前有徐苏中，稿后有谭平山、林祖涵签字。

函委毛泽东为农民运动讲习所所长

函云：

> 迳启者：本月十九日，本会第十三次常会，农民部提出，请委派毛泽东同志为农民运动讲习所所长案，经即决议□准，相应函达查照，此致
> 毛泽东同志
>
> 中央执行委员会常务委员会

为了统一领导全国农民运动，1926年1月，国民党第二次全国代表大会决定在农民部成立中央农民运动委员会，以毛泽东、林祖涵、阮啸仙、罗绮园、萧楚女等9人为委员。3月16日，农民运动委员会举行第一

---

[1] 《广州民国日报》，1925年12月5日。

次会议，决定任命毛泽东任第六届农民运动讲习所所长。会后，即由农民部向国民党中常会报告，请求批准。19日，毛泽东出席国民党中常会第十三次会议。会议批准了农民部的请求。本函为中常会给毛泽东的通知。由张光祖于3月21日主稿，同日判行并缮发。稿前有刘芬签字，稿后有杨匏安、林祖涵签字。

自1924年7月至1925年12月，国民党中央共在广州举办过5届农民运动讲习所。第六届自1926年5月起至9月止，收全国20个省区的学员327人，毛泽东亲自为学员讲授《帝国主义》、《中国民族革命运动史》、《社会问题与社会主义》等课。此外，他并主持编辑《农民问题丛刊》，在序言中提出："农民问题乃国民革命的中心问题。"

函请邓泽如、陈其瑗、毛泽东于本月十九日到秘书处审查孙文主义学会在宁捣乱案

函云：

迳启者：案查本会于本月十六日第二十一次会议关于孙文主义学会在宁捣乱案，当经决议，由邓泽如、陈其瑗、毛泽东及秘书处一人会同审查，议定办法，提出下次常务会议讨论云。相应函达执事查照，并请于本月十九日（星期一）上午十时到本会秘书处会同审查为荷！此致
邓泽如同志
陈其瑗同志
毛泽东同志

中央执行委员会秘书处

1926年3月11日，邓泽如、柳亚子、朱季恂、吴玉章到南京参加中山陵奠基典礼，当地孙文主义学会分子即在车站高呼"打倒左派"口号，

殴击国民党江苏省党部执行委员会侯绍裘等人。次日举行典礼时，孙文主义学会分子又用铁杆木棒等殴打到会左派。事后，邓泽如、柳亚子等联名致函国民党中央，指责南京孙文主义学会分子"借总理神圣之名义，实行其帝国主义及军阀走狗之手段"，要求中央发表宣言，"明白暴露其罪状，并声明除广州以外，一切未经党部批准，擅自组织之孙文主义学会，均与本党无关，以揭破其阴谋"。[1] 4月16日，国民党中常会举行第二十一次会议，听取邓泽如的有关报告。会议决议由邓泽如、陈其瑗、毛泽东等"会同审查，议定办法"。本函为通知三人的函稿。由陈步光于4月17日主稿，同日判行并缮发。稿前有徐苏中，稿后有杨匏安、林祖涵签字。

4月22日，国民党中常会举行第二十二次会议，毛泽东会同邓泽如、陈其瑗及杨匏安提出南京事件审查报告，要求中常会训令全体党员："不得认反动分子为党员，并不得加入各地未经本会批准擅自设立之孙文主义学会。"[2]

---

[1] 《致中央执行委员会联名信》，柳亚子《磨剑室文录》，第1033页，上海人民出版社，1993。

[2] 《中央执行委员会常务委员会第22次会议录》，《中国国民党第一、二次全国代表大会会议史料》，第533页。

沈雁冰致林伯渠函手迹
——读台湾中国国民党党史会藏档案

1996年，我在台北中国国民党党史会阅读档案期间，发现沈雁冰致林伯渠函手迹一通，为各本茅盾文集所未收，对研究沈雁冰生平和第一次国共合作史颇有价值。函云：

兹由刘伯垂同志汇来交通局四五两月经费大洋两千圆正，业已收到。前者许志行同志来信谓交通局此后经费有无着落，尚不可知，嘱有一钱用一钱，不可负债。此次刘伯垂同志亦以是为言。但交通局非比别的机关，存在一天，即须一天的钱，故如此后若竟无法，则不如将交通局取消，否则，中央应筹的款，按月拨寄，且须于每月月头寄下也。现在所有余款，极迟能维持至本月二十日，以后若无款来，万万不能维持。故此特函先生，请在常务委员会中提出，如果取消，则早日通知此间。我另外也有呈文给秘书处，请示办法。但听说秘书处改组了，恐怕新任者未明情形，以为乃不急之事，不即提出中央会议，故特函先生。此间候至本月二十日，若无复示，又无款来，则就要作收束准备了。临颖无任迫切，专待回玉。此致党礼！

沈雁冰
六月六日

封面为："广州大东路三十号省议会林伯渠先生台启"，下署"上海虬江路鸿庆坊一○三三号赵寄"，左上角有"快信"二字。信笺上端填有"15年6月6日"，据此，知此函为1926年6月6日作。函中所言刘伯垂，又名刘芬，上海共产党早期组织成员，中共党员，第一次国共合作期间曾任国民党中央秘书处书记长。许志行，江苏吴县人，早年即与毛泽东相识。从事工人运动和革命宣传工作，时任国民党中央宣传部交通局助理。

沈雁冰于1921年先后在上海参加共产党早期组织和中国共产党，同年加入中国国民党。1926年出席在广州召开的国民党第二次全国代表大会，会后留在广州任国民党中央宣传部秘书。其间，曾一度代替毛泽东主持国民党中央宣传部部务。

中山舰事件后，毛泽东鉴于上海《民国日报》已为右派掌握，建议沈雁冰到上海办一份"党报"，沈雁冰因此回到尚在军阀孙传芳统治下的上海，任国民党上海特别市党部主任委员，兼上海交通局代主任。

交通局，成立于1925年11月，系国民党中央根据毛泽东建议在上海建立的秘密机关。当时，孙传芳派有专人在上海邮政总局检扣从广州寄来的进步书报，因此，毛泽东为国民党中央宣传部主编的《政治周报》、各种宣传大纲及有关文件，均由自广州开赴上海的轮船上的海员工人携带，转交交通局。然后由交通局翻印，转寄北方及长江一带的国民党党部。交通局共有职员四五人，均为共产党员。会计由恽代英兼，后来改派他人，但也是共产党员。

交通局初由国民党中央宣传部管理。1926年5月20日，毛泽东在国民党二届二中全会报告时曾盛赞交通局的工作，认为国民党一大以来，中央与北方、中部各地党部甚形隔阂，宣传品差不多完全只散发在广东方面，自交通局设立，始有大批宣传品送达北方、长江各省。同月底，交通局改由国民党中央秘书处管理，经费迟迟不发。因此，沈雁冰不得不致函国民党中央秘书处，同时致函时任国民党中央常务委员会委员的林伯渠，要求切实解决经费问题，否则，只能将交通局结束。

国民党党史会还存有沈雁冰此函的收文单，上有"十五年六月十六

沈雁冰致林伯渠函手迹

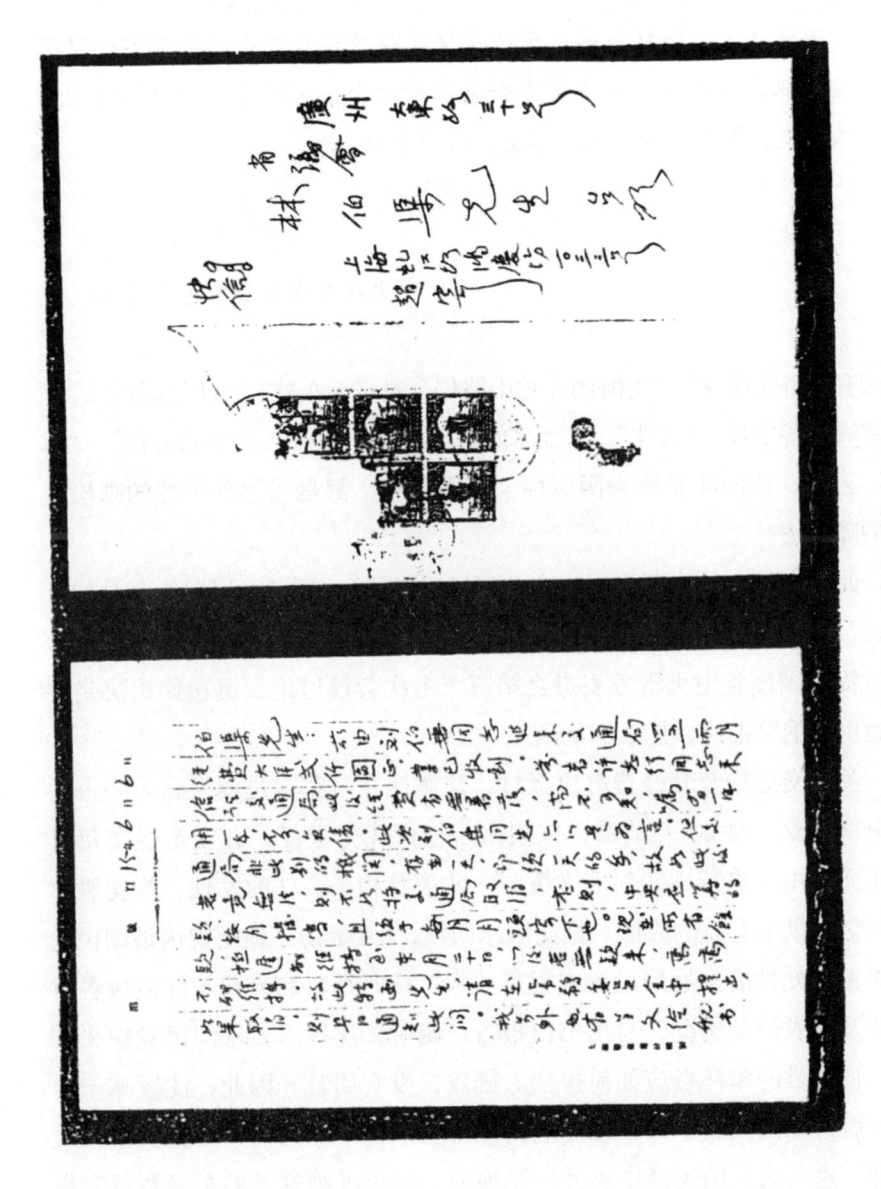

日收到",及"常务会议","三十七次","中央特别费项下支拨"等字样。此外,还存有复沈雁冰函稿一份,文云:

迳复者,顷接来函,请将交通局经费按月汇寄,否则不如将交通局取消等语。当经提交本会第三十七次会议议决,在中央特别费项下支拨等由,相应录案函复,希为查照。
此致
沈雁冰同志

中央执行委员会常务委员会

稿侧有"寄玄珠收","上海闸北香山路仁余里二十八号"、"文学周报社"、"常缄"等字样。"玄珠",沈雁冰的笔名之一。所谓"文学周报社"、"常缄"云云,连同沈雁冰去函所称"赵寄"等,都是迷惑孙传芳的邮检人员的障眼法。

此函主稿人员为黄天鹏,在"6月28日送稿,6月29日判行,6月29日缮发"等字侧并有一签字:"林"。据此可知,林伯渠收到沈雁冰来函后,及时提交国民党中央常务委员会第三十七次会议讨论,迅速作出决定并迅速由林伯渠主持,批准了复函。

关于交通局及其经费解决经过,沈雁冰在《我走过的道路》一书中曾有所回忆。他说:"结果,广州来函任命我为主任,并规定经费每月一千元。由中央特别费项下支拨。"[1] 此信及相关文件的发现,为沈雁冰的回忆提供了有力的佐证。据沈雁冰回忆,8月上旬,他还曾函请国民党中央秘书处批准交通局设置视察员一人,按时视察北方及长江流域各省党务及工农运动情况,写出书面报告。函中,沈雁冰要求国民党中央核示,视察员的车马费应如何报销。函发,没有回音。因此,沈雁冰于十余天后再函国民党中央,以生病为理由要求辞职,并请共产党员侯绍裘代理。这一来,国民党中央才回函挽留,并批准视察员的车马费可实报实销。这样,沈雁冰就在交通局的岗位上一直工作到当年年底。

---

1 沈雁冰:《我走过的道路》,第314页,人民文学出版社,1981。

董必武的一份辞呈
——读台湾中国国民党党史会藏档案

台北中国国民党党史会藏有署名董用威的一份辞呈，文云：

呈为病体不支，恳请派人接替，以重党报而免贻误事。窃自去年十月八日，在鄂中央委员、湖南省执行委员、湖北省党部、汉口特别市党部及总政治部在汉口开联席会议，讨论宣传问题，佥以长江中部本党须有一机关报，以司喉舌，决定派用威负责筹备，并电呈钧会备案。至十一月二十日出版。原定每日出三千份，每月经费五千元。差幸出版以后，颇受社会欢迎，销数逐渐增加至八千份以上。最近因四围各省反革命在邮局检查，销路稍滞，然亦较原定者加倍。顾部长到鄂，用威面请速觅替人，未邀允准。四月间承受马宙伯捐所付定价银三分一之德国新式卷筒机一部，呈请月增经费五千元，幸蒙照准。惟纸墨火食之价较前增高，而新机又须另建一屋，此目前正在进行中之大概情形也。用威兼职太多，疲劳过度，病假已久，万难顾及报馆职务，理合呈报钧会，迅予派人接替，以重党报而免贻误，不胜迫切之至！
谨呈中国国民党中央执行委员会
《汉口民国日报》经理董用威呈（印）

董用威，董必武的原名。顾部长，指顾孟余，时任国民党中央宣传部长。此呈是研究国共合作史、近代新闻史和董必武生平的重要资料。

董必武年轻时即参加武昌革命团体日知会的活动。辛亥革命时在湖北军政府军务部、财务部工作。1914年在日本东京参加中华革命党。1920年参加武汉共产党早期组织。次年参加中国共产党第一次全国代表大会。会议结束后回武汉成立中共武汉地方工委。1924年奉命筹建国民党湖北省临时省党部，自此，成为国民党湖北地区的主要领导人。1926年初代表湖北省参加国民党第二次全国代表大会，被选为候补中央执行委员。

北伐军进攻武汉三镇时，董必武积极领导湖北地区的国共两党支持国民革命军。9月上旬，北伐军先后占领汉阳、汉口，集中兵力进攻武昌。从董必武的呈文可知，在武昌尚未攻下时，在湖北的国民党中央执行委员、湖南省党部执行委员、湖北省党部、汉口特别市党部等就决定创办《汉口民国日报》，并决定由董必武筹办。

《汉口民国日报》由董必武任经理，总编辑先后为宛希俨、高语罕、沈雁冰，都是共产党员，因此，这是一份以国民党名义出版而实为中国共产党领导的报纸。它在报道革命运动，宣传北伐军战绩，支持左派、反对右派的斗争中起了重大作用。董必武的呈文说明报纸从原定三千份发展为八千份，有力地反映出它在当时受到社会欢迎的情况。至今，它也是研究国民革命史的最重要的材料之一。

关于《汉口民国日报》，沈雁冰回忆说："《汉口民国日报》名义上是国民党湖北省党部的机关报，但实际上是共产党在工作。这是因为报纸的实权掌握在共产党的手里：报社社长是董必武，总经理是毛泽民，总主笔是我，而编辑部的编辑，除了一个石信嘉是国民党左派，其他也都是共产党员；此外，报纸的编辑方针、宣传内容也是由中共中央宣传部确定的，我有问题，也是向中共中央宣传部请示。因此，也可以说，《汉口民国日报》是共产党办的第一张大型日报。"又说："董必武当时兼职很多：中共湖北省委委员，国民党湖北省党部常务委员，湖北省常务委员兼农工厅厅长,以及湖北党义研究所所长等,因此忙得很,报社的工作无暇兼顾。他把行政事务托付给毛泽民,编辑方针则要我去请示中共中央宣传部。"[1]从董必武的呈文看,他始终是《汉口民国日报》的经理,沈雁冰所称总经理是毛泽民,不确。可能,毛泽民只是负责实际工作,并无名义。

武汉汪精卫集团在1927年5月以后逐渐右转。7月8日,沈雁冰辞去《汉口民国日报》工作,转入"地下"。7月13日,中共中央根据共产国际指示,宣布退出武汉国民政府,但不退出国民党。15日,汪精卫召开国民党中央常务委员会第二十次扩大会议,决定分共。

汪精卫集团分共时,董必武根据中共中央指示,分别向武汉国民政府、武汉国民党中央等有关方面提出辞职。保留在国民党党史会档案中的上述辞呈即是此时的产物。

董必武给武汉国民政府的辞呈当时就发表了,内云:"钧府设立农工厅长于本省,原为保护农工利益。日来工会之被蹂躏者,时有所闻;农民之被屠杀者无地无有。听之不忍,救之不能。似此情形,实属有辜重寄。现既不能奉行钧府法令,复无以慰地方人民,再三思维,惟有辞职。"[2]此呈严厉谴责了汪精卫集团右转和分共的恶果,而辞去《汉口民国日报》的呈文则语气平缓,着重以"兼职太多,疲劳过度,病假已久"为理由,不涉及国共两党间的分歧,显然,与当时中共中央宣布退出武汉国民政府而不退出国民党的政策有关。

武汉国民党中央接到董必武的辞呈后,即于19日召开的政治委员会第三十八次会议上讨论通过。现在台北国民党党史会还保存着一份函稿,文云:

> 迳启者。关于《汉口民国日报》经理董用威呈病体不支,恳请派人接替以重党报案,经本会政治委员会第三十八次会议决议"宣传部派人",相应录案函知贵部,烦即从速派人接替为荷!此致中央

---

1 茅盾:《我走过的道路》,第322~323页。
2 《汉口民国日报》,1927年7月18日。

宣传部。

中国国民党中央执行委员会

　　《汉口民国日报》的人马很快被替换了，因此，它的光辉的革命历史也就永远结束了。

30年代初期国民党内部的反蒋抗日潮流
——读台湾所藏胡汉民档案之一

1991年，我曾根据美国哈佛燕京学社所藏档案写过一篇题为《胡汉民的军事倒蒋密谋及胡蒋和解》的文章，阐发20世纪30年代，胡汉民数度密谋以军事行动推倒南京国民政府的事实[1]。1996年，我访问台湾期间，又在国民党党史会及"国史馆"等处读到了一批文件，可以进一步加深对上述史事的了解。这些文件反映出，"九一八事变"后，由于对南京国民政府对日妥协政策的不满，国民党内或明或暗地翻滚着多股反蒋抗日的潮流。

陈铭枢、蔡廷锴、蒋光鼐

潮流之一是以陈铭枢、蔡廷锴、蒋光鼐为代表的十九路军势力。国民党党史会所藏陈铭枢致胡汉民函云：

> 昨承面示，十九路军饷经去电代为请求，谨代该军全体感谢。

---

[1] 《抗日战争研究》1991年第1期，收入拙著《寻求历史的谜底——近代中国的政治与人物》，首都师范大学出版社，1993；又，台湾文史哲出版社，1994。

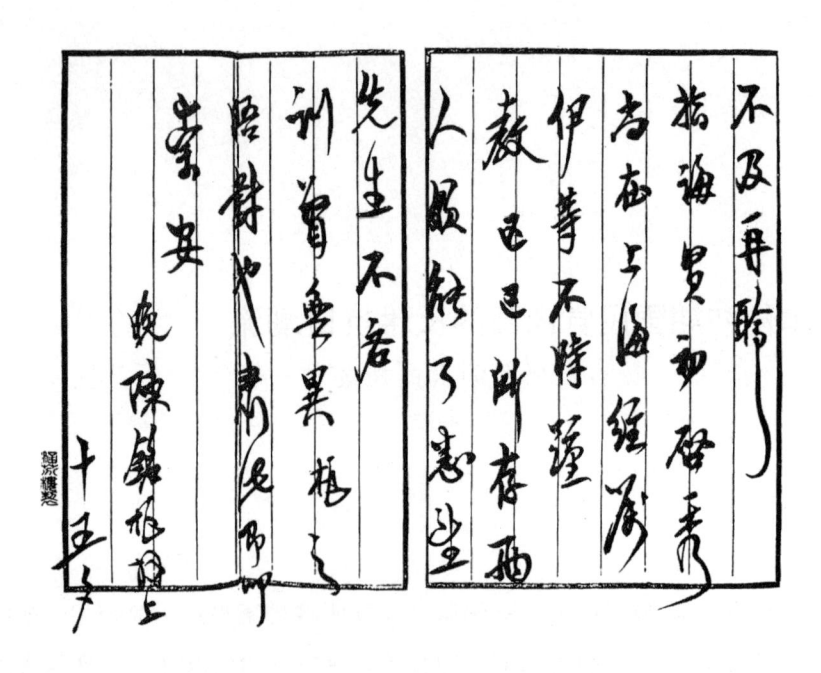

陈铭枢致胡汉民函手迹

枢本晚返京，因无别情，不及再聆指诲。贤初、启秀尚在上海，经嘱伊等，不时踵教。区区所存，两人颇能了悉，望先生不吝训督，无异枢之晤对也。[1]

此函无年月，仅署"十五夕"。按，胡汉民于1931年10月14日被释，自南京抵达上海，11月25日离沪赴港。在此期间，陈铭枢曾于11月3日、18日两次到沪。据此，知此函为1931年11月15日作。函中所言贤初，指蔡廷锴；启秀，指谭启秀，时任第十九路军补充旅旅长。

"九一八事变"后，陈铭枢、蔡廷锴所领导的第十九路军调驻沪宁，负责长江三角洲一线的卫戍任务。十九路军具有爱国思想，因此，得到胡汉民的支持。本函称："十九路军饷经去电代为请求"，可知胡汉民在上海时曾积极设法解决十九路军的军饷问题。"去电"，当指向广东陈济

---

[1] 本文所引，凡未注出处者，均为台北中国国民党党史会所藏资料。

棠方面发电。根据其他资料，后来陈济棠曾应胡汉民之请，按月为十九路军提供过部分军饷[1]。

1932年1月，日军悍然进攻上海闸北，十九路军奋起抗战。5月，南京国民政府与日本订立《淞沪停战协定》。其后，十九路军被调往福建"剿共"。同年，蒋光鼐致胡汉民函云：

> 日前已托瑞人兄再来港（廿四由沪启程）面陈，甚欲得一具体办法，到时请赐接见。此间环境日益恶劣，而财政关系又不能不迁就。拟于最短期间统一全省税收，稍有办法，即可放手做事。匆匆布复，未尽之言，统由河澧兄代达。

末署"晚光鼐拜上。十七"。所用为驻闽绥靖主任公署用笺。按，蒋光鼐被任命福建绥靖公署主任，时在1932年7月，但他不肯就职，一直托词休养，在广东故乡东莞办公益事业。直到同年9月20日，才因蔡廷锴等力劝，到福建就职。瑞人，指邓瑞人，银行家，十九路军与各方联系的使者；河澧，指黄河澧，胡汉民与福建方面的联系人。

十九路军调到福建后，仍念念不忘救国，并积极与在香港的胡汉民联系，合谋讨蒋抗日。从本函可知，蒋光鼐到福建后，一面从统一全省税收着手，借以充实经济力量，一面通过邓瑞人、黄河澧，与胡汉民商量合作办法。"而财政关系又不能不迁就"，"稍有办法，即可放手做事"云云，可见当时困扰十九路军，束缚其手脚的还是财政问题。

胡汉民在香港反蒋，依靠的是广东实力派陈济棠。同年12月20日，蔡廷锴致胡汉民函云：

> 瑞人、河澧两兄携回手谕敬悉。关于将来一切事宜，已复〔派〕瑞人兄与各前途接洽矣，但仍以伯南兄之意进行，请便中转知伯南兄

---

[1] 蒋光鼐《对十九路军与"福建事变"的补充》云："过去每月靠粤省补充费五十万元。"《蒋光鼐将军》，团结出版社1989年版，第216页；参见《中华民国大事记》1932年8月11日条，第402页。

为祷！余事已请河澧兄面呈。[1]

伯南，指陈济棠。据本函可知，邓瑞人、黄河澧带回了胡汉民的指示。根据胡的指示，福建方面又派邓瑞人与各方接洽，并再派黄河澧携蔡廷锴、谭启秀等人函与胡汉民磋商。"仍以伯南兄之意进行"，可见，陈济棠在西南反蒋派中的地位。

福建方面的动作，蔡廷锴的信讲得比较简单，谭启秀的信则讲得比较详细。谭信首称："蒋氏以独裁之手段，每思压服全国以自雄，故对于两粤及十九路军多怀恶意。吾侪丁此时艰，当谋所以应付之策。"谭信继称：蒋光鼐（憬然）、蔡廷锴（贤初）二人认为，东南一带能与蒋介石相抗的只有粤、桂、闽三省，因此，已派邓瑞人前往广东、广西，动员陈济棠与李宗仁。其中，李宗仁"对于反抗独裁，早具决心，当然不成问题"，而陈济棠则"意志不坚，见利思迁，未敢深信"，但形势又不能不以其为中心，因此，蒋、蔡二人拟请胡汉民与邹鲁一起就近做陈济棠的工作，坚定其决心，谭称：

夫势分斯弱合乃成，就东南现势而论，惟有粤、桂、闽三省联成一气，则内可以遏蒋氏之专横，外足以抗暴日之侵略，而衡其趋势，当然以伯南为中心。

谭启秀希望以胡汉民的"德望威仪"，能够"感悟"陈济棠，"团结一致"，将三省的政治、军事、财政"同冶一炉"，从而形成三省同盟。谭称：倘能如此，"不特不忧蒋氏之独裁，而暴日、赤匪亦不足平也"。

谭函并称：福建地方饷项不敷，财政棘手，地丁钱粮已收至廿四年，地方税亦抽收至廿二年四月，因此要求胡汉民"以爱护十九路之诚"，向陈济棠陈请，在广东原允协助十九路军经费的基础上，每月加给二十万元。

除蔡、谭二函外，黄河澧还带去了蒋光鼐致胡汉民一函，内称：

---

[1] 本函所用为第十九路军总指挥部用笺，笺侧填有中华民国二十一年字样。

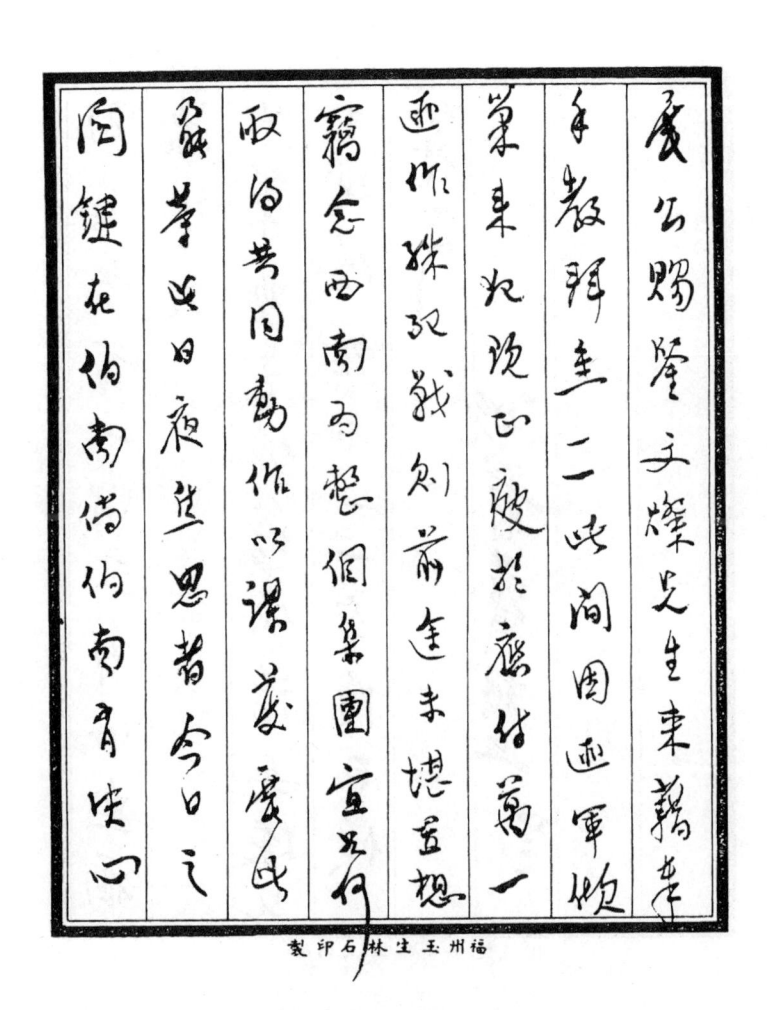

蒋光鼐致胡汉民函手迹

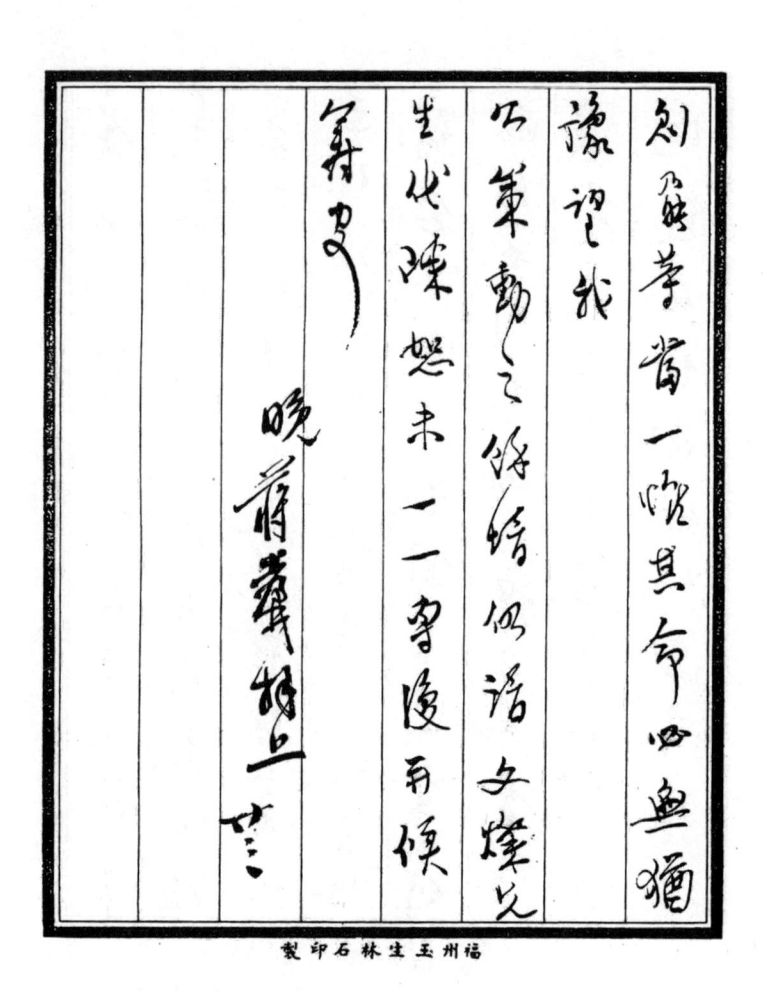

蒋光鼐致胡汉民函手迹

  文灿先生来，藉奉手教，拜悉一一。此间因匪军倾巢来犯，现正疲于应付，万一匪作殊死战，则前途未堪设想。窃念西南为整个集团，宜如何取得共同动作，以谋发展，此鼐等所日夜焦思者。今日之关键在伯南，倘伯南有决心，则鼐等当一惟其命，必无犹豫，望我公策动之。余情仍请文灿先生代陈。[1]

文灿先生，指黄河澧。"今日之关键在伯南"，蒋光鼐此函在寄希望于陈济棠，请胡汉民出面"策动"方面与蔡廷锴、谭启秀函并无二致，所不同的是多了一个"匪军倾巢来犯"问题。

  蒋介石调十九路军到福建是为了和中国工农红军作战，因此，蒋光鼐等不得不两面开弓，即一面反蒋，一面"剿匪"。这种情况自然使十九路军处于十分尴尬、困难的局面。为了腾出手来反蒋抗日。蒋光鼐于1933年3月派李章达赴粤，与陈济棠、李宗仁等签订《三省联防约章草案》，继而又与陈铭枢同赴广州，商议脱离南京国民政府，"三省独立"，自福建出兵进攻浙江[2]。同年9月、10月，派人去苏区，与红军签订《反日反蒋初步协定》。但是，由于陈济棠首鼠两端，犹疑不决，三省的反蒋抗日计划始终无法付诸实施。11月，蒋介石对蒋光鼐、蔡廷锴的活动有所察觉，于17日派自用飞机两驾到福州，接蔡廷锴到南昌会晤，责令表态。这样，就迫使蒋、蔡等仓促行动，与李济深、陈铭枢等共同发动"福建事变"。

  12月17日夜，蔡廷锴致胡汉民函云：

  河澧兄带来钧谕及面述各件，均奉悉种切。此次我军发动倒蒋，略有错误，系一时激于义愤，但事前奉诸公电召，嗟〔磋〕商

---

[1] 本函所用为福建省政府用笺，末署"晚蒋光鼐拜上，廿三"。按，南京国民政府于11月29日免去杨树庄的福建省主席职务，改任蒋光鼐为省主席兼民政厅长。

[2] 陈融：《致福兄电》，美国哈佛燕京学社图书馆藏，参见拙作《胡汉民的军事倒蒋密谋及胡蒋和解》，《寻求历史的谜底》，第576页。

倒蒋大计，结果徒托空言，致使锴与十九路全体将士失望。当时锴
与憬然处境已死而求生，走头〔投〕无路，蒋贼已派飞机两架，限
锴飞南昌表示态度，否则作违令罪，为势所迫。我公所谓挺〔铤〕
而走险者，亦系死中求生，望公恕宥。事至今日，只有向蒋贼决
死战，虽死亦无恨。倘我公能推动西南即行倒蒋，锴负责一切，
为〔唯〕我公是从。否则，党国前途绝望，宁可锴负人，勿以人
负我。其余已与河澧详谈，已请其将锴意代为详报，尚恩特赐训
诲，俾有遵循为祷！

胡汉民虽然支持三省联合反蒋，但他坚决不同意福建方面联共，也不同意福建方面改国号、造新党等做法。于是，即派黄河澧赴闽，要求福建方面"复国徽，复党籍"，"捕八字脚"（捕共产党人——笔者）[1]，蔡函所称"河澧兄带来钧谕及面述各件"，指此。函中，蔡廷锴要求胡汉民立即推动西南各实力派共同倒蒋，并愿归顺胡汉民麾下，"为〔唯〕我公是从"。

胡汉民虽然为西南各实力派所拥戴，但他只是有名无实的精神领袖，陈济棠不点头，各事均无从进行。事变发生后，西南方面仍然处于无所作为状态，而蒋介石却雷厉风行，于12月中旬派十余万军队入闽，先后攻陷延平、水口等地。1934年1月14日，蒋光鼐与李济深、陈铭枢、黄琪翔等撤离福州，抵达龙岩。当时，十九路军已完全处于劣势。胡汉民希望保存这一支抗日反蒋力量，向福建方面有所建议。20日，李济深、陈铭枢、蒋光鼐致电胡汉民、邹鲁云：

尊电极以保全十九路军为念，感激之私，如何可言！但现与蒋
敌短兵相接，无回旋之余地，请公设法使粤桂当局向蒋制止对闽用
兵，十九路军归西南政务委员会节制，饷项有着，则一切谨如尊
命，否则，蒋逆必欲消灭我军而遂其莫予毒之志。我军主力向〔尚〕
完整，有与周旋到底，作伟烈之牺牲而已。贤初在军前指挥，先此

---

1 《工致力翁》（胡汉民致陈融），美国哈佛燕京学社图书馆藏。

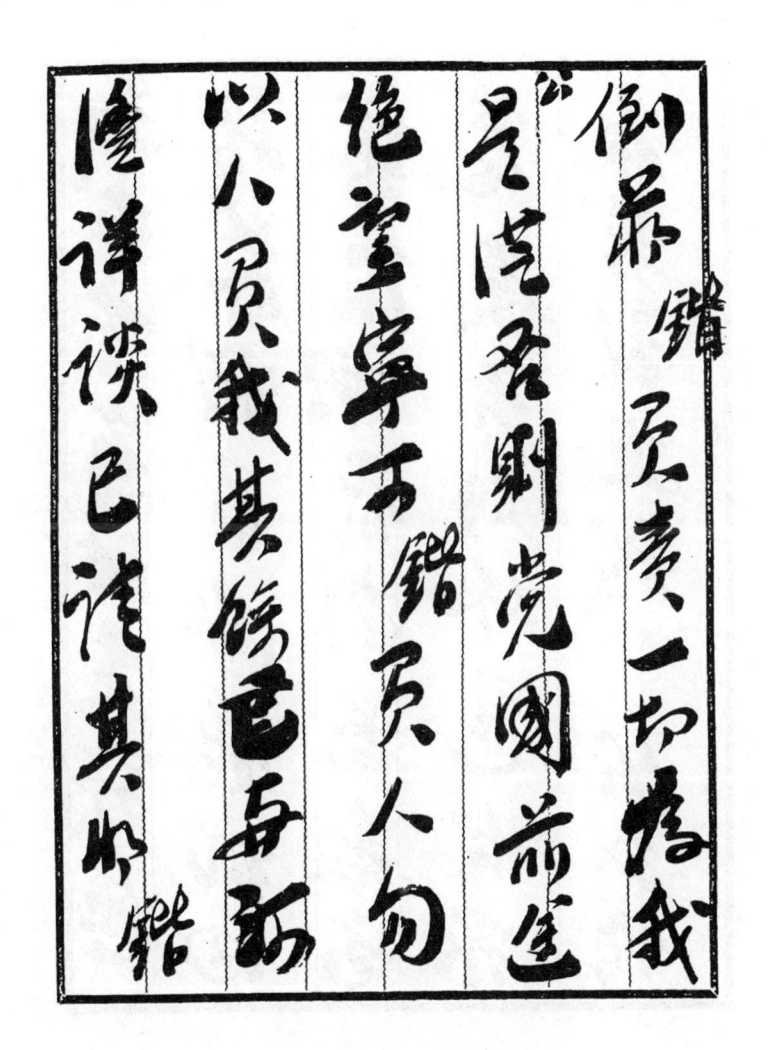

蔡廷锴致胡汉民函手迹

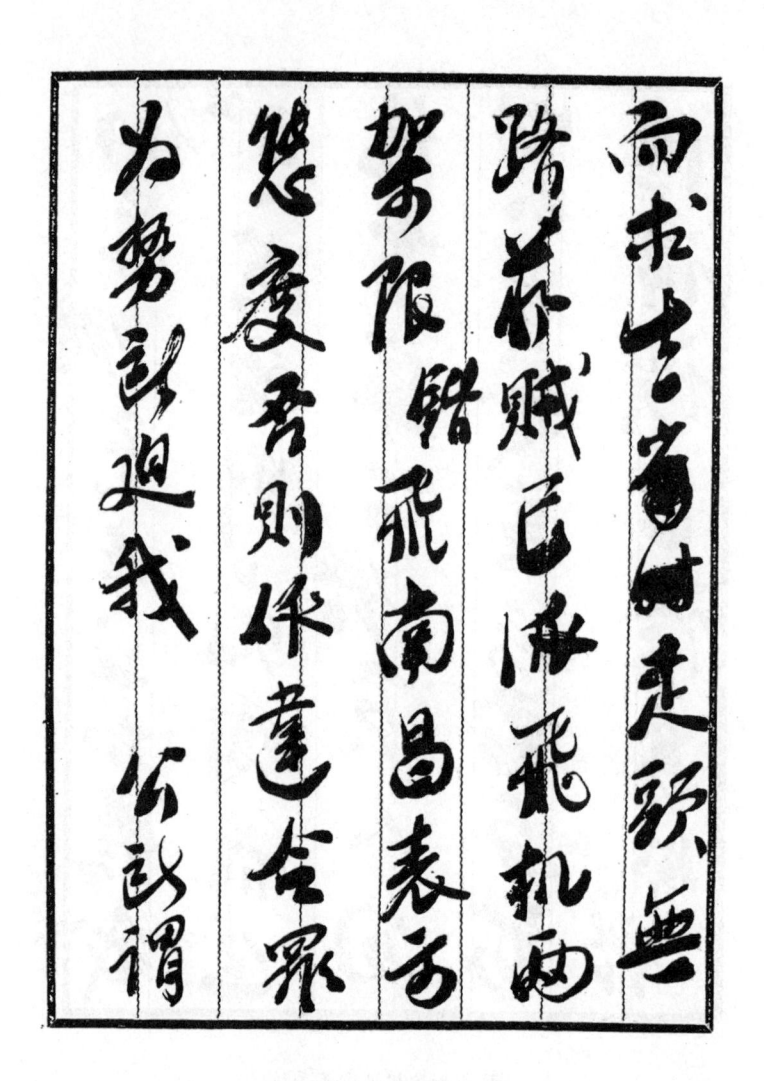

而求去者时走颇无踏茬贼已庚飞机两架限辖飞南昌表示愿度吾则保达全众为势迎我 何敢谓

蔡廷锴致胡汉民函手迹

奉复，再伫明教。[1]

李济深等要求胡汉民等设法，由两广当局出面，使蒋介石停止军事行动，而将十九路军改归胡汉民等人的西南政务委员会。这当然是不可能做到的。

李济深等发出电报的当天，十九路军主力随毛维寿投蒋，福建事变彻底失败。

福建事变失败，蔡廷锴偕谭启秀等出国作环球旅行。1934年9月18日致胡汉民、邹鲁、萧佛成、邓泽如等函云：

> 锴此次因环境所迫，不得已而亡命欧美，再图追随诸公之后。现国势至此，先派启秀兄回国听候诸公训示一切。锴所经过各国情形并由启秀兄面陈，仍望时赐教益，不胜祷盼！

蔡廷锴出国后，一路宣传十九路军事迹，声称"此世誓与日寇不两立，与国贼不共存，决心坚持一贯之主张，继续彻底抗日救国，矢志不渝"[2]。他派谭启秀先期返国，正是为了保持和国内抗日反蒋力量的联系。

冯玉祥

潮流之二是以冯玉祥为代表的原西北国民军势力。1929年、1930年两年，冯玉祥曾多次举兵反蒋，但均告失败，被迫隐居汾阳山村，但反蒋之志不减。"九一八事变"后，冯玉祥出于爱国热情，重新活跃于政治舞台。1931年1月17日致胡汉民函云：

---

[1] 末署："深、枢、鼐"，"一月廿日下午二时卅分到"。旁有墨笔批注："此跛矮、小来电"。
[2] 《蔡廷锴自传》，第343页，黑龙江人民出版社，1982。

> 先生离宁赴沪，举国欣慰，而一切言论，莫不以正义为指归，发奸摘伏，舆论翕然，遥企高风，钦敬无量。此次和平会议，全国属望，惟蒋氏不悛，灭绝信义，从中作梗，破坏统一，举国袍泽，莫不切齿。现四全大会，虽已分开，而未来艰难，仍多棘手。至希先生领导群伦，共筹至计，俾真正统一之政府早日实现，不仅弟个人所企望者也。现在北方情形无大变化，弟居此未敢自逸，倘能裨益党国者，当竭力赴之也。

胡汉民被释后，在上海积极发表抗战言论，抨击蒋介石的对日妥协政策，得到国民党内抗日力量的拥护。当时，宁粤双方正在上海召开和平统一会议，冯玉祥派张允荣（省三）等到上海与胡汉民联系，胡汉民于10月27日复函冯玉祥，对他的爱国热忱予以肯定[1]。此函为冯玉祥复胡汉民之作。

上海和平会议决定宁粤双方分别召开国民党第四次全国代表大会，然后进一步谋求合作。冯玉祥此函表达了希望胡汉民出面，"领导群伦"，建立统一政府的愿望。

1932年3月13日，冯玉祥再致胡汉民函云：

> 国难日亟，积忧成瘕，海天南望，益切钦崇，敬惟履祉咸吉为祝。祥喉病未见减轻，现住徐州医院。兹嘱熊观民弟赴港面谒，就聆絮诲，尚恳开示周行，俾有遵循为幸！余事统由观民面陈。

当时，十九路军正在上海艰难抗战中。3月9日，日本又操纵溥仪在东北建立伪满洲国，冯玉祥忧心国事，派熊观民到香港与胡汉民磋商办法。当日冯玉祥日记云："抗日为第一要事；不抗日，唯死而已。"[2]

冯玉祥当时的计划是，联络韩复榘、宋哲元，由他自己主持北方，而由西南方面出面，联络福建、江西、湖南、湖北各省实力派，南北呼

---

1 《致冯玉祥》，哈佛燕京学社图书馆藏。

2 《冯玉祥日记》，1932年3月13日。

展堂先生大鉴前託者三题堂诸同志奉候与居代达微惘厚承教益感荷良深先生离宁赴沪举国欣慰而一切言论莫不以公

冯玉祥致胡汉民函手迹

应，共同倒蒋抗日[1]。胡汉民支持冯玉祥的计划，于5月5日复函，表示只要北方有所举措，南方同志一定"竭诚襄助"[2]。5月12日，冯玉祥再致胡汉民一函云：

> 顷托任、何两同志代致一函，计蒙鉴察。近辱国更甚矣！兹请张省三同志趋前面报一切，即请指示。

任，指任援道；何，指何世桢。二人均为胡汉民派往冯玉祥处的使者。当时，《中日上海停战及日方撤军协定》已经签字，该协定规定中日双方军队在上海周围停止一切敌对行动，日军撤至事变前原驻地区，受到各界人士的普遍反对，李宗仁等甚至以袁世凯的二十一条相比。冯函所称"近辱国更甚矣"，指此。

冯玉祥与胡汉民由于在反蒋抗日上立场相同，因此，双方使者往来频繁。1932年7月胡汉民派许崇灏北上。同月25日，冯玉祥致胡汉民函云：

> 顷承遣派许崇灏君北来，藉奉大教，备悉种凡。国事艰屯，外患环逼，自应修明内政，固结团体，方足以御敌侵掠而应潮流。慨自建国以来，我邦人士之本此精神终始如一者，厥惟中山先生。乃大乱救平，哲人遽萎，每怀先烈，曷胜伤心！幸吾兄笃守正谛，南服宣勤。静珠海之波澜，谋神州之根本。高怀卓识，无让前徽；遂听风声，弥令倾倒。弟虽不敏，区区为国为民之愿，素抱不逾。有利于此，无不竭诚努力以从。

许崇灏，字公武，广东番禺人。曾任粤军总司令部顾问。1928年任两粤赈灾委员会委员。1929年12月兼代考试院秘书长。函中，冯玉祥表示：

---

1 参见拙作《胡汉民的军事倒蒋密谋及胡蒋和解》，《寻求历史的谜底》，第569页。

2 参见拙作《胡汉民的军事倒蒋密谋及胡蒋和解》，《寻求历史的谜底》，第570页。

"区区为国为民之愿，素抱不逾。有利于此，无不竭诚努力以从。"这说明，二人在反蒋计划上已经达成共识。

1933年1月1日，日军突袭山海关，华北危急，蒋介石被迫派兵北上，但是，他的精神灌注所在还是江西的"剿共"军事。同月末，南京政府决定将北平故宫文物南迁，装箱待运，舆论强烈批评其重古董而不重土地、人民。冯玉祥激愤地在日记中写道："古物已运往上海。这是什么政治，会有这样的糊涂混账啊！"[1]2月14日，冯玉祥托凌昌炎携函面见胡汉民，尖锐地指责蒋介石。函云：

> 自榆关失陷以来，表面上虽有调动大军开赴前方之举，而实际上如兵站之设置，弹药之补充，军费筹拨等等，迄未举办，是无异赶十余万大军于绝境，此云抗日，真为欺人之谈。现在军队已怨言四起，军心既失，遑论应战。南京政府对于华北之漠不关心有如此者！对于古物南迁之事，虽经各方竭力反对，终不能打消其原议。其贱人而贵物，已属乖谬。近且以古物探借外债，藉以维持其政治生命。倘此事一成，恐国家将从此更多事矣！奈何奈何！

冯玉祥要求胡汉民迅速筹划，使西南方面一致行动，拯救华北。函称：

> 祥以为华北之存亡，南京方面早已置之不顾，如西南诸贤达应时势之要求，顺人民之意向，奋起救亡，颓势可挽。否则华北恐不保矣！

为了挽救华北，1933年3月间，胡汉民等决定组织西南联军北上抗日，冯玉祥等也决定在北方同时发动，不幸均先后失败。此后，冯、胡间仍然信使往来，不绝于途。1934年1月，胡汉民派曹四勿到泰山见冯。同月12日，冯玉祥派李兴中携函到香港见胡，函云：

---

1 《冯玉祥日记》，1933年2月9日。

曹四勿同志抵泰，道及尊况，不胜佩慰。国难日深，救亡图存，端赖荩筹。兹遣李兴中同志趋前候教，敬请指示一切。

自1933年1月起，胡汉民即在广州创办《三民主义月刊》，提出要根据三民主义"批判时事"，"评衡学术"，指责蒋介石所实行的"个人主义的寡头政治"。1934年10月，南京政府为了实现宁粤合作，派王宠惠携孔祥熙函南下，劝胡汉民北上参加国民党五全大会。11月27日，蒋介石与汪精卫联名通电，提出中央与地方实行均权的五项原则。同时，再派王宠惠、孙科南下，劝说胡汉民等与中央"团结"、"协作"。这一期间，胡汉民连续在《三民主义月刊》发表谈话或文章，提出与南京方面的合作条件，认为"在军权统治之下，不能实行均权制度"[1]。胡汉民的这些言论，深合冯玉祥的心意。1935年1月9日，冯玉祥致函胡汉民云：

刘、熊二同志北来，得读手教，敬悉种切。至于所嘱指导与指挥之点，更为钦佩无已。近读《三民主义月刊》，知伟论益为光明正大。盖今日言团结则非此不可也。

刘，指刘定五；熊，指熊观民。1934年10月，冯玉祥陆续派二人到广东、香港等地，分别会见陈济棠、胡汉民等人，就抗日反蒋等事有所商谈。11月23日，胡汉民复函冯玉祥，主张"严切准备"。内称："我人此时在革命工作之进行上，与其为局部之指挥者，不如为全部之指导者。"[2] 本函所称"至于所嘱指导与指挥之点"，指此。

程潜、陈嘉祐、柏文蔚、张知本、黄季陆等

潮流之三是以程潜、陈嘉祐、柏文蔚等为代表的长江中下游部分国

---

1 胡汉民：《军权与均权》，《三民主义月刊》第4卷第6期。
2 《致冯玉祥函》，哈佛燕京学社图书馆藏。

民党元老、官吏和军人。

程潜于1928年被李宗仁拘禁，同年11月解除监视，其后，即寓居上海，逐渐成为湖南及上海地区反蒋派的领袖。当时，在他周围的有柏文蔚、黄复生、熊克武、张知本、黄季陆、何世桢、桂崇基及原湘籍军人，官吏陈嘉祐、陈嘉任等。

"一·二八"事变时，程潜目睹十九路军英勇奋战的事迹，十分振奋；但他深切了解蒋介石的对外妥协、对内镇压的政策，因此，又十分沉痛。1932年2月17日，程潜致函胡汉民云：

> 我军御日，连战皆捷，民族前途，顿呈曙光，此诚可慰。惟自应战迄今，当局始终秉安外攘内之旨，牢持而未尝稍懈。盖国家将亡，必有妖孽，正谊宜其消沉矣！

他要求胡汉民早定计划，及时行动，函称：

> 际兹寇深魔长，存亡呼吸，谅公早储硕画，以为吾党人士救国之旨归。第就管见所及，居今日而欲党不自我毁，国不自我而亡，惟有树立中心，决定大计，集中革命力量，摧破腐恶势力，舍此更无术以幸存。吾党为国人诟病久矣，吾党主义则如日月经天，初未尝为国人所诟病也。是欲收集全民族对于吾党之信仰，要在树立三民主义以为之鹄，信受奉行，不涉虚伪。

函中所称"树立中心"，"集中革命力量，摧毁腐恶势力"，实为要求胡汉民自立政府，团结各派反蒋力量，推翻蒋介石的统治。函中所称"要在树立三民主义以为之鹄，信受奉行，不涉虚伪"，则是要求胡汉民实行孙中山真正的三民主义。

函件继称：

> 长江上下游表面似为妖氛所弥漫，其实人心未死，各部对于独

夫，亦多心怀携贰，得此良机，促之反正，当不甚难。弟于此致力久矣，惜财力绵薄，尚未征诸实用也。方今千钧一发，系于西南，望领挈群贤，速定大计，树立中心以端本，团结实力以待时，庶有豸乎！引领南望，不尽瞻依。

程潜长期经营两湖，在当地广有力量，但他也因为财政原因，不能行动。因而寄希望于西南方面。

1933年2月，日军进攻热河，汤玉麟不战而退。3月4日，陈嘉祐致函胡汉民云：

此间各情，经历次电闻，当邀察悉。劭襄同志自北归，专程来港，必尤能备呈〔陈〕种切也。热战我军不败而退，日夕数百里，全热指顾将非我有，一般人对宁府之所谓抗战，咸识其为欺骗政策。吾人于此，不能不有积极之主张与行动，以慰众望。公及南中同志计必早筹及此，敬乞赐示，俾所遵循。鄙意托劭襄同志代达。

3月8日，陈嘉祐再致一函云：

劭襄计已到港，顷石麐又自北归，谈北方情况甚详，兹来港面陈种切，想我公必有以指示之也。热河失陷，举国同愤，介石舍外以对内之野心，已为人所共见，吾人于此不能不有积极之主张，以慰国人之望。昨在沪同人曾有电陈左右，计邀察及。务乞我公提挈西南同志，急起直追，作有效之奋斗，甚所盼幸。

陈嘉祐曾任湘军第六军军长，国民党一大代表。北伐时期留守广东。30年代初追随程潜反蒋，在湘籍军人中有一定影响。

同年3月1日，方振武在山西成立抗日救国军，于4月4日抵达河北邯郸，一面北进，一面派徐午阳及其弟方芷南二人赴沪，向程潜乞援。同月，程潜致函胡汉民，将二人转介于胡汉民。函云：

> 叔平兄能排万难，与独裁者相左，冲破此沉闷之空气，殊堪钦佩。现徐、方二君南来，用特介绍，乞赐接洽，并予以实际上之援助，俾得奋勇前进，至所感祷耳！

程潜函中所称"实际上之援助"，主要指的是经济，这一问题程潜无力解决，胡汉民也无力解决。徐、方二人到港后，胡汉民不得不为之向陈济棠、李宗仁、蔡廷锴呼吁。

当时，南京国民政府一意坚持对日妥协政策，方振武等部的零散抗日行为自然不能取得多大成效。

在方振武北上抗战失败之后，陈嘉祐、程潜曾计划在湖南有所动作，但胡汉民认为就时机、财政、现有实力三方面考虑，条件还不成熟。8月1日，胡汉民复陈嘉祐函云：

> 弟对湘局，认为迟早必须刷新。粤、桂军事当局亦同此意。惟时机、财政及现有实力三者，皆当考虑，故尚不能不以审慎出之。[1]

胡汉民当时的计划是：首先建立中枢领导机构，然后与广东、广西、福建三省共同组织联军，北出长江。因此，胡汉民指示：要在总体规划"妥筹决定"之后，再着手"改造湘局"问题。

除陈嘉祐外，柏文蔚在长江中下游一带也有所活动，企图发动军队起义。对此，胡汉民也不赞成。同年9月复柏文蔚函云：

> 徐同志谈长江军事情形甚悉。然苟无中心之领导机构，则此种向义之军队，必日即解体，为反动军阀所各个击破。[2]

函中所称"中心之领导机构"，指胡汉民正在组织的新国民党。1934年1月

---

[1] 胡汉民：《致陈嘉祐函》，美国哈佛燕京学社图书馆藏。
[2] 胡汉民：《致柏烈武函》，美国哈佛燕京学社图书馆藏。

27日陈嘉祐致胡汉民函云：

> 养晦归，得悉种切，故祐拟南来暂作罢。沪上报纸所载，宁方攻闽甚极〔急〕，将何以挽救之？否则唇亡齿寒矣。朱同志稼田系安徽老革命党，业经祐绍介加入团体，并曾经呈请中央指派工作，以党务停顿中止。兹因叔平兄之召来港，特绍介至公处一谈。如有使命之处，当能为党效劳也。[1]

本函作于福建事变期间。所称"绍介加入团体"，即指成立不久的新国民党；所称"呈请中央指派工作"，即指新国民党中央。

新国民党中央成立后，胡汉民于1933年11月决定在上海设立地方干部，以陈嘉祐、熊克武、柏文蔚、程潜、刘芦隐为干部委员，并以刘为书记长，下辖苏、浙、赣、鄂、湘、川六个分部。1934年7月29日，程潜致胡汉民函云：

> 数月以来，音问益疏，而大局沉闷，日趋黑暗，其为危亡之征，抑或光明之兆，殊未卜也。海上同志意志颇坚，惟自芦隐由粤返沪后，颇形消极，似多不信芦隐。最近几度集结，然亦无异于牛衣相对，徒唤奈何！弟不自度量，奋与贼斗，又已七阅月矣，虽无十分成效，然以《南针》颇能唤起社会注意，致为群贼所恨，疲竭万分，欲罢不能。至于两湖内部之事，因着手久，颇有成效。兹特遣阎复同志前来报告湘情，即乞接纳指示，俾有率循。

芦隐，指刘芦隐，同盟会会员。曾任国民党中央党部宣传部长。1932年辞去在国民党中央及南京国民政府的职务，到香港参加西南方面的反蒋活动。从程潜致胡汉民函看，他受胡汉民之命到上海工作后，不能得到其他人的支持，上海工作出现停顿状态，因此，程潜很着急。

《南针》，程潜于1932年1月在上海创办的杂志，半月刊，以"阐扬

---

[1] 本函仅署廿七日。据函中云："宁方攻闽甚极〔急〕"，知为1934年1月作。

三民主义，并力求其实现"为主旨。发刊词称："实现三民主义之道"，在于"党内同志，各自痛改前非，去其私欲，秉至公至诚，一致团结，在同一意志同一行动之下，严格防止党的官僚化、派系化以求党之健全完整，建设民主政治，实行自治改革体制，以与日本作持久战之准备，以期收复国土，保持国家之独立，而求中华民族之解放。"

孙殿英、杨虎城

潮流之四是孙殿英、杨虎城等北方和西北实力派。

在反蒋斗争中，胡汉民非常重视华北和西北，和孙殿英、杨虎城等早有联系。

胡汉民在任命熊克武为新国民党上海地方干部时即曾提出，北方工作重要，希望柏文蔚和熊克武能"参加负责"[1]。此后，胡汉民在天津成立北方军事委员会，熊克武即衔命北上，访问孙殿英、阎锡山等人。台湾国民党党史会藏有一份谈话纪要，其中孙殿英部分共七条：

一、如西南组府或出兵最近能实现，则即暂留晋绥，以待出动华北，但须由津方商得阎之同意，总之，无论去留，一听胡先生命令。

二、请西南给以名义，如政会委员或其他，亦可以示切实关系，以便号召部下。

三、望西南即不能急切出兵，亦须早日组府，予以军事名义，如西北边防督办之类，当即通电讨贼。惟此时给养望稍予接济。

四、如上述三项不能实现，即决志西行，排除万难以赴之，拟先取兰州以为根据地，再占凉州，与虎城联络。蒋如不加阻止，则与之敷衍，否则即通电讨贼，仍附属于西南，此时望西南亦予以援助。兰州得手后如胡先生及熊、萧、唐、邓、邹诸先生有意前往，亦可在兰组府。否则坐视蒋贼日大，迁延愈久，打倒愈难。

---

[1] 胡汉民：《致上海各同志函》，美国哈佛燕京学社图书馆藏。

五、请予虎城以军事名义，使之领导西北各军，殿英愿附之，用以坚其心，遂其志，且亦易于推动也。并望津方派员切实致意，务期一致行动。

六、拟请设法挽张，早日返国，以免东北军为蒋金钱所分化。

七、请即派员来部主持党务，领导一切，使全军有所信仰。

从内容看，以上七条应是孙殿英对胡汉民和西南方面提出的要求。1933年长城抗战中，孙部有较好表现。长城抗战结束后，孙部是留在晋绥一带，还是西进甘肃、宁夏，成为一个亟待解决的问题。孙殿英提出，如果胡汉民能迅速出兵北上，或在西南组织政府，则孙部将留在晋绥，以便在华北响应；如果组府与出兵一时均不可能，则孙部将决意西进，取兰州为根据地，以便胡汉民等到当地组织政府。

孙殿英提出的是一项包括西北军、东北军在内的大计划。当时，胡汉民对陈济棠已经很失望，急于开辟新领域，因此，赞同孙殿英在西北组府的意见。但是，胡汉民深知，要实现这一计划，必须得到阎锡山的支持。因此，又派熊克武到山西与阎及其亲信杨爱源（星如，心如）谈话。阎、杨当时都表示支持胡汉民，赞同孙殿英西进。

二人表示：

一、西南各省同志目前甚望能切实团结，以赴事机，现在环境纵难出兵，亦盼能早日组府，以领导各方同志，以慰各方同志之望，否则群龙无首，各自苟安，终难以成大事。

二、望西南速定外交方针，且须确有办法，否则对内纵能成功，亦恐难于持久，甚至于终归失败，目前华北形势尤为显著。

三、华北局势全在鲁、晋、东北三方之合作，一切自不成问题。晋方始终追随西南之后，可勿顾虑。惟鲁与东北希望熊先生能久在天津，切实联络，并望能挽张回国，使十数万东北军整个为我所用。

四、孙军西行为目前最紧要问题。盖西去不仅足以图生存，且可以作将来东入潼关之策源地，而打破蒋之西北主义，尤裨益于大局，晋绥受惠更无论矣！

阎、杨的这一段谈话，可以说甜蜜之至。不仅拥护胡汉民作为反蒋派首领，支持他成立政府，而且答应对孙殿英的西进提供物质帮助："拟俟其一到宁境即助以款三十万，弹二十五万，以后如再需要，更当源源接济，务期于成。"二人并建议，熊克武一面催孙殿英速行，同时派人与杨虎城联络。

熊克武对孙殿英、阎锡山的态度非常满意，向胡汉民提出三项建议：

一、组府出兵纵难定确期，亦盼能示以大要范围，以便应付一切，激动各方沉闷心理。

二、华北将领心理多存对内尚易，对外维难。苟外交无办法，倒蒋终难成功。尤以华北局势，多视外交为转移，故望速定外交大计。

三、殿英竭诚拥护，殊不易得，尤以其能说能行为华北诸将领中所难能。苟善用之，实将来之基干，故目前拟请密给以政委名义，并预给以军事名义，如西北边防督办之类，以备将来军事行动时之用。至虎城不妨许以军分会。

可以想见，胡汉民对熊克武的工作多么满意。然而，后来的事实证明，阎锡山、杨爱源骗了熊克武。孙殿英部按计划西进了，阎锡山不仅没有给予任何援助，反而和蒋介石配合起来围剿孙军，使得胡汉民的西北计划最终失败。

以上所述，仅据台湾国民党党史会所藏胡汉民资料，它是当时国民党内反蒋抗日潮流在文献中的部分反映，可以说，只是露出海面的冰山一角。

1928年，随着二次北伐的胜利和东北、新疆的相继易帜，北洋各派退出政治舞台，蒋介石统一了中国。但是，这种统一只是暂时的、形式上的。国民党内部本来就存在着不同的派系和实力集团，北伐胜利之后，由于政见分歧和权力、利益分配等多种原因，这种内部矛盾遂演化为激烈的武装冲突和政权对峙，其集中反映就是1930年的中原大战和1931年的宁粤分裂。"九一八事变"后，民族危机加深，这本来是一个团结御侮，全力对外的契机，但是，蒋介石对外忍让，对内强硬，企图首先以武力削平其他政治、军事派别，这样，反蒋抗日便成为国民党内外爱国民主派和若干实力集团的共同要求，而这，也就酝酿着新的分裂和新的内战以及给予日寇以可乘之机的巨大危险。只是在卢沟桥事变，南京国民政府确定抗日方针之后，国民党才实现了全党的团结，中华民族也才实现了前所未有的团结。

冯玉祥说过："抗日，仇敌能化为同志；不抗日，同志将化为仇敌。"[1]信然。

---

[1] 《冯玉祥日记》，1935年1月8日。

一项南北联合，打倒蒋介石计划的夭折
——台湾所藏阎锡山档案一瞥

阎锡山生前不仅注意保存自己的档案，而且还专门设立机构，截收民国时期的各方电报，因此，台北"国史馆"所存阎锡山档案内容极为丰富，可以说是研究民国史的一座尚待开发的矿藏。

我访问台湾期间，曾浏览过阎锡山档案的部分内容，兹就30年代一项南北联合，打倒蒋介石计划的提出和夭折，略窥该项档案的价值。

30年代初期，天津是华北的政治重地，各派都派有代表常驻。阎锡山在天津也设有联络处，其负责人为傅觉民，任务是与各方联系，收集情报，收转各方文电。当时，各方打给阎锡山的电报常常是先打给傅觉民，再由傅打给山西清乡督办杨爱源，由杨加以处理。本文所述，即为此类电报。

日军侵略华北，胡汉民等加紧倒蒋，争取阎锡山，支援冯玉祥

1933年3月，日军侵占热河，进攻长城各口。5月31日，中日双方在塘沽签订停战协定，南京国民政府让出察哈尔北部与河北东部大片国土，并在事实上承认了日本对于东三省和热河的占领。其后，日本帝国

主义即在冀东建立伪组织，蓄谋进一步扩大侵略，建立所谓华北政府。

《塘沽协定》加深了华北危机，也加深了国民党内部的派系纠纷。以胡汉民为首的国民党西南执行部和西南政务委员会（简称西南派）企图利用这一时机，加紧反蒋活动，计划出兵北上。6月4日，傅觉民致电杨爱源，汇报西南情况云："塘沽签字丧权太甚，西南倒蒋，更为积极。惟对出兵事，须另定办法。"[1] 在日军侵略热河时，广东、广西、福建三省曾组织西南联军，以十九路军抗日名将蔡廷锴为总指挥，出师援热，但因蒋介石阻止，师至湖南郴州而返。本电所言出兵，指当时西南方面正在酝酿的新的倒蒋军事行动。

在30年代初期的反蒋派系中，最具实行精神的是冯玉祥。《塘沽协定》签字前几天，冯玉祥即在胡汉民等人的支持下，组织察哈尔民众抗日同盟军，奋起救国。第二天，西南派即通电支持，表示愿为后盾。《塘沽协定》签字后，李宗仁、陈铭枢、蒋光鼐等于6月7日在广州会议，就反蒋抗日问题达成初步意见。10日，胡汉民、邹鲁致电阎锡山，要求阎公开表态支持冯玉祥，并就近予以实际援助。电称：

> 焕公崛起，请公就近援应，并号召各方，与之一致，无使受各个击破，是所切祷！闽、桂、粤诸处，人已齐集广州，商讨蒋计划。乞示我周行，无任远盼。

西南派是一个复杂的派系，在反蒋抗日上虽然有共同语言，但其内部仍然矛盾重重。傅觉民将此电转报山西的同时，特别说明：胡汉民等西南元老派、在野的李济深、陈铭枢与广东陈济棠之间，"主张仍不能完全一致，故一时仍不易有开展作法"。阎锡山有鉴于此，决定暂时观望。

蒋介石和地方实力派之间本来就存在着种种矛盾。日本帝国主义对华北的侵略不仅加深了中华民族的危机，而且严重威胁着华北以至华东地区部分实力派的利益。为了自保，不少派系都有投入抗日反蒋潮流的

---

[1] 《天津傅觉民致杨督办定密支电》，029700，特种史料档案，第22卷，1932～1933。

动向，5月下旬，华北各实力派代表在天津会商，山东韩复榘的代表表示，将通电"数蒋误国之罪"，并与西南方面保持一致。其办法是：由阎锡山领衔；如阎有顾虑，则请杨爱源及山西将领参加联署；如杨爱源亦不便参加，则请山西方面"尽力援助"[1]。电发，山西方面没有反应。

阎锡山统治山西多年，既工于权术，又老于世道。他虽然和蒋介石有矛盾，但中原大战时他已经有过反蒋失败的经验，要他再一次挑头反蒋，"号召各方"，自然不是一件容易的事情。

南北两方计划会师长江，共讨蒋介石

冯玉祥察哈尔举事之后，南北各派反蒋力量都曾计划有所行动。南方，胡汉民等准备组织与南京相对立的政府，成立西南联军，北出长江；北方，梁冠英等推中原大战时的前敌总指挥鹿钟麟为首，准备出兵武汉，与胡汉民等会师。7月6日，傅觉民电杨爱源报告称：（一）西南出兵刻下积极进行，俟将来到达相当地方时，"剿共"、倒蒋即双管齐下。（二）冯玉祥就职多日，大家认清已无良好办法，但甚望他能支持下去，以待时局之变化。（三）梁冠英、张印相、上官云相等均有代表往返相商，俟西南出兵到湘，即拥戴鹿瑞伯（钟麟）进占武汉。傅觉民并称，李宗仁、白崇禧已派前同李宗仁夫人来过山西的瞿雨农来津，共商进行。傅电显示，一个南北同时出兵，会师长江，共同推翻南京国民政府的计划正在酝酿中。

胡汉民等企图成立政府，公开与南京抗衡，
虽成立有日，而终成泡影

西南方面虽然积极准备成立政府，出兵北上，但是，并未能实行。

---

1 《天津傅觉民致杨督办定密支电》。

其原因，7月10日前后，西南方面曾致电傅觉民说明："此间讨蒋，本已一致，只因军事、财政略有困难，故军事当局稍有踌躇，现已积极促开新局。"11日，再致一电，较前电说得更为具体，略云：

> 此间剿共，因相持千余里，未能一时将军队抽回，加以金银价本年起落太钜，金融发生恐慌，遂致未能即时成立政府，宣布讨蒋。倘今后剿共仍成相持之局，将来即由闽、桂出师，湘、浙原定计划决不变更，请促各方一致奋起。千夫所指之蒋，决无不倒之理也。

当时，陈济棠周旋于两种政治力量之间，既支持胡汉民等反蒋，又接受蒋介石的"剿共"指令。当年6月1日，陈通电就任"剿匪"军南路总司令，布置对中国工农红军作战。本电所称因"剿共"，"未能一时将军队抽回"，以及所谓"金融发生恐慌"，均指陈济棠。看来，陈济棠的态度发生了变化。因此，胡汉民等不得不将希望转寄于福建、广西方面。"湘、浙原定计划"云云，当指由广西、福建分别出兵进军湖南和浙江。

然而，世事正如浮云苍狗，在接连给华北方面发过两通令人沮丧的电报后，胡汉民等却突然派人到天津，给华北实力派们送来了一连串令人振奋的好消息。据称：陈济棠的态度坚定了，与陈铭枢、李济深、李宗仁的缓急之争也由于胡汉民的调停解决了。不仅如此，陈济棠还派人到香港表示，欢迎胡汉民入粤，组织政府。7月21日，傅觉民致电杨爱源云：

> 关于倒蒋抗日，伯南（陈济棠）与真如（陈铭枢）、任潮（李济深）、德邻（李宗仁）素来主张缓急不同，因胡汉民之从中调处，近已完全一致。伯南昨已派林翼中来港，谒汉民表示决心，欢迎汉民入粤，主持大计。胡汉民等主张于最近期间组织政府，陈济棠表示唯命是听。据来人言，西南政府不久即可组织，胡汉民不久即可入粤主持一切。[1]

---

[1] 《傅觉民致杨爱源电》，1933年7月21日。括号中人名为本文作者所注。

消息既然如此之好，韩复榘便首先积极起来，他表示："只要西南方面有具体办法，彼可起而响应。"[1]

其后，胡汉民、李宗仁等一再给傅觉民来电，声称"正积极筹备"[2]。7月26日，胡汉民、萧佛成、邓泽如、邹鲁联名致电杨爱源称："此间一切筹备已妥，日内即可发表。"胡等并称，已致电阎锡山："请其领导北方同胞，一致动作。"在天津的各地实力派代表也纷纷表示拥戴阎锡山。8月4日，傅觉民电阎锡山称："在津诸同人对我公之为人均深赞佩，除迳电我公外，并祝代为达意。"[3]

然而，华北的反蒋分子并没有高兴多久。过了几天，西南方面又来电称："大计已定，不日发动，但因陈济棠一人关系，至今仍不能有所表现。"[4] 原来，问题还是出在陈济棠身上。

30年代初期，陈济棠游移于反蒋与拥蒋之间，一方面，他挟胡汉民以自重，对蒋保持半独立状态，另一方面，他又不愿真正拥胡，以免胡等威胁他的地位。对此，后来李宗仁分析说："陈济棠盘据广东，俨然是岭南之主。如在广东组织政府，则党中元老以及陈（铭枢）、蒋（光鼐）、蔡（廷锴）等人将接踵而至，这样则抗日反蒋未成，而陈济棠先已失去其在广东惟我独尊的局面。"[5] 李宗仁的这一分析，是符合事实的。

西南方面既不能出兵北上，华北和各地的反蒋实力派自然不敢轻动。作为地方实力派，其中除部分人确实具有爱国思想，如冯玉祥外，其他不少人并无固定的政治主张，而是以割据和自保作为最高利益。为了自保，反蒋可，拥蒋亦可，抗日可，亲日亦可，完全视形势和条件是否于己有利而定。8月5日，冯玉祥因势单力孤，被迫交出察哈尔省大权，回泰山隐居，华北的抗日反蒋潮流暂时沉寂。

---

[1] 《傅觉民致杨爱源电》，1933年7月25日。

[2] 《傅觉民致杨爱源电》，1933年7月31日。

[3] 《傅觉民致杨爱源电》，1933年8月4日。

[4] 《傅觉民电》，1933年8月17日。

[5] 《李宗仁回忆录》，第658页，政协广西文史资料委员会，1980。

反蒋抗日乎？团结御侮乎？

为了使华北实力派不致过于失望，9月下旬，唐绍仪、萧佛成、邓泽如、陈济棠、李宗仁、邹鲁以西南政务委员会名义联名致电北方将领，坚持必须讨蒋才能抗日。电称：

> 今日国势阽危已极，始为日本暴力所侵凌，继为蒋日密谋勾结所危害，乱亡之祸，不可终日，故必讨蒋始足以抗日，始足以救亡，已为举国所公认，或有以国难方殷，宜协力御侮，而不宜自起纠纷者，此其自误误国，特为南京政府精诚团结，共赴国难之口号所蒙蔽，蒋氏反而利用国难，排除异己，卖国家以求独裁，自难再事容忍。[1]

从本电看，当时国民党内部也存在着两种意见，一种是"讨蒋始足以抗日"，一种是"协力御侮"。胡汉民等坚持前者，反对后者；要转移到后者方面来，还有一段过程。

日本帝国主义分子一方面不断制造侵华事件，企图扩大侵略；另一方面则扶持反蒋势力，企图制造纠纷，浑水摸鱼，以华制华。日本军方和特务机构有专人做胡汉民等西南派的工作。从阎档看，《塘沽协定》签字后不久，日本方面就表示："愿助西南倒蒋。"[2] 7月，日本方面宣称，蒋虽让步屈服，而日本仍不愿从此了事，以后当变更方略，与蒋为难[3]。8月中，又在华北派中表示："凡系确实倒蒋分子"，均将加以援助[4]。在日方一再拉拢下，西南派中一度有联日的主张。10月14日，傅觉民致电山西称："西南年

---

[1] 《杨爱源致傅觉民电》，1933年9月30日。
[2] 《天津傅觉民致杨督办定密支电》。
[3] 《傅觉民致杨督办世电》，1933年7月31日。
[4] 《傅觉民电》，1933年8月17日。

来以为倒蒋抗日并重，近来已变更主张，以为倒蒋必须连日。"[1]不过，由于胡汉民等坚持民族大义，西南派中的联日主张没有成为主流。北方的方振武即使处于困境，宁可失败也拒绝和日方妥协[2]。

福建方面不能忍耐，决定甩开广东，
联络广西，但最后只能单干

在南北反蒋潮流先后沉寂之后，福建方面不能忍耐了。李济深、陈铭枢等决定甩开陈济棠，与广西合作。他们先后派人北上称："陈济棠倘真不干，彼等将推李宗仁为西南军事首领，积极讨蒋。"[3]资料表明，这以后，福建方面和阎锡山的谈判也似乎相当圆满。阎锡山提出注意对日外交、迎接张学良回国两点，福建方面完全接受。10月21日，傅觉民致电山西云："闽虽一隅，而其势甚壮，宁府已乏善处之方。"傅并称："若再迁延日久，桂、粤亦将另有举动，而华北之孙（殿英）、韩（复榘），闻亦将有同情之表示。"这样，形势似乎又乐观起来。

果然，过了两天，李济深就派人通知华北各反蒋派系：闽桂联盟已经形成，经济问题也解决了。10月23日，傅觉民致电山西称：

> 李与真如（陈铭枢）、李宗仁等已结合一致，得华侨经济之助，在闽、桂组府，暂不要党。先连〔联〕合南北实力派，共同推动现在僵局。

在此情况下，阎锡山派人到天津，与福建代表进一步商谈。

11月20日，福建事变爆发。但是，由于它另建国号，另建党派，并且联合共产党，因此，遭到胡汉民、陈济棠等人的反对。李宗仁虽与福

---

1 《傅觉民电》，1933年10月14日。
2 《傅觉民电》，1933年10月19日。
3 《傅觉民致杨爱源电》，1933年8月17日。

建方面有约，但因广东方面反对，他也不敢贸然行事。关于此，陈济棠后来回忆说："余审度其所作所为，既不尊奉总理，又不要党，实感无限惊异，故当事变发生后数日，余即在西南政务委员会，提通过反对此次事变之议案。当会议进行之际，李宗仁曾持异议，谓不可遽而通过，主张暂时静观其变，余事先已接获情报，谓李宗仁与闽方已早有默契，今观此而益信，余遂决意及早表明余之态度，故不顾李之反对，力主通过，众亦赞成。"[1]

胡汉民等虽不愿与福建方面合作，但企图利用福建作为王牌，从政治上打击南京政府，逼迫蒋介石与汪精卫下台。12月8日，傅觉民致电山西称：

  黄建平昨日返津，谓两广实力派与元老派已商妥一种挽救时局及逼蒋、汪下野办法，特派代表北来，向各方商洽，过济时与韩晤商，韩极端赞同，并由赵式中代表随同赴并。

黄建平，广西李宗仁的代表。从本电看，胡汉民等已将该计划付之行动，联络过韩复榘，并准备进一步联络阎锡山等。12月14日，傅觉民偕同黄建平、赵式中到达山西[2]。只不过蒋介石迅速对福建方面取得了军事胜利，胡汉民等人就无计可施了。

孙殿英怀着与杨虎城联盟的希望孤军西进

在长城抗战中，孙殿英所部有较好表现。冯玉祥成立察哈尔抗日同盟军期间，南京国民政府一直竭力防范孙部参加同盟军，企图将孙部调往西北。6月15日，蒋介石接受何应钦的意见，任命孙殿英为青海西区屯垦督办。同盟军失败之后，蒋介石进一步加紧了对华北、西北异己力量

---

  1 《陈济棠自传稿》，第51～52页，台湾传记文学出版社，1974。
  2 《徐永昌日记》，1933年12月15日。

的防范，孙殿英与陕西实力派杨虎城陆续派人到天津，联络各方反蒋力量。孙、杨的代表都表示：自冯玉祥下野后，处境日益恶劣，决心共同讨蒋。孙殿英的代表并称：已多方请人与韩复榘接洽，"盼切实结合，造成一新局面"。

胡汉民的新计划失去实施可能，孙殿英的联合韩复榘，开拓新局面的计划也因故未能成功。11月下旬，孙殿英与马占山联合，准备进军西北[1]。其后，部分原东北义勇军投入孙部，但马占山并没有参加[2]。孙殿英西进之后，原计划与杨虎城联盟，打下兰州，以便胡汉民在当地建立反蒋政府。不过，孙部在到达宁夏后也很快失败了。

---

1 《傅觉民俭电》，1933年11月28日。
2 《李纯华等致各方通电》，《民国档案》1995年第1期。

1935年国民党内的倒汪迎胡暗潮
——读台湾所藏胡汉民旅欧期间往来电报

1931年2月,蒋介石软禁胡汉民,自此,出现宁、粤分裂局面。同年,发生"九一八事变",蒋介石被迫释放胡汉民。不久,胡汉民定居香港,领导以两广等省地方当局为代表的"西南派",秘密进行反蒋活动。双方长期对立,势同水火。但是,由于日本侵华得寸进尺,民族危机日益加深,双方都逐渐产生团结御侮的想法。1935年6月9日,胡汉民接受邹鲁等人意见,偕其女胡木兰、秘书程天固离开香港,赴欧疗养,为改变关系创造条件。

旅欧期间,胡汉民和在国内的原西南派的邹鲁、李宗仁、陈融、萧佛成、李晓生、王养冲等人之间,仍然保持着密切的函电往来关系。有关资料,起于1935年7月,止于同年11月。胡汉民当时曾请人抄录在一本练习簿内,今存台湾国民党党史会。该稿言简意晦,多用暗语,文字亦多讹误。但是,治史有如航海,不仅要观察洋面风涛,而且要探测深层潜流。研读这一抄稿,可以帮助人们认识这一时期国民党内的许多秘密。

汪精卫称病休养，迎胡回国浪潮兴起

汪精卫于1932年1月出任行政院长，1933年8月兼外交部长，把持内政外交大权，积极推行对日妥协政策，为国民党内的抗日派所不满，不断出现倒汪浪潮。

1932年5月，《中日淞沪停战协定》签字，于右任以未交立法院审议为理由，要求中央监察委员会惩戒汪精卫，首开倒汪先例[1]。1933年11月，李烈钧联络吴稚晖等，以立法院等处为讲坛，多次指责《塘沽协定》以来汪精卫的外交政策，继续推进倒汪行动[2]。1934年1月，胡汉民鉴于溥仪将于当年3月傀儡登场，认为是一个重要关头，不能放过，指示"应做一次大宣传"，"攻击南京政府误国、卖国"。同时具体指示由广东方面以监察委员名义起草一份弹劾汪精卫的稿子，交西南政务委员会委员李晓生带到上海，联合署名，在适当时候发难[3]。萧佛成遵照胡汉民指示，于同月24日在国民党四届四中全会上提出："对东北失地问题，政军领袖应负责引咎。"[4] 同年3月，李晓生致电胡汉民，声称"弹汪案正设法进行中"[5]。此后，倒汪气氛即逐渐浓烈。12月，孙科、王宠惠等衔蒋介石之命南下香港，企图说服胡汉民北上参加国民党四届五中全会。据称："宁沪空气对水云（汪精卫）皆极恶劣，于胡（于右任）真要率全体监委以去就力争。"[6] 其间，孙科并曾单独向胡提出，准备出面要求汪精卫下台，代以为蒋介石喜欢的孔祥熙[7]。胡汉民不愿在蒋介石的统治下做傀

1　《于右任先生年谱》，第71页，台湾国民党党史会，1978。

2　《唐有壬致黄郛》，1933年11月3日、4日，《黄膺白先生年谱长编》，第636页；参见笔者《黄郛与塘沽协定善后交涉》一文。

3　《工致力翁》（胡汉民致陈融），美国哈佛燕京学社图书馆藏。按，原电均用化名，括号中所注本名，为笔者考证所知，以下均同。

4　《邵元冲日记》，1934年1月24日，上海人民出版社，1990。

5　《广州转来上海电》，1934年3月27日，美国哈佛燕京学社图书馆藏。

6　《工致力兄》（胡汉民致陈融），1934年12月，美国哈佛燕京学社图书馆藏。

7　《工致力函》（胡汉民致陈融函），美国哈佛燕京学社图书馆藏。

儡，希望倒汪并倒蒋，因此，对孙科的计划兴趣不大，对人称："集中倒汪，已非本旨。""我来汪去，何异前年扶汪去孙？我何能蹈汪覆辙！最高不过做黎元洪、徐世昌耳，而岂我辈所屑！"[1] 尽管如此，国民党内仍然有相当一部分人主张先轰汪下台。

1935年6月19日，蔡元培在中央政治会议上带头向汪精卫发难，责问其"对日外交究持何策"。孙科拍案大骂："不料以一二小人公然卖国！"[2] 30日，汪称病休养。7月3日，汪精卫入上海医院治疗肝病。15日，转赴青岛。

汪精卫称病后，行政院院务由副院长孔祥熙暂代。当时，国民党内部普遍出现迎接胡汉民回国的意见。孔祥熙企图讨好，于7月4日接见李晓生，对李说："如展公有事委办，无论事之大小，必尽力遵办。"[3] 接着，又致电西南派的核心分子邹鲁，要求他来沪，但邹鲁要孔祥熙或南京政府的其他要人南下，移樽就教[4]。邹鲁的计划是要把舆论造足，形成全国一致的迎胡运动。10日，邹鲁致电报告胡汉民："南京迎胡说甚盛。"18日，再电云：

> 汪行，迎胡益急。弟欲使各省一致，除粤、桂外，已嘱少炯入湘，显丞入滇，另派亮□晤阎伯川、韩复榘、宋哲元、杨虎城等。

少炯，指杨熙绩；显丞，指刘震寰。入湘，是为了联络何键；入滇，是为了联络龙云。27日，邹鲁再电胡汉民："赴各省之人悉出动，此次必造成全国统一迎胡之事实。"邹鲁的目的是借此给蒋介石施加压力，同时，也为胡汉民归国以后的执政制造舆论。

1　《致上海毅、鹤、湄兄》（致上海何世桢、陈群、湄兄），美国哈佛燕京学社图书馆藏。

2　《中兴报》，1935年8月4日。

3　力电（陈融电），1935年7月5日，台北中国国民党党史会藏。以下凡未注明出处者，均同。

4　衣电（邹鲁电），1935年7月10日。

蒋介石既想留汪，又想与胡汉民和解

汪精卫到青岛休养后，原本定于8月中旬回南京复职。此事引起部分国民党中委的恐慌，担心"汪返而对日屈服将更变本加厉"。8月7日，覃振、石瑛、王陆一、焦易堂等在国民党中央政治会议提出，设置外交委员会，以免外交大权集中于一人，同时提出，请汪精卫辞去外交部长兼职[1]。当时，汪精卫因"华北外交屈辱，备受国人指摘，中央亦多不满"，于8月8日自青岛致电蒋介石及国民党中央，要求辞去行政院长及外交部长职务，借以"试探中枢意旨"。[2] 但蒋介石还希望汪精卫"暂行备位"，于第二天，即以国民党中常会名义派叶楚伧、蔡元培前往慰留。10日，王养冲电胡汉民云：

> 汪精卫辞去本兼各职。叶楚伧、蔡元培奉蒋中正命前往。

蒋介石和汪精卫有矛盾，但当时二人都推行对日妥协政策，有汪在前台，蒋有不少便利之处。因此，蒋是不会轻易将汪抛开的。

蒋介石一方面挽留汪精卫，一方面则力图与胡汉民和解。8月12日，黄绍竑受蒋介石委派，到广州会晤陈济棠，商谈宁粤合作事宜。15日，到广西与李宗仁、白崇禧会谈。关于黄绍竑到粤情况，邹鲁电胡汉民报告说：

> 季宽来，表示蒋决心抗日，并先撤西南兵及行均权。立夫顷飞蓉晤蒋，亦促进此事。全局如何推动，须兄自负责目前过渡可由南京中人自择。

---

1 《王世杰日记》，1915年8月9日，台湾"中研院"近史所，1990。
2 《邵元冲日记》，1935年8月14日。

为了对抗南京政府的集权主张，西南方面一直主张"均权"，在各地组织国民党执行部、政务委员会和军事委员会，办理地方党务、政务、军务。1934年春，胡汉民陆续发表《论均权制度》、《再论均权制度》等文，主张将均权推向全国。文章抨击蒋介石等称："所谓集权，是要集权于南京军阀；所谓拥护领袖制，是要拥护南京军阀去专制一切。"[1] 本电转述的蒋介石三项意见：决心抗日，撤去对付西南的军队，同意实行均权，表明蒋介石力图与胡汉民和解。

除通过黄绍竑与西南接触外，蒋介石又于8月20日通过孔祥熙致电胡汉民，表达问候之意："尊体如何？系念。请随时示知近情，俾释远念为盼。"胡汉民鉴于蒋介石主动表示友好，便于21日通过王宠惠复电：

> 承念至感。弟到欧后稍胜在港时，惟尚比常人血压高四五十度。昨始检查身体，医者为专门名家，待看其报告如何。

汤山被囚后，胡蒋之间一度尖锐对立，现在虽仍言不及义，毕竟互通音问了。

汪精卫回京复职，倒汪派继续抗争

汪精卫的辞职本来就是虚情假意，蒋介石一时也还不想甩开汪精卫，因此，汪的复职是迟早的事。

汪精卫辞职后，胡汉民即积极规划未来的内阁蓝图。他一度属意孙科，致电邹鲁、陈融云："吾人宜推毂阔老，胜于他人。"[2] "阔老"，即指孙科。但稍后，胡汉民又改变主意，拟以王宠惠出任行政院长。王和胡观点相近，关系密切。1934年3月，溥仪僭位称帝，汪精卫竟称："实无所用其惊异。"第二天，王宠惠即致函胡汉民，指责汪精卫称："昔之以推翻

---

[1] 《论均权制度》，《三民主义月刊》第3卷第2期。

[2] 《复衣、力各电》（复邹鲁、陈融各电）。

满清自居者,近则厚颜听其复位矣!"同函并对胡寄以希望,声称:"弟生平所服膺者,只有二人。总理在,总理而已;总理不在,先生而已。"[1]因此,胡汉民在致电李宗仁时表示:"内政拟以王亮畴缓冲。"[2]

胡汉民主意既定,孙科即出面向蒋介石建议,以王宠惠出任行政院长,并谓宋子文、孔祥熙等均持同一意见,但蒋介石不听[3]。8月19日,蒋介石、汪精卫回到南京。20日,王养冲以暗语致电胡汉民报告:"门、水回京,水复职。"门,蒋门神,代指蒋介石;水,代指汪精卫。22日,国民党中常会开会,汪精卫照例继续表示辞职,蒋介石则表示挽留,众人不说话,汪精卫遂以沉默表示同意复职[4]。

汪精卫虽然复职了,但是,国民党内部的反汪派仍不肯罢休。8月29日,邹鲁致电胡汉民,认为汪之突然复职,是由于运动日本外务大臣广田弘毅,向蒋施加压力的结果。电称:

> 汪突反职,由汪运动广田,向蒋说话。现孙(科)、于(右任)、居(正)、戴(季陶)及二陈(立夫、果夫)仍力进行逐汪迎胡,蒋亦恨汪,借日压已。六中全会时决改组政府。各方〈盼〉兄归甚切。

30日,李晓生也致电胡汉民称:

> 孙科竟与居正、于右任、戴季陶、孔祥熙、两陈等一致反对汪精卫,但无具体办法。蒋曾经表示,汪如果决不复职,亦不勉强。故汪虽复职,尚有问题。第六次中全会议决改组政府,俟五全大会再订将来大计。

李晓生并告诉胡汉民,四川民政、财政已实现统一。蒋一意经营四川,

---

1 《王宠惠致胡汉民函》,1934年3月2日,哈佛燕京学社图书馆藏。
2 《民复不电》(胡汉民复李宗仁电)。
3 《9月17日尧电》(9月17日李晓生电)。
4 《邵元冲日记》,1935年8月21日。

无心南向，并询胡行程。

邹鲁、李晓生的电报显示：胡汉民、蒋介石之间的矛盾有可能缓和，而和汪精卫的斗争则方兴未艾。

胡汉民开始调整外交政策

"九一八事变"以后的事实表明，对日妥协是条死胡同，那么，南京政府的外交路线应该如何确定？

当时，国民党内部出现两种意见，一种是联俄，一种是联英美，也有人主张既联俄，又联英美。胡汉民、邹鲁和陈济棠都主张联英美。胡汉民很早就提出，派人赴欧美联络，以对付日本[1]。胡汉民赴欧后，邹鲁、陈济棠都要求胡汉民利用机会，与担任海牙国际法庭正法官的王宠惠（亮畴）共同推进对英美的外交，并改善和加强与港英当局的关系。7月26日，邹、陈致电时在瑞士的胡汉民云：

> 宁有两派，一、亲日统一固谬；二、联俄抗日亦非至计。请兄与亮兄到英，为英美之外交工作，并以华南同对日关系，请英密示港督，与粤结合。

此前，英国《泰晤士报》有西南派勾结日本的说法，二人要求胡汉民"力破之"[2]。同日，陈融也致电胡汉民，告以蒋介石已派张群、陈仪赴日勾结，"我人必须得英美缓〔援〕助，望早到英与商"。

广州接近香港，陈济棠自国外采购的武器必须通过香港内运，因此，西南派极为重视和港英当局的关系。8月2日，陈济棠、邹鲁联合致电胡汉民，要胡转嘱王宠惠，与港英当局协商电云：

---

1 《胡汉民致柏文蔚书》，转引自《柏文蔚复胡汉民书》（4月13日），哈佛燕京社图书馆藏。

2 《棠、鲁宥电》（陈济棠、邹鲁电），1935年7月26日。

> 近港对西南军器经过为难,请嘱亮兄商英港,仍持去年以前对西南军器经港概纳外交进行。盼示。

"仍持去年以前"云云,可见此前的武器内运都是经过港英当局同意的。

西南派在倒汪上与孙科、于右任有联盟关系,但是,孙、于都主张联俄,和西南派不尽相同。7月27日,邹鲁电询胡汉民,如何处理这一矛盾。电称:

> 孙、于、居在京负责达到改变政局。惟孙、于主张联俄抗日,应如何复之?

当时,胡汉民反对日本侵略,但是,也反对苏联,称之为"苏俄帝国主义",曾著文要求苏联"中止在华之一切赤化活动","放弃在新疆、外蒙的侵略行动"。[1] 接到邹鲁的电报后,胡汉民于8月24日复电,坚持此前立场,电云:"联俄利害前此论之甚详。共祸未除,适滋纠纷。"但是,该电也显示出,胡汉民正在慢慢调整自己的外交政策。电云:"或以孙、于之主张,兄等此时不必过于反对矣!"同年冬,他进一步支持程天固访苏,探询苏方意见,"对于我国万一与日本交战所采之政策为如何"?[2]

20年代初期,胡汉民一度主张联苏;1927年以后,胡汉民成为坚决的反苏派,但在民族危机日益加深的情况下,他不得不对自己的立场有所修正。

---

1 《英美协调与国际的分惠》,《三民主义月刊》第5卷第3期;《远东问题之解决》,《三民主义月刊》第5卷第5期。

2 《程天固回忆录》,香港龙门书店1978年版,第283页。

动员华北实力派自治、自保

宁粤对立以后，西南派的策略是广泛联络各地实力派，对抗南京政府。其中，胡汉民、李宗仁等尤为重视的是华北的冯玉祥、阎锡山、韩复榘等人。1935年6月，在日本威胁下，中央军被迫撤出平、津及河北。同月，宋哲元部二十九军冯治安部奉令拱卫北平。此后，西南方面又加强了和宋哲元的联系。

日本侵略者得寸进尺，企图进一步制造"华北国"。7月6日，何应钦被迫与日本华北驻屯军司令梅津美治郎达成"何梅协定"，同意罢免一批中国官员，解散河北省党部、禁止排日运动等无理要求，平津等地有随时为日军占领的危险。当年7月，李宗仁致胡汉民电即称：华北事急，宋哲元、韩复榘等人非常挂念胡汉民的情况。李建议胡致电慰问。同月，李宗仁派黄建平到山西，促进华北地方实力派联合，成立统一组织。黄称："西南亟盼华北有一组织后，即向中央进迫，能不用兵，即达到均权共治，亦不一定非用兵不可。"[1] 当时，宋哲元、韩复榘等亟谋自保。宋哲元认为："华北在日本压迫，中央不管的处境下，不能不自己联合。"[2] 韩复榘也认为："与其坐以待毙，不如早自打算。"[3] 他们计划推阎锡山为首，韩复榘为副，成立组织，自治自保。

西南派密切注意华北形势的发展。8月5日，李宗仁致电胡汉民云：

> 蒋派王克敏□梅津承认，梅拒绝。军人尚未一致。海、外两省主与蒋妥协。现商陈济棠，派中、援北上，并拟派季文相助。祈示。李宗仁。

---

[1] 《徐永昌日记》，1935年7月31日、8月3日，台湾"中研院"近史所，1991。

[2] 《徐永昌日记》，1935年10月2日。

[3] 《徐永昌日记》，1935年7月31日。

王克敏，时任代理行政院驻平政务整理委员会委员长；梅津，指梅津美治郎。中，指陈中孚，日本通，时任西南政务委员会委员。援，指任援道，军人，30年代经常充当西南派与北方实力派的联系人。季文，指王季文，桂系政客，曾任众议院议员。从李宗仁计划派到北方的三个人看，显然是为了进一步加强与宋哲元的联系，并直接插手对日交涉。1935年12月成立冀察政务委员会时，陈中孚出任外交委员会委员长，任援道任外交委员，而王季文则成为西南派常驻宋哲元部的代表。

胡汉民同意李宗仁的派人计划。8月中旬，复李宗仁电云：

> 伯南同意，不妨派人一行。但真崎去职，外报谓急进派失势，确否？[1]

真崎，指真崎甚三郎，日本皇道派军阀巨头。1931年，任驻台湾军司令官。1932年任参谋本部次长，后改任陆军教育总监。1935年7月被罢免。在日本侵华过程中，日本政府和军方中始终存在不同派别，其起伏分合极大地影响并制约着对华政策，因此，胡汉民对日本政局变化极为注意。

李宗仁也同样注意日本政局的变化，8月29日致胡汉民电云：

> 军政部因永田案及西南迟缓，由外务对宁暂行妥洽。

永田，指日本陆军军务局局长永田铁三少将。由于真崎被解职，皇道派的相泽三郎中佐对此不满，于8月12日将永田铁山砍死。"西南迟缓"，当指西南派的反蒋行动。电末，李宗仁询问胡汉民说："陈济棠已嘱中北上。鄙人只有促华北变化，尊意以为何如？"李宗仁希望，华北实力派能迅速联合起来，与西南为犄角。对李宗仁的意见，胡汉民极为同意，当日即复电表示："弟与尊见同。"

当时，日本侵略者也在鼓动"华北五省自治"，支持地方实力派反蒋，以便实现其分裂中国，逐一吞并的阴谋。西南派所推动的华北实力

---

[1] 《复不电》（复李宗仁电）。

派的自治自保，虽与日本侵略者不同，但极其便于为日寇所利用。历史证明，只有团结，才能抗日。

计议对抗六中全会与五全大会

为了和西南派和解，9月5日，国民党中常会开会，蒋介石提出，将原定9月20日召开的四届六中全会展期至同年11月1日，第五次全国代表大会不变，仍定于11月12日举行。在公开和私下，蒋介石都表示，要"力谋团结"[1]。

西南派不愿放弃进攻姿态。9月4日会商对六中全会的对策时，邹鲁提出：1.请各国开太平洋和平会议；2.请政府解职以谢国人。会议决定向胡汉民请示。[2] 9月10日，西南方面再次会商，决定：1.由西南方面的中委将1934年的齐、有两电再次提出，列为五全大会议案；2.由个人签名，联名提案，建议召开太平洋各国会议；3.秘密通知各省同志，推举代表，向南京方面争取出席五全大会的出席权，不得已时，在西南召开五全大会。[3]

1934年，国民党中央决定于当年11月12日召开五全大会，议题为召集国民大会，修改总章，推进党务，确定施政方针等四项。9月8日，胡汉民、陈济棠、李宗仁等致电南京，认为南京方面颁布的五全大会议题"无一及于当前救亡之大计"，胡等提出：（1）整饬政治风纪，惩戒丧权辱国之军政大员；（2）严惩一切淆乱社会危害党国祸首；（3）确立外交方针并国防计划以维护国家之生存；（4）确定最低限度生产建设计划，取消破坏工商业及国民生计之媚外关税税则并整理财政救济农村。以上各条，条条指向南京国民政府和蒋介石，称为"齐电"。该电发出后，南京方面"置而不议，受而不答"，并且封锁新闻，严禁披露，因此，胡汉

---

1 《9月5日衣电》（9月5日邹鲁电）。

2 《9月5日衣电》。

3 《9月10日衣电》（9月10日邹鲁电）；又《9月11日冲电》（9月11日王养冲电）。

民等于9月25日再次致电南京，提出在五全大会召开之前，先实行二事：（1）履行本党"人民有言论及出版自由权"之政纲，容许一般人民对于政治、外交之建议及批评。（2）厉行本党民主集权制，予中央委员及海内外各级党部、党员对于党务、政治、军事、外交，应有充分建议、讨论及批评之完全自由。该电称为"有电"。由于西南方面的不妥协立场，南京方面不得不宣布五全大会延期。现在西南方面重提"齐"、"有"两电，表明西南方面的根本立场不变。

但是，在外患日深的状况下，西南派中的部分人也不得不表现出和蒋接近的动向。还在8月中旬，王养冲即致电胡汉民说：

中北上，李宗仁力主，爵赞，衣与力辩论，中请尊裁，并云：蒋中正外交途径工作激急，未许视若无物。吾人放弃原定计划，分别拟具放弃打倒独裁函详报。

中，仍指陈中孚；爵，指陈济棠；衣，指邹鲁；力，指陈融。本电所述邹鲁与陈融关于陈中孚北上的辩论显然与对日、对蒋政策有关。所谓"放弃打倒独裁"，即指放弃打倒蒋介石的计划。显然，陈中孚已经朦胧地感觉到，必须团结对日。

9月14日，邹鲁致胡汉民电云：

前蒋在滇，晤显丞。对兄表示甚诚。嘱其事团结。志舟复力促之。志舟近亦急于实现。弟拟嘱显丞经赴川晤蒋，能促成亦事所固佳，名〔否〕则票（？）真相为应付。

志舟，指龙云。当年5月14日，蒋介石从贵阳到昆明，龙云曾向蒋提出消弭内争，抵御外侮问题，据说："蒋有极诚恳之表示"[1]。此电显示出，蒋当时也曾向刘震寰（显丞）表示过和胡汉民和解的愿望，要求刘致力

---

[1] 《龙云为蒋介石在滇有亟谋统一的表示征询意见电》，云南档案馆编：《国民党军追堵红军长征档案史料选编》（云南部分），第588~589页，档案出版社，1987。

于西南与南京的"团结",此事并且得到龙云的积极支持。有鉴于此,邹鲁准备派刘震寰入川,再次与蒋介石会晤。同日,胡汉民即复电表示同意,电云:"显赴川亦佳。但宜得陈(济棠)、李(宗仁)同志〔意〕。"显然,胡汉民也在考虑采取某种主动了。

继续酝酿倒汪

汪精卫复职之后,国民党内部的倒汪迎胡潮流仍然暗暗发展。黄季陆于9月中旬到沪宁两地"鼓动政潮",转了一圈之后,回粤报告说:"宁皆反汪,并希西南有积极做法。"[1]

当时,不少人希望胡汉民回国。9月22日,李晓生致电胡汉民,转达许崇智的意见,建议胡汉民利用时机,立即返国,以"提倡团结、抗日、剿共"号召各方,"如此则以我公为主体,似与被动的受欢迎而后回来颇有分别"。[2] 10月8日,在上海的何世桢、陈群、李晓生等也联名致电胡汉民,要求胡汉民回国。电称:

汪复职后政局愈混沌。六中、五全相继开会,政治季节正在此时。兄能出其不备,毅然归国,影响甚大。国难已亟,披发缨冠,只有我辈。居、孙暨南京各方同志一致主张。陈伯南利令智昏,无心救国。窃为事机已迫,请速图之。心所谓危,不敢缄默。行止如何,恳加明示。

不过,胡汉民这时身体状况不佳,还不能回国,但他也盼望尽早赶汪下台。10月8日,胡汉民复电李晓生称:"南京同志既多数除奸,何尚不决!望兄等努力奋斗。"胡汉民本来反对单独"倒汪",此时则持积极态度了。

为了继续与南京方面对抗,西南方面于10月7日决定,单独在广州

---

[1] 《10月7日鲁电》(10月7日邹鲁电)。
[2] 《9月22日尧电》(9月22日李晓生电)。

召开五全大会。10月15日，萧佛成、邹鲁致电胡汉民："宁五全会必开，我方必对抗。宣言、政纲恳公主稿，航寄或电示纲要。"胡汉民赞成萧佛成等意见，同日复电表示："请两兄主稿，宜多对宁府责言。弟但从同志后，不能属思。"胡汉民对南京国民政府诸多不满，因此，仍然持强烈批评态度。

汪精卫突然被刺，倒汪派不战而胜

国民党的中央全会和代表大会常常是各派政治力量的角逐场所。蒋介石确定在1935年11月召开四届六中全会之后，南京政府内外的倒汪派就将轰汪下台的希望寄托在该次会上。9月5日，邹鲁致电胡汉民报告说："六中去汪，反要之于孙。居受二陈，进行甚力。"[1] 据此可知，计划在会上带头发难的人选为孙科，而当时在南京国民党内积极活动的人物则是受二陈委托的居正。一切均已准备就绪。

11月1日，国民党四届六中全会在南京开幕。在仪式结束后摄影时，汪精卫突遭原十九路军排长、爱国志士孙凤鸣枪击，重伤就医，被迫请求辞去本兼各职。这样，倒汪派就不战而胜了。

1935年11月12日，国民党五全大会开幕。西南派没有按原先计划抵制，而是派邹鲁、刘芦隐、黄季陆等出席会议，邹鲁并在会上作了"团结救国"的演说。在长期分裂之后，宁粤双方出现和解现象，预示着国民党的内外政策将会发生变化。不过，人们也注意到，西南派的军事领袖陈济棠、李宗仁、白崇禧等都没有参加。这显示出，国民党的"团结救国"之举还只能说刚刚起步。

12月7日，胡汉民在五届一中全会上被选举为国民党中央常务委员会主席。西南派的邹鲁、刘芦隐、刘纪文、黄季陆等进入中央执行委员会。同月27日，胡汉民由欧洲启程回国。不过，胡汉民回到广州后，很快因病去世，未能发挥应有的作用。

---

1 《9月5日衣电》。

吴开先与上海统一委员会的敌后抗日工作
——读台湾所藏朱家骅档案

抗日战争,除了战场上硝烟弥漫的厮杀,还有隐秘深藏的敌后地下斗争。关于前者,史家已多有研究;关于后者,至今尚少论述。兹就台湾"中研院"朱家骅档案所藏,参以"孤岛"时期的上海报纸,阐述国民党系统在上海地区的部分敌后工作情况。

上海党部委员纷纷变节,蒋介石大为震怒

上海于1937年11月沦陷。1939年,汪精卫自重庆逃出后,于5月8日抵达上海,即以之为基地,大肆鼓吹"和平运动",紧锣密鼓地筹备组织伪国民党和伪国民政府。蒋介石认为"上海阵地不能丢",计划加强上海工作[1]。当时,国民党虽在上海设有地下市党部,但由于原书记长蔡洪田、常务委员汪曼云率先变节,为虎作伥,一时间,除主任委员、原暨南大学教授童行白等二三人尚能保持气节外,其他委员和职员居然携带

---

[1] 吴绍澍:《记上海统一委员会》,《文史资料选辑》第29辑,第82页。

卷宗、印信，集体投逆[1]。这种情况，使蒋介石大为震怒。6月7日，蒋介石手令国民党中央秘书长朱家骅等人称："上海党部实在无成绩表现，其无能力与无办法可知，应特别设法改良为要！"[2] 13日，陈立夫也致函朱家骅，建议"集商改进方案"[3]。

重庆国民党中央很快决定派候补中央执行委员郑亦同去上海，以中央组织部代表名义负责考察当地党务。8月23日，郑亦同致电朱家骅报告：上海党务既无下层基础，上层干部"变节者变节，消沉者消沉"，必须"彻底改组"，方能"重奠革命之基础"。他并推荐，以中央组织部副部长吴开先担当此任，其理由是，上海的这帮动摇失节之辈，与吴"有甚深切之历史关系"。只有请他出马，才能"多尽劝导之责，或于残局不无小补"[4]。

吴开先出生于上海近郊的青浦，毕业于上海法科大学，其后曾先后担任国民党上海市党部组织部长、常务委员会主席等职，可以说是上海通。郑亦同推荐他回沪主持地下工作，不无道理。

郑亦同的建议也正是朱家骅的想法，于是，很快就决定了和吴开先同时奉命赴沪的还有军事委员会委员长驻沪代表蒋伯诚。

正邪、忠奸、人鬼的搏斗

1939年8月28日，吴开先抵达上海。当时，汪精卫正在上海极司菲尔路76号召开"国民党第六次全国代表大会"，组织伪国民党。一场正与邪，忠与奸，人与鬼的搏斗正在上海滩上展开。

报纸是社会喉舌，可以造舆论，洗脑筋，影响和左右人心。汪精卫、周佛海等都是国民党内的文化人，长期做宣传工作，自然深谙此

---

1 李子孝：《致朱秘书长函》，(1939年) 5月24日。朱家骅档案，台湾"中研院"藏，以下所引资料凡未注出处者，均同。
2 蒋介石：《机秘（甲）第2895号手令》。
3 陈立夫：《致朱骝先函》。
4 郑亦同：《致骝先秘书长电》。

点。他们到上海后，一面通过《中华日报》鼓吹"和平运动"，一面威胁、恐吓各抗日报刊。6月17日，汪伪武装特务袭击《导报》馆，迫使该报停刊。同时，投降汪伪的原国民党特务丁默邨、李士群等则以"中国国民党铲共救国特工总部"名义，向上海各抗日报刊负责人投递恐吓信，声称如再发现有反汪、拥共、反和平之记载，"决不再作任何警告与通知，即派员执行死刑"。7月22日，汪伪特工夜袭《大晚报》社。8月30日，暗杀《大美晚报》副刊《夜光》版编辑朱惺公。其后，暗杀事件即层出不穷。

在抓报纸的同时，汪伪又大力抓学校。其办法是拉拢部分教育界败类成立所谓上海市教育委员会，游说各校校长发表拥汪通电。9月2日，上海女子大学校长吴志骞因致函《中美日报》，痛斥汪精卫的"和平"谬论，宣称"头可断，志不可屈"，被汪伪特务暗杀[1]。接着，大海中学校长聂海帆也遭到毒手，其后，各校校长纷纷接到前述"铲共救国特工总部"的恐吓信，声称如再坚持不肯参加"反共和平运动"，"执迷不悟，甘心附共"，将同样手段对付[2]。因此，一部分校长、教导主任们不得不表态拥汪[3]。

吴开先离开重庆时，携有蒋介石致虞洽卿等人函5件，孔祥熙致上海银行界李铭等人函十数件。吴开先抵沪后，即迅速访问上海各界头面人物，特别是工商界巨头，传达抗战国策。在沦陷两年之后，上海人士突然见到了这位来自重庆的旧相识，因此，一时颇为兴奋。8月31日，吴开先致电陈果夫、朱家骅等称："环境虽确甚恶劣，然事尚可为，决以最大之努力挽此颓势。"[4] 9月10日，蒋伯诚、吴开先又联合致函朱家骅称："汪逆失败，在沪利用敌人之金钱，威胁利诱，无所不为。对忠实同志屡加杀害，丧心病狂，较之暴敌，尤为残酷。惟汪逆无论金钱、暴力，

1　参见《吴志骞来函表白》，《中美日报》，1939年8月29日。
2　《中美日报》，1939年9月12日。
3　钱俊瑞等：《汪伪在上海各界活动的真相》，黄美真等编：《汪精卫国民政府成立》，第242～247页，上海人民出版社，1984；参见展鸿图：《忠奸搏斗中的教育界》，《新华日报》，1939年1月19日。
4　吴开先：《致果公、立公、楚公、骝公、厉公、庸公、布公电》。

如何凶残，但是非犹在，清议尚存，顺逆忠奸之辨，孩童皆知。故无论党内党外，忠贞不贰、持正不阿之士，所在皆是。"函件表示，上海潜在力量非常广大，将广泛联络各界及各民众团体，"使全沪民众不为利诱，不为威屈，造成强固之不合作运动，以为消极之抵抗"。[1] 后来的事实表明，蒋、吴二人的这些壮语虽没有完全实现，但在打击敌伪方面还是做了一些工作。

汪伪和日寇很快就得知吴开先已经返回上海并重建地下组织。9月9日，汪伪《中华日报》刊出吴开先到沪的消息。同时，丁默邨悬赏5万元捉拿吴开先。9月19日，日方制订应予扑灭的中国秘密机关计划，首列"吴开先集团"[2]。

成立上海敌后工作统一委员会

到达之后不久，蒋伯诚、吴开先很快发觉，上海地下市党部的被破坏情况，远比原来估计的严重。二人函告重庆称："市党部因二三叛徒破坏，无异临阵倒戈，牵动甚大。"主任委员童行白虽然艰苦撑持，但人面过熟，险遭敌伪暗杀，行动、居处，都极感困难，因此，已不能留沪工作，市党部必须根本改组。函件同时也提到，上海原有特工组织，均已崩溃，应即统一力量。重加组织，派遣重要人员来沪主持。函称："叛徒一有制裁，则同志之勇气自增，而观望之徒有所顾忌，更不敢为非作歹矣！"[3] 当时，重庆方面在上海从事地下抗日工作的系统有好几个，政出多门，互不相关。9月30日，吴开先再次致函朱家骅，说明中央在沪工作人员尚未取得密切联系，"工作既未集中，经费尤为奇缺"。他要求朱家骅报告蒋介石，"将全沪工作化零为整，以坚强之组织与敌伪相抗"。[4]

---

1 蒋伯诚、吴开先：《致骝兄秘书长函》，1939年9月10日。
2 《第十三军工作要领》。
3 蒋伯诚、吴开先：《致骝兄秘书长函》，1939年9月10日。
4 吴开先：《致骝公函》，1939年9月30日。

1940年夏，吴开先返渝汇报工作，国民党中央采纳吴开先、杜月笙等人建议，决定组织上海敌后工作统一委员会，以杜月笙、蒋伯诚、戴笠、吴开先、吴绍澍为常务委员，以杜月笙为主任委员，吴开先为书记长。同时，改组上海市党部，以吴绍澍为主任委员，兼三青团上海支团主任。统一委员会成立后，吴开先指定杜月笙留在上海的管家万墨林为总交通，以原中央通讯社上海分社主任冯有真等人为专员[1]。在上述五个常务委员中，杜月笙和戴笠都不在上海，因此，统一委员会的工作主要由吴开先、蒋伯诚、吴绍澍三人负责。

　　上海统一委员会成立后，上海市党部、三青团上海支团的工作进一步呈现起色。

争取失足分子，稳定动摇分子

　　在汪精卫的追随者中，有一部分是铁杆汉奸，有一部分则是一时失足者。吴开先到上海后，所做的第一件工作就是争取失足分子，制止文教界正在蔓延的附逆趋势。1939年9月11日，吴开先致函朱家骅说："抵沪后，对丁逆所胁持分子已救出周斐成、张咏春、苏顽大、顾荫千、柴子飞等十余人，均为租屋，另行居住；盲从而悔悟愿归者亦有封光甲等十余人（均为中小学校长）。"[2] 这可以说是蒋伯诚、吴开先等到沪后的最初成绩。

　　1940年1月初，在万墨林策划下，高宗武、陶希圣二人离开汪伪集团，出走香港。蒋伯诚、吴开先即于7日致电朱家骅，要求迅速向蒋介石汇报，转命驻港工作人员"联络抚慰，以拆汪伪团体"[3]。14日，朱家骅批示将电报抄送蒋介石的侍从室，同时指示："汪逆正谋傀儡登场之际，忽与其重要干部凶终隙末，我方自可及时利用。"[4]

1　吴绍澍：《记上海统一委员会》，《文史资料选辑》第29辑，第82页。
2　朱家骅档案。
3　蒋伯诚、吴开先：《致朱部长骝兄电》。
4　朱家骅：《条谕》。

高、陶到香港后，在杜月笙等策划和支持下，向报界公开了汪伪和日本所签订的卖国密约，并陆续发表了《致大公报函》、《新中央政权是什么》等讨汪文章。以此为契机，全国各地纷纷掀起讨汪运动。1月23日，吴绍澍对记者发表谈话，通过沪报公开声讨汪精卫的卖国行为。谈话特别提出："汪之末日已至，日人之政治阴谋已穷"，号召"受汪逆一时诱惑者，从速猛醒，戴罪图功"。[1] 同时，吴开先则分别致函附逆分子。函称：

> 慨自汪逆叛国，匿迹沪西，谬倡和平，行同盗匪。影响所至，环境丑恶，生活日高，全沪人士，咸蒙其害。诸君或被利诱，或遭威胁，虽不能与"认贼作父"、"为虎作伥"者同日而语，要亦信念不坚，交友不慎，有以致之。在先或惑于谬论，或醉于利禄私图，执迷不悟，莫可理喻，方今高、陶远走，密约揭露，诸君虽不与谋，亦属附和，务望及时憬悟。

函末，吴开先并号召失足分子刺杀汪精卫："若能刺逆来归，将功赎罪，我中央不特不咎既往，且将厚事赏赉也。"该函于28日在上海《申报》、《新闻报》、《中美日报》、《大美晚报》等多家报纸同时刊载[2]。

高宗武、陶希圣公布汪日密约后，汪伪集团极为狼狈，伪国民党中央秘书长陈春圃狡辩说：高、陶所公布的密约是"日人片面提出之条件"，"并非最后折冲之结果"。[3] 27日，在吴开先等劝导和安排下，伪社会部秘书程宽正等15人决定反正，脱离汪伪控制。31日，程宽正等发表公开函件，反驳陈春圃的狡辩，说明"自高、陶宣布密约，乃知所谓'和平运动'，实汉奸运动之变相"[4]。其后，程宽正并发表长文，揭露丁

---

[1] 《党部主委吴绍澍氏在香港发表谈话》，《大美晚报》，1940年1月23日。按吴绍澍当时实在上海，谈话称"在香港"，系为迷惑敌人。

[2] 各报文字小有不同，此据《中美日报》。

[3] 《中华日报》，1940年1月23日。

[4] 《程宽正等跳出火坑，公开函质》，《大美晚报》，1940年1月31日。

默邨等胁迫他落水并逼他参加汪伪"六大"的经过[1]。周乐山等也发表文章，谴责汪精卫"假和平之名，行屈膝之实"[2]。2月6日，吴绍澍致电叶楚伧、朱家骅称，自吴开先发表文告后，"奸伪内部顿呈动摇"，"沪市人心殊见兴奋"[3]，云云，虽有夸大成分，但确系事实。

除分化敌人，争取失足分子外，统一委员会又严密注视上海头面人物的动向，特别注意监视动摇分子，及时采取措施。

汪精卫等成立伪府前后，多次诱胁虞洽卿出任伪职。统一委员会得到消息，立即紧急集议，决定假冒吴铁城名义致电虞洽卿，声称："奉总裁谕，上海情形复杂，安全堪虞，请即来渝。"

1940年秋，虞洽卿离开上海，经香港转赴重庆[4]。统一委员会的此一举措，有效地防止了虞洽卿为敌所用。

1941年12月8日，日本偷袭珍珠港，向英美宣战，占领上海租界。黄金荣受日伪诱惑，准备出任租界维持会会长。统一委员会故技重演，送去一份蒋介石具名的电报，表示对黄近况的关念，询问其身体状况，劝其多加养息。23日，吴开先致电朱家骅，报告这一做法，电称："此老如能悬崖勒马，而不为敌用，对于沪上一切，或究可稍好也。"[5]结果，在整个抗战时期，黄金荣和日寇虽有周旋，但始终没有出任伪职。

上海有巨大的人力资源，为敌所用，将极大地不利于抗战。上海统一委员会争取失足分子，稳定动摇分子的工作虽然无法完全阻遏少数败类的投敌，但对分化敌人，限制敌伪利用上海的人力资源，显然有一定作用。后来，吴开先在回忆中曾不无自豪地说："终汪逆之世，上海所有银钱业较知名人士，无一敢冒不韪而参加敌伪之金融组织者。"[6]

---

1 《从祸水中跃登彼岸》，《大美晚报》，1940年3月20日。
2 《周乐山等公开函》，《大美晚报》，1940年3月19日。
3 吴绍澍：《致楚公、骝公电》，1940年2月6日。
4 吴绍澍：《记上海统一委员会》，《文史资料选辑》第29辑，第86～87页。
5 吴开先：《致骝公电》，1941年12月23日。
6 吴开先：《抗战期中我所见到的杜月笙先生》，恒社编：《杜月笙先生纪念集初集》，第18页，香港，1952。

肃反、锄奸

为了对付汪伪的恐怖政策，蒋伯诚、吴开先于1939年9月5日致电朱家骅，告以"汪逆恐怖政策，日益加厉"，要求"速派妥员来沪，主持肃反工作，鼓励民气，坚强阵线"。[1] 其后，军统上海区先后处置了汪伪特工总部大队长赵刚义、机要处副处长钱人龙、青帮大亨张啸林、伪上海市长傅筱庵等人，起到了部分震慑作用。

资料显示，重庆方面曾企图通过上海统一委员会暗杀汪精卫。同年11月14日，蒋伯诚、吴开先致电朱家骅称："赐电奉悉。嘱破坏汪逆伪组织事，弟等不避艰险，多方设施，政治方面，曾向平方策动反汪，已见成效。现仍积极进行。沪上各方，在弟等联络及监视之下，各界均亦不敢勾结参加。"同电并称："行动方面，曾积极计划，俟机实施，惟逆贼防卫严密，不易接近为虑。"[2] 电报所称"向平方策动反汪"，指的是利用华北汉奸集团反对汪精卫，制造其内部矛盾。所称"行动方面"，则显指暗杀汪精卫。

上海统一委员会暗杀汪精卫的计划未能实行，但是，在伪南京国民政府成立之前，他们还是处置了几个小汉奸。2月28日，在吴绍澍等指挥下，上海同日发生三起暗杀案：日伪《新申报》记者许申，伪京沪、沪杭甬两路党部委员薛显扬，上海市商会委员马少荃遭到枪击。不过，许申未能致命，而马少荃则当时并无显著附逆行迹，统一委员会对他采取行动，主要是吓唬，促使他离开上海，转赴重庆。

---

[1] 蒋伯诚、吴开先：《致骝公电》。
[2] 同注1。

推行崇尚廉耻运动

蒋伯诚、吴开先到上海后，除联系各界头面人物外，还曾联络了部分民众团体。1939年10月，在蒋、吴等鼓励和支持下，上海工商、教育、慈善等各界人士组织上海市民廉耻运动委员会，发起崇尚廉耻运动，其内容为："自己立誓，不与闻无耻之事业，不受无耻之金钱，共同对无耻之徒，口诛笔伐。"[1] 12月12日，委员会发表宣言，号召"孤岛市民，刻苦淬砺，坚忍奋斗，以复河山"[2]。此后，陆续发表《告教育界同仁书》、《敦劝金融界书》、《劝告妇女界书》、《告上海市民书》、《告工友书》等文件，倡导"守廉厉节，图强发奋，雪耻复仇"[3]。1940年3月11日，廉耻运动委员会发布宣传要点，指责汪伪曲解孙中山的言论以行其奸，严肃声称："凡曲解三民主义者，不但为总理之叛徒，且为千秋万世之罪人。"[4] 29日，汪伪成立汉奸政府前夕，廉耻运动委员会再次发布宣传要点，尖锐地提出一系列问题："你接受无耻金钱吗？你参加无耻事业吗？"[5] 30日，汪伪政权成立之日，委员会又发表文告，提出"应益坚气节"[6]。这些，显然都具有批判民族败类，砥砺气节的作用。

廉耻委员会后来曾发展到各业各界，在上海活动了很长一段时期。

在统一委员会活动期间，上海工商、知识各界的群众工作有一定发展。当时发端于重庆的"春礼劳军运动"、"节约劳军救难运动"、"一元救难运动"等，都曾得到上海市民的积极响应。其中"春礼劳军运动"，上海各团体原拟募集代金50万，20天不到，各业认捐额即达60万[7]。

1　《申报》，1939年10月17日。

2　《申报》，1939年12月12日。

3　《申报》，1940年1月1日。

4　《申报》，1940年3月11日。

5　《申报》，1940年3月29日。

6　《大美晚报》，1940年3月30日。

7　《申报》，1940年2月22日。

当然，上述群众运动是多种社会力量，包括共产党在上海的地下组织共同推进的结果，但其中有统一委员会的努力则是无疑的。

揭穿汪精卫伪造民意的鬼把戏

在汪伪之前，日本帝国主义先后培植了华北、华中两个汉奸集团。汪精卫等自重庆出逃之后，日寇即准备以之为中心，成立统一的汉奸政府。1940年2月，汪伪开始制造"还都"舆论，谋划在南京成立伪府。其手段之一是伪造民意。当月，《中华日报》以上海一百多个同业公会的名义发表"拥护和平通电"，借以欺骗社会。为了揭穿汪伪玩弄的鬼把戏，国民党上海市党部分别动员各同业公会登报否认。3月19日，上海酱园业、古玩业、地货业、杂粮油饼业等同业公会首先在《申报》发表启事，声明"本会以维护同业为职志，越此范围，概不预闻"。在此基础上，《申报》并进一步刊登消息，说明《中华日报》所登启事，"其中六十五个，系未经正式成立，甚至根本无此名称者，其中四十一个，已陷停顿者，至于确有此种名称而在活动中者，对于此事，事前实一无所闻"[1]。自此，各种否认声明络绎不绝。至3月30日，各同业公会发表声明者达一百五十余起。各界发表声明者每日数起[2]。这些声明，有力地揭穿了汪伪的鬼蜮伎俩。

反对成立伪府

汪伪集团在一再延期之后，决定于3月30日"还都"。为了加紧反汪斗争，三青团上海支部于29日通电全国，声称："我国人心未死，公义尚存，

---

[1] 《捏名通电，各公会均否认》，《申报》，1940年3月21日。
[2] 蒋伯诚：《致骝兄密电》。

岂能容此无耻巨奸，腼颜人世，以贻民族之羞！"[1] 同日，上海市各区党部督率全体党员上街张贴标语，进行了一次突击宣传。据报道，南京路商业区，以至曹家渡、徐家汇等地区，"均有大量小型彩色讨汪传单散发"，"人行道上之电杆木上，均有极整齐之讨汪标语张贴"。[2] 后来，吴开先曾回忆说："每年元旦或国庆日，均由党部工作同仁在先施、永安、大新诸公司之游乐场上，掷下大批纸质国旗党旗，以唤起民心。汪伪组府时，并印大批传单说明汪之汉奸行为，以昭告国人，亦由高处掷下。"[3]

3月30日，汪伪为了制造气氛，盗用英法两租界华人纳税会名义，以纪念台儿庄战役为名通知各商店悬旗。上海市党部得知这一消息，立即商请各晚报刊登消息，揭穿阴谋，并加印《大美晚报》8000份，调动学生50人分头送报，并向各商店说明。因此，当日除外滩日本银行及虹口、沪西一部分商店外，英法两租界内绝无一家商店悬旗[4]。同日，上海学生协会、上海学生讨汪运动总会等纷纷发表宣言，声称："现在更伟大、更艰巨的反汪任务，放在我们肩上来了，我们只有更英勇更坚决地发扬我们的传统，担负起我们的使命，集中我们的火力，万众一心，从日寇汪伪的进攻中发动全面决死的总反攻。"[5] 当日，三万学生举行全市大罢课。各校学生在风雨中分别举行讨汪宣誓："余誓以至诚，决不参加伪组织，以最大之决心，打倒卖国组织，并否认卖国密约，决以全力拥护中央，拥护抗建国策。"[6] 会后，各校宣传队到租界各马路散发反汪传单，高呼反对成立伪府口号，因此，被捕数十人。这是沦陷区的一次大规模的群众性行动，发生了较大的影响。当日，蒋伯诚即致电重庆，报告有关情况。4月2日，朱家骅复电表示满意。电称："沪市讨汪工作，由兄主持，颇著绩效。原电已译呈总裁

---

[1] 《三青团上海支部通电全国讨汪》，《大美晚报》，1940年3月29日。
[2] 《本市学生反对伪组织》，《大美晚报》，1940年3月30日。
[3] 《沪上往事细说从头》，台湾《传记文学》，1987年12月号。
[4] 《致朱家骅电》，1940年3月30日。
[5] 端木衣虹：《大上海青年反法西斯斗争底绘卷》，《新华日报》，1941年11月30日。
[6] 端木衣虹：《大上海青年反法西斯斗争底绘卷》，《新华日报》，1941年11月30日。

鉴核，仍请督导诸同志加紧进行。"[1]

宣示抗战国策，拒绝德国人转达的日本和平条件

日军侵华，原以为可以在短时期内灭亡中国，但是，却陷入了中国人民持久抗战的泥潭中。日本侵略者不得不通过多种渠道向重庆国民政府诱和，以求取得在战场上无法得到的东西，从侵华战争中拔出脚来。

1940年10月15日，德驻华使馆代办密告蒋伯诚与吴开先：日本华北军司令长官多田骏等对汪精卫甚为轻视，认为中日问题非与蒋介石洽商，无法解决。德代办称：日方现应以优越之条件给予中国政府，但日方亦应有所得。德代办暗示，德国将以第三国姿态出面保证实行。蒋、吴二人没有坚决表示拒绝，同意将谈话经过报告蒋介石。朱家骅对此不满，复电称："此次抗战，中途言和，可招亡国之祸。""战事扩大，正我所期待。英美合作既成，则共同制日，步步加紧，对我援助，日有进步，前途希望愈增，我抗战亦胜利愈近，此时我方决不可稍动摇。"[2]

德国企图再次调停中日战争的消息很快为英、美得知。10月26日，吴开先以中央驻沪人员名义对英、美记者发表谈话："中日战争，非俟日本有真诚之觉悟，放弃侵略之决心，达到委员长所提恢复中国领土之完整，国家之独立、自由，则任何和平方法，余知中央决不愿予以考虑也。"[3] 朱家骅认为这一谈话"颇为得体"，于29日复电表扬，电称："欲谋世界秩序之恢复，和平之重见，各国必先联合，共同制日。我三年余抗战，对世界，尤其太平洋有关各国，贡献良多。此后当更尽最大之努力剪灭此世界祸首也。"朱家骅指示，如外国人继续询问，即按上述意思回答[4]。

1941年，太平洋战争爆发。同年12月，日军占领上海英法两租界，

---

1 朱家骅：《复蒋伯诚电》。
2 朱家骅：《复蒋伯诚、吴开先》。
3 吴开先：《致朱部长骝公》。
4 朱家骅：《复吴开先电》。

统一委员会的工作转入隐蔽待机，但是，日方仍然多次辗转向吴开先表示谋和之意。1942年2月上旬，德国海通社社长美最时会见吴开先，转达日方求和意图，打听中方条件。吴开先答以"我方现在绝无谋和之意，条件无从谈及"。12日，美最时再次约见，出示日本海军方面的五条意见，主要内容为：1.日本承认中国尚未击败，希望避免继续流血，愿接受中国之和平条件；2.中国应尽速参加东亚新秩序，取得其应得之地位，则中日两国，将为亚洲之两平等国家；3.日方决定大权，掌握在东京二三领袖手中，日本海军与之有最接近之联系，因此中国无须与其他日人谈判；4.此次机会，稍纵即逝，望中国方面及早图之。有了前次的教训，这次吴开先的回答就干脆了：中国已在二十六国宣言上签字，不能单独媾和，"事无百一之望"[1]。24日，朱家骅复电，指示称："我国单独抗战，四年有半，百折不挠，已获胜利基础。""太平洋战事发生以来，我一跃而跻为四强之列，为世界大战中之主角，同时亦为世界各民族共认之领导者，国际地位既已提高，此乃千载一时万不可失之良机，正宜及时加紧努力，以竟全功，断无中途言和之理。敌在太平洋上初期胜利，本为意中之事，最后胜利仍属于我，敌必惨败，已无疑义，今其谋和之心愈切者，亦为此也。"朱家骅并称："德人建议，弟意不宜转陈，因总裁必大生气也。"[2]

统一委员会工作的停顿

1942年3月，吴开先被捕。5月6日，统一委员会的秘密电台被破获，吴绍澍避居宜兴西南的张渚。此后，又适逢蒋伯诚中风，因此，上海统一委员会的工作陷于停顿。除营救吴开先外，就没有做过多少事了。

自吴开先抵沪至被捕，前后不到三年。在此期间，吴开先等始终没有能将上海的敌后工作真正统一起来，其工作范围也仅限于工商界、

---

[1] 吴开先：《致骝公电》。
[2] 朱家骅：《复吴开先电》。

新闻界、教育界，和社会下层缺少联系。同时，他们还有和共产党闹摩擦的一面，反映出国民党虽一面联共抗战，一面仍不能忘情于反共。但是，吴开先等人和上海统一委员会的主要斗争矛头是指向日本侵略者和汪伪集团的，因此，基本上应予肯定。

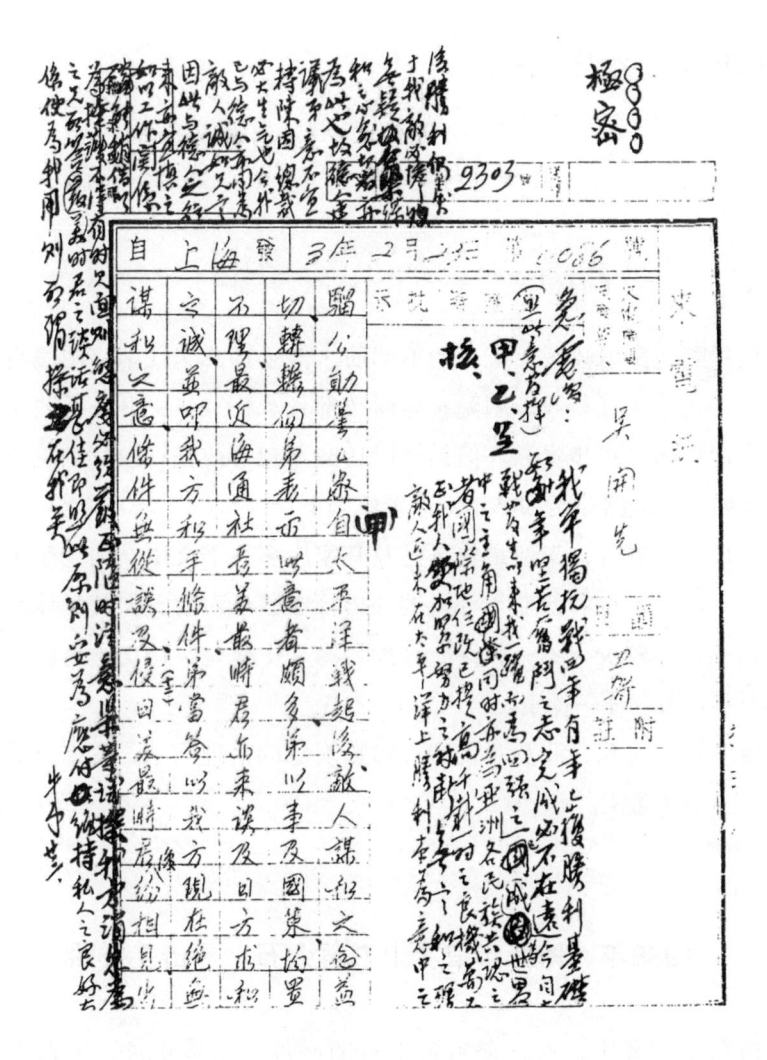

朱家骅在吴开先电报上的批示

傅斯年攻倒孔祥熙
——读台湾所藏傅斯年档案

孔祥熙是民国政坛上著名的不倒翁。他于1928年任南京国民政府工商部长，1933年任行政院副院长兼财政部长。1938年，升任行政院长。一直官运亨通，步步青云。但是，以1939年11月改任行政院副院长为转机，开始走下坡路。至1945年，遂轰然倒下。

孔祥熙的倒台，当然是他自己及其家族多行不义以及失宠于美国人的结果，但是，也和傅斯年等人的一再抨击、反对有关。其具体经过，过去由于资料较少，不得其详。今据台湾"中研院"历史语言研究所所藏傅斯年档案，作一探索。

傅斯年的讨孔，涉及对贪污、腐败现象的治理问题，总结有关历史经验，当不无意义。

1938年，傅斯年首次上书蒋介石，抨击孔祥熙

傅斯年档案中，有一通致蒋介石的函件，未署年月，但据王世杰日记，知为1938年2月末或3月初之作，距孔祥熙出任行政院长不过两个

月[1]。在现存傅斯年攻孔各函中，时间最早。

函件一开头就指出，抗战以来，全国将士、官民"正在为民族生存作空前之奋斗"，"国步艰难"，但是，外交、行政却未能发挥效能。傅斯年分析其原因，认为关键是"负责之人另是一格"，"作来一切若不相似"。[2]

傅斯年此函分两部分。第一部分陈述孔祥熙1937年出使英国，祝贺英皇加冕时的情况，历举英国外相艾登、财政专家李滋罗斯等人对孔祥熙的批评，以及孔本人"举止傲慢，言语无礼"的事例，说明孔祥熙担任行政院长，不利于争取英美的财政援助。次述孔祥熙听任小儿子指挥财政部大员，小女儿管理机要电报，以致物议蜂起的情况，说明"似此公私不分，未有近代国家可以如此立国者"。

傅函的第二部分批评当时的外交部长王宠惠，说他"绝不努力，绝不用心"，"毫无精神，鲜谈正事"。但是，傅斯年批评王宠惠，还是为了批评孔祥熙。傅斯年认为，王宠惠之所以表现如此，乃在于孔祥熙"指挥自决"，过于专权，使外长等于秘书、跟班。函件说：

> 孔氏无权不揽，无事不自负，再积以时日，恐各部皆成备位之官，不只外交失其作用而已。

函末，傅斯年保证："其中绝无虚语，皆有人证、物证，斯年负其一切之责任。"

傅斯年上书之后，孔祥熙曾于4月25日上书蒋介石，要求辞职，但为蒋介石慰留[3]。

---

1 《王世杰日记》（1938年3月4日云）："近日外间对于孔庸之长行政院，王亮畴之长外交，颇多不满。昨闻傅斯年君（原国防参议会委员）曾以长函致蒋先生，指责孔、王甚力。"见《王世杰日记》手稿本，第1册，第197页，台湾"中研院"近史所，1990。

2 傅斯年档案，2~611。按，《胡适来往书信选》据胡适档案收入此件，但误系为1939年，文字亦有缺漏。

3 参见本书《蒋孔关系探微》一文。

傅斯年联名上书，多方面说明孔祥熙不能担任行政院长

第一次上书无效，傅斯年不肯罢休，酝酿再次上书。不过，这一次不是个人行动，而是与人联署了。

1938年7月6日，国民参政会第一届大会在武汉召开。会前，傅斯年即以参政员资格积极活动，制造舆论[1]。孔祥熙听到风声，因此在参政会报告时特别卖力，企图讨好参政员[2]。但是，傅斯年等仍于7月12日致函蒋介石，从才能、信望、用人、友邦观感等各个方面论证，孔祥熙不足以担任行政院长一职，共五条：

第一条陈述，就中国官场应付技巧言，孔祥熙可称超群的上等人才，然而，对建设近代国家、主持大政的良规大义，却毫无所知[3]。

第二条陈述，孔祥熙纵容夫人、儿子聚敛金钱，奢侈、豪华，"实为国人所痛恶"。

第三条陈述，孔祥熙用人唯亲，凡山西同乡及旧时同僚，都优为安插。

第四条陈述，孔祥熙国际舆论不佳，难以得到援助。

第五条陈述，孔祥熙以孔子后裔自负，而"持身治家"，每多"失检"。

函件最后，傅斯年等要求蒋介石为抗战前途计，"审察事实，当机立断"，免去孔祥熙的职务，以慰四海之望。

蒋介石事前就知道傅斯年在酝酿联名上书，很不高兴。书上，自然没有结果[4]。

---

1 《王世杰日记》（1938年7月3日）云："国民参政会参政员到汉者已甚众。彼等有对孔庸之长行政院极表不满，而思提案攻击者。"

2 《王世杰日记》（1938年7月11日）云："参政员中对于王、孔两公颇多微辞，故两公发言特别详尽，以冀减少反感。"

3 傅斯年档案，2~611。按此函曾收入《胡适来往书信选》（下）附录三。

4 《王世杰日记》（1938年7月3日）云："蒋先生闻之甚不悦。"

第三次上书，52人联名，向孔祥熙发动猛烈进攻

1938年10月28日，国民参政会第一届第二次会议在重庆召开。

会前4天，在国民参政会谈话会上，傅斯年等发表激烈的抨击孔祥熙的谈话，得到许多人同情，于是，决定再次联名上书蒋介石，继续讨孔。会议推7人起草。同月27日谈话会定稿。函件要求严格考核掌握国家要政的大员们的功过与声名，分别晋升或罢退。函件特别严厉地批评了抗战以来的外交和财政，认为所有"迟缓、疏忽、懈怠，以及人事纠纷"等等问题及其损失，都在于有关官员的不称职。函件最后画龙点睛地将责任归结到孔祥熙身上：

> 即如行政院长之大任，在平时已略如外国之首相，在此时尤关于战事之前途。若其人一切措施不副内外之望，则国家之力量，因以减少者多矣！[1]

说孔祥熙"一切措施不副内外之望"，言辞之激烈，否定之彻底，可以说无以复加了。

时值抗战艰难时期，傅斯年等考虑到蒋介石的心理，在函中特别说明，为避免滋生"误会"，故"密陈左右"，不在参政会上讨论，也未向外人泄漏。函稿宣读完毕，众人纷纷签名。

30日，孔祥熙出席参政会作财政报告，受到严重质询。会后举行茶会，孔祥熙故作姿态，"专说笑话"，众人更加不满[2]。当日签名者迅速增加，计胡景伊、张君劢、左舜生、傅斯年、褚辅成、张澜、罗文干、钱端升、罗隆基、梁漱溟、梅光迪、张申府、王造时、马君武、许德珩、梁实秋等52人。

---

1 傅斯年档案，1～657。

2 《王世杰日记》第1册，1938年10月30日。

10月31日，傅斯年等将函件密封后，送国民参政会秘书处转呈蒋介石，但几天后就被退回。当时，蒋介石因主持军务，不在重庆，傅斯年等便托马君武持函返桂，转赴湖南衡山面呈，同时又抄了一份副本，通过有关渠道送呈蒋介石。

胡适不赞成倒孔，但傅斯年的上述文章，仍被胡适称为"打孔家店妙文"[1]。

参政会上多次开炮，孔祥熙失去行政院长职务，改任副院长，成为人人可得溺之的"溺尿桶"

参政会是具有代议性质的民意机关，参政员有权对政府各级官员提出质询。现存傅斯年档案中，保存有好几件在参政会时的质询稿，可见傅斯年对于孔祥熙的不妥协的战斗精神。其中，傅斯年抨击尤烈的是财政人员的风纪。如，财政部次长徐堪夫人使用外交护照，携带行李数十件经过美国旧金山时，因发现若干过于贵重的物件，和海关发生争执。傅斯年据此提出："查高级官员之妻，似不当用外交或官员护照；又此时捆载赴美，未知与节约运动有无不合？"

又如，财政部所属盐务总署总办朱廷祺崇拜"老祖"，每日请坛扶乩，且在署中提倡。傅斯年据此提出："未知孔部长是否注意及此？"

再如，当时财政部在香港等地有不少冗员，虚縻国帑，傅斯年提出："未知是否皆有任务？"[2]

同年，因物价暴涨，通货贬值，傅斯年再次提出《慎选行政院长、财政部长案》，要求蒋介石撤去孔祥熙的职务。提案指出：近两三月之间，财政部每次公布一项办法，必然继之以法币的暴跌，提案尖锐地提出：

> 民怨沸腾，群伦失望。似此情形，未知何以策将来？何以定人

---

[1] 《胡适致傅斯年函》，1939年10月8日，《傅斯年来往书信选》，打字本。

[2] 傅新年档案，1~634。

心？何以固抗战之根本？

提案要求蒋介石及国防最高委员会仔细考虑行政院长、财政部长的人选，"务求官得良才，政致清明"[1]。

蒋介石终于不能不考虑傅斯年等人的意见，但因时值桂南战役开始，日军图谋进攻广西南宁，蒋介石不愿意政局变动过大。1939年11月，国民党召开五届六中第七次全会，孔祥熙改任行政院副院长，开始从权力高峰上跌落下来，威信大损。关于此，傅斯年次年致胡适函曾说："若说有无效力，诚然可惭，然非绝无影响，去年几几干掉了，因南宁一役而停顿耳，故维持之者实倭寇耳！至少可以说，他以前是个taboo（禁忌），无人敢指名，今则成一溺尿桶，人人加以触物耳！"[2] 往日声势煊赫的孔祥熙竟成了人人得而溺之的"溺尿桶"，真是威风扫地了！

傅斯年继续抨击，孔祥熙失去财政部长职务

孔祥熙改任行政院副院长后，仍然兼任财政部长及中央银行总裁，因此，傅斯年照旧攻孔不止。

1940年8月14日，傅斯年致函胡适，说明不能不攻孔的理由：1.孔之为私损公，毫无忌惮。2.孔之行为，惰人心，损介公（指蒋介石——笔者）之誉，给抗战力量一个大打击。3.贪赃枉法，有钱愈要钱，纵容其亲党无恶不作，有此人当局，政府决无希望。4.孔一向主张投降，比汪（精卫）在汉、渝时尤甚。5.一旦国家到了更危急的阶段，不定会出何岔子。6.为爱惜介公，不容不反对他。傅称："我一读书人，既不能上阵，则读圣贤书所学何事哉！"[3]

1941年春，傅斯年因病住院，后在重庆歌乐山休养。当时，孔祥熙

---

1 傅斯年档案，1~642。
2 《胡适往来书信选》（中），第480页。
3 《胡适往来书信选》（中），第479页。

曾问人说:"听说傅斯年病的要不行了!"为了证明自己未死,傅斯年抱病出席参政会。同年12月,日军进攻香港,重庆国民政府派飞机去营救社会名流和学者,但许崇智、陈济棠等要人均未接到,却接到了孔祥熙"一大家",以及累累箱笼,还有几只狗。消息于次年1月爆出,昆明学生组织倒孔运动委员会,数千人大游行,高喊"打倒孔祥熙"。傅斯年得知,极为兴奋,致函胡适说:"'人心之所同然者,义也。'这次不能说是三千里远养病之病夫鼓动的罢!"[1]同函并指责财政管理者:"泄泄沓沓,毫无觉悟",自前年冬,到去年夏,不到一年,中央银行,中央信托局,业务减了甚多,而人员加了三倍!

1944年,重庆国民政府为了加强战时物资管制,计划设立物资统监本部,有任用孔祥熙出任该部长官的可能。6月5日,傅斯年致函蒋介石称:就经济局势言,此事如同孤注一掷,不得不求其必成,但如人事不变,其结果很可能仅是"孔副院长更加一官"[2]。函上,该部终于没有成立。

同年9月5日,国民参政会三届三次会议开幕。第二天,财政部次长俞鸿钧代表孔祥熙作财政报告。傅斯年带头开炮,要求"办贪污首先从最大的开刀"[3]。他提出四大问题:

一是孔祥熙及其家族经营商业问题。他说:"'法之不行,自上犯之','官之失德,窃贿彰也',所以应自上层起。"他一一列举孔氏家族所设祥记公司、广茂新商号、裕华银行等企业后指出:所有孔氏之各项营业,已成立联合办事处,设于林森路裕华银行三楼,并以其家人为总经理。他要求调查:1.祥记公司、广茂新商号等等机构是否合法?2.这些公司借款囤积操纵之事。3.彻查并公布裕华与国家银行历年往来账目。4.政府要员私用其地位经营商业之影响。

二是中央银行问题。傅斯年称:"中央银行是一谜","山西同乡多";梁子美、郭景昆,是孔祥熙的"义子";"私人用款,予取予求"。

---

1 《胡适往来书信选》(中),第54页。
2 傅斯年档案,1~45。
3 《国民参政会纪实》,续编,第527页,重庆出版社,1987;参见《中华民国大事记》(5),第127页,中国文史出版社,1997。

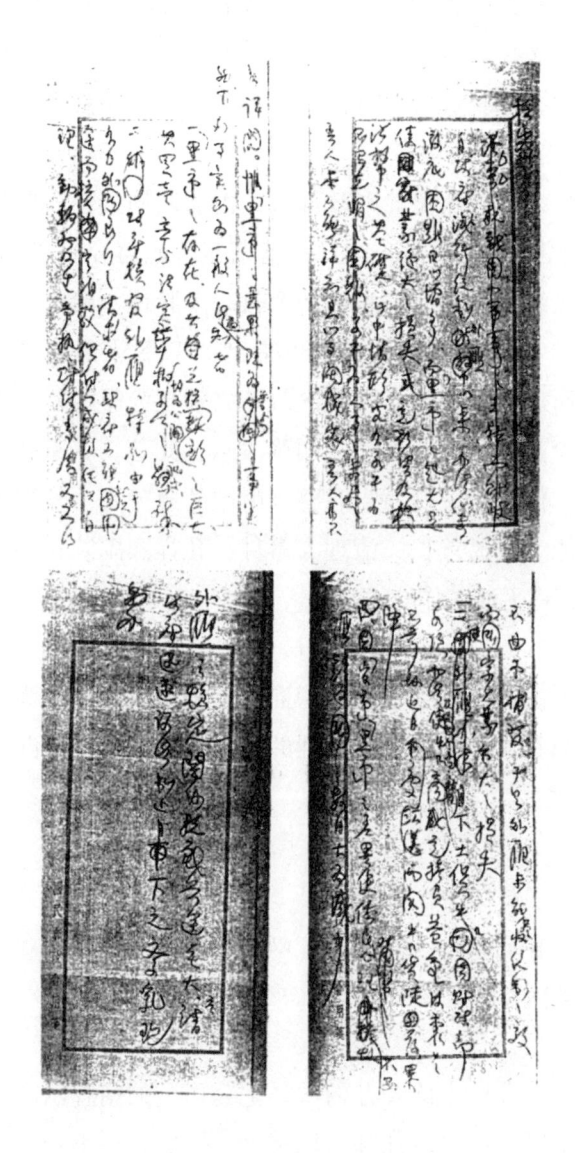

傅斯年揭发孔祥熙发言稿手迹

三是美金储蓄券舞弊问题。傅斯年称：市场忽有忽无，但中央信托局局员、中央银行属员却可以提前买到；孔家某氏竟"自分五万"！

四是黄金买卖问题。傅斯年称："裕华（银行）在今春发了大财。"[1]

傅斯年的这些责问，尖锐激烈，以致王世杰在日记中写道，"参政员傅斯年等责问孔部长极厉，并涉及许多私人问题（私人经商，以及滥用公款等问题）"[2]。

同年11月，孔祥熙免兼财政部长，由俞鸿钧接任，但是，他的行政院副院长一职则仍然未变。22日，傅斯年致函蒋介石称："昨读报纸，知政府局部改组"，"闻此消息，如闻打一大胜仗，两夜为之不眠，友朋中有为之泣涕者"。但是，傅斯年也指出："以目下最低之需要论，似尚有一著，留而未下。若下，则此次改革之效至为彰明；不下，恐此次改革之分量减少甚多矣。"[3] 傅斯年明确表示，此著，就是孔祥熙还当着副院长。函中，他竭力说明，当时整理财政的急务是：整理税收、惩治贪污、增加效能、更易首长、清理大事件，孔祥熙副院长一职不变，俞鸿钧有职无权，将无法工作。

1944年末，傅斯年致函蒋介石，于外交、内政多所建议，在内政部分，傅斯年再次提出高级官员经营商业，利用政治力量为自己谋利等严重问题，认为其危害远过于直接性的贪污。他把这种情况，称之为"失官箴"。函件说：

> 欲矫下层之弊，仍必先澄上层之源。上层之弊，未可直言其贪污，然失官箴之处，则甚矣！以影响论，直接性之贪污，为害固远不逮间接性之失官箴。

傅斯年举例说：孔氏家族开办的"祥记公司"的招牌已高挂重庆林森路多年。又如中国农民银行挂牌出售黄金，一般人买不到，而孔氏家族经

---

1 傅斯年档案，1~647。
2 《王世杰日记》第4册，第394~395页。
3 傅斯年档，1~48。

营的裕华银行却得以大量购进,高价售出,"此一波折,国家失去不少黄金,裕华得数万万元之净益"。傅斯年由此不点名地批评孔祥熙包庇下属,竭力掩护。他说:"往事不待论,今财政部正有若干重大地方机关舞弊事件,一本其'大事化小,小事化无'之原则处理之。"

函中,傅斯年要求"裁并一切骈枝机关",特别强烈要求"彻底禁止官吏及其家属兼营商业"。函末,傅斯年提出:人事改革为事业改革之本,要求蒋介石抓紧时机,"以人事之改革一新中外之耳目,而以事务之彻革随之"。[1]

这回,傅斯年等人的意见起作用了。1945年5月,蒋介石决定另觅行政院副院长人选。5月31日,国民党六届一中全会根据蒋介石提议,选举宋子文、翁文灏为行政院正副院长。

穷打猛追,揭发贪污大案

孔祥熙丢掉行政院副院长一职,犹如冰山崩塌。1945年7月,傅斯年出席国民参政会第四届第一次大会,进一步提出国库局贪污案,导致孔祥熙最后失势。

1943年,财政部将"1942年同盟胜利美金公债"交中央银行国库局分发各地银行发行,总额美金1亿元,折合国币20亿元。1943年10月15日,财政部函知国库局停售该项债票,所有未售出的债票约5000万元,悉数由中央银行业务局购进,但国库局局长吕咸及熊国清等人却在孔祥熙的支持下,利用职权,以低价套购,谋取暴利。据估计,贪污数达国币二十六亿四千七百余万元[2]。1944年春,国库局的几个青年人多次向重庆国民政府某机关密告,某机关虽然派人调查,但却查而不办。在此情况下,几个年轻人便向参政员求助。

---

[1] 傅斯年档案,1~40。
[2] 陈赓雅:《孔祥熙鲸吞美金公债一幕》,《孔祥熙其人其事》,第146页,中国文史出版社,1990。

在参政会上，傅斯年就此案作了口头质询，另一参政员陈赓雅即以准备好的一份提案相示，其中数目、证据俱在，要求大会讨论，送请政府严办。傅斯年遂立即签名，领衔提出。

傅斯年此次提案共有21人联署，题为《彻查中央银行、中央信托局历年积弊，严加整顿，惩罚罪人，以重国家之要务而肃官常案》，案称："历年以来，以主持者特具权势，道路虽啧啧烦言，政府并无人查问。""其中层层黑幕，正不知几许。"傅斯年等提出：1.彻查。由政府派定大员，会同专家、监察院委员、参政会公推代表（必为参政员）彻查中央银行、中央信托局积年账目与事项，有涉及犯罪嫌疑者，分别轻重，一律移送法院或文官惩戒委员会。同时，此项彻查人员，得接受人民呈诉。2.改组。傅斯年等提出，使中央银行改隶财政部或行政院，取消中央信托局，将其业务移交战时生产局。在取消以前，仍须彻查有关账目。两机构的历年主持者，应对其主持下产生的"众多触犯刑章之事"负责，一齐罢免；有牵涉刑事者，应一并送交法院[1]。傅斯年等人的提案经参政会审查，作了局部修改后通过。在会上，傅斯年慷慨激昂地声称："似此吕咸、熊国清之辈，如不尽法惩治，国法安在！"[2] 发言最后，傅斯年表示：这番话不仅在会场以内负责，而且在会场以外也负责。愿亲到法庭对簿。傅斯年的这番话使全场振奋，掌声雷动。

尽管傅斯年等人的提案受到欢迎，但参政会主席团主席王世杰却以"恐被人借为口实，攻击政府，影响抗战前途"为理由，要求陈、傅等人自动撤销此案，另行设法处理。陈布雷也出面表示："一经大会讨论，公诸社会，恐使友邦更认为我们真是一个贪污舞弊的国家，对抗战不继续予以支持，那末，影响之大，将不堪设想。"[3] 在此情况下，傅斯年等被迫同意不向大会正式提出此案。7月17日，傅斯年会见揭发此案的两位青年，拿到了全部证据。傅勉励揭发者说："诸君爱国热诚，极可佩。我

1　《国民参政会第四届第一次大会记录》，国民参政会秘书处编印，第60、183～184页。

2　罗加伦回忆，见《傅孟真先生年谱》，台北传记文学出版社1979年再版，第55页。

3　陈赓雅：《孔祥熙鲸吞美金公债的内幕》，《孔祥熙其人其事》，第147页。

虽前已同意不在大会提,但此事总当使其发生效力。"[1]

重庆国民政府虽然想竭力捂盖子,但是,也有人竭力想把案子捅开。重庆地方法院向中央银行函询此事,最高法院也准备立案侦办,要傅斯年提供证据和材料。7月25日,重庆国民政府免去孔祥熙中央银行总裁和四行联合办事处两项职务。30日,行政院改组。这一切使傅斯年高兴之至。

8月1日,傅斯年致函夫人俞大彩:"老孔这次弄得真狼狈。闹老孔闹了八年,不大生效,这次算被我击中了。国家已如此了。可叹可叹!"他决心把这场官司打到底,对夫人说:"这一件官司(国库局),我不能作为密告,只能在参政会办。此事我大有斟酌,人证物证齐全;你千万不要担心。把老孔闹掉,我至为满意。"[2] 次日,最高法院检察署检察长郑烈致函傅斯年,要傅提供帮助,信中说:"满腔热血,不知洒向何地?此事如得公助,巨憝就擒,国法获伸,为公为私,当泥首雷门以谢也。"[3] 8月8日,国库局的几位职员致函傅斯年称,据闻,"委座已与先生说情,国库局贪污案已了,不知可确否?"函件希望傅斯年"继续努力,为民众宣达任命,务使此案在法院中水落石出"。[4] 当日,傅斯年向参政会提交了一份说明书,同时录呈国库局几位青年的密告信。他表示,所有各节,均经详核,确信其为真,待法院办理此案时,当偕同几位青年出庭做证。[5]

傅斯年等人的提案经参政会通过后,其经历是:国防最高委员会决定"密送国民政府核办";国民政府转发行政院;行政院"密交财政部核办"。1946年2月,财政部报告称:"各行局人员如发现,或据报有贪污渎职等情事,本部均经派员严查,分别惩办;如有触犯刑章并移送法院办

---

[1] 《傅斯年在本届参政大会中提案及询问有涉中央银行国库局舞弊事说明书》,傅斯年档案1~660。

[2] 《傅斯年致俞大彩》,王汛森、杜永胜编:《傅斯年文物资料选集》,台北傅斯年先生百年纪念筹备会1995年刊行,第120页。

[3] 《郑烈致傅斯年》,《傅斯年文物资料选集》,第121页。

[4] 《国库局同人致傅斯年》,《傅斯年文物资料选集》,第126页。

[5] 《傅新年在本届参政会大会中提案及询问有涉中央银行国库局舞弊事说明书》。

理。"至于傅斯年提案中的派员彻查要求，则称"似无必要"。几句官话，将盖子严严实实地捂起来[1]。后来据说有关人员退还了赃款，但其内情就无法得知，也无从查证了。

民主和法治是治理腐败的必要条件。孔祥熙的倒台，国库局贪污案的曝光，和抗战时期国民参政会这一特定的民主形式的存在有关；但是，当时参政会的民主权利是极为有限的，司法又不能独立，蒋介石控制着包括党权、政权、军权在内的各种最高权力，为了护卫豪门利益，自然不可能按傅斯年等人的要求彻查。

主张没收孔祥熙家产

孔祥熙虽然倒台了，继起的宋子文也没有好多少。看来看去，傅斯年逐渐对国民党和蒋介石绝望起来。

1947年3月23日，胡适致函傅斯年，认为蒋介石有"决心改革政府之诚意"。28日，傅斯年复函胡适，对此表示怀疑，函云："现在改革政治之起码诚意，是没收孔宋家产，然蒋公在全会骂人仍言孔宋不贪污也。孔宋是不能办的，CC是不能不靠的，军人是不能上轨道的。"[2] 一个腐败的政权自然不可能彻底反腐败。应该承认，傅斯年此时的头脑要比胡适清醒，不过，他仍然和蒋介石站在一条船上，不愿意也不曾想到要走开。这是傅斯年的悲剧。

---

1 《国民参政会第四届第一次大会决议案行政院办理情形报告表》，行政院秘书处编，第120页，1946年2月。

2 《胡适来往书信选》（下），第190页。

胡适曾"充分的承认社会主义的主张"
——读胡适日记之一

大概很少有人相信，胡适曾经"充分的承认社会主义的主张"，然而这是有胡适自己的日记为证的：

> 今日回想前日与和森的谈话，及自己的观察，颇有作政党组织的意思。我想，我应该出来作政治活动，以改革内政为主旨。可组一政党，名为"自由党"。充分的承认社会主义的主张，但不以阶级斗争为手段，共产党谓自由主义为资本主义之政治哲学，这是错的。历史上自由主义的倾向是渐渐扩充的，先是贵族阶级的争自由，次有资产阶级的争自由，今则为无产阶级的争自由。略如下图（见书影）。
>
> 不以历史的"必然论"为哲学，而是"进化论"为哲学。资本主义之流弊，可以人力的制裁管理之。
>
> 党纲应包括下列各事：一、有计划的政治。二、文官考试法的实行。三、用有限制的外国投资来充分发展中国的交通与实业。四、社会主义的社会政策。

胡适这里不仅表示了他对社会主义的向往，而且设想了党纲，准备组党为之奋斗。他是在什么样的情况下写这页日记的呢？

1926年7月，胡适赴英国参加"庚款咨询委员会会议"。他采纳李大钊的建议，取道苏联。7月29日到达莫斯科，30日参观革命博物馆，胡适很受感动。31日与美国芝加哥大学教授梅里姆（Merriam），哈珀斯（Hawpers）参观监狱，三人都很满意。梅里姆教授对苏联的印象很好，评论说："狄克推多（意为专政者Dictator的音译——笔者）向来是不肯放弃已得之权力的，故其下的政体总是趋向愚民政策。苏俄虽是狄克推多，但他们却真是用力办新教育，努力想造成一个社会主义的新时代。依此趋势认真做去，将来可以由狄克推多过渡到社会主义的民治制度。"胡适同意梅里姆的看法，认为他的"判断甚公允"。当天下午，胡适拜访正在苏联的于右任，于不在，碰见著名的共产党人蔡和森，二人分别已久，竟至于彼此不认得了，"纵谈甚快"。其后，刘伯坚、王人达、马文彦等陆续到达，于右任也回来了。胡、蔡继续辩论，从三点直辩到九点，后来，莫斯科中山大学负责人拉狄克来访，才把二人的舌战打断。

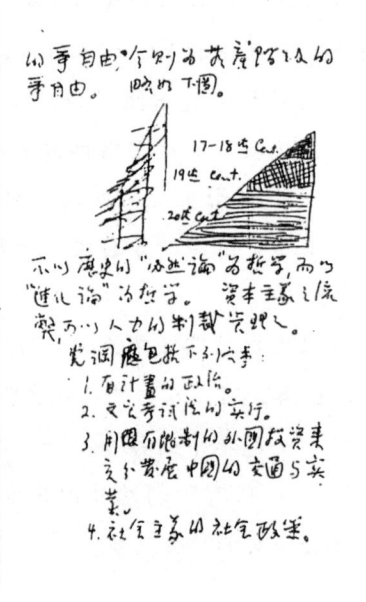

胡适未刊日记书影

当晚，胡适写了一封信给张慰慈，报告他的访苏印象：

> 此间的人正是我前日信中所说有理想与理想主义的政治家；他们的理想也许有我们爱自由的人不能完全赞同的，但他们意志的专笃，却是我们不能不十分顶礼佩服的。他们在此做一个空前的伟大政治新试验；他们有理想，有计划，有绝对的信心，只此三项已足使我们愧死。
>
> 我们这个醉生梦死的民族怎么配批评苏俄！……

不难看出，三天在莫斯科的访问极大地震动了胡适，他简直有点儿崇拜苏联了。

8月2日，胡适离开苏联。在车上，他和一位苏联人谈话，坦率地阐述了自己的政治见解。这位苏联人对胡适说：

> 帝国主义的国家暗地利用军阀，阻挠改革运动，在波斯、土耳其皆有明证，若不先作反帝国主义的运动，则内政的革新必无希望。

这位苏联人又说：

> 你不必对于我们的Dictatorship（专政——笔者）怀疑，英美等国名为尊崇自由，实是戴假面具，到了微嗅得一点危险时，即将假面具撕去了。如此次对付罢工的Emergency Powers Act（紧急权力法——笔者）即是一证。他们也是一种Dictatorship，只是不肯老实承认。苏俄却是言行一致，自认为无产阶级专政。

对于这一段"赤化"宣传，胡适这位有名的自由主义者居然在日记中写道："此言却甚有理。我看苏俄之《刑事律》及《苏俄指南》，皆十分老实，毫无假装的面孔。"

8月3日，火车到达德国柏林。胡适回想在莫斯科与蔡和森的辩论，因而写下了本文一开头引述的那页日记。它是研究胡适思想的重要资料。遗憾的是，最近台湾远流出版公司影印了收集到的全部胡适日记手稿，但是却遗漏了包含上引日记在内的《欧游日记》第一册，不知是什么原因。

人易受环境的影响，胡适只在莫斯科访问了三天，就"充分的承认社会主义的主张"，认为20世纪是无产阶级"争自由"的时代，如果时间更长一点呢？不知道他的自由主义观点会不会和"狄克推多"发生冲突？当时，在莫斯科的中国共产党人曾经劝胡适在俄国多考察一些时候，然而胡适因为要赶赴英国开会，未能久留。

8月3日之后，胡适读了一些关于苏俄的统计材料，又给张慰慈写了一封信，中云：

> 我是一个实验主义者，对于苏俄之大规模的政治试验，不能不表示佩服。
>
> 去年许多朋友要我加入"反赤化"的讨论，我所以迟疑甚久，始终不加入者，根本只因我的实验主义不容我否认这种政治试验的正当，更不容我以耳为目，附和传统的见解与狭窄的成见。我这回不能久住俄国，不能细细观察调查，甚是恨事。但我所见已足使我心悦诚服地承认这是一个有理想、有计划、有方法的大政治试验。

胡适表示，将来回国之后，很想组织一个俄国考察团，邀一些政治经济学者及教育家同来做一较长期的考察。

胡适不仅将他的访苏印象告诉了张慰慈，而且也告诉了他的另一位好朋友徐志摩。8月27日函云：

> 我在莫斯科三天，觉得那里的人有一种Seriousness of purpose（目的的严肃性——笔者），真有一种"认真"、"发愤有为"的气象。我去看那"革命博物馆"，看那1890—1917年的革命运动，真使我们愧死。我们应该发愤振作一番，鼓起一点精神来担当大事，要严肃地

做个人，认真地做点事，方才可以对得住我们现在的地位。

胡适没有想到，他的这些信寄回国之后，却挑起了一场小小的争论。

9月11日，徐志摩在《晨报副刊》上摘要发表了胡适的信，同时加了长篇按语，徐志摩表示：俄国革命所表现的伟大精神与理想，如同太阳是光亮的事实一样，除非是盲人，谁都不能否认。但是，徐志摩又表示，胡适的信也有"未敢苟同"之处。其一是所谓"由狄克推多过渡到社会主义的民治制度"的提法，徐志摩认为"这是可惊的美国式的乐观态度"，其二是对苏俄的"新教育"的看法，徐志摩认为苏俄"拿马克思与列宁来代替耶稣，拿《资本论》一类书来代替《圣经》，拿阶级战争唯物史观一类观念来替代信条"，和"知识的自由"、"思想的自由"是矛盾的。徐志摩并说："即使苏俄这次大试验、大牺牲的结果是适之先生所期望的社会主义的民治制度，我们还得跟在懒惰的中庸的英国人背后问一声：难道就没有比较平和比较牺牲小些的路径不成？"

继徐志摩之后，菊农等也在《晨报副刊》发表文章，认为"狄克推多与民治主义是根本不相容的"，最新的教育不等于最好的教育，等等。

10月4日，胡适在巴黎手酸眼倦地写了一封长信给徐志摩，回答他的质难。胡适承认：社会主义的生产力还赶不上资本主义，但他说："我们不能单靠我们的成见就武断社会主义制度之下不能有伟大的生产力。"对于有无"比较平和比较牺牲小些的路径"问题，胡适说："近世的历史指出两个不同的方法：一是苏俄今日的方法，由无产阶级专政，不容有产阶级的存在。一是避免阶级斗争的方法；采用三百年来'社会化'（Socializing）的倾向，逐渐扩充享受自由享受幸福的社会。这方法，我想叫它做'新自由主义'（New Liberalism），或'自由的社会主义'（Liberal Socialism）。"胡适不同意把"自由主义"看成是资产阶级的专利品，他再次表示："自由主义的倾向是渐次扩充的。十七、八世纪，只是贵族争得自由，二十世纪，应该是全民族争得自由的时期"，"为什么一定要把自由主义硬送给资本主义？"

自由，当然是个好字眼。无产阶级要争得本阶级的自由，也要争得民族的自由，在社会主义制度下，它还应该保证每个公民都享有充分的民主和自由，但是，胡适不懂得，自由主义却不是无产阶级的世界观。他和蔡和森之所以辩论了五六个小时，大概就是在这个问题上相持不下。

　　有一次，胡适的自由主义立场几乎动摇了。10月17日，他去看英国著名哲学家罗素，罗素对胡适说，苏俄的Dictatorship办法，是最适用于俄国和中国，这样的农业国家之中，若采用民治，必闹得稀糟，远不如Dictatorship的法子。胡适表示："我们爱自由的人却有点受不了。"罗素答道："那只好要我们自己牺牲一点了。"当日，胡适在日记中写道："此言也有道理，未可认为全不忠恕。"

　　《晨报副刊》之外，天津《国闻周报》也有人发表文章，批评胡适的信："几乎没有一句是通的，所发表的意见几乎没有一句是对的。"对于这样的批评，胡适只在日记中写下了"浅薄之至"四个字，不屑作答了。

胡适与蒋介石的最初会见

——读胡适日记之二

胡适与蒋介石第一次见面的时间为1932年11月28日。当时，胡适正应王世杰（雪艇）之邀在武汉大学讲学，蒋介石也正因指挥"剿共"军事住在武汉，《胡适日记》（缩微胶卷）云：

> 下午七时，过江，在蒋介石先生寓内晚餐，此是我第一次和他相见。饭时蒋夫人也出来相见。今晚客有陈布雷、裴复恒。

有一段时期，胡适因为呼吁保障人权，批评国民党，批评孙中山的"知难行易"学说，和国民党的关系搞得很紧张。上海等地的国民党党部要求"严惩"胡适，南京国民政府教育部对胡适下达了"警告令"，但是蒋介石却于1931年任命胡适为财政委员会委员。胡适开始时虽然摆架子不肯赴会，但对蒋介石的印象却已经好转。此次在武汉肯于与蒋介石相见，正是这种好转的表现。

胡适与蒋介石的第二次见面距离第一次仅隔一日，胡适11月29日日记云：

> 六点半，黎琬（公琰）来，小谈，同去蒋宅晚饭。同席者有孟

余、布雷、立夫。今晚无谈话机会，我送了一册《淮南王书》给蒋先生。

黎琬是蒋介石的秘书，所谓《淮南王书》乃是胡适出版于1931年12月的一本著作。该书以西汉时的名著《淮南子》为研究对象，是胡适当时正在写作的《中国中古思想史长编》中的第五章。胡适为什么要送这样一本书给蒋介石呢？1935年7月26日，胡适致罗隆基函中对此有过解释：

> 依我的观察，蒋先生是一个天才，气度也很广阔，但微嫌过于细碎，终不能"小事糊涂"。我与蔡子民先生共事多年，觉得蔡先生有一种长处，可以补蒋先生之不足。蔡先生能充分信用他手下的人，每委人一事，他即付以全权，不再过问；遇有困难时，他却挺身负其全责；若有成功，他每啧啧归功于主任的人，然而外人每归功于他老人家。因此，人每乐为之用，又乐为尽力。亦近于无为，而实则尽人之才，此是做领袖的绝大本领。
> ……
> 我前在汉口初次见蒋先生，不得谈话的机会，临行时赠他一册《淮南王书》，意在请他稍稍留意《淮南》书中的无为主义的精义，如"重为善若重为暴"，如"处尊位者如尸，守官者如祝宰"之类。
> 去年我第一次写信给蒋先生，也略陈此意，但他似乎不甚以为然。他误解我的意思，以为我主张"君逸臣劳"之说。大概当时我的信是匆匆写的，说的不明白。我的意思是希望他明白为政之大体，明定权限，知人善任，而不"侵官"，不越权。如此而已。《淮南》说的"处尊位者如尸……尸虽能剥狗烧彘，弗为也。弗能，无亏也。"此似是浅训，但今之为政者，多不能行。

古代祭祀时，有人扮作受祭的祖宗，俨然玄默，寂然无为，接受大众的祭祷，称为"尸"；有人掌管祭礼时的各种具体事务，称为"祝宰"。《淮南子》一书以"尸"与"祝宰"的关系比喻理想中的君臣关系，胡适对此最为欣赏，曾说"尸的比喻，最可写出虚君的意义"。

胡适认为《淮南子》一书的政治思想充满着"民治主义"精神，它包含着三个要义：一是虚君的法治；一是充分的用众智众力；一是变法而不拘守常故。他在《淮南王书》里对此作了充分的阐述。例如《淮南子》里有一句话叫作"善否之情日陈于前而无所逆"，胡适认为这是在说，"要尊重人民的舆论"，"便是言论的自由。"又如《淮南子》一书认为君臣关系是一种"相报"关系，胡适即解释为"人民有反抗君主的权利，有革命的权利"。因此，胡适向蒋介石赠送《淮南王书》，既具有献计献策的作用，要求蒋介石能从中悟出治国之道和"做领袖的绝大本领"来，同时，又是为了对蒋介石进行民主主义教育。

胡适与蒋介石的第三次见面距第二次相隔三日。11月30日，蒋介石约胡适再见一次。12月2日下午，蒋介石致函胡适，重申前约。同日下午，胡适通过王世杰转告蒋介石，一定践约。当晚，仍然是黎琬来迎，仍然是蒋介石请吃饭。胡适以为，这是最后的一次谈话，准备与蒋谈一点"根本问题"。但是，一进门就碰见一个叫雷孟强的人，吃饭时又添了个杨永泰，两个人都不走，蒋介石也不准备请他们走，于是，胡适就不准备深谈了。

席上，蒋介石要求胡适注意研究两个问题：1. 中国教育制度应该如何改革？2. 学风应该如何整顿？蒋介石上台之后，不断发生学潮。11月29日，山东省会济南发生学生罢课事件。次日，罢课学生万余人又集会游行，向省政府请愿。因此，蒋介石的兴奋点是如何整顿学风，消弭学潮。但是，蒋介石的兴奋点不等于胡适的兴奋点，胡适因为没有深谈机会，本已有点生气，听了蒋介石的问题后便不客气地说：

> 教育制度并不坏，千万不要轻易改动了。教育之坏，与制度无关，十一年的学制，十八年的学制，都是专家定的，都是很好的制度，可惜都不曾好好的试行。经费不足，政治波动，人才缺乏，办学者不安定，无计画之可能……此皆教育崩坏之真因，与制度无关。
>
> 学风也是如此，学风之坏由于校长不得人，教员不能安心治

学，政府不悦学，政治不清明，用人不由考试，不重学绩，学生大都是好的；学风之坏决不能归罪学生。

今之诋毁学制者，正如不曾试行议会政治，就说议会政治决不可用。

当时，胡适正企图劝说国民党在中国建立欧美式的民主政治，所以尽管蒋介石要他谈教育和学风问题，但是，转弯抹角，他还是谈到了自认的"根本问题"上。

胡适对他和蒋介石的最初几次见面，不满意，也很失望。

胡适1933年的保定之行
——读胡适日记之三

1933年3月，胡适有一次保定之行，除了再一次和蒋介石见面并长谈外，和国民政府外交部长罗文干（钧任）也有过一次推心置腹的谈话。《胡适日记》对此有相当翔实的记载，可以帮助我们了解蒋介石及其对日政策。

当年1月1日，日本侵略军突袭山海关。两天后，这座巍峨的雄关失守。2月21日，日军进犯热河，守军热河省主席汤玉麟部节节后退。3月3日，汤玉麟放弃承德，率部西逃。这时，蒋介石仍在南昌，一心一意"剿共"。当晚胡适约丁文江、翁文灏聚谈，拟了一封给蒋介石的电报，要他立即北飞，挽救危局。电云：

热河危急，决非汉卿所能支持。

不战再失一省，对内对外，中央必难逃责。非公即日飞来指挥挽救，政府将无以自解于天下。

3月5日，蒋介石复电翁文灏，表示即日北上。9日，蒋介石到达保定。13日，胡适偕翁文灏、丁文江等赴保定见蒋，双方进行了两个多小时的谈话。

蒋介石原来估计日军进攻热河用六师团兵力，必须从本土和台湾动员，因此，不会很快发动进攻。他说："我每日有情报，知道日本没有动员，故料日本所传攻热河不过是虚声吓人而已。不料日本知道汤玉麟、张学良的军队比我们知道清楚的多多！"

"能抵抗吗？"胡适问。

"须有三个月的预备。"蒋答。

"三个月之后能打吗？"胡适再问。

"近代式的战争是不可能的。只能在几处地方用精兵死守，不许一个人生存而退却。这样子也许可以叫世界人知道我们不是怕死的。"

蒋介石一直害着恐日症，认为打起仗来中国不是日本的对手，因此，对日本的侵略一再忍让、妥协。蒋介石和胡适的这段话，貌似慷慨激烈，但把他内心的虚弱、恐惧暴露得清清楚楚。

胡适很快理解了蒋介石的意思，因此，转移话题，问道："那末能交涉吗？能表示在取消'满洲国'的条件下与日本开始交涉吗？"

"我曾对日本人这样说过，但那是无效的。日本决不肯放弃'满洲国'。"蒋介石答，他并声明，绝不是为了保持政权而不敢交涉。

最后，蒋介石要胡适等人想想外交的问题。

1932年，蒋介石在武汉召见胡适，胡适不满意；这次，胡适仍然很不满意。当日，他在日记中对蒋介石的谈话有几句评论："这真是可怜的供状。误国如此，真不可恕。"

14日，胡适和外交部长罗文干同车回北平，罗认为，此时绝不能和日本交涉，他说："不是不愿意在取消'满洲国'的条件之下交涉，只是日本此时绝不会承认这个先决条件。"又说："（中国）这个民族是没有多大希望的；既不能做比利时，又不能做普法战后的法兰西。如果我们能相信，此时屈服之后，我们能在四十八年内翻身，我们也不妨此时暂且屈服，但我是没有这种信心的。"

胡适反对罗文干的这种悲观态度。他曾经说过：一个强盗临刑时，还能把胸膛一拍说："咱老子不怕！二十年后又是一条好汉！"他觉得，对于中国的前途，不能连这点信心都没有。然而罗文干却明明白白地承认，没有这点信心。

胡适想来想去，觉得还是罗文干对。当日，他在日记中写道：

> 是的，此时的屈服，只可以叫那些种种酣嬉无耻的分子一齐抬头高兴，决不能从此做到兴国的目标。
>
> 这个国家这三十年来完全在国际局面之下苟活，而我们自以为是我们自己有幸存之道！国难的教训才使我们深深感觉国际局面的重要。我们此时若离开国际的局面而自投于敌人手下，不过做成一个第二"满洲国"而已。以后这个"第二满洲国"永远不能脱离日本的掌握了！
>
> 钧任对于国际局势，较有信仰。

从这段日记看，胡适、罗文干等不愿意"自投于敌人手下"，但是，都对于自己的民族没有信心，结果只能寄希望于"国际局势"。3月27日，胡适写作《我们可以等候五十年》一文，声称："现在全世界的赞助是在我们的方面，全世界道德的贬议是在我们敌人的头上，我们最后的胜利是丝毫无疑的。"4月3日，又为蒋廷黻的论文作跋，赞成在与日本的长期抵抗中运用"国际与国联"。相信中国会取得最后的胜利，这自然不错，然而，如果这种"信心"只是建筑在"全世界正谊的赞助"，而不是本民族的力量上，那么，这种"信心"就绝不可能是坚强有力的。

5月，国民党当局与日方签订屈辱的城下之盟——《塘沽协定》，受到舆论的广泛谴责，而胡适却著文为之辩解，其原因，不难从他的保定之行找到答案。

第三辑 西来风雨
——美国所藏秘档解读

何震揭发章太炎
——北美访报

1907年至1910年之间，同盟会内部发生矛盾，陶成章、章太炎等对孙中山进行了尖锐的攻击，同盟会中的拥孙派则进行反击。当时日本、巴黎、新加坡、旧金山的许多中文报刊都卷入了这场争论。多年来，我在海内外已经找到了许多资料，并在《同盟会的分裂与光复会的重建》、《〈民报〉的续刊及其争论》、《章太炎与端方关系考析》等文中做过分析。但是，美洲方面的资料却一直没有找到。1990年我出访美国，特别留意查找，行程中安排了斯坦福大学一站，目的之一便是搜寻有关资料。

果然，我在斯坦福大学胡佛研究所找到了当年革命党人创办的《美洲少年报》，虽然只剩下了寥寥几张，但是，却从中发现了何震为揭发章太炎写给吴稚晖的一封信，总算填补了空白。

原函如下：

稚晖先生大鉴：久慕大名，恨未晤面，以聆教诲，怅甚！留法同人发起《新世纪》，久为敝等所崇拜。不意日京民报社之章炳麟，因与先生有隙，即加诋毁，又因恨《新世纪》之故，并憾及留法之人，以及法国各学派。于此次张君溥泉如法，彼即虚造伪言，甚至欲将渠入狱，一月引渡清国，险恶如此，罪当如何！而东方无知之革命党受其影响，亦排斥无政府主义及世界语，故责报于东方不克发达，而观19期《民报》，载有答先生书一篇，痛加宣布。其言虚实，鄙人固不能知，但彼暧昧之历史，则知之甚晰。试陈之以备参考。

　　章炳麟，一名绛，字太炎，又字枚叔，别号末底、西狩、载角，浙江余杭人。幼婴羊疯疾（今尚缺二门牙），甫应县试，其疾大作，遂纳粟为国子生，且从伯兄习制艺，冀应乡举。则其革命思想，非具于壮年之前，且非蓄排满主义，始以应试为耻，彰彰明矣（此事彼家族及炳麟亲对吾言）！彼又受张之洞之招，供其役使。又皖人吴保初为故提督吴长庆子，彼在沪常主其家，则又非疾视官场者比。且彼庚子年偕保皇党上书（此书由章起稿）李鸿章，又致书（今此稿犹存）张之洞及江南道员俞明震，多以变法冀清廷，并明震复言，将此面呈老帅（即刘坤一），老帅大悦云。去岁曾受铁良二百金（系由国事侦探程家柽经手，刘林生言），又去年九月上张之洞书，与伸旧谊，逢迎其国学，末言若助以巨金，则彼于政治问题，不复闻问，并谢辞《民报》编辑（此言系下婢名□□所发）。余甚多，不克枚举。近已用针笔板照像法付印，俟成即寄上。外附《民报》19期答先生原函寄上。是端已为同志中一友人披过。如合尊意，留登贵报。

　　余容续布。即颂自由幸福并祝《新世纪》无政府万岁！

Chin上
西4月21日

本函仅署西4月21日。根据信中有关史实，知为1908年4月21日。何震，字志剑，江苏仪征人。刘师培之妻。1907年随刘赴日，迅速成为无政府主义的信徒，创办《天义》杂志，提倡"女子革命"，是个大出风头的时髦女性。同年冬，与刘师培先后回国，双双为清政府两江总督端方收买，成为隐藏在革命党人中的内奸。1908年初，二人回到日本，即在革命党人中挑拨离间，制造矛盾，并企图策反章太炎。

　　章太炎一度和刘师培夫妇关系很好，三人曾同住一处，1908年4月间闹翻，大吵之后继之以大打出手。于是，何震便企图搞臭章太炎，写信给吴稚晖便是其中的一招。不过，函中事实有真有假，必须仔细鉴别。

1903年2月，吴稚晖等利用上海《苏报》鼓吹革命。同年"苏报案"发生，吴稚晖赴英国留学。1907年6月，在巴黎创办《新世纪》杂志，宣传无政府主义，提倡世界语。此前不久，章太炎曾在日本《革命评论》第10号发表《邹容传》，指斥"苏报案"发生时，吴稚晖向清朝官吏告密。1908年1月4日，吴在巴黎《新世纪》第28号发表致章太炎函，要求章说明立言根据。同月31日，章太炎在《民报》第19号发表《复吴敬恒书》，坚持认为吴曾向清吏告密，同函并称："足下既作此鬼蜮事，自问素心，应亦惭惶无地，计穷词屈，乃复效讼棍行径，以为造膝密谈，非人所晓，汹汹然驰书诘问。足下虽诘问，仆岂无以答足下哉！"何函所称"19期《民报》载有答先生书一篇，痛加宣布"，指此。何震写信给吴稚晖，目的是利用矛盾，煽动吴对章的恶感。张溥泉，指张继，当时亦为无政府主义者。1908年1月，因参加日本无政府主义幸德秋水派的活动，被日警追捕，辗转逃亡法国。章太炎后来一度对张继很反感，但何函所称"彼即虚造伪言，甚至欲将渠入狱，一月引渡清国"云云，并非事实。

章太炎自幼奉父命学作八股文。1883年，章太炎16岁的时候，赴县应童子试，癫痫症突然发作，没有终场就退出了。何震函说章"其革命思想，非具于壮年之前"，是事实。1896年8月，章太炎曾致函谭献，希望他向张之洞推荐自己。1898年春，张之洞聘请章太炎为《正学报》主笔，因意见不合，章太炎在武昌仅一个月即离去。何震函说章太炎"又受张之洞之召，供其役使"，虽然后一句话不确，但前一句话是事实。其他所述，如上书李鸿章，"以变法冀清廷"等，也均是事实。但是，这些都不足以为章太炎病。孙中山不是也曾上书李鸿章吗？

何震这封信中可以引人注意的有两件事。一是所谓"去岁曾受铁良二百金"问题。何震声称，此事"系由国事侦探程家柽经手，刘林生言"。铁良（1863~1938），字宝臣，清朝贵族。初为直隶总督荣禄幕僚，后任户部、兵部侍郎，继任军机大臣、陆军部尚书，1910年调任江宁将军。程家柽（1872~1914），字韵荪，安徽休宁人。1899年赴日留学。1905年加入同盟会。次年归国，任京师大学堂农科教授，并在清肃王善

《美洲少年报》书影

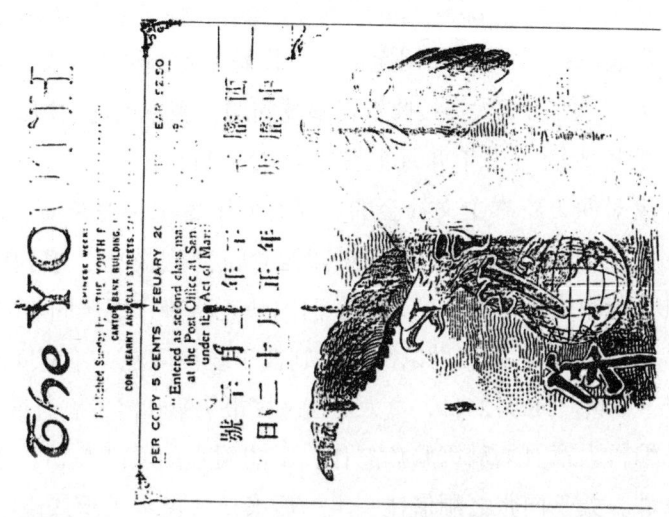

耆门下为幕客,借机进行革命活动。刘林生,即刘揆一,孙中山离日后东京同盟会总部的负责人。1907年徐锡麟刺杀安徽巡抚恩铭后,清朝贵族铁良、善耆、端方等"各自设法向党人施展金钱政策,使为己用"[1]。当时,程受善耆委托,向东京同盟会总部提供赞助3万元。刘征求各干事意见,众论不一。一部分干事接收了赠款,引起同盟会内部纠纷。事后,章太炎表态说:"此款如用途正当,收受无碍,惜未开会解决,致贻同志以口实。"[2]所谓章太炎接收铁良赠款问题,当系由此引申而来。

另一事是所谓"去年九月上张之洞书,与伸旧谊"问题。1907年春,章太炎对西方资本主义社会的病症有所了解后,对革命前途悲观失望,同时又因和孙中山的矛盾,对同盟会也悲观失望,想到印度做和尚,借机了解印度革命党人的经验,但因缺乏路费,便于同年9月写信向张之洞借钱,条件是:"若助以巨金,则彼于政治问题,不复闻问。并辞谢《民报》编辑。"12月24日,章太炎在《民报》第18号发表启事,宣称:"本社总编辑人章君炳麟因脑病忽作,不能用心,顷已辞职",算是履行了部分条件。关于向张之洞借钱一事,后来章太炎本人承认说:"张于革命党素无恶感,不得已告贷焉。"[3]因此,何震所述此事属实。不过,应该指出的是,在若干重要情节上何震有隐瞒。章太炎给张之洞的信并非通过邮寄,而是由何震转交张之洞的女婿卞绶昌,其后,又由何牵线,和清政府两江总督端方洽谈。这些,何震都不敢按本来情况讲。所谓"此言系下婢名□□所发"云云,完全在撒谎。

何函又说:"近已用针笔板照像法付印,俟成即寄上。"后来,何震确曾将章太炎的有关信件寄给了吴稚晖。

吴稚晖收到何震此函及"用针笔板照像法付印"的有关资料后,没有发表,曾致函刘师培、何震二人劝解。1909年10月,同盟会内部矛盾再起。陶成章上书同盟会总部,要求罢免孙中山的总理职务,为黄兴拒绝,便刊发名为《孙文罪状》的小册子。章太炎则因孙中山派汪精卫到

---

1 冯自由:《记刘光汉变节始末》,《革命逸史》第2集,第214页。
2 冯自由:《清肃王与革命党之关系》,《革命逸史》第5集,第228页。
3 《复浙江统一党支部》,《越铎日报》,1912年6月6日。

东京续办停刊多时的《民报》，自己被撇到一边，便以"原《民报》社长章炳麟的名义"散发题为《伪〈民报〉检举状》的传单，指责孙中山贪污巨款，卖国卖友。于是，吴稚晖便在《新世纪》118号发表了何震寄给他的"用针笔板照像法付印"的五封信，作为章太炎出卖革命的证据。同时吴又将何震上函寄给了《美洲少年报》，并且加注云：

> 此章与刘夫妇交恶时，刘妻何震知弟与章不睦，突如其来，寄弟此书。当时弟劝刘、何，彼此同党，不必倾轧，故未照何书登过一字。然彼所谓"辞谢《民报》编辑"，换用陶成章名，尚明明在《民报》上，彼之对《民报》，感情如此，今复老着面皮，自称原《民报》主任，真亏他做得出！

当时章太炎向张之洞、端方借钱的情节，已被说成是"背叛革命党"，充当"满洲鹰犬"、侦探。因此，《美洲少年报》的编者在何函后面加了个跋，跋云：

> 俄国革命之盛，得力于大文豪之文学鼓吹，今中国革命党之所谓大文豪，卑鄙如此，蠢劣如此，此中国所以为中国欤！读竟掷笔三叹。

末署："庚戌正月初三寅刻编辑人观心室主记于敬虎堂，以志感喟。"但是，当时何震为端方收买，充当内奸的事实已经大白于天下，因此，在见报之前，"观心室主"又加了一个跋，跋云：

> 此乃端方侦探刘光汉之妻何震寄巴黎《新世纪》吴稚晖君之原函也，吴君转到本报，以叹息之。兹特照登，以示天下，见汉奸之当诛，与慕浮华者之不足共事也。

何震企图搞臭章太炎，一时间，人妖颠倒，黑白难明。但是，何震自己还是很快就暴露了真面目。

北京政府致巴黎和会中国代表团电
——读美国所藏顾维钧档案之一

在哥伦比亚大学珍本和手稿图书馆中,顾维钧档案的收藏量仅次于杜鲁门档案,据说总数达9万余件。我怕一陷进去就出不来,因此,在离开纽约前几天才开始调阅该档。

我首先调阅的是1919年巴黎和会期间中国代表团所收各方电报。这是因为,以往的"五四运动"研究大多着重于知识分子和群众方面,对北京政府和中国代表团则研究很少,是亟须填补的一项空白。调出之后,发现其中大部分是北京政府致代表团的电报。徐世昌主持编辑的《秘笈录存》收录了大量代表团的来电,但是,没有北京政府的去电,此项档案正好弥补了这一不足。遗憾的是,我只调阅了5月份一个月,就因行程安排关系,匆匆离开纽约了。

兹择其较重要者予以考释。

5月4日国务院致代表团电

前据来电,于外界接洽后参酌意见,拟订提出办法四端,尚属周妥,即望照此切实提议,并望多方设法,毅力坚持。此次山东问题,国人极为注意。近日山东各界及在京国会议员等奔走呼吁，群情激切。政府对此项问题，本主由德直接交还，最后让步，亦只能以五国暂收，限期交还中国为止。迭阅来电，尊处多方接洽，用意亦同。即希悉力进行，务祈达此目的，是为至要！再吾国应行提出要求各条，已否正式提出，曾否分别接洽，现应如何办理，并祈密示。

第一次世界大战结束，中国为战胜国，理应收回原为德国强占，而在大战期间又被日本夺取的胶州（青岛）及山东省各项权利。1919年1月，战胜国在巴黎召开和平会议，中国北京政府派出了以外交总长陆征祥为首的代表团出席会议，团员有驻美公使顾维钧、驻英公使施肇基、南方军政府代表王正廷等。但是，在列强的操纵下，中国的正当要求都受到会议拒绝。4月16日，美国代表提出，德国在中国所有已得租借地、路矿及优先等各项权利利益，应还中国，先由和会暂管。因日本代表反对，次日，美国代表将由和会暂管改为由五强国处置，日本代表仍然反对。24日，中国代表团向美、英、法三国总理分送说帖，提出办法四条：（一）为胶州由德国交还中国起见，先交五国暂收。（二）日本承认于对德和约签字之日起，一年以内，实行上条之交还。（三）中国重视日本因胶州军事所有费用等，愿以款项若干作为报酬。（四）胶州湾全部开作商埠，一有必需之处，亦可划一区域作为专区，任订约国人民居住、通商[1]。本电所称"办法四端"，指此。从电中可以看出，北京政府本来主张德国直接将胶州交还中国，但在列强的压力下，改取"五国暂收，限期交还"的办法。

当时，中国人民的爱国主义觉悟和组织程度都已大为提高。4月20日，山东各界10万人在济南举行集会，通电表示"誓死抗争，义不反顾"[2]。5月2日，众议院召开会议，要求在和约中明确写明，将青岛"直接交还中国"[3]。本电称"近日山东各界及在京国会议员等奔走呼吁，群

---

1 《法京陆专使电》，《秘笈录存》，第134页，中国社会科学出版社，1984。

2 《上陆、顾、王三专使电》，《晨报》，1919年4月27日。

3 《昨日之众议院》，《公言报》，1919年5月3日。

情激切"指的就是这种情况。

5月4日陈箓致陆征祥电

顾密。亲译。本日因青岛事各校学生在天安门聚集四千余人，欲往请求英、法、美各使主持公道，为东交民巷警察所阻，不果。旋往曹润田住宅放火，房屋被烧。章仲和公使新自东京回，亦被击，头部受伤甚重。晚间秩序已定。特闻。

陈箓，当时北京政府外交次长。4月30日，英、美、法三国会议决定，在对德和约中规定，将德国在山东的一切权益均让与日本，中国在山东问题上的交涉完全失败。消息传到中国，北京十余所学校的爱国学生在天安门举行集会，随后到东交民巷向美、英、法三国使馆请愿，受阻后即到东城，火烧赵家楼曹汝霖住宅，痛打驻日公使章宗祥，是为五四运动。本电为向代表团通报情况而发，态度尚较客观。

5月5日国务院致陆征祥电

第38号电悉。日本要求于和约草案内专刊一条，将胶州问题由德交日自由处置，着着进逼，实堪痛愤。此事在我国只有坚持，断难承认。如果总约案内加入此条，我国当然不能签字。希照此办理。

再昨日北京大学等校学生聚众千余，以还我青岛为词，高揭旗帜，有抵制日货，灭尽倭奴等字样。先赴英、美各使馆请谒被拒，遂至曹总长宅，逾垣而入，放火焚屋，捣物伤人，驻日章使适在曹寓，被殴重伤。警队劝阻无效，当场逮捕现行犯数名，始克解散。恐传闻失实，用以附达，亦可见我国民激切也。

4月21日，日本代表会见美国总统威尔逊，要求将胶州问题在草约内单列一条，以便将山东问题从有关中国的条款中分离出来。22日，又在四国会议上提出这一要求，"争持甚坚"[1]。同日，陆征祥致电北京政府，告以将一面竭力再与英、美、法各专家接洽，一面托美坚持，必不得已，则全力设法，使草约内不至将胶州问题专列一条，而含混列入"德国在本境以外所有一切权利应交由五国公同暂管"一条内[2]。本电为对于陆征祥22日电的答复。可以看出，五四运动给了北京政府以积极影响。尽管北京政府在曹汝霖住宅被焚后逮捕了32名学生，但不得不承认"可见我国民激切"，同时表示，如日本要求列入总约，则"当然不能签字"。

5月6日陈箓致陆征祥电

总长亲译。四日电计达。本日阁议，金以此次青岛问题，交涉失败，至起内讧。近日都中及各省情形，恐难免尚有暴动。如于必不能维持时，全体阁员一致辞职等语。届时钧座是否列名，请速电复。

运动爆发后的第二天，曹汝霖辞职。在运动的强大声势下，钱能训内阁也不能不考虑辞职问题了。

5月6日国务院致陆征祥电

此次各校学生聚众滋事，实因青岛问题多所误会。其远因在21条提案，近因在济顺、高徐铁路换文。查21条要挟事件，润田在部时悉力应付，始克将第五项取消。其时我公方长外部，当能忆及。及至济顺、高徐借款合同内并无承认日本继续德国权利之文，况第

---

[1] 《法京陆专使电》，《秘笈录存》，第131~133页。
[2] 同注1。

二〔一〕条且声明路线可以变更，确属临时假定，断难许其继承德国权利，与21条尤无关系。外间不明真相，以致并为一谈，群斥润田为卖国。群疑众谤，皆由误会而起。兹特将详情电达，希酌量宣布，以祛隔阂，是为至要。

第一次世界大战期间，日本除于1914年11月乘机攻占青岛外，又于次年1月18日，向袁世凯政府提交21条，企图变中国为其独占的殖民地。自当年2月2日起，至4月26日止，中日间就21条共举行了25次谈判。中国方面代表为陆征祥、曹汝霖等，实际为曹汝霖包办；日本方面为日置益、小幡西吉等。21条共分五号。第一至第四号分别涉及日本在山东、南满、内蒙、汉冶萍公司的权益和优先地位等问题。第五号则涉及在中国中央政府聘请日本人为政治、军事、财政等项顾问问题。日本政府曾将第一至第四号通知英、美、法、俄四国，但却有意隐瞒了第五号。全文披露后，日本受到列强猛烈抨击。5月7日，日本发出最后通牒，宣称除第五号各项允许以后再行协商外，限48小时完全应允。9日，陆征祥、曹汝霖复文日本使馆，宣称除第五号各项容日后协商外，"即行允诺"。本电所称"润田在部时悉力应付，始克将第五项取消"，指此。济顺、高徐借款合同：1914年，中国与德国间曾签订借款条约，以修筑自山东济南至直隶顺德及自山东高密至江苏徐州之间的铁路。1918年9月，为解决徐世昌政府的财政困难，在曹汝霖支持下，又由驻日公使章宗祥出面，与日本兴业银行副总裁小野英二郎签订合同，借款额2000万元，名义上仍作为修筑上述二路费用。该合同第一条曾规定云："调查济顺、高徐二铁路线路，若于铁路经营上认为不利益时，得由政府与银行协议变更其路线。"[1]

曹汝霖在辞职时，曾在呈文中为签订21条及济顺、高徐各路借款事为自己作过辩解。本电中，钱能训内阁又要求陆征祥等"酌量宣布，以祛隔阂"，从而消弭爱国群众的不满。

---

[1] 王芸生：《六十年来中国与日本》，第7卷，第164页，三联书店，1981。

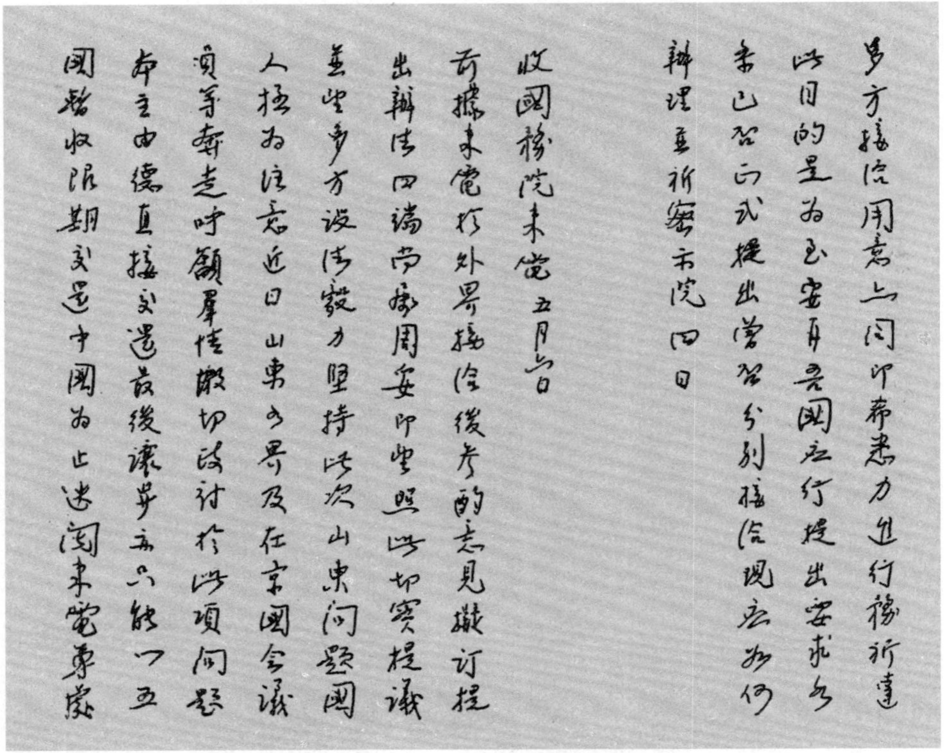

5月9日陈篆致陆征祥电

6日电计达，8日总理呈请辞职，全体阁员连带辞呈由院临时拟缮，于9日呈递。时机急迫，候示不及，已代公署名，想钧座必为同意。继任总理拟约段芝老，尚未得本人同意。曹、傅二总长因学生事，先期辞职。章使伤重，医言尚无危险。7日各界拟集中中央公园开国耻会。政府虑民间乘机暴动，预为阻止，都中日来安谧。

在冯国璋任大总统时期，钱能训曾于1918年2月以内务总长兼代国务总理。1918年9月，徐世昌被安福国会选为大总统，钱能训再次代理国务总理。同年12月12日，获得正式任命。至此，在五四运动强大声势的震慑下，向徐世昌呈请辞职。其他阁员亦同时辞职，但均被徐世昌慰留。段芝老，指段祺瑞（段字芝泉），时任参战督办。曹，指曹汝霖；傅，指傅增湘，时任教育部总长。中央公园国耻会，指国民外交协会准备在该处召开的国民大会。"虑民间乘机暴动，预为阻止"，钱能训内阁的神经真是紧张到极点了。

5月12日国务院、外交部致代表团电

胶州问题，迭电均悉。条文虽未准（？）尊处详电，而7日伦敦路透电大致业已披露。本日全体阁员与两院开谈话会讨论，佥以如条文内不能添加交还中国一层，不能签字。盖国会深虑民国四年中日条约所订交还条件，按国际惯例，势必为新约所取消。但本日为征求意见，并非正式议决。除俟尊处将草约关于中国全文迅速电部，再行由院正式送交两院公决外，特电接洽。又，近日京沪水陆电线有阻，尊处来电，请暂发沪电局转。

对德和约草约的起草工作主要控制在英、美、法三国代表手中。5月1日，英国外交大臣贝尔福召见施肇基与顾维钧，通告三国会议关于山东问题的决定。由于这一决定完全无视中国的正当要求，屈从日本帝国主义，当日，中国代表团即向三国会议提出强烈抗议，要求修正。5月6日，对德和约草约公布，陆征祥随即在协约国大会上发言，声称对于上述条款，"实有不能不保留之义务"[1]。5月12日，北京政府邀请参、众两院议员在中南海怀仁堂举行谈话会，讨论对德和约签字问题。会上群情激愤，普遍认为如不在和约中添加将胶州归还中国的条文，不能签字。但是，北京政府当时举棋未定，因此在本电中特别声称，本日谈话会仅为征求意见，"并非正式议决"。

5月14日陈箓致陆征祥电

和会胶州条件披露，全国惨怛情形，笔难尽述。现各界一致，佥谓山东系我国腹地，直〔青〕岛不能直接交还，即日本之势力常踞不去，为害滋大。庚子赔款，天文仪器，均属细端，得不偿失，签字亡，不签字亦亡，何必多此一举！且谓大战之后，各国既无觉悟，中国国民亟宜急起直追。欧美对于我国赞助之言，既属口惠，则中国以后亟应从速反省，与日本提携，实行中日联盟，作人种之战争，或为救亡之道。尊电所称不签字之害各端，与政府所虑正复相同。12日两院谈话会，尊电尚未到京，政府已将签字不签字之害，两相比较，摘要说明。无奈群情愤不可遏，政府遽尔主张签字，势必激成骚动。是为国家前途计，和约不可不签字；而为国家一时安宁计，和约又绝对不能签字。本日公府召集会议，段督办、两院议员、全体阁员出席，决定（原注：错码）签字，提出办法，另由部电奉达。

---

[1]《法京陆专使电》，《秘笈录存》，第152页。

1901年，包括德国在内的帝国主义列强强迫清政府订立《辛丑条约》，规定中国须赔款4亿5千万两白银，年息四厘，分39年还清，即所谓庚子赔款。在英、美、法三国代表起草的对德和约草案中，曾规定中国政府停付对德国的赔款，同时规定，德国政府须在12个月内，将1900年至1901年期间从中国"携去"的天文仪器，概行归还中国。本电所称："庚子赔款，天文仪器，均属细端，得不偿失"，指此。

　　北京政府国务院5月5日致陆征祥电曾称："我国当然不能签字。"陆征祥接电后，即将此意在和会上"稍稍表示"[1]。5月8日，陆征祥致电国务院，要求给予进一步指示："惟所谓不签字者，是否全约不签，抑仅不签胶州问题一条？此次和约国际联盟会一事，予我前途不无关系。倘胶州条文外，不妨似以就近另派人员专任签字全权。"[2] 同电并附《条议》，陈述签字与否的利弊，内称："为表示不平之计，当然不能签字，惟权衡利害之轻重，似尚有讨论之余地。"[3]《条议》列举了不签字的种种不利，要求北京政府考虑。此电当即本电所称说明"不签字之害"的"尊电"。

　　陆征祥等在犹豫，北京政府也在犹豫。本电反映北京政府所处的两难境地和矛盾心理。一方面，全国舆论普遍反对签字，违背公意将造成政局不稳；另一方面，不签字又怕得罪列强，不能参加国际联盟，并失去因参战而获得的部分有利条件，如停付对德庚子赔款、增加关税等。

5月20日陈箓致陆征祥电

　　昨英、法两使均称签字加保留事，恐办不到。现国内明白事理之人均主张签字，但一般政客、学生不肯研究青岛经过历史及不签字后之利害关系，力唱不签字为爱国。勘孚公使齐电痛切直陈，极表同

---

1 《法京陆专使电》，《秘笈录存》，第205页。
2 《法京陆专使电》，《秘笈录存》，第206页。
3 同注2。

意。本日亲自抄陈段督办，征其意见，如不能保留，自应签字为是。我公素以国家为前提，乞与劫使熟商，毅然决定，他日公论自在也。

为了既不过分得罪列强，又不放弃山东主权，并对爱国群众有所交代，中国代表团考虑了一种"保留签字"的方案，即在签字的同时声明对山东问题"另行保留"。北京政府倾向于接受这一方案，于5月19日征求在京英、法两国公使的意见，但英、法公使都认为"办不到"[1]。这时，北京政府又接到驻意大利公使王广圻（劼孚）主张签字的电报，于是由陈箓亲自抄呈段祺瑞，"征其意见"，决定"如不能保留，自应签字为是"。看来，英、法两使和段祺瑞都起了相当大的作用。

5月21日国务院、外交部致陆征祥电

14日电暨王公使齐电均悉。此次欧会和约关于青岛问题之决定，国人极为愤慨，签字与否，利害互见，自宜审慎考量。前电拟大体签字，于青岛问题特别声明保留，惟保留一层能否办到，即使办到保留地步，将来对于青岛办法如何，均应预为计及。正在审酌间，适本日接到驻日代办电称内田外相昨有半公式之声明，略谓帝国对于山东问题当然恪守公法，将山东半岛及完全主权付还中国，因参战所得之有利条件，如赔款之停付，关税之增加，莫不极力协助等语。日本政府既有此项正式之声明，我国为顾全国家实利及国际交谊起见，第一步应主保留，倘保留难以照办，应即全约签字，以固国本。希即查照办理。

五四运动发生了强大的影响。陆征祥是《二十一条》的签字人，此次将再在一项丧权辱国的条约上签字，内心不能没有矛盾。14日，陆征

---

[1] 顾维钧曾谈到法国政府一直在对北京施加压力，训令其驻北京公使劝说中国政府电饬代表团签字，参见《顾维钧回忆录》(1)，第210页，中华书局，1983。

祥致电徐世昌及钱能训称："祥1915年签字在前，若再甘心签字，稍有肺肠，当不至此。惟未奉明令免职以前，关于国际大局当然应有责任。国人目前之清议可畏，将来之公论尤可畏。"他要求北京政府明确回答："究竟应否签约？倘签约时保留一层亦难如愿，则是否决计不签？"[1] 适在此时，北京政府接到驻日代办庄珂的电报，报告日本外相内田康哉的声明，表示日本对华方针，"以公正互助为义"[2]，北京政府遂决意签字。

5月27日国务院、外交部致陆征祥电

　　日本内田外相对于交还青岛一节曾有半公式之宣言，昨由部电，请钧处查询日本代表，如渠认为有效，即可宣布外界，藉资证明。此节能否照办，祈察酌。我专使在会，对于日本方面，似亦以稍表联络，勿过冷淡为宜。此间英、美公使均主签字之说。美使谓，如保留办不到，只可签字，将来国际联合会内尚可协助，否则协助较难云云。

尽管北京政府主意已定，但陆征祥等仍在犹豫。5月20日，陆征祥、顾维钧访问美国国务卿兰辛，告以"必不得已，只有签约，而将山东条款保留"，兰辛认为："因不能保留而不签字，则咎不在中国"，至于如何保留，兰辛要顾维钧和某公法家接洽[3]。同日，陆、顾二人又访问威尔逊，威尔逊不肯明确表态[4]。当日，陆征祥将有关情况电告国内，本电为北京政府的进一步指示。可以看出，在人民群众和列强的天平之间，北京政府是倾向于列强的。"对于日本方面，似亦以稍表联络，勿过冷淡为宜"，徐世昌、钱能训们不敢得罪日本侵略者的心理，暴露得再清楚不过了。

1　《法京陆专使电》，《秘笈录存》，第205页。
2　《六十年来中国与日本》第7卷，第337页，
3　《六十年来中国与日本》第7卷，第339页。
4　《六十年来中国与日本》第7卷，第341页。

张发奎谈南昌起义
——读张发奎口述历史之一

近年来,关于南昌起义的资料已发表不少,研究也相当深入,但是,国民党方面的资料却很少见到。因此,张发奎的有关回忆值得注意。

在何廉与韦慕庭(C. Martin Wilbur)教授主持下,美国哥伦比亚东亚研究所于1958年开始一项中国口述历史计划,先后访问了十余位在现代中国历史上起过重要作用的名人,请他们口述生平,哥大方面加以记录、整理。

对张发奎的访问是由夏莲荫(Julie Lien-ying How)女士进行的。夏女士阅读了大量资料,进行了深入研究,在此基础上,到香港访问张发奎四百余次。然后,将记录整理为英文稿,定名为 *The Reminiscences of Chang Fa-k'uei*(《张发奎回忆》)。全稿共21章,1033页。现藏于哥伦比亚大学珍本和手稿图书馆。承韦慕庭教授盛意,特意赠送了我一套该稿的全部缩微胶片。

下面是夏莲荫和张发奎的问答摘要。

对进攻南京有信心

1927年6月，武汉国民党中央将唐生智的第四方面军扩充为第四集团军，下辖第一、第二两个方面军。张发奎任第二方面军总指挥，下辖第四、第十一、暂编第二十军，黄琪翔、朱晖日、贺龙分别担任军长。7月中旬，武汉政府决定东征，直取南京。夏莲荫和张发奎的谈话是从东征开始的。

"进军南京您是否有信心？"夏莲荫问。

"很有信心。我相信，唐生智和我能够夺取南京，赶走蒋先生。站在我们一边的有第二、第三和第六军。我们所需要对付的只有第一军。第七军的态度我们拿不准。"张发奎答。

"计划如何进攻南京？"

"计划派遣第四军第二十一师富双英部沿长江南岸前进。我的主力将自南昌分两路东下。一路经上饶、江山、杭州，进攻上海或南京，一路经皖南进攻南京。"

绝对支持汪精卫

"我的部队自河南返回武汉后，只停留了几天，就开赴九江。叶挺的第二十四师是先遣队。我命令自己的部队集中于南浔线。朱培德的部队已向东开拔，留在南昌的只有很小的一支部队。朱德是军官教育团团长，并且是南昌公安局局长。

"叶剑英在九江担任第四军参谋长。他是第四军军长黄琪翔的梅县老乡推荐给我的。我以前见过他，但不很了解。"

"您了解他是共产党员吗？"

"不了解。"

"1927年6月15日，武汉国民党中央决定召开全会，讨论共产党问题，同时，镇压所有言行违背国民党原则的人。稍后，汪精卫召集高级军政领导人会议，通知我们，中央已经采取和南京清党很不相同的分共政策。这意味着共产党员从国民党中和平地退出，不必逮捕并杀害他们。他要求军队领导人马上回部队，作好准备。我们要求共产党员自愿地退出，给他们钱，让他们离开。如果他们不希望离开，可以留在武汉，但不能在政治和军事机关工作。"

"您对分共政策有何意见？"

"我认为，革命完成以前，革命力量不应分裂。但是，如果汪精卫要分共，我支持他，因为他对这一问题比我有更清楚的了解。我以前已经说过，军人被告知，服从是他的天职。这可能很危险。年轻的军人易于被引入歧途。在这种情况下，我没有认真地考虑，哪种政策是正确的。因为汪精卫认为这是正确的，我也就这样想。在宁汉分裂中我绝对支持他的立场。我对于军事的兴趣远高于政治。"

"关于苏联顾问，汪精卫是否说过什么？"

"没有。关于苏联顾问，汪精卫在那次会上没有说什么。"

"在那个时候，您对于苏联顾问有什么感觉？"

"我没有感觉到他们在密谋策划反对我们。"

邓演达动员张发奎回广东

"邓演达和铁罗尼来看我。这两位关系密切。邓演达说：汪精卫的政治生命已经完结。您不应该听他的。唐生智政治上也死了。您应该带领第四、第十一、第二十军回到后方广东，重建革命基地，一切从头做起。现在回想起来，我认为，邓的最初目的是想在共产党人和我之间建立合作关系，组成一支反汪、反蒋力量，但他不是共产党员。

"我反驳说：汪精卫的政治生命还没有终结，他只是有点病，只要他还有一口气，我们就要请医生救他。这说明，我那时仍然左倾。我说：我们仍然可以和汪精卫谈谈。我想和汪精卫谈什么呢？没有什么特别的。我的观点是我们必须支持他。"

"铁罗尼说什么？"

"他同意邓演达的意见。

"邓演达和我是同学，后来又在邓铿的第一师里同事。长时期来，我们的联系从未中断。共产党人知道，我们关系牢固。我猜想，他们希望邓能以个人关系打动我。我们分歧的关键之点是汪精卫。

"邓演达认识到不能说服我，很快去了郑州。冯玉祥对邓说：鲍罗廷和其他俄国人回苏联时经过他的司令部，他答应保护他们。许多共产党人穿过他的领区。我很奇怪，他为何巴结共产党人？"

"有没有其他人和您说过类似邓演达的话？"

"邓演达是唯一对我说过汪精卫的政治生命已经完结的人。郭沫若，特别是高语罕，害怕我扣押他们，不会有勇气走得这么远。他们都知道，我是汪精卫的坚定的支持者。他们说：由于下级共产党员的幼稚病，湖南农民运动已经走到极端，共产党中央不赞成这种情况。他们向我保证，一切都可以补救过来。

"我想，谭平山、徐谦、何香凝和我谈过，维护所谓'三大政策'的问题。许多人都维护这些政策。"

不反对共产党员个人

1927年8月6日，有一个叫林昌炽的人，上书武汉国民党中央，指责共产党把持中央军事政治学校武汉分校，其中谈到汪精卫分共后，"（军校）一班C.P.分了，则因受其团体之指挥，经由恽代英等向张总指挥再三交涉，收编为第四集团军第二方面军军官团"[1]。夏莲荫女士研究了这份资料后，问张发奎有无其事。

"有。我愿意接受这批干部。那些留在武汉的学员进了军官团。组

---

[1] 《革命文献》第16辑，台北版，第72页。

成军官团，隶属于第二方面军是中央当局的命令。杨树松被任命为团长。他是东北人，毕业于保定军官学校，是邓演达的追随者。"

"有多少人组成了军官团？"

"一千多。"

"在第二方面军的下级干部和士兵中有许多共产党员吗？"夏莲荫问。

"我不相信士兵中有许多共产党员，因为在那时，大多数共产党员是知识分子。下级干部中有共产党员，但我不知道有多少。第二十五师周士第的七十三团的大多数官长是共产党员，叶挺将这个团交给了他。有少数共产党员在别的单位。在任何情况下，我不同意将共产党员当做敌人。我不反对共产党员个人。"

"您支持分共政策吗？"

"那是一项来自高层的命令。"

"除了周士第，您是否知道别的共产党员团长？"

"我不知道。我知道一个师长叶挺是共产党员。但是，我们彼此间极好。我想，我可以将他争取过来。最坏，我想他可以离开我的军队。

"张云逸是第四军第二十五师李汉魂的参谋长，但我不知道他是共产党员。"

共产党担心重复"四·一二"政变

"我感到，我很好地控制着部队。第四军是我一手发展起来的。它由黄琪翔指挥，和我指挥没有两样。虽然第十一军原来是陈铭枢的，但它由第四军的朱晖日指挥，许多第四军的人在第十一军中工作。

"但是，我对贺龙没有把握，因为他有自己的部队。不过，我对他很好，他也知道这一点。我为什么对他不错，因为我是真诚而直率的。我知道他不是共产党员。"

1927年8月5日，汪精卫在武汉国民党中央曾报告说："从武汉决定制裁共产党以后，武汉的共产党徒全到四军、十一军、二十军去了。张总

213

指挥因为中央扩大会议决定并命令保护共产党的生命安全,也无法驳而不要。及至他们到四军、十一军、二十军工作,张总指挥又以为他们是帮助国民革命,所以优容他们。"[1] 关于这一段话,夏莲荫询问道:

"在那个时候,是否许多共产党员参加了第二方面军?您欢迎他们是否由于相信他们有助于国民革命?"

张发奎承认这是事实,他解释道:

"共产党人担心重复'四·一二'政变,害怕唐生智会杀害他们。那段时候,唐生智杀死了一个旅长。我多次说过,我不会杀害共产党员。部分高级共产党员跑到九江,那里是第二方面军司令部所在。"

南昌起义失败后,张国焘于1927年11月8日给中共中央临时政治局并扩大会议写过一封信,其中谈到:"当武汉唐生智汪精卫政府日见反动时,彼时我党与张发奎关系尚好,事实上我们曾将农民的枪支送给他,并答应他给他种种的帮助。"张国焘此信发表于中共机要刊物《中央通讯》第13期上,夏莲荫研读了张国焘的这封信,问张发奎道:

"是否共产党人送了许多农民的枪给您?"

"没有这样的事。他们没有给我一条枪。您必须记住这样的事实,我和唐生智从汉阳兵工厂得到同样数额的军用品,我肯定不会比他少。此外,中央对唐生智没有把握,将希望寄托在第二方面军身上。人们都知道,我忠于汪精卫。从各方面说,是我给了共产党人以枪械,共产党人在我的部队里。"

"共产党人是否给了您很多帮助?"

"没有问题,他们帮助了我,因为他们工作得很勤奋。共产党的政工人员极为认真而且优秀。他们在宣传里只说我的部队好,就我所知,他们从来没有宣传过共产主义。"

---

[1] 武汉《国民党中常会扩大会议记录》。

没有回广东的打算

张国焘1927年11月8日的信中又谈道：当年7月26日，中共中央常委会开会，苏联顾问加仑在会上说，今日会到张发奎，和他讨论军事。他已赞成二十军集中进攻，十一军集中南昌，第四军集中南浔路一带，不再东进。第一步按兵不动，第二步渐次往南昌移动回粤。加仑称：张发奎如能赞成回粤，又不强迫叶挺等退出C.P.，在此两条件下，可与张发奎共同回粤。因此，夏莲荫问道：

"7月26日，您是否在汉口和加仑讨论过部队转移问题，他建议您将部队带回广东？"

"我可能见过加仑。我不记得他谈过广东。邓演达是唯一建议我回广东的人。"

张国焘在回忆录中写道："大约在二次北伐胜利后，唐生智、张发奎等由河南回师武汉的时候，左派人物中，特别属于广东籍的，就暗中酝酿回广东去的想法。"[1] 据此，夏莲荫又问道：

"您是否计划回广东？"

"没有。"

"您的部下是否有人提议回广东？"

"没有。"

尽管张发奎一再否认当时有率领部队回广东的想法，但夏莲荫又提出了第三个证据：1927年7月27日，李宗仁、白崇禧、李济深、黄绍竑、陈可钰等曾联名致电张发奎，内称："近闻兄处军队且被伪命移动，有所窥伺，岂两湖赤祸犹为未足，而转欲施诸两粤耶？"[2] 据此，夏莲荫再问道：

"为什么李济深和别人在7月27日警告您，反对您回广东？"

"可能他们已经得知邓演达的计划，也可能他们认为我要回广东。"

---

1 《张国焘回忆录》第2册，第271~272页，现代史料编刊社，1980。

2 《申报》，1927年7月31日。

"李宗仁是否派遣他的参谋长王应榆带着一封信来看您，其中说：如果您对广东有任何意见，可以和李济深讨论，但是，您决不要带领部队南下？"

"是的。我见到了王应榆。他是我在广东陆军小学时的同学。不过，我不记得他讲过任何关于广东的事情。"

和汪精卫一起到九江

"您得知贺龙没有您的命令就到了南昌时有何想法？"

"我觉得很奇怪。"

"我和汪精卫一起去九江。7月29日到达。"

8月5日，汪精卫在武汉国民党中央报告时曾说："当时是因为知道了四军、十一军、二十军内部起了纠纷；同时张发奎总指挥请求中央派人去训话，庶使纠纷平息，并且说内部的纠纷不解决，中央无人去，他是不敢到九江去的。"夏莲荫据此询问张发奎，是否有此事。

"可笑！说我不敢单独去九江是荒谬的。但是，这是可能的。我希望汪精卫去向我的部下解释他的政策。我已经在庐山召集师长以上军官开会讨论和平分共问题。"

与张国焘没有接触

1927年10月15日，张太雷在中共南方局省委联席会上曾报告说：张国焘"不主张在南昌动作，因为是对张发奎有许多幻想。就是临走的前夜亦与张发奎作很长的谈话，而且说还有希望"[1]。为了核对这一事实的准确性，夏莲荫于1966年9月25日询问过张国焘，张称：那时，他只在武汉的集会上见过张发奎一次，他们间没有约定进行任何谈话。此次，夏

---

1 《中央通讯》，1927年第7期。

莲荫又对张发奎重提这一话题：

"您到达九江后是否和张国焘有过一次长谈？"

"我不记得在那个时候认识他。"张发奎的回答很简单。

没有想到共产党会造反

张发奎接着说：

"我没能让叶挺、贺龙、蔡廷锴参加在庐山的会议，最后，没有开任何会。我不认为共产党人会造反，因此，也不曾想过要抢先逮捕他们。那是很容易的。"

1927年10月，周逸群向中共中央报告南昌起义情况时曾说："张发奎迭次来电，邀贺、叶到庐山开军事会议，而贺、叶均不敢去，逼得不了，张氏来电，准一日到南昌。"[1] 夏莲荫问张发奎此点是否可靠。

"那是可能的，因为他们不到九江来。

"这时，叶挺的第二十四师、蔡廷锴的第十师在南昌地区。第十一军集中南昌地区的任务还没有完成。朱晖日的第十一军司令部设在马回岭，第二十六师在马回岭地区。

"第二十军和第四军第十二、第二十五师在九江至德安地区。富双英的第二十一师仍在长江北岸，面对九江。军队集中是很复杂的事情。我们必须为所有的士兵找到营房。

"我想，共产党人害怕我们镇压他们。朱培德和我的部队可以对南昌形成包围，因而，他们于7月31日午夜至8月1日在南昌造反。

"我在庐山得知消息。听到蔡廷锴和叶挺、贺龙合作，我很失望。我从未想到，蔡会和他们合作。如果蔡的部队抵抗，叶和贺一开始就必须搏斗。"

"谁是南昌起义的领导人？"

"当然是叶挺。他在共产党内有很高的位置，并且指挥正规部队。

1　《中央通讯》，1927年第7期。

但是，如果没有贺龙和蔡廷锴，他将不会有足够的力量行动；如果他单独行动就将失败。我认为，叶挺不能掌握他的师，如果在后方，他的部下将会迫使他离开。"

马回岭跳车

"多么糟糕！我开始制订计划镇压造反者。造反一开始，那就没有妥协的希望。共产党人必然战斗到最后，我必须粉碎他们。

"我立刻赶赴德安，检查前线状况。周士第的第七十三团驻扎在那里。我需要视察部队，保持信心。我什么都不怕。无论如何，是我将周士第安排到了团长的位置上。

"我建议保罗、尼基丁和另一个俄国人（他的名字已经忘记了），和我一起去德安，观察形势。他们同意。"

"苏联顾问对南昌的造反有什么反应？"

"他们也感到非常惊奇。当然，我不知道他们是否故意显出惊奇。

"几个同事军官，三个苏联顾问和他们的翻译，我们乘坐一列机车去德安。当我们停在马回岭时，朱晖日和李汉魂在车站等我。在我准备下车或他们准备上车之际，我听到了两声奇怪的枪响。显然，至少有一个共产党人已经控制了机车，强迫司机开动。我只有十个卫兵，于是我跳车了，有些卫兵也跳车了。我将马回岭交给朱晖日，回到九江。俄国人和其他一些人没有跳车，去了德安。

"我回到九江后，召集师长和师政治部主任以上军官开会，向他们解释中央的分共命令和制订的妥善处理这一问题的方法。我要求他们回到自己的部队，命令所有的共产党人到九江来。"

郭沫若要求去南昌

"我解散了第二方面军政治部。郭沫若和我有一次谈话。我对他说：共产党人对我们不好，但我们决不对他们做任何不公正的事情。他们应该从我们中间退出。……我告诉他，让他乘坐一辆机车去南昌。

"共产党人集中到九江时，我说：愿意去南昌的和郭沫若一起走，不愿去南昌的将被送往上海或他们愿意去的任何地方。发放路费。分共不意味暴力。它意味共产党从政府和军队中退出。我坦率地要求他们当我准备攻击南昌时站在旁边。唐生智胡乱地屠杀共产党人，我不能。我没有逮捕共产党人。为什么？因为造反的是在南昌的那些人，另外的人不能负责。此外，我永远不相信屠杀能奏效。

"许多政工人员离开了，证明他们像共产党。多少？二十人或者更多一点。我给每人发了路费。廖乾吾就是他们中的一个。政工人员中没有逃跑的。

"少数军人证明他们自己像共产党。问题是我们无法保证秘密的共产党人全部退出。他们的前额没有记号，我们无法弄清他们的成员。例如，叶剑英没有离开黄琪翔。我仍然不知道他是共产党。

"某些下级和中级干部跑了。例如，第十二师的一个营长一个人跑了。共产党可能命令他带着队伍一起走，但是他觉得控制不了。我不知道他如何到了南昌。

"我看着郭沫若乘坐机车离开。大约二十个人和他一起走。有廖乾吾、徐名鸿和别的一些人，徐名鸿是陈铭枢的人。他从来不承认自己是共产党。"

共产党需要利用我的名字

"我猜想，所有那些人——朱德、叶挺、贺龙——在造反以后召开的革命委员会上建议利用我的名字。他们仍然称我为总指挥。他们全都很了解我，特别是叶挺。回想起来，我相信，因为我倾向共产党，加仑和别的俄国人，还有中国共产党都在我身上寄以很大希望。共产党需要利用我的名字来团结人民，消除并减轻他们的疑虑。人民很清楚，我不是共产党。那时，他们特别害怕这样的口号：'共产共妻'。

"共产党想：如果我同意和他们在一起，我的第二方面军将回到广东，在那里，他们可以动员革命力量。我的军队可以对付来自南京或者武汉的攻击。他们不认为有被南京和武汉联合攻击的可能，因为他们不能预见到蒋先生的下野。"

"您是否分别收到叶挺和贺龙的电报，希望您到南昌去？"在张发奎的滔滔长谈中，夏莲荫女士终于找机会提了一个问题。

"我不记得在南昌造反之后从共产党那里收到任何信息。"

俄国人在我的司令部出现了

"尼基丁、别的俄国人和他们的翻译在我的司令部出现了。他们告诉我，到德安后，他们被送到周士第的司令部。……我的卫兵有的被缴械并被捕，有的从桥上跳下河，跑了。

"……我建议他们去南昌，他们拒绝了。我问他们需要什么，他们说，希望回苏联。我送给他们每人500元钱和部分衣服，用船把他们送到上海。他们从上海回到莫斯科。

"我派遣部队追击贺龙和叶挺。8月7日，我的部队到达南昌，共产党造反者已经离开南昌，进军抚州。他们的目标是广东东江。朱培德的部队也回到南昌。我们计划集中兵力并且召开一次会议。"

蔡廷锴大骂张发奎

"蔡廷锴在进贤摆脱共产党之后打电话给我。我想他是忠诚的，但不料他竟用不很地道的广州下流话咒骂我，使我极为震惊。他说，他忠于陈铭枢，支持蒋先生。反蒋是错误的。他像反对共产党一样反对我们。

"蔡廷锴因为蒋先生而恨我。即使没有南昌的造反，他也会离开我。他在等待适合的机会。只要投入蒋介石营垒，他可以从南昌到他选择的任何地方去，广东、福建、浙江。世界对他敞开着

"现在，我了解到，陈铭枢在离开武汉之前，已经和蒋先生商量过，如何保存他们的力量，并对蔡廷锴、戴戟、蒋光鼐作了安排。陈铭枢之所以搁置他的计划，是由于他的力量还不足以反对武汉。唐生智和我支持汪精卫。他的第十一军比我的第四军弱。"一谈起蔡廷锴来，张发奎旧怨犹存，因而话特别多。

"蔡廷锴摆脱共产党之后，您估计共产党还有多大兵力？"夏莲荫不希望离题太远。

"仅以离开我的部队的人数计，大约有5000战斗部队。"

夏莲荫和张发奎关于南昌起义的谈话大体如上。可以看出，张发奎谈出了一些前此不为人们所知的史实；对有些众口一词的说法则坚决否定；有些回忆，则和有关资料或其他当事人的说法相歧异，有待进一步考辨。治史贵在全面，了解张发奎的看法，对全面研究南昌起义史显然是有益的。

果真要改写民国史吗？
——陈洁如回忆录的产生、遭遇及作伪举证

自1920年至1927年，陈洁如做过8年蒋介石夫人。她的回忆录英文打字稿藏于美国斯坦福大学胡佛研究所档案馆，哥伦比亚大学珍本和手稿图书馆藏有摘要本，一向很少为人所知。1992年以来，台湾《传记文学》连载了该回忆录的中译本，引起轰动。现据笔者访美时收集的资料，阐述该回忆录的有关问题，并对其史料价值作一初步分析。

陈立夫多次劝阻

陈立夫曾多次劝阻陈洁如出版回忆录。在哥伦比亚大学珍本和手稿图书馆中，保存着陈立夫的两封信。其一已译为英文，现回译如下：

洁如女士：依余见，君来港之事肯定无望。购置一所房舍以作为投资，在别人或可实现，在君则决无可能。

共产党人了解君之一切。君以富贵不能淫、贫贱不能移之伟大人格给予（国民党）支持，使共产党不能利用，彼辈如何能容许君投奔自由！盍舍弃此种梦想乎！

如君以余之言为是，则安居勿迁。君不拟见孙夫人、廖夫人以求助，此诚君之智慧。倘君拟售出回忆录以获取金钱，冀作医药之资，则余窃以为与损一人而救另一人无异。君养女之疾无可救，君或可视为命中注定，此种状况虽非君所愿，然亦因果使然耳！

　　君仅可信任李先生一人。倘君突然有某种困难，彼必可相助。君不必向许多地方求援，此等做法不能解决君之问题。余即将返美，盼即赐答。

　　友人赴港，此函托其在彼处付邮。余之临时地址为台北敬天街（译音），第12巷5号。

　　祝君健康！

陈立夫
3月20日

按：陈洁如于1927年赴美，1931年自美回国，即长住上海。1961年经周恩来批准，迁居香港。据此，此信当作于50年代。从信中可知，当时陈洁如即有出售回忆录作为其养女医药费的打算，但陈立夫不同意。另一函为中文，全文为：

　　洁如女士：兹闻君复受人怂恿，拟出版某种书物。立夫为君着想，实为不智，不但外人将认为此乃共匪之恶意宣传，而决不会发生其他影响。对君本身而言，则有百害而无一利。前函已详陈之。希望君一如往昔，保持个人伟大人格，重友谊而轻物质，不为歹人所利用，此乃立夫所期望于君者也。今后计划如何，望示知一二为盼。敬请旅安！

陈立夫敬启
11月4日

此函写作年代不明，称"旅安"，则陈洁如当已在香港，疑为1964年作。据本函可知，虽然又过了几年，但陈立夫仍然反对陈洁如出版回忆录。

223

此外，陈洁如在回忆录说明里还引用过陈立夫另外一封信中的片段：

> 我恳求你不要出版你的回忆录。这许多年来，你为中国统一所作出的牺牲和你的缄默，已经使你成为一位伟大人物和一个忠实国民。但是，如果你出版了这本书，它将只会伤害最高统帅及国民党，因此，切盼你固守沉默，一如既往。

此信当即11月4日函所称的"已详陈之"的"前函"，据此可知，陈立夫多次反对陈洁如出版回忆录，其理由始终一贯，即它会损伤蒋介石和国民党的威信。

关于整理者

从有关资料看来，陈洁如只是回忆录的口述者和部分文稿的作者。在陈洁如之外，还有一位整理者。回忆录所附资料中有一份詹姆斯自香港写给在纽约的李荫荪（译音）博士的英文信，中云："我已经注意到了您的所有建议，将更多地记述詹妮（指陈洁如——笔者）在美国的生活。"这位詹姆斯显然就是回忆录的整理者。该信发信日期为1964年1月10日，可见到这时回忆录还没有写完。信中还说：

> Wego就是蒋纬国，这个小孩在照片的中央。他是戴季陶的儿子，母亲是日本人，其被收养的情况见于回忆录135~137页所述。这张照片拍于1926年，当时纬国七岁。他今天拼写自己的名字为Wego，以代替Wei-kuo。戴季陶的真正中国儿子是Ango-Tai（戴安国），他当然了解纬国的背景。我猜想，他将自己的名字独特地拼为Wego，是为了和Ango-Tai类似。他对我和詹妮都很友好，但是完全没有权力。

从这一段话看来，詹姆斯非常了解蒋家的情况，和蒋纬国很熟悉。

回忆录还附有1964年4月1日詹姆斯写给李荫荪的另一封信，其中谈到，3月31日，已将陈立夫信件的副本寄上，又谈到，陈洁如表示，纽约方面的文件称，她到美国的时候，接收了75万美元，纯系谣言云云。从该函可知，詹姆斯全名为James Zeemin Lee（詹姆斯·时敏·李），地址为：4 Swallow Road（Ground floor）North Point，Hong Kong 信箱为：G. P. O. Box 665，电话为707141。李荫荪的全名为：Wm Yinson Lee，信箱为：P. O. Box 230，New York，因此，要了解他们的庐山真面目，应该是不困难的。

有时，詹姆斯又称为詹姆斯李，有人认为就是蒋介石的英文教师李惟果，此说尚待查证。

代理人被殴与陈洁如收回稿件

大约在1963年，李荫荪将陈洁如的回忆录稿件交给了纽约的一个叫劳伦斯（Lawrence Eppe Hill）的复制服务商。其后，劳伦斯又交给了名为"Doubleday"的出版机构。两周以后，劳伦斯接到肯尼斯·麦科马克（Kenneth McCormick）的电话，表示"Doubleday"同意出版这本书。1964年1月10日，陈洁如在香港签署了一份委托书，委托劳伦斯出版她的回忆录。委托书全文如下：

兹授权劳伦斯·爱普·希尔先生出版我的回忆录打字稿，共425页，题为《我作为蒋介石夫人的七年》，或《蒋介石的崛起》，附加50幅插图。

我在此保证，内容全部属实。我对我所叙述的一切负责。

自1964年1月至4月，此书必须在4个月内出版。如逾期，自1964年5月1日起，我保留将稿件交欧洲出版商出版的权利。

詹妮陈

同年，4月29日，埃米莉·哈亨（Emily Hahn）受"Doubleday"委托，审读回忆录。同时，劳伦斯分别致函当时在纽约的陈立夫和宋霭龄，请他们协助证实稿件的可靠性。陈立夫承认认识陈洁如，否认给她写过任何信件。宋霭龄通过国民党驻纽约总领事打电话给劳伦斯，要求得到一份副本。4月末，劳伦斯接到两个法律事务所的来信，分别代表孔祥熙和陈立夫，认为稿件包含着错误和诽谤的资料。6月，协助陈洁如写作回忆录的詹姆斯李到纽约和国民党总领事谈话，他对劳伦斯说，如不出版该回忆录，可得10万美元。劳伦斯回答，他们的目的仅是出版该书。此后，怪事就接二连三地出现了。

先是，有人两次企图破门进入劳伦斯的办公室，同时，劳伦斯不断接到匿名电话。5月1日晚10点，劳伦斯被打得不省人事，躺倒在办公室门后。其后不久，"Doubleday"撤回了出版承诺。1965年1月，劳伦斯在办公室打盹时，有人破坏了重金属网眼纱窗。一两周以后，劳伦斯在纽约第45街被人从后面打晕过去。同年，劳伦斯的房间被盗。

此后，陈洁如、李时敏通过江一平律师和台湾有关方面达成协议。有关的几个人，包括合作者得到了17万美元，陈收回了稿件。据捐赠摘要本的康纳（Ginny Connor）说，国民党政府在1965年3月收回了大约他们想到的所有回忆录的副本。

作伪举证

细读陈洁如回忆录，和当时的历史比勘，可以发现，其中有不少讹误不实的成分。当然，人的回忆有很大的局限性，记错、记乱都是常有的事情。对此，应予谅解。但是，回忆录中有若干部分，属于有意伪造，这就不能不严肃地加以指出了。

试举数例：

回忆录写到，1926年12月，蒋介石和陈洁如自牯岭下山，突然接到汉口来的一封急电。蒋介石看了之后,双手抱拳,频频摇头,从桌上拿起一只花瓶,摔成粉碎,对陈说:"他们剥夺了我的领导地位,我的一切计划都完了,我所有的希望都破灭了!"陈拿起电报看,其大意是:"八十位国民党员、国民政府委员,及新任中央执行委员会已投票通过其本身为汉口国民政府,掌有最高权力,希候命。"这里的情节就明显错误。当时的情况是:当月13日,孙科、徐谦、蒋作宾、柏文蔚、吴玉章、宋庆龄、陈友仁、鲍罗廷等在武昌举行谈话会,决定在中央执行委员会政治会议未迁到武昌之前,由先期到达的国民党中央执行委员和国民政府委员组成临时联席会议,执行最高职权。参加人数很少,不存在所谓"八十位国民党员、国民政府委员,及新任中央执行委员会"投票问题;当时并未召开党的全国代表大会,何来"新任中央执行委员会"?显然,电报的真实性大有问题。

回忆录接着写到,蒋介石接受陈洁如建议,要求武汉方面派一位"国民政府委员会的代表"马上来当面把事情谈清楚。27小时之后,何香凝自武汉来到,对蒋、陈二人说:"在我开始谈事情以前,我先要你们两位了解,鲍罗廷和汪精卫都认为我是代表汉口政府来将他们的决定告诉你们的最合适人选。"又说:"国民党已经由广州迁到汉口,现在本党已设立一个政府,由最近从法国回来的汪精卫担任主席,陈友仁是外交部长,宋子文是财政部长。"其实,汪精卫这时还在欧洲。回到武汉是几个月之后——1927年4月初的事。这里,整理者又露出了一个破绽。

回忆录又写道:何香凝拿出了许崇智的一封信交给蒋介石,信的全文为:

介石吾弟:你当能记忆,十年前你和我追随我们的总理从事革命工作,我们本着不屈不挠的精神,奉献此生,冀求达致成功。不幸,我们的总理去世了,你曾请我将我的部队暂时交你统率,俾你重加编组,我也予以同意。其后你在广州成立国民政府,将我的军队改成国民革命军。

在我将全军交你之后,本党党务即陷于混乱分歧,行政工作亦趋于腐败恶劣。因此，你已将自身变成众矢之的。过去曾自称为你的部属、支持者或朋友的人，已一致起而反对你。依据此次弹劾案的理由，你实无由免除责任。

　　今汉口政府已成事实，我希望你静夜深思，行所当为，服从命令，自承错误。你当谴责自身之背信，并信守自身之承诺，藉求维持国内和平。为你计，此乃一条荣誉的出路；为我国民计，则为一大幸运。请扪心自问：你现能否脱身于当前四面楚歌的困境？请镇定而冷静的思索我这番建言。

许崇智

如果说，前述电报因为是回忆概况，可能记错，那么，此信有头有尾，完整无缺，示人以存有原信的感觉。但是，也正因为如此，其有意作伪的痕迹就暴露出来了。

　　其一，广州国民政府成立于1925年7月1日，汪精卫、许崇智、谭延闿、胡汉民、林森为常务委员，张静江、于右任、张继、徐谦、廖仲恺等16人为委员，以汪精卫为主席，蒋介石连委员都不是，许崇智怎么会认为蒋介石"在广州成立国民政府"呢！同样，当时军事委员会的主席是汪精卫，编组国民革命军是包括许崇智在内的军事委员会的决定，蒋介石只是国民革命军第一军军长，此外，还有四个军，许崇智也不会认为是蒋介石建立了国民革命军。

　　其二，不管是武汉联席会议，还是1927年3月召开的国民党二届三中全会，都不曾有过所谓的对蒋介石的"弹劾案"，上引许函所称"依据此次弹劾案的理由，你实无由免除责任"云云，岂非无稽之谈！

　　其三，武汉政府是左派政府，许崇智是右派，曾被西山会议派选为"中央委员会委员"，一向和左派不合作，他怎么会在信中劝告蒋介石，"今汉口政府已成事实，我希望你静夜深思，行所当为，服从命令，自承错误"！

　　其四，武汉联席会议成立于1926年12月13日，事后，立即通知了蒋介石，回忆录又声称，何香凝是在27小时之后就应蒋介石的要求到九江向他作解释的，当时许崇智在上海，他怎么可能这样迅速地认为"汉口政府已成事实"，而且又这样神速地写了信，神速地寄到了武汉？

根据以上分析，我们有理由认为回忆录所引许崇智函是伪作。

类似的伪造文件还有。

回忆录接着写到，何香凝在将许崇智函交给蒋介石之后，又将汪精卫的公开信交给了蒋，全文为：

  当我们的领袖孙中山先生目睹我国快速衰落之时，他就依据革命的政策，提倡各项原则。这些政策与原则之制订，乃是为要扫除国家的一切障碍。孙先生于北伐宣言中所揭示的目标，不但要摧毁军阀，并要确保这些军阀之后，不会有人继之而起。但现在一个狡徒却夺取权力，以求自我扩张。

  蒋介石自以为他能追求其私人利益，因他现手握最高权威。他的专制野心正在横行无阻。他破坏党规，申斥党代表大会。他为争取支持，正以重要公职分许其友人。他视国家如私产，人民的性命全赖其一己之私念，在他之下，生命低贱，无安全可言。我们的同志，或为曾多年追随我们领袖的先进，或为笃心民主之志士，现在都自誓为党为国，不惜牺牲一己生命。他们皆视蒋介石为我们的公敌，决心将其铲除。此一宣言公告同胞之后，希即武装起义，扫除此一叛徒，以免过迟之感！非如此，不足以救我国于覆亡，救人民于奴役。

汪精卫

何香凝解释说："鲍罗廷认为汉口是较为适宜的政府所在地，于是国民党已于核可。现在有若干改革工作正在进行。国民政府委员会及中央执行委员会已组成了联席会议。事实上，这个联席会议已于1926年12月13日举行第一次会议，会中表决通过以此联席会议为汉口政府之上的党权机构，鲍罗廷及许多同志时均在场。汪精卫获选担任主席。"何香凝又说："由于你已大失人心，汉口政府已下令撤除你的所有公职，并将你开除党籍。不消说，这些都是合法而经一致通过的。"然后，何香凝又交给蒋介石一份正式文件，题为《致国民党全体党员之命令》，文云：

> 自北伐发动以来，所有军政事务及党务均集中于蒋介石一人之手。此即谓本党已不能指挥政治行政事宜，而仅由军事机构指挥之。此项体制缺失甚多，不但所有本党之堕落无用分子能藉以获得保障，且更将诸多官僚及狡诈之投机分子引进本党，因而竟自此产生出一个独裁者及一个军事专制者，吾人对此已无法多容忍一日。

汪精卫
鲍罗廷

以上一大段回忆除了联席会议举行第一次会议的时间说得不错以外，其他内容不是错的，就是假的。这里，首先讨论汪精卫的两个文件。

第一，前已指出，汪精卫这时还在欧洲，因此，武汉临时联席会议的主席是徐谦，而不是汪精卫，因此，不可能签署上述文件。第二，鲍罗廷只是国民政府的总顾问，并非行政或党务官员，从未与汪精卫联合签署过文件。第三，也是最主要的，文件内容和1927年上半年的实际政治进程不符，有明显的破绽。事实是：临时联席会议成立后，蒋介石于1927年1月3日在南昌召集中央政治会议第六次会议，决定中央党部和国民政府暂驻南昌。双方发生迁都之争。2月上旬，武汉方面发动提高党权运动。3月10日至17日，国民党在武汉召开二届三中全会，进行改选，组成了新的党政领导机构。蒋介石虽然失去了国民党中央常务委员会主席等职务，从权力的巅峰上被拉了下来，但是，仍然被选为常务委员、军事委员、军事委员会主席团委员、国民政府委员，国民革命军总司令一职也并未变动。武汉政府决定开除蒋介石党籍，免去本兼各职，要求将其拿解中央，按反革命条例惩治是"四·一二"政变以后的事，武汉国民党中央发布《为惩治蒋中正训令全体党员》也是那时的事，怎么可能在迁都之争时期就出现一个由汪精卫签署的文件，公告同胞，"希即武装起义，扫除此一叛徒"呢？作伪者大概忘记了1927年4月初，汪精卫自欧洲归国，途经上海，还曾与蒋介石握手言欢，促膝会谈。如果此前汪精卫就签署过这样一个公开的文件，还怎么见面呢！而且，即使是"四·一二"政变之后，也不曾出现过由汪精卫或汪精卫与鲍罗廷联合签署的讨蒋文件。和上述许崇智函一样，关于汪精卫的两个文件也出于伪造。

　　回忆录中明显的作伪之处还可以举出很多来。为避免文章过于庞杂，不一一辨析了。

　　伪造者懂一点历史，但是，又不很懂，而且，作伪时不曾下过功夫，连汪精卫何时归国，联席会议的主席是徐谦而不是汪精卫这样一些问题都没有搞清楚。

　　为何要作伪呢？目的很清楚，为了提高回忆录的价值。但是，聪明反被聪明误，回忆录反而因此失去了价值。有些人认为陈洁如回忆录的发表将"改写民国历史"，这一结论作得过于匆促了。

　　谁是作伪者呢？我想是整理者。

赘　语

　　本文不想全盘否定陈洁如回忆录。依作者所见，其中回忆个人生活部分可能真实性大，而回忆政治大事部分可能真实性小。这是符合陈洁如情况的。她不是一个政治人物，在做蒋介石夫人的那些年代里，也并未卷入政治，过多地回忆政治，只能弄巧成拙。

济案交涉与蒋介石对日妥协的开端
——读黄郛档案之一

黄郛档案藏于美国斯坦福大学胡佛研究所档案馆及哥伦比亚大学珍本和手稿图书馆。其中不少资料，沈云龙的《黄膺白先生年谱长编》和沈亦云的《亦云回忆》已加利用。但是，还有不少资料，尚未为人们所见。本文将根据这批资料，参考上述二书，讨论1928年的济案交涉。

在很长时期内，以蒋介石为代表的南京国民政府实行对日妥协政策，其开端即是济案交涉。

一面抗议，一面斡旋

蒋介石在南京建立国民政府后，中国北方仍为奉系军阀所统治。1928年4月5日，蒋介石在徐州誓师北伐，进展顺利。但不久即遭到日本侵略者的阻挠。

4月16日，日本驻济南陆军武官酒井隆少佐向参谋总长铃木庄六建议，再次出兵山东。同时，青岛总领事藤田荣介及代理济南总领事西田畊一也向日本国陈述：出兵时期，业已到来。4月17日，日本内阁会议讨论山东形势，决定以鲁军自济宁撤退及北伐军中断胶济路为由出兵，由横须贺派陆战队赴青岛。4月18日，日本外务省发表声明，声称山东形势急转，内乱将波及日侨，出兵纯属自卫。19日，日本首相田中义一、参谋总长铃木庄六奏请天皇出兵山东。当日，内阁召集临时会议，通过第二次出兵山东决议。铃木旋即颁布命令，加派第六师团长福田彦助率所部5000人从门司出发，向山东进兵；另以驻津之三个中队增援。

日本侵略者一向把山东看成自己的势力范围。南京国民政府对日本政府的军事干预早有估计，力求避免冲突。4月18日，时任外交部长的黄郛致电蒋介石，请于军事进行时，注意胶济路沿线日本侨民利益。日本政府出兵山东后，南京国民政府采取一面抗议，一面斡旋的方针。

4月20日，黄郛与谭延闿、吴稚晖、张静江、叶楚伧等会商，决定向日方提出抗议。21日，黄郛通过日本驻南京领事照会日本政府称："不独公法条约蹂躏殆尽，更恐因此酿成意外，责将谁归？"照会要求日本政府"迅将所拟派赴山东之军队一律停止出发"[1]。23日，国民党中央党部召开临时会议，讨论对付日本出兵山东问题，通过《为日本出兵山东事致全体党员训令》。同日，国民政府委任蔡公时为战地外交处主任。蔡随即分函驻沪各国领事，声明国民革命军对战地各友邦侨民将尽力保护。24日，国民党中常会就日本出兵山东，通过《告世界民众书》及《告日本国民书》，呼吁世界民众援助中国，要求日本民众遏止田中内阁的侵略政策。26日，黄郛训令江苏特派交涉员照会日本驻沪总领事，驳斥日方的"保侨"诡辩，要求迅将拟派山东之军队，一律停止出动。

在提出抗议的同时，蒋介石和南京国民政府都力图通过外交途径进行斡旋。当时，南京国民政府尚未与日本建交，在东京只有特派员殷汝耕一人，处理两国间的必要交涉，黄郛遂指令殷汝耕与日方洽谈。4月25日，殷汝耕会见日本参谋本部第二部部长松井石根。松井称：日侨集中济南城西商埠区，遇有紧急情况，当撤至保护区内。松井并称：如张宗昌、孙传芳死守济南，拟劝其开城；如负隅青岛，拟劝其下野。他要求北伐军注意"勿与日军冲突，免计划成泡影"。殷汝耕随即将与松井会谈

---

[1] 沈云龙《黄膺白先生年谱长编》上册，台湾联经出版事业公司，1976年版，第332~333页。

情况电告黄郛，电称："所议成否不敢必，惟力避冲突，杜彼借口，似属可能。"[1] 27日，黄郛随即将殷电内容转告在兖州的蒋介石。

殷汝耕资历尚浅。蒋介石意欲派张群以他的个人代表的名义赴日，同时命黄郛到前方会商。4月27日，黄郛到上海，与张群商量，认为张群时任上海兵工厂厂长，日本之行可能被外界误认为与购械或订约有关，影响内政外交。同日，二人电邀松井石根来华洽谈，但松井复电称：待北伐军占领济南后直接赴当地与蒋介石会见。松井表示，希望张群随往，并称：日本与山东关系密切，占领济南后，何人当局，望密示，最好由张群出任，否则亦盼由与蒋有密切关系的人出任[2]。其间，黄郛还在上海与日本驻沪总领事矢田七太郎谈话，矢田称：根据他所得训令及情报，在济南的日兵决不袒奉。又称：此次出兵，陆军与外务省之间有严重约束，倘在鲁日军有挑战或偏袒情形，请以事实见告，以便纠正云云[3]。

由于蒋介石坚持要张群赴日，张群遂于4月30日东行。

蒋介石军前交涉的失败

5月1日，国民革命军克复济南。次日，蒋介石、黄郛先后抵达济南，日军第六师团长福田彦助也于同日率兵600名抵达。

蒋介石抵达济南后，委任方振武为济南卫戍司令。方振武旋即会晤日军旅团长斋藤浏，声明负责保护外侨生命财产。5月3日，日军制造了骇人听闻的济南惨案，残杀国民政府驻山东外交特派员蔡公时等17人，烧毁黄郛办公处，并用大炮轰击北伐军。当日，日本陆军参谋本部决定向山东增兵。

济南惨案发生的当日，蒋介石即严令部队不得还击，同时令城外的

---

[1] 黄郛：《致蒋介石电》，1928年4月27日，黄郛档案，美国哥伦比亚大学珍本和手稿图书馆藏。

[2] 黄郛：《致蒋介石电》，《黄膺白先生年谱长编》，第336页。

[3] 同注2。

中国军队于下午5时以前撤离济南，并将此事通知福田彦助，请其约束部下。4日，蒋介石应福田要求，派高级参谋熊式辉与日军参谋长黑田周一举行谈判。据熊式辉后来回忆，"对方一种骄横无人性的态度，并不是真心约来会商和解，似为故意对我加以激怒，求能扩大事态，阻碍我军之渡河北进"[1]。黑田提出：1.济南商埠街道，不许中国官兵通过；2.胶济路与津浦路不许中国运兵；3.中国军队一律退至济南20里外。黑田并称："你是蒋总司令代表，请予签字。"熊式辉答以须返后请示。同日，蒋介石将济南惨案经过电告南京国民政府。当夜，蒋介石与第一集团军前敌总指挥朱培德、总参谋长杨杰及熊式辉等会商，决定分兵渡过黄河，绕道北伐。5日，蒋介石仅留少数部队维持治安，本人偕黄郛退驻济南城外党家庄，同时函告福田彦助，盼其停止特殊行动，维持两国睦谊。6日，蒋介石电饬北伐军各部："举凡有碍邦交之标语与宣传，尤应随时取缔，勿以一朝之愤而乱大谋。"[2]

日本侵略者并不因蒋介石的退让而稍戢凶锋。5月7日，福田彦助提出五项条件，要求蒋介石在12小时内答复。条件为：1.有关骚扰及暴行之高级军官，须严厉处刑；2.对抗日军之军队，须在日军阵前解除武装；3.在南军治下严禁一切反日之宣传；4.南军撤至离济南及胶济路两侧沿线二十华里外；5.为监视右〈上〉项执行起见，在24小时以内，开放辛庄、张庄兵营。同日，蒋介石派熊式辉、罗家伦赴济南，与福田彦助谈判，接受了福田所提部分条件：1.蒋介石同意，在"调查明确"后，按律处分"不服从本总司令命令，不能避免中日双方误会之本军"。2.本革命军治下地方，早有明令禁止反日宣传，且已切实取缔。3.胶济路两侧20华里以内各军，已令其一律出发北伐，暂不驻兵。4.辛庄、张庄兵营，暂不驻兵。同日，蒋介石并下令免去贺耀祖的第三军团总指挥兼第四十军军长职务，算是在履行福田所提要求。蒋介石只在几个问题上表达了和福田的不同意见。例如，蒋介石要求同样"按律处分"日本军队；济南及津浦路不得不驻扎相当军队，维持秩序等。此外，蒋介石要求交还前为

---

1 《熊式辉回忆录》，打字本，哥伦比亚大学珍本和手稿图书馆藏。
2 《济南日中军事冲突面面观》，《国闻周报》第5卷第18期，第5页。

日军阻留的部队及所缴的枪械。8日，熊式辉、罗家伦到达济南日军司令部。福田和熊式辉是日本陆军大学时的同学，但态度傲慢，言语横蛮，"完全暴露出一种更无商量余地之狰狞面貌"[1]，声称已经逾期，拒不讨论蒋介石所提对案。福田并提出最后通牒，声称"认定贵总司令并无解决事件之诚意，为军事之威信计，不得不采取断然之处置，以贯彻要求"[2]。事实上，此前福田已下令轰击济南，破坏黄河铁桥，攻占辛庄营房。

福田的蛮横态度打碎了蒋介石以忍让求妥协的幻想。5月8日，蒋介石致电谭延闿及黄郛称："中正至此，虽欲对福田继续谈判，亦恐无从着手。应请钧府立即向日本政府提出严重抗议，并以此事实宣告全世界。"[3]此电表明，蒋介石准备改变单一的军前交涉方式，企图开辟新的途径了。

争取英、美出面干预

蒋介石企图开辟的新途径是以出让"优先经济利益"为条件，争取英美出面干预。

5月9日，蒋介石致电李济深，告以和福田谈判情况。电云："国尚未亡，已受亡国待遇。弟必与诸武装同志服从中央训令，含泪忍辱，节节退让，并恐小不忍而乱大谋。但彼步步进逼，自江日起炮击不辍，济南一带，死伤遍地。虞（7日）占辛庄、张庄，庚（8日）逼党家庄，大有继续侵迫之势。万一退无可退，其将奈何！"蒋介石称："能决此事，枢纽已不在军事，而在外交；不在前方军事，而在转移能力之英国。"他要求李济深派遣曾任广东省政府委员的朱兆莘赴港，与港督密谈，考察英、日两国是否协调，中国在不得已与日方破裂时，英国取何态度？有何法补救？同时和英方共筹监阻、制止日本行动的策略。电称："如能，则我

---

[1] 《熊式辉回忆录》，打字本，哥伦比亚大学珍本和手稿图书馆藏。
[2] 《黄膺白先生年谱长编》，第342页。
[3] 蒋介石：《致谭延闿、黄郛》，《黄膺白先生年谱长编》，第343页。

桂崧

此件不知何人主意何人手笔
当係由濟南發出

五月九日

百万急眼即到廣州李參謀總長任潮
兄勋鑒潮密必親譯日本此次舉動極
力破壞國民革命福田硬提條件
並為慘酷如膠濟沿線及濟南周圍
數千里不得駐兵並要求好散涼數軍團
部隊嚴懲高級長官限十二時答復國
尚未亡已受亡國待遇弟必與諧武裝國
忘服從中央訓令含庚忍辱而延讓
并處小不忍而亂大謀但彼步々進逼自

蒋介石致李济深极密电

方可与优先经济利益。沪英领职微，不如港督之易转移英内阁政策。总之，绝俄之后，必有与国。吾兄聘港，实具先见。如北伐成功，则对外自能次第解除束缚。"[1] 该电注明："百万急，限即刻到"，可见当时蒋介石惶急万分的状况。

其后，蒋介石又曾要求黄郛将福田条件交美国驻沪领事，请美领从中调解。与此同时，谭延闿也致电日内瓦国际联盟秘书长德兰孟及美国总统柯立芝，要求他们调查公断，并以王宠惠、李石曾、伍朝枢为驻英、法、美代表，报告济案真相，争取国际支持。但是，这个时候，蒋介石还没有放弃和福田谈判的念头。5月9日，蒋介石听取熊式辉汇报后，再派何成浚与福田交涉，告以第40军军长贺耀祖"因不听我令，未能避免冲突，业经免职"；同意济南城内不驻兵，由武装警察维持秩序。当日，蒋介石致电谭延闿，黄郛，要他们立电张群，转请松井石根注意："倘福田仍进逼，则中已至无可再让之地。"[2] 其间，张群致电蒋介石，报告与田中义一会谈情况。田中称：不袓奉，至北伐将完成时，彼当助统一中国；不妨害北伐之进行，但他又表示，护侨、护路问题属于军事，由福田负责[3]。蒋介石得到张群传递的信息后，极为高兴，于10日致电黄郛表示，如果日方能"不妨碍我津浦路交通，予以自由运输，则对于反日运动，中正可以极严厉手段阻止之。如此，则向来关系依然继续，且亦加厚。中正为增进睦谊计，亦可以向日军道歉，表示真诚也"[4]。随后，蒋介石又致黄郛一电，要黄以自己的名义将上述意思转告矢田或电告殷汝耕，不要用他的名义[5]。在外敌面前是屠头，在人民面前是恶煞，却又不敢挺身负责。黄郛夫人在帮助译电员翻译这些电报时，曾怀疑文句错了，"翻密本至再，此较外传膺白所承允者为甚也"[6]。胡汉

---

1 蒋介石：《致李济深电》，1928年5月9日。
2 蒋介石：《致谭延闿、黄郭电》，《黄膺白先生年谱长编》，第345页。
3 张群：《致蒋介石、黄郭电》，《黄膺白先生年谱长编》，第345页。
4 蒋介石：《致黄郭电》，《黄膺白先生年谱长编》，第346页。
5 同注4。
6 沈亦云：《亦云回忆》，第393页，台湾传记文学出版社，1971。

民曾批评蒋介石"勇于对内，怯于对外"[1]，诚然。

何成浚与福田会面后，福田坚持蒋介石必须完全接受他提出的五项条件，并须于日军之前，将曾抵抗日军的方振武、贺耀祖、陈调元三军团全体解除武装，并将肇事军官处以严刑。这是极具挑战性和羞辱性的条件。何成浚询问济南城内情形，福田称："此非尔等所应问！"何成浚只能返回兖州，向蒋介石复命。5月11日，福田电蒋介石云："对本司令官之要求，不知是否全然承诺。请赐复，赐复以后再派遣贵代表。"[2] 蒋介石接电后，于13日致电谭延闿，要求"示以方针"。谭与何应钦商量，认为"迁延愈久，牺牲更愈大"，但不敢决定，又致电黄郛、蔡元培、张静江，要求三人速商密复。但蔡等也不敢决定，商量后，复电要蒋介石"斟酌前方情形，全力主持"，将皮球踢了回去[3]。

蒋介石寄希望于英、美。5月11日，参事李锦纶自纽约致电黄郛，告以"目下美国国会殊无助华之希望"[4]。5月14日，李济深复电蒋介石，告以英国驻广州领事的意见云："宜继续守镇定态度，经济绝交，足制日本死命。中日若决裂，英必守中立。"李济深并称："美领意见略同。初战美必不参加。宜宣布日兵横暴证据，以博世界舆论之同情，最为上策。"[5] 至此，英、美明确表示了不介入的态度，蒋介石的希望落空了。后来，朱兆莘曾以私交关系致电英外长，请制止日本侵占山东，以维持远东和平。不久，得复电称，英不便明白表示，但表同情并副期望云云[6]。

在一筹莫展之际，蒋介石遂决意甩开福田彦助和军前交涉的方式，将这一棘手的问题踢回南京国民政府，完全通过外交途径去处理。

1　胡汉民谈话，香港《远东日报》，1931年3月4日。
2　谭延闿：《致黄郛、蔡元培、张静江电及电末注文》，1928年5月13日，黄郛档案。
3　同注2。
4　见黄郛档案。
5　《电蒋总司令》，1928年5月14日，黄郛档案。
6　李济深：《电南京蒋总司令》，1928年5月22日，黄郛档案。

东京交涉

还在5月12日，黄郛就曾致电殷汝耕，要他告诉日本政府，要求将济案移归后方办理。14日，蒋介石致电谭延闿称："日方利于以武力扩大，不利于以外交解决，故日政府避与我政府交涉，而阴使福田与军事当局威逼。"因此，蒋介石要求南京政府正式通告日本政府，表示"愿与日政府以外交方式解决之，总司令责专北伐之军事，未便兼顾外交"[1]。同日，蒋介石又致电黄郛，除重申致谭延闿电所提主张外，又提出与田中义一进行非正式谈判，如惩办高级长官以贺耀祖为限，解散军队亦以贺部为度，"则解散军队亦可允许，甚至中正道歉亦所不辞"[2]。电末，蒋介石针对前此谭延闿等人的推宕，特别强调说："此事当以军事移归外交为主，不可再以'斟酌前方情形'了之也。"此后，济案交涉遂转入与田中义一的磋商为主。

济南惨案发生后的第二天，殷汝耕曾会见田中，田中要殷转告蒋介石，"极力消弭，勿使扩大"。殷称："既双方初无敌对意，将来自可和平了结。目下以扑救为主，不宜争执是非。"据殷汝耕致黄郛电，田中对此"拍掌赞同"[3]。5月13日，殷汝耕再次会见田中义一，田中称：（一）对中国革命完成，抱负多年，惜不在位，且时未至，亦未发现中心人物。（二）认蒋为收拾时局的唯一人物，且时机已至。（三）内阁已安定，本人较其他首相更能支配陆、海军，举国一致。（四）决心帮助蒋完成中国革命并巩固之。（五）济案已明了，乃共党操纵一部分军队所计划，使蒋频〔濒于〕困难，至为遗憾。（六）已电命前方收束，且派人往授意旨，今后日军决无别项行动。（七）为促进北伐计，已嘱前方速使中国军队利用津浦线，但须预先关照日军，以免误会。（八）已命将济案归外交交

1　《黄膺白先生年谱长编》，第350～351页。
2　《黄膺白先生年谱长编》，第351页。
3　《殷特派员自东京来电》，1928年5月5日，黄郛档案。

涉，将来双方形式上之解决自不可少，但决无苛求。田中并称：内阁解决济案的方针为：决不以利权为交换条件；决不偏袒北方，妨碍革命；对中国决不采武力压迫政策等。田中还表示：张作霖不久必处决，请注意勿使满洲化为战区；请猛进，勿踌躇，革军下北京，不过统一初步，望蒋早定收拾时局，裁兵、建设之计划，日本当协力贯彻。田中建议蒋介石派张群赴济南，他同时派心腹前往，洽谈使南军迅速利用津浦路问题。田中还表示，他将另派心腹驻南京、上海，以为联络。殷汝耕当即将蒋介石的态度，特别是"抑制民众激昂之苦心"详细告诉了田中，同时提出：（一）除恢复津浦路交通外，希望速将"兴奋部队"调防。（二）暂时协定须顾双方面子，如放还官兵，交还枪械。（三）种种声明，须有具体表示，如劝张作霖下野，撤回顾问等，以释中国民众疑虑，缓和反感。田中表示：今后日军决不致兴奋；照顾面子云云，不难照办；至于具体表示，不便明言，请拭目以俟。田中并答应殷汝耕，以后互相联络，嘱咐他不必经外务省及军部，可以随时直接会晤[1]。田中的上述甜言蜜语使黄郛有如释重负之感。他立即将殷汝耕与田中会谈情况电告蒋介石，并于15日复电殷汝耕云："两国当局能如此苦心，吾人多年努力或不致全归泡影。"[2] 他指示殷向田中交涉：一、电令停止福田向蒋直接交涉；二、另由田中派定人员与中国政府办理。电称："至统一后裁兵、建设，具有用心，互助共荣之真精神，非此不足以实现也。"

为了保证交涉的成功，黄郛小心翼翼，避免一切可能刺激日方的举动。15日，南京国民政府会议，决定彻底扫除奉军，通令全军迅速前进；黄郛得知后立即致电南京，要求"万不可宣布"，"如已见报，应宣传至山海关止。值此形势紧张之际，弟因国际上有所闻，关系太大，不敢不言"[3]。

田中对殷汝耕的一席话说得似乎颇为圆融动听，然而，当时日本陆军系势力膨胀，骄狂不可一世，日本政府并不能完全支配强硬派军人。

1　殷汝耕：《致蒋介石电》，1928年5月14日，黄郛档案。
2　黄郛：《电殷特派员》，1928年5月15日，黄郛档案。
3　黄郛：《致谭延闿电》，1928年5月15日，黄郛档案。

16日，殷汝耕将蒋介石的密电转给田中义一，随后会见松井石根，松井答称："全案固应归外交办理，然两军间必须有临时协定"，其要点为：蒋介石表示歉意；处罚肇事军干部。松井并称：此事早了一日，北伐早进展一日，勿过拘泥。[1] 同日，矢田会见黄郛，称得日外交部电：一、严惩贺、方、陈之条件，可不再提，但须蒋道歉；二、惩罚肇事军队之直接负责者；三、已令福田，对津浦运输速予南军以便利。黄答以无论条件如何，第一先当移归后方交涉。[2]

南京国民政府成立后，蒋介石的权势如日中天，炙手可热，日本军方则企图给蒋一点颜色看，煞煞他的威风。17日，黄郛电殷汝耕称：日本当局既对蒋个人及对中国统一抱有极大希望，"既责望其将来，宜先爱护于今日。在前方订一临时协定，对于希望蒋收拾时局一层不无影响"[3]。他要求殷前往磋商，"通归后方交涉"。同日，再电殷汝耕云：田中如果希望蒋成为"收拾时局之中心人物"，则应免除蒋"现处地位之困难"；应不伤蒋"对国内之威严"。[4] 18日，殷汝耕再次会见田中，田中称："日决定防止满洲战乱，已于本日正式向南北提出觉书，并于昨召集英、美、法、意各使，宣示内容，奉张如不放弃政权，与南军抗战，则战败后思回满而不能；肯和平接受，仍可退保关外。"殷根据黄郛17日电的要求与田中商量，田中正踌躇间，佐藤在旁言道：内阁不能一一抹杀福田主张。现军事协定已电令缩小范围，总须顾及福田面子，乃能圆满。据此，殷汝耕电复黄郛，认为"济案症结，在我方欲避开福田，另觅交涉，而日方则碍于福田，故有先订临协之说"。殷建议："敷衍福田，使之软化，我以表示遗憾形式代道歉。"[5] 18日，殷汝耕再访松井石根，松井仍不同意移交后方交涉，但表示道歉并不含十分严重意味。同日，殷汝耕又得到外务省方面消息，对道歉一点，愿减轻程度，以期速了，

---

[1] 《殷特派员来电》，1928年5月16日，黄郛档案。

[2] 黄郛：《致蒋介石电》，1928年5月16日，黄郛档案。

[3] 黄郛：《电殷特派员》，1928年5月17日，黄郛档案。

[4] 黄郛：《电殷特派员》（二），1928年5月17日，黄郛档案。

[5] 《殷特派员来电》，1928年5月18日，黄郛档案。

但一笔抹杀，则难办到[1]。黄郛要顾全蒋介石的面子，日本政府则要维护以福田为代表的强硬派军方的面子，双方意见坚持不下。同日，福田催促蒋介石派代表到军前商量，蒋介石死活不同意，他要求黄郛和福田商量，声称"济南交涉已奉国民政府命令，移归外交部办理"，建议黄郛催松井石根速往青岛，张群也去青岛；如松井不来，则派张群赴东京谈判[2]。

从4月下旬起，黄郛等就邀请松井石根来华，但松井迟迟不肯动身。18日，蒋介石致电黄郛称："请注意，弟已认为绝望也。"[3] 黄郛与蒋介石有同感，19日电复蒋介石称："绝望一说，我早见及，恐增烦恼，不忍言耳！"[4]

日方图穷匕首现与黄郛下台

日本长期垂涎我国东北。1927年田中义一上台后，认为从蒋介石"扑灭共产党并树立与各国之关系"方面，"渐渐可以看清他的真正面目"[5]，决定以支持蒋统一"中国本土"为代价，换取他承认日本在东北的特殊权益。日本出兵山东，主要目的就在于想对蒋介石施加压力，以同意北伐军通过为条件，换取蒋对日本在东北特殊权益的承认。果然，在对蒋介石的压力施加到一定程度后，日方就图穷匕首现了。

5月18日，日本驻华使节分向南京国民政府及北京安国军政府递送觉书。其致南京国民政府觉书称："满洲治安之维持，在我国极为重要。如淆乱该地方治安，或者造成淆乱原因之事情发生，我国政府应须极力阻止之，故战事进展至京、津地方，其祸乱或及满洲之时，我国政府为维持满洲治安起见，或将不得已有采取适当而且有效之处置。"[6] 同时，

---

1 《殷特派员来电》，1928年5月19日，黄郛档案。
2 《黄膺白先生年谱长编》，第353页。
3 同注1。
4 黄郛：《致蒋介石电》，1928年5月19日，黄郛档案。
5 《帝国の对南方态度》，日本外务省档案微卷，SP53，第247页。
6 《黄膺白先生年谱长编》，第353页。

矢田并将日本政府对觉书的说明书出示黄郛，询问南北和平谈判有无可能，如不能，则对奉系采取两种办法：一、不战而退，准予出关，但不许南（军）追；二、战败而退，须先向日军缴械，始能出关，然仍不许南追；三、张（作霖）出，不准再进。总之，日本侵略者准备动用武力，阻止北伐军和南京国民政府的力量进入东北。出兵山东，不过是牛刀小试，做一点样子给蒋介石和南京国民政府看。黄郛致蒋介石电称："昨送觉书，彼欲乘机解决满蒙之心毕露。"[1] 这是正确的。

济南惨案初起时，日人头山满等即出面调停，主张"双方各自认其曲于理法之下"[2]。5月20日，头山满又致电蒋介石称："（日本）当局曾谓，不必由阁下直接，只须由适当之人表示歉意"，又称："在救国救民大神〔伸〕之下，些微面子有何问题！只要于将来目的无大障碍，希望从速解决。"[3] 同日，张群电告蒋介石：松井石根的答复为：1.因满蒙问题发生，难以来华，如必待其来居间调停，恐旷日过久，徒失事机，且近来日方论调，渐趋强硬，政府颇难处理，华方恐亦有同等困难，望速了结，免滋枝节。2.交涉统移后方，难以照办。3.道歉一层，不含十分严重意味。松井石根建议：蒋介石直接与福田彦助一晤，口头酌量表示。至于惩罚肇事长官一层，张群的意见是，贺耀祖已免职，仅处罚其下直接负责长官即可，但须写进正式公文。张群借头山满来电劝蒋介石说："可见日方主张不能再有让步。"张群同时表示，自己赴日与事无济，应请蒋本人酌量办法[4]。

头山满、张群、蒋介石之间函电磋商的同一天，谭延闿、张静江、李烈钧、于右任、蔡元培、何应钦、黄郛等召集外交委员会会议，会议决定：1.前方临时协定既经多次接洽，日方坚持不允免除，唯有由前方速派代表前往办理，以便结束。2.道歉以我方虽曾有令保护侨民，仍不能避免冲突，引以为歉为辞。3.觉书因含有确定日本在满特殊地位之关系，

---

[1] 黄郛：《致蒋介石电》，1928年5月19日，黄郛档案。
[2] 《黄膺白先生年谱长编》，第342页。
[3] 张群：《致蒋介石转头山满来电》，1928年5月21日，黄郛档案。
[4] 《黄膺白先生年谱长编》，第355页。

拟简单答复，大意为连年用兵，为求统一，东省日侨，自当保护，同时以口头表示，张作霖能下野，退出北京，自无用兵必要[1]，这一决定，在缔结前方临时协定问题上接受了日方条件；在道歉问题上，有保留地接受了日方条件；在东北问题上则以回避法婉转地拒绝了日方的要求。会后，黄郛拟偕张静江赴前线与蒋介石商量。

然而，就在此刻，形势却发生了戏剧性的变化。

自济案交涉，黄郛就备受各方，包括国民党内部的指责。5月16日，黄郛致电谭延闿、李烈钧、何应钦抱怨说："寒日（14日）《国民革命军日报》与真日（11日）《京报》论调，备致讥讪，横施责难。查该两报均系政府或总部关系创办，对外已困难万分，若内部再不我谅，将何以振作勇气？"[2] 日本提出觉书后，舆论指责更甚。5月19日，蒋介石到郑州，与冯玉祥会晤。蒋介石称："膺白外交办理失败了，一般老先生均不满意。"[3] 冯建议任命王正廷为外长。1926年，冯玉祥出潼关参加北伐，王正廷应聘参加冯幕。次年，又经冯推荐，出任陇海路督办。因此，王正廷和冯关系较密。蒋介石同意冯的意见。5月20日，蒋介石致电黄郛称："昨去郑州，与各方详商大局，谓近日外交紧急，请兄暂行辞职，并望从速，否则，各国外交亦受影响，我军到达京津，更难办理也。"[4] 蒋介石要求黄郛"暂辞"外交部长，专任外交委员会委员职务。同时，蒋介石致电谭延闿、张静江，说明变更理由："日本外交业已绝望，必须接近欧美。王正廷与欧美素洽，与日本亦接近。"[5] 5月22日，黄郛致电南京国民政府，要求辞去本兼各职，电称："受命三月，无补时艰，乃外交正切进行，而情志终难曲达"，要求"谨避贤路"。[6] 24日，蒋介石致电黄郛称："兄辞外长本职，对内对外，皆足表示态度，不可再辞兼职，以免外人

1　《黄膺白先生年谱长编》，第354页。
2　黄郛：《致谭延闿电》，1928年5月6日，黄郛档案。
3　《亦云回忆》，第425页。
4　蒋介石：《致黄郛电》，1928年5月20日，黄郛档案。
5　《张家璈日记》，1928年5月28日，未刊稿。
6　黄郛：《致南京国民政府电》，1928年5月22日，黄郛档案。

猜测，如政府慰留，则观察形势，不必坚辞。"[1] 25日，谭延闿致电黄郛慰留。同日，黄郛致电谭延闿："事理人情，余勇已两无可鼓；且去职既系应前线意旨之求，再来又何能收内外相维之效！"他要求"迅选贤能，立予接替"[2]。6月10日，王正廷致电黄郛，引用黄过去所说"我辈视同一体，应为互助"，要求黄担任外交委员会主席，为黄拒绝[3]。同月27日，王正廷再次致电黄郛，要求他出任驻德大使，黄郛干脆连信都不回了[4]。

此后，黄郛长期隐居于浙江莫干山，尽量疏远当局，决心不再从政，多次辞却南京政府的征召。这种情况，一直保持到1933年华北危急时止。

1928年12月，黄郛致张群函称："济案所受刺激，公私两项皆为生平未有之伤心事。"又称："此一段内外交迫之伤心史，实令我没齿不能忘。"[5] 次年，蒋介石组织导淮委员会，自任委员长，意欲以黄郛为副委员长，黄郛仍然不就。蒋介石致黄电有"为三十年友谊勿却"之语，黄郛复电则称："欲保三十年友谊于不敝，故不必共事也。"[6] 字里行间，显然蕴含着对蒋介石的怨意。

结束语

1919年，王正廷参加巴黎和会期间，拒绝在和约上签字，获得舆论好评。1921年，被北洋政府任命为鲁案善后督办，在与日本谈判收回青岛及胶济路方面，也做过一些有益的工作。他接任外交部长后，对福田彦助的各项无理要求置之不理，拟订了一份《济案交涉要点》，提出"原则上日本须首先撤兵，然后正式开始交涉"。其撤兵具体步骤则提出，"日本先不妨

---

1 蒋介石：《致黄郛电》，1928年5月4日，黄郛档案。
2 黄郛：《致谭延闿电》，1928年5月25日，黄郛档案。
3 王正廷：《致黄郛电》，1928年6月10日，黄郛档案。
4 王正廷：《快邮代电》，1928年6月27日，黄郛档案。
5 王正廷：《快邮代电》，1928年7月14日，黄郛档案。
6 《亦云回忆》，第445页。

碍中国行政官吏到济执行职务";"由交通部计划津浦路通车,日本不加阻挠";"(日军)由济至青之间,分期撤兵,自开始日起,一个月以内,为终了之期限"等。[1]这就较黄郛任外交部长时期强硬了。

尽管蒋介石在关键时刻撤换了黄郛,但是,济案交涉的主角是蒋介石,基本方针是他确定的。黄郛夫人说:"这次蒋先生自己在前哨,凡对方的要求,都先到蒋先生手,亦只有蒋先生能作决定。"[2]在这一过程中,蒋介石的对日、对外妥协性格已经须眉毕现,后来南京国民政府的外交路线正是由此继续发展的。

附记:1990年,我访问美国时,在哥伦比亚大学珍本和手稿图书馆读到黄郛档案,很感兴趣。当时曾确定以《二次世界大战前中国政府的对日外交》为研究课题,本文为第一部分。现值本文发表之际,谨向支持该项研究的美国国际教育协会(Institute of International Education)和哥伦比亚大学东亚研究所的黎安友(Andrew J. Nathan)、曾小萍(Madeleine Zelin)教授致谢。

---

1 黄郛档案。
2 《亦云回忆》,第392页。

黄郛与《塘沽协定》善后交涉
——读黄郛档案之二

日军于1933年初攻占山海关与临榆县城后,迅速占领了河北省大片土地。同年5月31日,由蒋介石、汪精卫授权,国民党政府华北当局负责人何应钦、黄郛与日本侵略者签订了屈辱的《塘沽停战协定》。其后,国民党当局又和日方进行了接收战区以及与之相关的关内外通车、通邮等谈判,史称"《塘沽协定》善后谈判"。

对于《塘沽协定》,学术界研究已多;但是,对长达一年半之久的《塘沽协定》善后交涉,学术界迄今研究尚少。本文将根据美国哥伦比亚大学珍本和手稿图书馆所藏黄郛档案及其他有关资料,阐述并讨论这一问题。

国民党中央确定"委曲求全"方针与强硬派的反对

《塘沽协定》签字之后,舆论大哗。6月2日,南京国民政府国防会议讨论停战协定,"啧有烦言",决定次日开政治会议再决。当日,汪精卫致电何应钦、黄郛,告以"明晨政治会议如加否认,则弟个人负责,听候处分"。"如监察院弹劾，弟亦准备接受"。[1] 6月3日，国民党中央政治会议讨论，以协定未经中央核准即行签字为由，提议惩戒前方军事当局。汪精卫即称，请先惩戒他本人，同时出示蒋介石6月1日的电报，其中有"中正身为军事最高长官，既授权处置，尤愿自受处分，独负其责"之语[2]。会议决议"应无庸议"[3]。立法院方面，经过孙科解释，得以通过。

在南京政府外交人员中，不少人反对黄郛、何应钦签订《塘沽协定》。事前，外交部长罗文干、常务次长刘崇杰对谈判情况所知甚少。5月25日，何应钦派徐燕谋在密云与日方草签了一份备忘录（觉书），内容与几天后签订的《塘沽协定》大致相同。外交部曾将该备忘录电告出席国联代表顾维钧、郭泰祺、施肇基等。施复电直率地表示，"政府目前政策，基未能表示同情"。顾表示：日方所开一切条件、内容与字面，"均片面口气，令我难堪"。郭表示：日方条件"未免过虐"[4]。6月5日，罗文干呈请辞职，蒋介石以外交紧急，要罗勉为其难。罗随即请病假。不久，罗被派往新疆视察。8月18日，汪精卫以行政院院长身份自兼外交部长。22日，以唐有壬任常务次长。唐是留日学生，日本通，汪精卫的挚友。汪、唐二人共同执掌外交，南京政府的对日妥协政策就完全处于支配地位。

当时，蒋介石一心一意在江西"剿共"，急于以对日妥协换取华北安定，以便保证"剿共"军事。9月6日，蒋介石、汪精卫、孙科、宋子文、吴稚晖、李石曾、张静江、吴铁城、孔祥熙、唐有壬、蒋作宾、杨永泰等在牯岭召开谈话会，此前，宋子文在国外曾和顾维钧、郭泰祺、颜惠庆等拟订了一份旨在长期抗日的计划，其内容包括：经济上抵制日货，政治上激励东北义勇军，外交上推动国际一致行动，国内努力实现政治团结、政治缓和、实行宪政，以及制订国防计划、建立基础工业、

---

[1] 《致何应钦、黄郛电》，黄郛档案，美国哥伦比亚大学珍本和手稿图书馆藏。以下凡未注明出处者，均同。

[2] 《何应钦将军九五纪事长编》，第344页，台湾黎明文化事业公司，1984。

[3] 汪精卫：《致何应钦、黄郛电》，1933年6月3日，黄郛档案。

[4] 罗文干：《致刘崇杰等电》，《黄膺白先生年谱长编》，第570~571页。

发展全国战略运输网等。顾、郭等并推宋子文回国向政府首脑面陈[1]。然而，庐山谈话会没有采纳宋子文等人的意见，会议做出的结论是："现在国势阽危，兴亡之机，间不容发，对外对内，皆应委曲求全。"会议确定的对日方针为："除割让东省、热河，承认伪国，为绝对不可能外，对其他次要问题如税则等仍应与之作相当之周旋，谋适宜之处置，并极力避免一切刺激日方情感之行动及言论。对华北当局，并赋以相当自由之权限，以期应付圆滑。"[2] 这就是说，完全批准华北当局在签订《塘沽协定》中的作为，准备赋予更大的处置权；除割让东北、承认伪满洲国外，在其他"次要问题"上准备向日本侵略者作进一步的妥协，同时严禁国内的抗日运动。所谓"对内对外，皆应委曲求全"云云，实际上专指对外。尽管南京国民政府标榜安内攘外，但正如当时美国外交官员所分析的，事实上是"安外攘内"[3]。

还在长城抗战期间，汪精卫就曾公开表示："在最低限度以内，我们不惜委屈求全。"[4]《塘沽协定》签订前夕，蒋介石也指示说："事已至此，委屈求全，原非得已。"[5] 庐山谈话会的决议将"委屈求全"改为"委曲求全"，除了文字上较为冠冕外，实质并无不同。将之载入决议，标志着蒋介石、汪精卫对日妥协政策的进一步明确，并且形成为国策。

对庐山谈话会确定的方针，黄郛非常满意。9月11日，黄郛致电其亲信殷同称："此次牯会，蒋极负责，故其议决案于弟适合，而程度且出弟希望之上。"[6] 庐山谈话会前，黄郛曾应召南下，向蒋介石汇报华北情况，陈述对日外交意见，显然，庐山谈话会的议决案有黄郛的作用在内。

尽管庐山谈话会确立了蒋、汪的对日妥协政策，但是，国民党内部已经形成了声势颇盛的强硬派。

1　《顾维钧回忆录》(2)，第248～249页，中华书局。

2　《9月6日谈话会商定之结果》，黄郛档案。

3　*Foreign Relation of the United States*，1933，Volume 3，P. 127.

4　《大公报》，1933年4月28日。

5　《致何应钦、黄郛电》，沈亦云：《亦云回忆》，第483页，台湾传记文学出版社，1971。

6　《致殷同电》，1933年9月11日，黄郛档案。

"九一八事变"之后，国民党内部要求抗日的呼声渐盛。《塘沽协定》签订前后，逐渐形成了几个集团。西南方面，以胡汉民为首，包括邹鲁、邓泽如、萧佛成、李宗仁、白崇禧等；香港和福建方面，以李济深为首，包括陈铭枢、蒋光鼐、蔡廷锴等；华北方面以冯玉祥为首，包括方振武、吉鸿昌等；其他方面以程潜、李烈钧为首，包括王法勤、朱霁青、邓家彦、傅汝霖等。他们以各种不同方式反对蒋介石和汪精卫的对日妥协政策。其中，胡汉民、冯玉祥、陈铭枢等并曾积极计划，准备南北合作，反蒋抗日，以军事行动推翻南京政府[1]。1933年5月末，冯玉祥在察哈尔组织抗日同盟军，11月，李济深、陈铭枢等在福建成立人民革命政府，都是这一计划的部分体现。因此，南京政府在贯彻对日妥协政策方面不能不有所顾忌。

《塘沽协定》签订之后，日本侵略者即逼迫南京国民政府解决和伪满洲国的通车、通邮等问题。11月2日，汪精卫致电黄郛，告以国防会议讨论情况："邮政、通车、关税诸问题，关系重大，而邮政尤为各国所注视。稍一不慎，即蹈承认伪国之嫌，日本且将执以塞国联及美国之口，故邮政问题以不谈为宜。"[2] 同日，再致黄郛一电云："近来因财长更迭，乘风作浪者以为不止财政问题，实以外交转变为主因。"[3] 10月下旬，宋子文因与蒋介石意见不合，辞去行政院副院长及财政部部长职务，电中所称"财长更迭"，指此。11月3日，唐有壬致电黄郛称："道君愤尧峰不为牧仲之助，借口外交政策，作推倒尧峰，以期牧仲复职之运动，道子亦加入。并闻联合华北将领，以联治为名，发电攻击中央。此事南沙已有预防，望公严密注意。对东军交涉，尤乞千万谨慎从事，完全以中央意旨为标准，应使彼等无借口为祷！"[4] 次日，再电云："道君鼓煽政潮甚力。今日立法院开会，指摘通邮、通车，并要求尧峰出席说明，此为彼辈破坏计划之第一步。"唐告诫黄郛在对日交涉时小心："数星期内，须极

---

1 参阅拙作《胡汉民的军事倒蒋密谋及胡蒋和解》，《抗日战争研究》1991年第1期。

2 《致黄郛》，黄郛档案。

3 同注2。

4 《黄膺白先生年谱长编》，第636页。

251

端警戒，以免为彼辈所乘也。"[1]两电所称道君，指李烈钧；尧峰，指汪精卫；牧仲，指宋子文；道子，指吴稚晖；南沙，指蒋介石；东军，指关东军。电中所称"推倒尧峰，以期牧仲复职"，指当时一部分国民党人的反汪拥宋倾向。两电充分反映出，以对日政策为核心，国民党和南京政府内部正在展开着一场政治斗争。

长春——大连——北平会谈

《塘沽协定》签字后首先进行的是接收战区谈判。

根据《塘沽协定》：中国军队撤至延庆、昌平、高丽营、顺义、通州、香河、宝坻、林亭口、宁河、芦台所连之线以西、以南地区，而后不得越过该线，不得有对日军的"挑战扰乱"行为；日军可用飞机或其他方法视察，在确认中国军队已遵守上项规定时，不再越过该线追击，"且自动概归于长城之线"[2]。上述停战线与长城线之间的地区（即所谓战区）由中国警察机关维持治安。

6月22日，黄郛命殷同及军事委员会北平分会代表雷寿荣赴长春，与关东军参谋长小矶谷昭、副参谋长冈村宁次等会谈，讨论中没有发生大的争论。日本方面给了中国方面一些小的满足，但在关键之处则不肯让步。例如：1.中国方面要求停止平津上空日机飞行，以安人心，达成的协议是：日本方面禁止无意义之飞行。这就是说，只要日军认为有意义，仍然可以自由飞行。2.中国方面要求从速接收战区各县政，以便遣送难民回籍，达成的协议是：关于中国军队不进入地域难民之遣归，日本方面以好意听中国方面自由处理。3.关于撤兵区域内李际春等非法部队的处理，达成的协议是：就李部选择3000至4000人改编为中国警察队，配置于中国军不进入地区内，由李任保安司令。其余作为暂编旅，移驻他所。这样，这支由日本人豢养的非法部队仍然得以保存。4.中国方面要求

1　《黄膺白先生年谱长编》，第636页。
2　《黄膺白先生年谱长编》，第569页。

从速接收北宁路，协议是委任北宁路局与奉山路局交涉，等等。[1]

7月2日，雷寿荣、殷同、薛之珩赴大连与日方进一步会谈。日方参加者为：冈村宁次、喜多诚一、伪军李际春、伪满奉山铁路局长阙铎等。日方曾企图令伪满洲国代表参加，因中方反对作罢。4日，黄郛致电蒋介石报告："此次交涉，严令赴连人员遵守下列二条办理：（一）无文字交换及签订；（二）认定关东军为对手方，不得涉及伪国人员。[2]其间，唐有壬致电黄郛，告以报纸对大连会议"多肆臆测，致有第二协定之谣"。关于北宁路通车问题，唐提出，"因易惹起与伪国交涉之嫌，万乞注意"，"以榆关为限，即可避嫌也"。[3] 6日，大连会议结束。双方商定：（一）所有战区以内伪军，三分之二遣散，三分之一收编为河北省保安队。（二）在日军撤走后，北宁路由中国方面管理。最初，日方曾要求芦台至山海关一段由中、日、"满"三方组织委员会共管理，因中方反对作罢。（三）自10日起，中方依次接收滦东、平北地区。[4]

11月6日，日本关东军副参谋长冈村宁次等抵平，向黄郛、何应钦提出《关于北支善后交涉之商定案》草案一件，其内容为：第一，日方同意"北支政权"从速接收"不含长城线之长城以南及以西地区"，为此，"北支政权"应达成下列"谅解"：1.长城线各关门之警备权属于日"满"侧；2.凡有日本军驻屯之住民地，概不配置武装团体。第二，"北支政权"在其接收区域内容忍"满洲"侧设置必要之各种机关。第三，"北支政权"在接收地域内对于日军提供必要之土地、房屋，以备暂时驻屯。第四，为设定与"满洲国"相互之通商、贸易、交通、通信、航空联络等起见，从速指定委员开始交涉。[5]这一草案实际上要求中国政府放弃长城以北和以东的大片国土，承认伪满洲国，同意日军在华北地区驻屯，相反，中国军队则必须退避。这是较之《塘沽协定》更严酷的侵略条件。7日，双方开始会谈。冈村宁次表示："满洲国"已经日本天

---

1 《黄膺白先生年谱长编》，第581页。
2 《黄膺白先生年谱长编》，第589页。
3 《致黄郛》，1933年7月5日，黄郛档案。
4 《黄膺白先生年谱长编》，第590～591页。
5 《黄膺白先生年潜长编》，第638～639页。

黄郭致蒋介石、汪精卫特急电手迹

皇诏策承认，有日本一日，即有"满洲国"一日。黄郛则表示：无论何种方案，内容如带有承认"满洲国"之意味者，在我方立场上决办不到。冈村随即表示：贵方苦衷，我方甚为谅解。草案中于"满洲国境"字样，均避而不用。但有一二处，为求文义显明，不能不用，如有好文句，不妨酌改。[1] 这样，冈村就明确无误地摆出了架势：文字可以修订，而实质则绝不能变动。当日下午，由双方指定人员会谈。中国方面为殷同、殷汝耕、陶尚铭，日本方面为喜多诚一、根本博、花轮义敬。当晚，黄郛、何应钦致电蒋介石、汪精卫报告说："修改条项要点在酌量容忍其骨子，而将伪国关系字句彻底删除。"这就是说，只要不出现"满洲国"字样，准备接受冈村所提草案的"骨子"。黄、何二人保证："在未定议之前，双方绝对不发表；即令定议，亦不换文，不签字。"[2]

谈判中，日方态度蛮横。8日，黄郛、何应钦向蒋介石、汪精卫报告说："在磋商时，遇我主张歧异之处，彼方屡次表示坚决态度，谓我方如不愿接受，宁可一事不谈，一任事态迁移。"[3] 当日，双方曾经达成协议，商定了一份"会谈式之记录"，共四项。黄郛、何应钦认为第一项于我有利，第二、第三两项系目前实际，第四项尚有待于将来商量，准备定案了。但是，二人又担心强硬派反对并掀起政潮，向蒋、汪报告说："默察近日中枢政情，势有不容正式请示核准再为定议之处，冈村等又不愿久留……不得已拟先与商定，但仍声明，具体协商仍须请示中央办理，本件统照大连会谈办法，不签字，不换文，不发表，以免形成外交文书。"二人并提出："对中枢，应否暂缓提出正式报告，免启无谓纠纷，谨候电示。"[4] 9日，再电蒋、汪说："此次商谈，得将伪国字句尽情删除，煞非容易；北支政权，亦改为华北当局。所有谈话，不签字，不换文，亦均做到。惟各自记录，以免遗忘一层，势难避免。此次到此程度，在彼方确已万分迁就。此外，并以须俟政局稍安，方能呈报中央，

---

1 《黄膺白先生年谱长编》，第640页。
2 《致蒋、汪虞二电》，黄郛档案。
3 《致汪精卫、蒋介石》，1933年11月8日，黄郛档案。
4 同注3。

指派专员，逐次协商细目，求其谅解。"[1] 然而，黄、何二人并没有高兴多久，9日上午讨论时，日方声称接到关东军司令官的训电，提出了一份新的修正稿，强迫中方接受。黄、何二人又不得不立即向蒋、汪报告，电称："谈话时且不容我方争持，表示此为关东军最后让步，我应认清自己地位，了解此项谈话为《塘沽协定》之军事善后，非同对等交涉。压力之高，几使我不能忍受。"[2] 面对日方高压，黄郛等"茹痛强颜，仍与周旋"[3]，殷同甚至哀哀乞怜："此次会谈，吾人以弱者地位应付强者，既不能以力争，又不能以理争，只好强颜以好意奉求耳！"[4] 当夜，双方达成协议，形成了一份《关于停战协定善后处理会谈》及《关于本会谈之谅解事项》的非正式文件。除了没有出现"满洲国"的字样，"北支政权"改为"华北当局"外，和冈村宁次最初提出的草案并无多大不同。10日，蒋介石指示黄郛从东京方面设法缓和，汪精卫指示"最要两点"：1.至多只用记录；2.记录中声明此为《塘沽协定》未了事件之一部分，毫无承认伪国之意[5]。但是，这已经是马后炮了。

汪精卫、黄郛、何应钦等希望悄悄地谈判，尽量不留痕迹，不露风声，不受到舆论抨击。但是，东北已失，人们不能不关心华北的命运，担心再出现先签字后报告的第二个《塘沽协定》。11月9日，国民党中政会召开谈话会，焦易堂、石瑛、居正、陈肇英、苗培成、洪陵东等纷纷发言，认为在与日方谈判时绝对不得议及与伪满洲国通车、通邮、设关等问题。次日，立法院会议，意见大体相同，有人并提出："即下决心，在华北开始军事行动。"[6] 这一切，使汪精卫极为恼怒，他致电黄郛、何应钦说："中国人专尚虚骄，〈好〉为大言，弟不觉可气，转觉可悲。"他要求二人"当此纷纭众议之际"，"坚守吾人已决定之原则，沉着进行"。[7]

1　《致汪精卫、蒋介石佳一电》，1933年11月9日，黄郛档案。

2　《致汪精卫、蒋介石佳二电》，1933年11月9日，黄郛档案。

3　同注2。

4　《黄膺白先生年谱长编》，第655页。

5　《黄膺白先生年谱长编》，第660页。

6　汪精卫：《致何应钦、黄郛电》，1931年11月10日，黄郛档案。

7　同注6。

黄郛、何应钦与冈村宁次等人的会谈虽然只形成了一份会谈记录，没有履行签字、换文等手续，但它事实上是《塘沽协定》之后的又一个丧权辱国的协定，黄郛于事后既痛苦，又担心。11月10日，他致电唐有壬说："外有强邻，内多猜疑，吾辈身入重围，处于迎拒两非之穷境。痛苦之深，异地同感也。"[1]但是，他仍然认为在当时的条件下，只能妥协。11日，他又致电蒋介石说："我既无实力以取消伪国之存在，我又何能凭口舌以阻止伪国之进行！深盼能使各方了解此实际环境，外瞻内审，共济艰危。"[2]

黄郛非常关心中政会谈话会的情况和社会舆论。他很快就发现，舆论对他既不谅解，更不支持。11月14日，他致电汪精卫，要求辞职，电称："吾人犹在此忍辱含垢，勉支危局者，无非希望各方忏悔既往，奋发将来，因急公而捐私，为求伸而受屈，如此而已矣。乃连日消息传来，事实昭告吾人，并此而亦不易得。长此以往，恐庸愚终无裨于国家，迁延将益增罪戾。"[3]15日，汪精卫电复黄郛，鼓励他坚持到底。电称："环境之艰，横逆之来，固已夙料，亦所不避也。"[4]

关内外通车问题

北宁路为自北平通沈阳的铁路，以山海关为界，分关外段与关内段。1933年初，日军攻占山海关后，关外段完全落入敌手，被改名为奉山路；其后，日军继续南侵，关内段也部分失陷或被破坏。8月13日，中国方面根据大连会议约定，收回了失陷路段，关内段全线通车。

还在大连会议期间，日方就提出，恢复长城内外贸易、交通、邮政诸问题。由于这些问题的解决可能意味承认伪满洲国，因此，中方拒

---

1 《致唐有壬电》，1933年11月10日，黄郛档案。
2 《致蒋介石电》，1933年11月11日，黄郛档案。
3 《致汪精卫》，1933年11月14日，黄郛档案。
4 《致黄郛》，1933年11月15日，黄郛档案。

绝讨论。北平会谈期间，冈村宁次等又向黄郛、何应钦等提出，关内外通车为交还北宁路时业已承允的事实，原约10月份开始商量，一拖再拖，已不容再延。随后，黄郛等致电蒋介石、汪精卫请示，是否应由政府决定方针，允其开始商谈，以缓和空气。11月10日，南京国民政府国防会议议决，由主管部门迅拟具体方针，提交14日的国防会议，再提交15日的中政会议决。这一切表明，南京政府准备就通车问题和日方谈判了。但是，几天之后，李济深、陈铭枢、蔡廷锴等在福建成立人民革命政府，揭起反蒋抗日旗帜。20日，蒋介石致电汪精卫，嘱将通车案暂缓进行。同日，汪精卫致电黄郛与何应钦称："闽事已爆发。十九路军内部不一致，两广不赞同，其势甚孤。但影响剿匪前途，至可痛恨！彼等口号，全袭第三党，本不易得国人同情。惟借口抗日，反对中央与日谈判，颇足引起盲目者之附和。"[1] 他要求二人善为说辞，向日方说明困难情形："于对方仅属便利及面子问题，于我方则为致命伤。对方如诚意为两国前途计，当能鉴谅。"黄、何将汪精卫的信息传递过去后，日方心领神会。25日，驻日大使蒋作宾电告唐有壬说，参谋本部的少壮派中坚桥本少将和影佐中佐告诉他，通车事，已令冈本返关东，暂时缓办了[2]。

12月22日，日驻榆关特务机关长仪我诚也到平，会见黄郛，商谈交还榆关问题。日方企图与通车问题同时解决。5日，黄郛、何应钦与仪我诚也商定大致办法报南京政府核示。7日，南京政府命黄郛继续办理，由殷同草拟通车办法。但是，在福建事变影响下，国内反对妥协的呼声很高，这就不能不使南京政府有所顾忌。于是，又出面否认。12月10日，汪精卫在上海与宋子文、孔祥熙、李石曾等会商时局，发表谈话说，华北通车问题尚未进行。

1934年1月底，福建事变被镇压。2月16日，日武官根本博会晤黄郛，声称：前因闽变骤起，关东军方面"不乘中国之危，同时并盼闽变速平，希望增长中央之力"，因此，训令通车谈判暂缓进行；现在，闽变

---

1 《致黄郛电》，1933年11月20日，黄郛档案。
2 唐有壬：《致黄郛电》，1933年11月25日，黄郛档案。

已平，应开始谈判。[1] 黄郛答称："本人原拟闽变平后，不待贵方催促，自动的定期派员与贵方商谈，不料枝节横生，满洲忽发生帝制问题，我国民实怀有极大之疑惧与极大之冲动，故原拟办法未便遂行。依余观察，此种谈判，必须待国民之疑惧与冲动稍稍解除后进行，方可圆满，故最早当在四、五月间，或有开始之望。"[2] 同月21日，日本有吉明公使直接会见汪精卫，再次要求解决"华北与满洲之通车、通邮问题"。二人之间有下列对话：

> 有吉：华北与满洲国之通邮、通车问题若不早日解决，非但中满关系未能完满，在满洲国之30万"汉人"及华北人民之交通上所受困苦，诚非浅少。
>
> 汪精卫：通邮、通车系技术问题，已授权与华北当局。如能筹得较好办法，而认为时机已到，即可办理。本人则认为尚非其时。
>
> 有吉：院长曾屡言授权华北当局。近闻中央曾训令华北停止进行，请中央勿予以干涉，并对于华北当局所决定之办法予以赞成。
>
> 汪精卫：华北与中央之意见始终一致。如华北有万全之计而时机果到，则华北自可进行，中央当能予以谅解。
>
> 有吉：仍望院长早日促其实现。
>
> 汪精卫：设有办法，而其办法独利于一方，而予另一方以致命伤，将如之何？
>
> 有吉：不悉尊意系指何事？
>
> 汪精卫：溥仪行将僭号称帝，华人极为愤激。至商议通邮、通车，则无异承认伪国，赞成帝制，决非华人之所甘受。
>
> 有吉：满洲国为既成之事实，执政改称皇帝，不过换一名义，满洲国仍保持其现状，决无他图。鄙意非要中国立刻开议，惟望改制后，一俟人心镇静即速图之耳！
>
> 汪精卫：总之，华北当局与中央对于华北问题，均抱同一意

---

[1] 黄郛：《致汪精卫、蒋介石电》，1934年2月16日，黄郛档案。
[2] 同注1。

见，华北认为时已到，而有"好办法"，中央自无问题。[1]

1934年2月间，日本帝国主义正积极怂恿溥仪称帝，有吉的这次谈话意在刺探中国政府态度。但是，汪精卫却居然没有任何抗议，并且应允解决通车、通邮问题，充分显现出其卖国奴才相。不过，从这份记录也可以看到，汪精卫估计到溥仪称帝会激起中国人民的巨大愤怒，不敢贸然行事。

3月1日，溥仪在日本帝国主义导演下粉墨登场。随后，焦易堂等在立法院提出请中央明令讨伐溥仪等叛逆及逮捕汉奸案。汪精卫极为不满，于4日致电黄郛、何应钦说："焦易堂等有意与行政院及北平军政当局为难，弟只有尽力应付，别无把握。今年以来，彼辈以我等之苦心为其快意之资，如古代帝王观人之炮烙以为样〔乐〕。"[2] 3月7日，国民党中政会开会，讨论立法院建议。汪精卫以傀儡"无意志、无行动"为理由，说明对溥仪，"讨伐令、通缉令不惟不必下，且不可下"。结果，会议只发表了一个宣言，采取了低调处理的态度。[3]

关东军操纵溥仪称帝事毕，又力图催促黄郛等进行通车、通邮谈判。3月23日，仪我诚也代表冈村宁次会晤黄郛，"措辞绵里有针"。黄郛答以不久将南行，当与政府详商办法[4]。4月6日，黄郛到南昌，会见蒋介石，讨论通车、通邮等问题。同月9日，日本武官柴山兼四郎在北平发表谈话，指责中国方面在履行《塘沽协定》各种问题上，从未进展，进一步施加压力。11日，汪精卫应召到南昌，参与蒋、黄之间的讨论。汪主张从速解决通车问题，"愈久愈糟"[5]。

蒋、黄、汪三人的南昌会谈引起了人们的警惕。4月13日，立法院秘密会议，决定华北外交不必由黄郛办理；通车问题决不可商，日如提议，只有拒绝等原则。黄郛不敢触犯众怒，4月15日离赣后，即托词为父

---

1 《汪兼部长会晤有吉公使谈话记录》，黄郛档案。
2 《致何应钦、黄郛电》，1934年3月4日，黄郛档案。
3 《致何应钦、黄郛电》，1934年3月7日，黄郛档案。
4 黄郛：《致唐有壬电》，1934年3月23日，黄郛档案。
5 《亦云回忆》，第520页。

亲举行逝世50年祭,逗留于杭州、莫干山两地,企图观望风色,等待舆论沉寂下来[1]。5月9日,蒋介石电告黄郛,如提交中政会讨论,"恐难通过,不如不提出为宜,一切由弟与汪先生负责可也"[2]。但是,黄郛仍然不敢负责,于次日致电汪精卫,提出两项要求:1.请蒋到京一行,多方疏通,务获谅解,以免事后责难。2.请行政院给一训令,"此训令决不发表,惟弟可借此稍鼓余勇耳!"[3]

日本侵略者容不得黄郛等人观望。4月27日,日军参谋部派中国班长影佐祯昭赴天津,召集驻平武官柴山兼四郎、驻济武官花谷、驻榆关特务机关长仪我诚也及天津驻屯军干部会议。影佐声称:(一)南京政府如只办通车,日方俟黄北返后再催其办通邮等事。(二)如黄不北返,则向华方中央当局或地方当局促其履行所约。(三)如华方各当局均置不理时,则日方自由设法实行所约。影佐并称:从前因等待黄郛从容运用,所以没有急催,以后将不再延待。影佐还透露,日方将要求华北当局禁止国民党党部在华北活动[4]。其间,日方在北宁路各站增兵,扬言将强行通车、通邮。同时日方又规定期限,提出在《塘沽协定》一周年,即5月31日以前通车。5月12日,黄郛返沪,"侦知各方内情",认为不能再延,遂指令殷同进行[5]。18日,电蒋介石报告通车办法五项。次日,蒋介石致电汪精卫,提出由他以个人名义将通车办法电陈中政会,由汪在会上说明。20日,汪精卫复电蒋介石,表示应由他与蒋共同提出,同时向中政会声明,只求中政会秘密决定,不作为中政会决议,"以维持中政会议之尊严"[6]。其间,殷同和日方商定最迟7月1日通车。日方表示:"此为最大忍耐。"[7] 5月24日,蒋介石又生疑虑,企图再延。25日,黄郛致电蒋介石称:"今日而再延展,实觉无词可措。即强为交涉,无论如何委婉陈词,

---

1 黄郛:《致蒋介石电》,1934年5月25日,黄郛档案。
2 《黄膺白先生年谱长编》,第734页。
3 同注2。
4 黄郛:《致蒋介石电》,1934年4月29日,黄郛档案。
5 同注1。
6 《黄膺白先生年谱长编》,第736页。
7 同注1。

彼必疑我生变,恐对外亦有功亏一篑之虞。抑尤有进者,京中环境,应付实至感不易;平津及上海各地舆论,与暗中策动防范、消弭、应付,亦颇觉费力。"[1] 在黄郛催促下,蒋介石最后下了决心。30日,中政会开会,讨论蒋介石领衔,汪精卫、顾孟余、叶楚伧附议的通车提案,张继、焦易堂反对,"讨论甚久",最后通过:"在不承认伪组织及否认伪政权存在原则之下,可与日本交涉关内外通行客车问题。"[2]

当时,以胡汉民为首的西南方面强烈反对南京政府的妥协政策,因此,提案虽然通过了,但是,南京政府却不敢公布,蒋介石又想延至8月底实行,汪精卫发表谈话时并称,通车、通邮问题未作决定,北平《华北日报》因为刊登了有关消息,被饬令停版,社长免职,总编辑"调京候讯"。

自6月初旬起,殷同即在大连与日方商谈通车办法。同月24日,决定由沈阳日本观光局及中国旅行社两个商业机关合组东方旅行社办理,6月28日公布方案,7月1日通车。

要求取消《塘沽协定》

6月1日晚,有人向黄郛上海住宅园中投掷炸弹一枚,但未爆炸。2日,黄郛接到投弹者书信一封,中云:"若不痛改前非,勾结一二所谓现在首脑国贼,断送国土,当再进一步","请你当心",末署中华青年铁血救国团上海支部。[3] 7月1日,平沈路通车。车行至塘沽以东的茶淀时被炸,死伤乘客16人。这些事给黄郛以很深刺激,使他懂得,在中国人民心中,积压了对日本帝国主义太多的怨愤,也积压了对国民党政府,包括对他本人太多的怨愤。7月2日,他致电殷同,中云:"苟不从扫除国民心底之不平痛下工夫,今后祸患之来,实属防不胜防。"他指示殷同,

---

1 黄郛:《致蒋介石电》,1934年5月25日,黄郛档案。
2 《黄膺白先生年谱长编》,第736、745页。
3 黄郛:《致蒋介石、汪精卫电》,1934年6月2日,黄郛档案。

托柴山武官转商关东军："能否谅解我方之诚意，与我以相当之安慰，使一年来我个人之满面污秽得洗一洗，三年来我国民之满腹抑郁稍舒一舒。"¹ 7月7日，他致电汪精卫抱怨说："今日之事，功罪正未易言。人民多抱激越情绪，强敌事实有兼并野心，政府大半取回避态度，仅三五少数人夹在其间，欲救此国难。恐国难尚未救，万一而此少数之人，根本先不能自救，将奈之何！"电报又说："去年，彼方乘战胜之余，气焰万丈，实已无理可喻，弟装矮人，已一年余。通车办后苟再不略伸伸腰，不独弟自身将不保，国家亦极受损。"他告诉汪精卫："今为公为私，已冒险伸腰矣！"² 其间，殷同根据黄郛指示，在北平见到日人就"剀切陈说"，据称：梅津、柴山"稍为感动"，但"亦只能做到感动而止"。³ 7月17日，黄郛致电蒋介石及汪精卫，告以已致电冈村宁次，命殷同前往谈判：1.如情势顺利，拟要求无条件撤废《塘沽协定》，双方当局以各自立场各发一宣言；2.如情势稍隔，拟提出，将战区内一年来所发生之节外生枝之纠纷一概扫空，对于《塘沽协定》，双方应共同诚实遵守，不扩大解释，不曲为解释。黄郛并称，东京各关系方面，亦已派人前往活动。如此击而中，他可以遵命北行，继续维持数月；如此击不中，则请求准其自劾而退。⁴ 7月20日，唐有壬、殷同等在沪，与日使馆参赞有野商谈取消《塘沽协定》问题，有野宣称："此次会见仅系友谊性质，关于撤废《塘沽协定》问题，应由关东军负责，日本政府与此无直接关系。"⁵

7月24日，中日举行第二次大连会议。中方殷同，日方冈村宁次、喜多诚一参加。殷同提议废除《塘沽协定》，日方不允，提出在中日经济提携、中日铁路联运等问题未有适当方案前，不考虑废弃《塘沽协定》。会议仅解决了战区若干次要问题，如取缔不良日鲜浪人，接收马兰峪、东陵等。29日，黄郛致电汪精卫，报告殷同与日方谈判情况。他极为失望地说："此行费九牛二虎之力，而所获不过如此，日方之刁难细工，真是

---

1 《致殷同电》，1934年7月2日，黄郛档案。
2 《致汪精卫电》，1934年7月7日，黄郛档案。
3 同注2。
4 《致蒋介石、汪精卫电》，1934年7月17日，黄郛档案。
5 《黄膺白先生年谱长编》，第754页。

可恶，而又可怕！"[1]

外交斗争必须以国力为基础。叩头是不能争回权益的。

9月19日，黄郛北返。

通邮谈判

通车问题解决后，日本方面继续要求解决关内外通邮问题。

由于日本侵略者操纵溥仪建立伪满洲国，1932年7月23日，交通部邮政总局宣布暂行停办东三省境内邮务。其后。日方多次要求恢复关内外通邮，中国方面为避免造成承认伪满洲国之嫌，均加拒绝。1934年5月，国联应英国要求，议定各会员国可因需要酌定临时办法，与"满洲国"发生邮政关系，同时声称："此种关系只能视为行政机关之间为维持邮政技术上之良好运用而发生之关系，不能视为国家与国家间或政府与政府间之关系。"[2] 同年9月上旬，柴山兼四郎通知黄郛，日方已委派"满洲国"邮务司长藤原保明为主席委员，与中国方面进行关内外通邮谈判；但考虑到中国方面的意见，藤原保明等均作为关东军嘱托代表出席。7日，黄郛致电交通部长朱家骅，提出通邮会商步骤，供交通部参考。其主要精神有：对方所派人员应避免伪国官吏；固持不承认伪国主义；参酌国联关于通邮之决议；以诚意为基础，不用成文之规定等。8日，朱家骅电复黄郛，拟派邮政总局主任秘书高宗武、山西邮务长余翔麟、天津副邮务长曹鉴廷三人为代表，以高宗武为主席出席谈判。同月28日，高宗武、藤原保明在北平东总布胡同殷同寓所会晤。藤原提出所谓《关于满华间通讯办法之暂行协定案》，被高宗武拒绝。双方同意，在不涉及承认"满洲国"的原则下，专谈通邮技术问题，不作成文规定，尽管如此，后来的谈判仍然是艰难的。

9月29日，通邮谈判正式开始，讨论邮票、交换邮件、日戳、邮件之

---

[1] 《致汪精卫电》，1934年7月29日，黄郛档案。

[2] 《大公报》，1934年5月18日。

种类等四项问题。日方要求使用伪满邮票，仅将其上印制的"国"字及溥仪像取消；中国方面则主张完全避去"满洲"字样，另制表示邮资已付的印花。在交换邮件及日戳等问题上，中国方面坚持不与伪满交换邮件，日戳用公历，不用"新京"（指伪满首都长春——笔者）字样；日方也表示反对。10月4日，继续会谈。日方称，接到训令，必须承认满洲邮政厅；邮票须有满洲邮政厅五字；邮戳须用"满洲国"现用者，等等。6日，高宗武、余翔麟回南京请示。8日，蒋介石致电黄郛，表示邮票、邮戳，因关涉不承认伪国问题，有争持必要，交换局及邮资问题，不妨稍作让步。18日，高宗武、余翔麟携经过核定的通邮谈判大纲七条返平，继续谈判。中国方面坚持，不得贴用伪国任何种类的邮票，可另制印花，用商业性质的第三者名义发行；不可有新京、奉天地名。日方同意另制邮票，但坚持必须有"满洲邮票"四字；必须用新京地名。谈判濒于破裂。21日、24日、26日，三次谈判，均无结果。其间，黄郛表示，只要邮票上没有"满洲国"三字即可，其余不妨让步。他认为，谈判大纲所提以第三者名义出面的办法在庐山与蒋、汪商量时未曾谈过，以后又未得中央电告，不近情理，徒生障碍，一再对高宗武说："似此晴空霹雳，非将谈判打破不可！"又称："余年来支撑华北，备尝艰难，通邮之事，如不办妥，则此后北方多事，余无法应付，只得一走了之而已。"[1] 26日，高宗武、余翔麟将黄郛意见电告朱家骅。朱家骅害怕强硬派的指责和舆论的反对，不愿涉嫌和伪满打交道，于27日电复高、余二人，声称由第三者出面是仿照通车办法，并称："南中情形，尤为复杂。弟等为应付各方预事防范之苦衷，当亦为膺公所谅解。"[2]

当时，蒋介石正在北平。30日，蒋介石召见高宗武、余翔麟，提出可由关内邮政机关致函关外邮政机关，委托其发行特种邮票，为专贴入关邮件之用；同时声明所谓"特种"，即系不承认伪满邮票之意[3]。11月6日，黄郛致电唐有壬，认为"久僵终非至计"，"形势日紧一日"，要求唐

---

[1] 黄郛：《致汪精卫、朱家骅等电》，《黄膺白先生年谱长编》，第793页。

[2] 朱家骅：《致高宗武等电》，《黄膺白先生年谱长编》。

[3] 高宗武等：《致朱家骅电》，《黄膺白先生年长谱长编》，第794页。

与汪精卫细商，由唐亲来北平解决。[1] 11月7日，南京国防会议通过通邮谈判新方案，提出由商办通讯机关书面委托彼方印发特种邮票等意见，随即电告黄郛，认为已至最后让步界限。11月10日，藤原在会谈时提出，日方10月22日所提方案为最后方案，中方只能给予可或否的答复，不容有一字一句的更改，其他任何新方案，均不愿讨论。中方接受日方方案，可继续商谈技术问题，否则，日方人员即行回国。11月14日，日方提出《关于通邮之申合事项案》七条，主张"通邮应由双方邮政机关间行之"[2]。11月17日，中方提出会谈记录初稿六条，主张在山海关、古北口设立东方民信局办理，并由该局另制特种邮票，专供由关外入关邮件纳资之用，花纹由双方协商。但日方只同意向中方预示，不一定必须中方同意。日方人员仪我、柴山称：如19日上午不能解决，19日下午即离开北平。11月19日谈判时，中方要求日方作进一步的谅解，但日方却宣告无法再谈，迅速退席。21日，唐有壬抵平，修订会谈记录初稿。23日，日方要求开会作最后商量。会谈时，日方将14日所提七条《申合事项》略作改动，要求中方接受，并称：允诺与否，必须立时答复，不必再电京请训或回寓考虑；不然，即作为谈判破裂。在日方高压下，中方于24日完全接受了日方的七条大纲。12月14日，双方举行最后一次会谈，将通邮大纲及谅解事项写就两份，双方互换一份，但彼此均不签字。同月30日，交通部邮政总局宣布自1935年1月起，实行东北通邮。

尾　声

自"九一八事变"起，南京国民政府的对日政策几经变迁。最初，持不抵抗主义，依赖国联调解；其后，自淞沪抗战至长城抗战，持一面抵抗，一面交涉的方针；由于长城抗战失败，南京国民政府遂放弃抵抗，专一于和日本侵略者的直接交涉。

---

1 《黄膺白先生年谱长编》，第797页。
2 《黄膺白先生年谱长编》，第802页。

《塘沽协定》是丧权辱国的城下之盟。在《塘沽协定》善后谈判中，南京国民政府和华北当局坚持"不签字，不换文"，企图以此种方式逃避国人指责，同时则坚决不承认伪满洲国，并且为了防止有任何承认意味事件的出现，小心翼翼地进行了艰难的外交谈判；黄郛并曾一度要求日方取消《塘沽协定》，对此，应该予以肯定。这一情况的出现，和全国人民日益高涨的抗日呼声有关，也和国民党内部对日强硬派的反对、制约有关。但是，南京政府这一时期对日外交的总方针是委曲求全，唯一的方式是通过谈判、磋磨、乞求，连一点强硬姿态也不敢摆出来。其结果是，日本侵略者一施压力，南京国民政府和华北当局就立刻屈服；南京政府和华北当局愈屈服，日本侵略者的气焰也就愈盛，得寸进尺，欲壑难填。南京国民政府和华北当局确实是做到"委曲"了，但是，却丝毫也"求"不了"全"，黄郛想"伸伸腰"的愿望自然也就落空。

1935年1月18日，黄郛离平南下。2月18日，致电汪精卫，要求辞职。同月26日，离沪赴莫干山休养。其后，何应钦、汪精卫、蒋介石曾多次要求黄郛北返，均遭拒绝。4月22日，黄郛电复何应钦称："今后对日问题，枢纽全在中央，地方交涉，业已十完八九。若中央对国际形势认得清，对日方针把得定，则弟即小憩，亦无问题，否则即遵命重返，亦无济于事。"[1] 5月3日，天津《振报》社长白逾桓、《国权报》社长胡思溥以亲日在日租界被暗杀。29日，天津日驻屯军司令梅津美治郎派参谋长酒井隆等会见何应钦，声称平、津"现为扰乱日、'满'根据地"，白、胡被杀，"系中国之排外举动，及向驻屯军之挑战行为"。[2]酒井并援引《塘沽协定》称：如将来预知或有类此事件发生，日军将"取断然之处置"，越过长城线，重新开入战区，"或再发生庚子事件、'九一八事件'，亦未可知"。[3]这就是所谓河北事件。日本侵略者随即以之为借口，要挟中国政府作更大的妥协，5月30日、31日，黄郛两次致电蒋介石，报告与日本武官矶谷廉介谈话要点，要求蒋"极力忍耐，抑制感情"，同时要求蒋回

1　《黄膺白先生年谱长编》，第859页。
2　《何应钦将军九五纪事长编》，第396～397页。
3　同注2。

宁商议。¹其后，蒋介石、何应钦再次电催黄郛北返，但黄郛不仅无动于衷，反而于6月13日致电汪精卫，再次要求辞职。电称："两年来委曲求全，原欲防患未然，无乃心长力短，不补毫末。"²同日，致电杨永泰称："事态至此，再叫我去，不啻驱我入穴，等于专制时代赐巾令自缢，未免太不近情。"³这就说明，连黄郛也感到对日"委曲求全"不是办法，不愿再充当替罪人了。

6月18日，国民政府任命王克敏代理行政院驻平政务整理委员会委员长，黄郛终于摆脱了对日交涉的责任。

河北事件的发生和黄郛的不愿复职，说明了国民党"委曲求全"方针的破产。在此前后，国民党的对日外交走入死谷，形势就要慢慢地发生变化了。

1　《致蒋介石电》，1935年5月31日，黄郛档案。
2　《致汪精卫电》，1915年6月30日，黄郛档案。
3　《黄膺白先生年谱长编》，第881页。

宋庆龄关于邓演达的一封英文函件
——在美国国会图书馆的发现

美国国会图书馆有一个手稿部，藏有大量美国人的手稿，我去那里，本意是找寻几个和中国有关系的美国人的资料，但是却意外地发现了一封宋庆龄的英文函件。全文如下：

29 rue Moliere
12 June 1934

The Editor,
Shanghai Evening Post and Mercury.
Dear Sir:
There is no truth in the report that I am interested in any fund collecting for Mr. Dang Yen-dat's memorial.

Yours very truly
Soong Ching Ling

全函打字，末为宋庆龄的亲笔英文签名。今译出如下：

上海《大美晚报》编者，

269

亲爱的先生：

报道说，我参与集资，以建造邓演达先生纪念塔。此非事实。

您的真诚的

宋庆龄

莫利爱路29号

1934年6月12日

该函另有几行铅笔字，也均为英文，显系《大美晚报》编者所加。信件头一行为："From Mme. Sun"（孙夫人来函），左上角一行为"The Readers' Forum, Today"（《读者论坛》，今日）。末行为"Shanghai, June 12, 1934"（上海，1934年6月12日）。在宋庆龄的英文签名下面，编者加注称："Madam Sun Yat-sun"（孙逸仙夫人）。此外，编者对该函还作了一些技术性的处理，例如，将"The Editor"改为"To Editor"，删去了"上海《大美晚报》"及"亲爱的先生"等两行。查1934年12月13日上海《大美晚报》，该函果然发表于该报的《读者论坛》内。从刊出的迅速及有关处理上，可以看出，编者非常重视宋庆龄的这封信。它之所以能妥善地保存下来，显然也与这种重视有关。

宋庆龄和邓演达同为北伐时期的国民党左派，武汉汪精卫集团分共前后先后出国。在苏联期间，宋庆龄与邓演达、陈友仁联名，以国民党临时行动委员会名义发表宣言，指出蒋介石、汪精卫等已成为"旧势力之化身，军阀之工具，民众之仇敌"，宣告该组织将"临时行使革命指导之职能"。在柏林期间，二人时相过从，讨论中国革命问题。1931年邓演达为蒋介石逮捕后，宋庆龄曾去南京营救。邓演达被害后，宋庆龄又于12月9日发表宣言，抗议蒋介石集团的屠杀政策，她为什么会发表这样一封函件呢？

查1934年6月12日《大美晚报》，其第2版有一则题为《邓演达纪念塔》的英文消息，中云：

据中文报道，孙逸仙夫人已集资数千元，为所谓"第三党"

领袖，已故的邓演达在南京建造纪念塔。邓大约两年前在此被捕并被杀。

可以看出，宋庆龄的函件正是针对该报的这一消息而发。

再查1934年6月11日《申报》，有一条题为《宋庆龄等为邓演达建纪念塔》的消息：

（南京）邓演达原葬于本京麒麟门外附近之草野，有碑一块。兹中委宋庆龄等以邓生平于党国颇著勋劳，前功仍不可没，集资数千元，于邓之墓旁建一纪念塔，以资纪念。该塔现已兴工。（10日专电）

据此，《大美晚报》的消息系得自《申报》。

邓演达被害后，陈铭枢斥资为之料理后事，并在墓前立碑，亲书"故友邓择生先生之墓"等字。此后，并无建造纪念塔一类举动。而且，在蒋介石统治下，邓演达创立的"第三党"一直是非法组织。《大美晚报》所发消息则特别标明"第三党"，并说明邓被捕、被杀等事，有可能引起国民党当局的注意，因此，宋庆龄迅即去函更正。它说明，在当时，宋庆龄对于国内外的各种动态，一直非常注意，并保持着高度警觉。

李济深与胡汉民

——胡汉民晚年往来函电考释之一

美国哈佛燕京学社藏有大量胡汉民晚年往来函电,关系20世纪30年代中国政坛的许多机密,我已在《胡汉民的军事倒蒋密谋及胡蒋和解》一文中作过探讨,然犹觉意犹未尽,今择其函电之要者考释之。

1931年2月,胡汉民被蒋介石软禁于南京汤山,汪精卫、孙科、邹鲁、陈济棠、李宗仁等旋即在广州另立国民政府,与南京对抗。同年"九一八事变"起,蒋介石迫于舆论和国民党内的强大压力,释放胡汉民。10月30日,胡汉民在上海致电在广州的妻兄陈融,内称:"矮仔昨对弟表示反某,颇有南归之意,不敢应,请密商伯南。"矮仔,指李济深;伯南,指陈济棠。1929年,蒋介石与桂系李宗仁、白崇禧发生矛盾,战争有一触即发之势。李济深主动到南京当调人,反对讨伐桂系,被蒋介石软禁,直至"九一八事变"后,才与胡汉民同时释放。此电说明,李济深此时曾联络胡汉民,准备在南方共同反蒋,但是,陈济棠当时正在广州做南天王,李济深与陈济棠有矛盾,而胡汉民反蒋又不能不依靠陈济棠,因此,胡汉民不敢轻易答应李济深,而要陈融和陈济棠商量。大概正由于李、陈之间的矛盾,所以此后李济深反蒋只能以福建为基地。

1933年10月,李济深、陈铭枢等在香港聚会,决定在福州成立人民革命政府,反蒋抗日。11月16日夜,李济深派其弟李济汶持函面见胡汉民，函称：

> 深南归，已届一载，本意在追随吾师之后，团结西南各省，共同讨贼救国，顾蹉跎一载，数失良机，而有实力之当局者持重如故，循此而往，势不致任国贼断送国家不止。而十九路军以处境较困，责任较明，有义无反顾、迫不及待之势，连日得其函电，促往商讨讨贼大计，照连日报章上所载情形，亦似有即行发动讨贼之趋势，故深决定即行前往，观察督促，进行一切。惟以兹事体大责重，非局部所能胜任。惟有仰恳师座，藉此时机，督促西南各省同时响应，共同讨贼，而闽中各事尤乞随时加以指导，俾免陨越为祷！临行匆匆，未及趋前面陈〔聆〕训诲，谨此留呈，敬叩钧安！学生李济深谨肃。

胡汉民被释后，即广泛联络广东、广西及西南、华北、西北各地实力派，秘密组织"新国民党"，准备南北并举，同时起兵，推翻以蒋介石为代表的南京政权。本函称："深南归，已届一载，本意在追随吾师之后，团结西南各省，共同讨贼救国。"1903年时，李济深在梧州中学读书，胡汉民时任该校总教席，故李济深称胡为师。1932年，南京政府破坏淞沪抗战，事后，蒋介石并调十九路军赴福建"剿共"，李济深愤而离开南京，赴香港参加胡汉民的反蒋联盟。本函所云"追随吾师"云云，即指此。但是，胡汉民的反蒋联盟实际上是空架子，陈济棠和各地实力派大都观风望色，首鼠两端，并不真心行动，因此，李济深感慨地表示："顾蹉跎一载，数失良机，而有实力之当局者持重如故。"函中，李济深说明形势急迫，自己即将赴闽发动，要求胡汉民"督促西南各省同时响应"，并对闽中各事"随时加以指导"。11月18日，李济深到达福州。次日，陈铭枢、李济深等联名致电胡汉民，电称：

> 惟救国必先讨贼，而讨贼必先西南一致实力行动，故弟等再三矢推戴之诚，共谋救国之举，吾兄持重深谋，自具卓见……不料蒋

> 氏乃以西南为可欺，益肆无忌惮。今民族存亡，迫于眉睫，弟等为情势所迫，不得不先行发动。

电报以"陈涉发难于先"自喻，以"沛公继起于后"喻胡，要求胡汉民等"本历来之主张，为一致之行动"。

胡汉民与李济深、蔡廷锴等虽早有联络，反蒋的目标也一致，但是，胡汉民不同意李济深等改国号、造新党等一系列做法，尤其不同意联共，因此，福建人民政府成立后，胡汉民持批评态度。11月22日，他与萧佛成等联名复电陈铭枢、李济深等，指责他们"背叛主义，招致外寇，煽动赤焰"，但是，胡汉民对李济深等又有同情，电报要求陈、李等人"本历来护党救国之精神，幡然改图"。胡汉民表示，在此条件下双方可以合作，"贯彻讨贼之主张"。胡汉民的这种态度在秘密函电中就表现得更清楚，他致函陈融说：

> 不等为反△成分最高者，而跛、矮又原为曾共商大计之人。跛、矮之铤而走险，某兄就不能绝对不负责任。

不，密电中或称不孤，均指李宗仁；△，代指蒋介石；跛，指陈铭枢；矮，指李济深；某兄，指陈济棠。1933年春夏，广东、广西、福建曾结成三省联盟，准备联络在华北的冯玉祥等部，共同举事，但是，由于陈济棠迁延犹疑，未能发动。本函确认陈铭枢、李济深"原为曾共商大计之人"，对他们的"铤而走险"有某种体谅，而对陈济棠，则流露了不满。当时，福建方面要求蒋介石下台，广州方面亦有同样要求，但陈融等不愿与福建采取同一立场，胡汉民指示陈融说：

> 闻省中对政治问题有议请蒋下野者，此言未尝不是：1.示天下以公道；2.可如不前电消释十九友一部分之热情；3.亦使桂与其他反蒋者同情于我。如虑措词与跛、矮雷同，则正不尔。

不，仍指李宗仁。十九友，指发动福建事变的主力十九路军。桂，指桂系。在胡汉民的坚持下，陈融等以国民党西南执行部、西南政务委员会名义发表通电，认为福建事变之所以发生，"推寻祸始，不能不深咎于独裁政局之罪深恶极"，电报要求汪精卫、蒋介石"避路让贤"，这样，胡汉民又在一定程度上支持了福建人民政府。12月25日，他派人入闽，力劝李济深、陈铭枢等恢复民国国号和国民党党籍，改取反共立场，以便在此基础上，重建反蒋联盟。

福建人民政府由于缺乏支持，在南京军队的进攻下，很快转入劣势。1934年1月21日，胡汉民致陈融、邹鲁函云：

> 昨日下午亚翁电话，谓任、真等三人（一人在前线指挥，未署名）已复电，称遵任弟电办法，取消一切组织，回十九路军本来，连属西南云云。

任，指李济深；真，指陈铭枢。此函说明，李济深、陈铭枢等已准备接纳胡汉民的意见，因此，胡汉民指示陈融、邹鲁二人，要他们发电在上海的程天固，就近和孙科商量，设法使蒋军停止进攻，从而挽回颓局，函称："此时蒋已大得面子，未必穷追为利，迫之走入八字脚一路，尤非大局之益。"可见，胡汉民既担心蒋介石会胜，更担心李济深、陈铭枢会走向共产党一边。

福建事变失败后，李济深经汕头、香港，于1934年1月返回广西梧州故里。其后，致函胡汉民称：

> 闽事失败后，即遄回乡里，闭门思过，于过港时并未停留，故不克趋前请安，至以为歉也。
>
> 此次闽事虽经失败，然自维对于国家民族，又算尽过一番责任，于心尚觉稍安；然但国贼从此益肆，又不得不自咎谋之不臧也。刻乡居尚适，恐劳钧注，尚肃叩禀，敬请钧安！学生李济深。

此函反映出李济深当时的复杂心理：一方面，自信福建事变的正义性，但对其失败又有某种检讨；更重要的是，对胡汉民仍存有希望。同年5月18日，李济深再致胡汉民一函，中称："国亡无日，虽乡居寡闻而仍使终夜彷徨不寐。"这一年3月，在日本帝国主义操纵下，溥仪在东北称帝，宣布成立"满洲国"，南京政府在谴责其"初无独立之人格"后，居然宣称"不成为讨伐之对象"。4月17日，日本外务省情报部长天羽英二发表谈话，视中国为日本的保护国，反对中国政府联络英美列强，"采取以夷制夷的排外政策"。对此，南京政府没有半点抗议，却发表声明，要日本"不必有所顾虑"。李济深函中所称"国亡无日"，显系有感而发，表示了对南京政府妥协的不满和对民族安危的极大忧虑。

伪满洲国成立后，日本帝国主义又多次强迫南京政府谈判，解决"对满通车、通邮"问题。1934年7月1日，北平、沈阳间首次通车。12月14日，签订通邮协定。12月24日，李济深再函胡汉民云：

> 深乡居孤陋，无可陈报。近以通车、通邮事件，益觉独裁之足以亡国，特发一宣言，希冀国人与当局万一之觉悟，不识吾师何以教之？

通车、通邮虽然不是政治问题，但却是向着承认伪满洲国跨进了一步。因此，李济深除发表声明，促使国人觉悟外，又再一次写信给胡汉民，探询他的态度，希冀胡有所表示。

胡汉民是否给了李济深答复，目前尚不清楚，但是，李济深在家乡却再也待不住了。1935年春，李济深到了香港，在共产党人宣侠父的帮助下，与陈铭枢、蒋光鼐、蔡廷锴、冯玉祥等组织中华民族革命大同盟，提出"推倒汉奸政府，树立人民政权，联合各党各派，一致团结，实行抗日"等主张。

大概正由于李济深主张联共抗日，所以，与胡汉民的"新国民党"之间始终没能建立密切的合作关系。

张学良与胡汉民
——胡汉民晚年往来函电考释之二

我在哈佛燕京学社阅读胡汉民档案时，特别注意收集有关张学良的资料，在这方面颇有收获。

1932年12月19日胡汉民复张学良函云：

> 陈言同志来港，奉到手示，备悉种切。弟历来主张，想经察及。比月以来，外侮日深。晏处覆巢，宁有完卵。所期兄以决死之精神，为民族求生路。桑榆之失，断可收于东隅。至于内政意见及南中同志意，经与陈同志详谈，俱托归报，希深察为幸。附赠拙著《革命理论与革命工作》一部，并乞检收，顺颂近祺。

陈言，张学良秘书。所称张学良"手示"，未见。1932年9月，伪满洲国总理郑孝胥与日本驻伪满大使武藤信义签订《日满协议书》，日本外务省宣布承认"满洲国"。10月，国联调查团提出国联共管东三省的主张。11月，日本侵略军大肆进攻东北抗日救国军马占山、苏炳文等部。胡函所称"外侮日深"，当指上述史事。对于张学良在"九一八事变"时放弃东三省，胡汉民是极不满意的，曾在诗中尖锐抨击："去年寇来袭，带甲一宵靡。奇辱古无闻，丧地从此始。"但他仍希望张学良能奋然振作，坚决抗击日本侵略，以实际行动改正错误，重写自己的历史。函中所云"以决死之精神，为民族求生路"，"桑榆之失，断可收之东隅"云云，均是这一意思。

日军在侵占东三省后，即积极准备侵略热河。1933年1月3日，日军占领山海关及临榆县城，华北门户洞开。2月4日，胡汉民派陈中孚北上，携函面见张学良，函云：

> 自榆关陷落，即得陈言同志来电，谓兄已决心抵抗。顾荏苒经月，未见有实际之表现。弟谓日之于中国，其侵略方式为蚕食而非鲸吞，故经一度之攻城略地，即出之以延宕和缓之手段，巧为解脱。当局受其愚蒙，国联被其欺骗，而日人之计乃大售。苟不能窥破此点，积极抵抗，并进而收复失地，则日人本此政策进行，华北终必沦亡，中国且为日有。兄前以不抵抗而丧失东北，兹又以不抵抗而丧失榆关，长此以往，国将不国。虽示负最终之责任者当别有人在，顾兄身当其任，究何以自解于国人？纵不为个人计，独下为数万万人民之身家性命计耶？西南持抗日、剿共之旨，戮力经年，限于地域，效命无所，然所以期望于兄者，至极殷厚。切盼毅然决然，先求华北将领步调之一致，振奋一心，与日抗战，使中国不致自此而亡，则绵薄所及，必当力为应援也。兹以陈中孚同志北上之便，顺致拳拳，尚希审察而笃行之。

当时，胡汉民一面成立包括广东、广西、福建三省在内的国防委员会，准备抽调部队北上抗日，一面积极推动华北将领成立类似的军事组织。张学良坐镇北平，掌握着原东北军的大量兵马，自然是一支举足轻重的力量。函中，胡汉民剖析了日本侵华的特点，情词恳切地要求张学良抛弃不抵抗主义，"先求华北将领步调之一致"，团结抗日。胡汉民表示，西南方面自当"力为应援"。

同月25日陈中孚南归，张学良复函胡汉民云：

> 违教驰企。适陈君仲孚莅平，藉聆宏旨。承于近日抗日之举，关注至殷，兼示力赐赞助，高怀至谊，佩感极深。良以不才，遭值多难，只思少裨艰局，庸敢计及一身。御侮决心，誓当不二。所有一切情形，统挽仲孚兄代为罄陈，尚祈时锡明教，于精神、物质两方面，并予惠赐鼎助，俾得循率，兼利进行。引睇崇标，曷胜盼荷！

山海关失陷后，张学良曾在记者招待会上表示"各国之和平运动今已无效，我们为争取民族的生存，只有拿我们的血肉、我们的性命来维持和平，来保障中国，再无别法了"。2月18日，张学良又在承德与张作相等27名将领联名通电，电称："时至今日，我忍无可忍，惟有武力自卫，舍身奋斗，以为救亡图存之计。"当时，张学良受到全国各界抗日情绪高涨的感染，确有奋力反击日本侵略的打算，复胡汉民函就是在这一心情之下写的。

大概在这以后，张学良又派何世礼到香港与胡汉民洽商，胡汉民复函云：

> 日前何世礼兄来港，获诵手书，并聆缕述近旨，至以为慰。目前要务，首在对日抗战，国际形势转佳，日寇之侵略亦必加甚。惟能对日抗战，庶能运用此国际现势，进求独立。今举国人民咸属望于兄，能振衰起靡，御盛张之寇，保障华北，收复失地，幸兄勿以大言忽之。自救报国，端在此举，盼有以慰国人之望。何世礼兄北返，即嘱代白近意，即希详察。

何世礼，广东宝安人，毕业于英国皇家军事学院，曾在东北军内任营长、团长等职。此函仅知为1933年作，未署月日，中云："国际形势转佳。"按，这年2月24日，国联大会以42票赞成，通过《国际联盟特别大会关于中日争议报告书》，声明不能承认"九一八"以后日本在中国东北的军事行动为自卫手段，不能认为伪满洲国是"自动及真实之独立运动"，仅日本1票反对。据此，知此函当作于当年2月末或3月初，当时日军正分三路大举进犯热河，因此，胡汉民在信中再次鼓励张学良抗击日本侵略，"保障华北，收复失地"。

这一次，张学良确实有所行动。他成立了两个集团军，自兼第一集团军总司令，以张作相为第二集团军总司令，分兵守卫长城及热河。然而，热河省主席汤玉麟根本无心抗战，于3月3日撤出承德，日军仅用13天时间就占领热河全省。3月9日，蒋介石召张学良在保定会晤。11日，张学良通电下野，并于次日飞抵上海，准备出洋。同月25日，胡汉民派何世桢（思毅）持函赶到上海，劝阻张学良出洋，函云：

> 自热河沦陷，吾兄去职，华北局面，日趋混沌。兄典军东北，久历岁时。今为人所乘，有怀莫白。闻将有远适异国之志，弟以为个人权力为轻，党国安危为重，悒然远行，似非其时；即不得已而行，亦须力策善后，挽回危局。是非所在，天下不乏同情，此间同人正具决心为兄后盾也。兹遣何思毅同志趋陈近意，至盼延洽。

张学良通电下野的第二天，南京国民政府即宣布准免张学良各职，以军政部长何应钦兼代军事委员会北平分会委员长职权，取得了东北军的控制权，所以胡汉民信中说："兄典军东北，久历岁时。今为人所乘，有怀莫白。"

张学良的出洋实际上是蒋介石的要求。保定会晤时，张学良曾向宋子文表示，愿意率领东北军收复承德，但宋却转达蒋介石的意旨，要他辞职出洋。4月8日，张学良复函胡汉民云：

> 何思毅同志携示琅翰，捧诵一一，辰维勋履绥和，式符私颂。良乍息薪劳，闭门自讼，乃蒙远垂记注，勖以方来，高谊殷隆，曷胜感奋！抚时多艰，耻痛毋忘，苟图少补涓尘，敢委匹夫之责！引詹棨范，弥切心驰，尚祈时锡教言，俾其待罪之身，多叨宏益。

在这封信里，张学良只表示了他不敢忘记耻痛，不敢抛弃个人责任，但

致学良函

汉卿五兄惠鉴：自热河沦陷，吾
兄去职，华北局势，面目趋混纯（沌）
兄典军东北，久历岁时，今为人所乘，有怀莫白，窃好有
速谋归国之意，洵然，但人权力为程党国安危，责重
忽忽违别似吓，其时仍不得已南行，而须力策善後挽回
危局，光啡尚在，冀不芝同情，此间同人，亦具决心，为
兄後盾，也亦遣何思毅同志趋陈近意至盼
延洽顺颂
近祺

弟 ○○ 三十苜

关于是否出洋问题，却没有正面回答。他真是"有怀莫白"，不便也不能说什么。

张学良于4月11日出国，先后游历意、德、丹麦等国。1933年11月，福建事变发生，同时又因蒋介石函召，张学良决定归国。动身之前，他电派陈言赴港，向胡汉民致意。12月23日，胡汉民派刘显丞持函赴欧洲迎接。函云：

> 闻兄东归，至为欣慰。显丞兄前来相迓，并将国内政情有所陈述，藉备参证，因嘱奉候兴居。弟意种种，兄可并询之，能得其详也。

1934年1月6日，张学良到港，登岸访问胡汉民。8日，张学良抵达上海。12日，陈言北返，邀刘显丞同行，胡汉民托二人带了一封信给张学良，中云：

> 在港晤叙，甚慰，北行后起居佳胜为颂。报载宁闽之战，据此间确讯，不如宁方宣传之甚。两粤以闽有辅车之势，虽闽中措施悖谬，而济困扶危，于义不能坐视，故于保存十九路军全力并办理善后各事，经在积极布置中。至对大局主张，亦不以环境之转变而有所移易也。国事至此，有救亡之责者，不当狃于目前之小利，惟宜澈底做去，则中国庶有可为，想存亡绝续之间，先生必能熟之。

胡汉民本来企望以广东、广西、福建三省的联盟为基础，联合北方冯玉祥等部的力量，共同以军事行动推翻以蒋介石为代表的南京政府，但福建一系列政策超出了胡汉民所能允许的范围，因此，胡汉民在信中指斥"闽中措施悖谬"，但他又告诉张学良，正在努力保存十九路军实力。当时，南京政府已下令"讨伐"，福建人民政府处于劣势，但胡汉民仍力图掀起反蒋高潮，函中所称"不以环境之转变而有所移易"，正是含蓄地告诉张学良，他的反蒋之志不变。至于"有救亡之责者，不当狃于目前之小利，惟宜澈底做去"云云，则是对张学良的劝告，希望他和自己共同反蒋，不要被蒋介石拉拢。

刘显丞到沪后，与张学良密谈，达成初步协议，旋即回港向胡汉民报告。同月，胡汉民致"松兄"函云：

> 刘显丞自沪归，言阎、韩各派其兄弟到〔沪〕与小张深相结纳，小张已下决心为将来北方之主动，目前则仍与汪、蒋敷衍，免其猜忌。其计划须与两广互为呼应，故嘱刘即归，谒商当局，如我人之主张仍前不变，则东北当密派军事代表来粤密商。且谓蓝衣社四布，电话、通函皆所不便。渠之见刘，乃夜半约在一外国〔人〕家中，事有端倪，仍嘱刘返沪密商也。请兄密呈伯南兄，看作何应付？弟意我人此时宜厚结两广，而密与北方联络，沉机观变。如伯兄意亦谓然，弟当令刘秘密上省，以备伯兄面询一切，四工再拜。

松兄，指胡汉民的妻兄陈融，陈济棠与胡汉民之间的联系人；四工，胡汉民自署。从本函看，张学良准备联络两广反蒋，而胡汉民也准备依靠张学良，联络北方力量，待机而动。

胡汉民自身没有实力，要反蒋不能不依靠地方实力派，因此，上函中，他要陈融探询陈济棠的态度。2月底，胡汉民又亲函陈济棠，报告刘显丞与张学良的谈判经过。3月，胡汉民再函陈融，中云：

> 以某兄态度推之，不为戎首，或事势使然。故宜以此事暗推桂为前方，而为之后盾。

某兄，指陈济棠。陈济棠对反蒋事一直优柔犹疑，患得患失，因此，胡汉民有推动广西李宗仁、白崇禧打头阵的想法，同函又云：

> 我已嘱刘显丞可即与小张切商军事之联络。小张就剿匪职，其部队将来必调长江上下游。此点利害参半。利在与南方联络，而害

在分割分化也。

胡汉民很积极，张学良一有反蒋念头，就立刻命人与之"切商"。显然，在胡汉民此时的反蒋计划中，张学良占有重要的位置。当年3月1日，张学良受蒋介石委任，担任鄂豫皖三省"剿匪"总司令部副总司令，胡汉民权衡此事，认为"利害参半"，这里的"利害"也是从对反蒋军事行动的影响考虑的。

胡汉民联络张学良的计划得到李宗仁的积极赞同。陈融致"延兄"函云：

> 此间联小张亦政策之一变。此事不孤亦甚著力，言非合南北之力以挟门神不可。

延兄，胡汉民的化名；门神，借指蒋介石。3月27日，国民党西南执行部、西南政务会在广州召开联席会议，李宗仁自广西前来参加会议。此函当作于会议期间。在西南实力派中，李宗仁反蒋最坚决，因此也很容易和胡汉民形成共同的战略计划——"合南北之力"痛打"蒋门神"。

不过，在哈佛燕京学社所藏胡汉民档中，此后就再也没有和张学良进一步联系的材料了。

冯玉祥与胡汉民
——胡汉民晚年往来函电考释之三

在30年代的反蒋活动中，冯玉祥与胡汉民一南一北，互相支持，关系密切。

"九一八事变"后不久，冯玉祥即派代表到上海访问胡汉民，征询对国事的意见。1931年10月27日，胡汉民答书云：

> 此次辽吉事起，国势益危，知非举国一致，无以御外侮……
> 国事至此，凡负责任之同志，均应有澈底之觉悟。过去种种错误，持改正之决心，精诚相结，共赴国难。

生活是最好的教师。严重的民族危机加上个人被软禁的遭遇，使胡汉民从南京政府的拥护者转为它的批判者和反对者。"过去种种错误"云云，宣示了胡汉民的这种变化。胡汉民是同盟会元老，在国民党中具有崇高的地位，因此，冯玉祥赞赏胡汉民的这种变化，希望他出面领导，挽救民族危机。12月7日，冯玉祥致电胡汉民云：

> 尚望先生以过去之奋斗精神，领导而策励之，共济时艰，以挽危局。

当时,胡汉民等人正通过政治斗争要求蒋介石下野,12月11日,胡汉民复电冯玉祥云:

> 夫蒋氏必欲恋栈苟存,不惜委曲媚外。和平统一,改组政府,乃以蒋下野为先决条件。

在各方面的强烈呼吁下,蒋介石于1931年12月15日宣布下野,但不久即重新上台。自此,冯胡二人即转而积极活动,准备军事倒蒋。

1932年,"一·二八事变"爆发,南京政府继续执行对日妥协、退让政策,冯玉祥极为悲愤,特别是当他得知中日秘密谈判已经达成协议的时候,讨蒋之志益坚。3月中旬,冯玉祥应韩复榘之请暂住徐州,同时指令部将张允荣致函胡汉民称:

> 焕公鉴于沪上密约已成,恍然于精卫之欺罔,悲愤焦急。……本拟来沪,重以鲁韩密请暂住徐州。盖蒋氏谋粤之急,已自胡宗南等入浙可睹。惟奸憝毒计,对粤亦将对北,韩遂当其冲,向方亦心愤于沪败与东北之亡,颇思及时举义,因请焕公于适当时间入鲁主持北方局面。至将来与事诸军,宋、梁等部已有约定,他者尚在协商。设西南能呼应于闽、赣、湘、鄂,因对日之失,动全国之听,蒋氏可倒也。

焕公,指冯玉祥;鲁韩、向方,均指韩复榘;宋,指宋哲元;梁,指梁冠英。在蒋介石下野后,冯玉祥曾对汪精卫寄以希望。1931年12月16日,他曾致电胡汉民与汪精卫,希望他们能领导群伦,团结御侮,共赴国难。但不料汪精卫却支持蒋介石重新上台,并出而担任行政院长,主张对日妥协,函中所称"恍然于精卫之欺罔",指此。从本函可以看出,冯玉祥由于对南京政府绝望,正联络韩复榘、宋哲元等北方将领,准备发动讨蒋起义,他希望胡汉民能发动西南方面积极配合。

冯玉祥的北方发动计划正合胡汉民之意，5月5日，他复函称：

> 过去四五年，只见有个人，而不见有党，故就党言，从无所谓党之决议。南京中央党部议案如山，具文而已。凡所措施，无不出于个人私意。

政党本来是近代民主制的产物，但蒋介石却使它成为个人独裁的工具和摆设。胡汉民这里的批判，有相当的尖锐性和深刻性，但胡汉民又认为：环顾海内外，求其有历史、有主义、有力量，能救中国者，仍非国民党莫属。这一时期，胡汉民正在筹组"新国民党"，冯玉祥是他的发展对象之一，因此说了上述一段话。同函又称：

> 亦欲稍闻方略，俾得先事预图，南方同志精神团结，意志不移，遇有举措，必竭诚襄助也。

卒章显志，胡汉民表示支持冯玉祥的北方举义计划，同年，胡汉民再函冯玉祥云：

> 苟非在政治上谋急剧之发展，在军事上作有效之措置，势必使大河以北成为东北之续，而中国将无可救。

胡汉民已经预见到日本帝国主义在侵占东北之后，必将进而侵略华北，因此主张政治与军事双管齐下，谋求救亡之道。同函并表示："自非联合一致，难收策进之效。"此函说明，双方在南北配合，协同动作上已经取得共识。当年10月9日，冯玉祥离开泰山，前往张家口组织抗日同盟军。行前，胡汉民派曹四勿到冯处，发展冯加入"新国民党"，并资助100万元。

果然，日本侵略军于1933年即占领山海关，加紧了侵略华北的步骤。1月5日，邹鲁奉胡汉民之命密电冯玉祥称：

榆关已失，华北危急，抗日救国，万难刻缓。请公力为提携并示方针，以便一致动作。

7日，冯玉祥复电表示："凡为亲日辱国以阻挠抗日者皆为吾敌，应竭力攻击之。"又称："兹事体大，非群策群力，不能有所收效。"此后，冯、胡二人即分头活动，企图建立联合抗日的军事组织。3月，蒋介石亲临石家庄，迫使张学良引咎出洋。蒋介石旋即任命何应钦代理张学良职务，企图乘机控制北方军事力量。为了与蒋介石对抗，胡汉民一面致电冯玉祥、韩复榘、石友三、孙殿英等，促进他们之间的联合；一面致函陈济棠、萧佛成、邹鲁、李宗仁、邓泽如、刘芦隐等，要求他们予冯玉祥等人以协助。函称：

此项组织仍以抗日救国为名，并须笼罩鹿（钟麟）、韩（复榘）、阎（锡山）、冯（玉祥）及东北各旧部。

同年5月，冯玉祥在察哈尔树起抗日同盟军大旗，胡汉民认为时机已到，准备派西南抗日军北上，推进到武汉一带，然后南北并举，声讨蒋介石，合力推翻南京政府。29日胡汉民得知黄郛、何应钦即将代表南京政府与日妥协，在《致衮尧函》中云：

宁府之对日屈辱已成事实。此间同志早经决定，联合华北将领一致反对。焕章同志刻已于26日就任民众抗日同盟军总司令职，统率长城外各路义军及西北军旧部，西南抗日军亦积极北进，同时则大举剿共，使西南兵力推入长江。

31日，《塘沽协定》签字。该协定实际上承认日本占领东三省和热河，并将察北、冀东大片国土拱手让敌，胡汉民与萧佛成、邓泽如、邹鲁联名致电冯玉祥称：

> 蒋日妥协已见事实……请公立振义师,先就北平擒拿经手订立妥协之何○○、黄○○,即行讨蒋以抗日。此间当即一致动作。刻拨充○○元。

当时,胡汉民确曾紧张、兴奋过一阵子,力图动员各方力量,支持冯玉祥,奋起抗日反蒋。6月17日,胡汉民致函"新国民党"美国总支部称:

> 自冯焕章同志秉承本党同志公意,崛起张垣,就任抗日同盟军总司令,南京当局对之横施压迫,尤无所不用其极。党国危难,至于如此,非我党同志团结奋起,攘除奸凶,实无以救亡。

察哈尔抗日同盟军成立后,南京政府即调集大军围攻,同时以金钱收买,胡函所称"横施压迫","无所不用其极",确是事实。7月29日,胡汉民《致冯生函》又云:

> 自塘沽协定屈辱签字,断送国土至达46万方里,且以滦东一带为中立区,收编逆军,使之盘踞其间,近并勾结敌逆,期消灭抗日之冯、方诸将领。

冯,指冯玉祥;方,指方振武。为了消灭抗日同盟军,南京政府甚至不惜勾结日本侵略军和伪军张海鹏部等联合进攻,本函反映出胡汉民对此的强烈愤慨之情。

由于外有大军进逼,内有财政困难,冯玉祥于8月17日回泰山隐居。24日,胡汉民致电慰问,认为"时局更新,似尚有待",但是,胡汉民并没有消沉。他一面支持冯部方振武、吉鸿昌两军继续讨蒋抗日,一面继续联络南方各省实力派,同时,整顿"新国民党",改变其组织系统。11月11日,胡汉民致电冯祥云:

> 此间主旨仍在团结粤、桂、闽诸省，相时而动。党务方面最近微有改革，一切机关式之组织概行废弃，以党的工作为党的组织之中心，经费之支配随之。

胡汉民希望"粤、桂、闽"诸省团结，但是，并未能如愿。同月16日，福建方面率先发动，其后，在对待福建人民政府态度上，冯、胡二人出现分歧。

据胡汉民分析，当时有四派：1.急于防闽者，如陈济棠；2.急于图蒋者，如李宗仁、白崇禧；3.欲两利而并存之者，如冯玉祥、李烈钧；4.两责而并去之者，如在上海的部分国民党中央委员。胡汉民认为冯玉祥、李烈钧的态度"最不足道"。他赞成第四派，即既反对南京政府，也反对福建人民政府。11月27日，胡汉民致电冯玉祥，告以"对宁、对闽，今后将同在我人反对之列"。大概冯玉祥在某封电报中表达了对福建人民政府较多的同情，使胡汉良颇为不快。12月10日，他致函陈融说：

> 今晨已电省，请译复马二先生矣。马二此电，措词乃与他电口气两样，意者闽所派人已到彼处，马本第三党，此电殆专为该党人发也。

12月15日，胡汉民再函陈融云：

> 最好笑者马二先生迭电催人发动倒△（蒋），而己则以转圜跛等为己任，只好婉词答之耳。

从本函看，冯玉祥曾多次电催胡汉民发动，自己则以"转圜"陈铭枢等人自任，但胡当时并没有发动的力量，因此，只能"婉词答之"了。此后，双方联系渐疏。

1934年11月，冯玉祥派高观民到香港访问胡汉民，23日，胡汉民致函冯玉祥，告以南方正在"严切准备"，又告以与高所谈两点：

其一，以为我人此时在革命工作之进行上与其为局部之指挥者，不如为全部之指导者；

其二，外交之事，以保障国家民族之福利为前提，总理遗嘱"联合世界上以平等待我之民族"，实为外交上至当不易之原则。

由于在各地的反蒋军事行动都先后失败，因此，胡汉民已经改变策略，正在和蒋介石进行政治和党务方面的斗争，所谓"与其为局部之指挥者，不如为全部之指导者"云云，正是这一策略转变的含蓄的说法。

曹任远与胡汉民的"新国民党"
——读谢幼田未刊稿《谢慧生先生年谱长编》

打开5月22日的《团结报》，突然看到一条消息：民革中央团结委员会委员曹任远同志于1991年5月4日17时因病医治无效逝世，享年98岁，这不是我不久前访问过的曹四勿老人吗？怎么竟去世了呢！

1990年我在美国的时候，曾经发现过一批胡汉民晚年的未刊函电，其中有两通涉及曹四勿。其一为胡汉民1933年1月致阎锡山函，中云："西南已成立国防委员会，矢为北方后援。因四勿同志之行，一抒胸臆。"日本帝国主义自侵占我国东三省后，即积极侵略我华北地区。当月3日，山海关及临榆县城为日军侵占。同月，在胡汉民领导下，广东、广西、福建三省成立国防委员会，以陈济棠、李宗仁、白崇禧、蒋光鼐、蔡廷锴等为委员，筹备讨蒋抗日。胡汉民希望北方也成立相同的组织，派曹四勿联络阎锡山，正是为了这一目的。其二为胡汉民1934年11月20日致邹鲁函，提议"厘整各地交通组织并确定其任务与权责"，决定"取消空洞之分部及小组"、"打破地域制，采取业务制"，即将胡系"新国民党"的成员按政治运动、文化、军事、青年、农工、特务、交通联系等方面组织起来。末注："曹四勿带省。"当时，胡汉民在香港，邹鲁在广州；带省，即带至广州。

从上述两函可以得知，曹四勿是胡汉民系的一位颇为重要的人物。

但究竟是何许人，我不知道。

后来，我到斯坦福大学胡佛研究所访问，见到谢幼田教授。谢教授是国民党元老谢持先生的哲孙，我们一见面，自然谈到国民党史，也谈到了"曹四勿"。不料谢教授竟告诉我，曹四勿是他的姑父，现在叫曹任远，还健在，住在北京劲松地区。我离美前夕，谢教授将他精心编撰的《谢慧生先生年谱长编》未刊手稿复印了一份给我，其中引有曹四勿的数段回忆。其一云：

> 中原大战紧张时，南京只有一营人了，都上了前线。双方争持不下，关键就在胡汉民身上，李、白的部队从广西出来打下长沙、岳阳，要与阎、冯会师岳阳，是拥胡的广东部队蔡廷锴和蒋光鼐从后面打下衡阳，迫使李、白退回广西。这时，只要胡汉民说一句话蒋就垮。于是，先生（指谢持——编者注）给胡汉民写一封信，由我冒险秘密去南京见胡。我到南京住立法委员卢伯琅家，他引我见胡汉民。胡汉民与我吵了一架，他说："汪精卫是什么东西，就想要官当领袖。"胡汉民从后门把我送出来，握手时我说："蒋要干你时，我再来救你！我看最多两年！"卢伯琅说："无人这样说过他。"

1930年，阎锡山、冯玉祥、李宗仁、白崇禧，以及改组派的汪精卫、陈公博，西山会议派的邹鲁、谢持等结成反蒋战线。4月，阎、冯、李分别就任"中华民国陆海空军总司令"、"副总司令"。6月初，李宗仁、白崇禧部攻占长沙。25日，阎锡山部占领济南。但是，蒋介石旋命粤军蒋光鼐、蔡廷锴出师衡阳，李宗仁、白崇禧害怕后路被截，不得已退回广西，蒋介石得以专力对付北方的晋军和冯军。正是在这个时候，谢持派曹四勿去南京见胡汉民，动员胡汉民反蒋，但这时，胡汉民支持蒋介石，曹四勿未能完成使命。

其二云：

> 民国二十一年五、六月间，胡汉民一连来了六封电报，要我去

广州。先生虽然养病，仍关注国家大事，同意我去看看。我南下后在香港拜见胡汉民，他要我参与组织"新国民党"，告诉我"只要反蒋最坚决的人"，由于特殊环境，对外皆否定其存在。参与负责的有邓泽如、萧佛成、林直勉，还有陈济棠和李宗仁、白崇禧。由胡汉民任主席，邹鲁任书记长，我为副书记长兼华东党部书记长。我随后赴华北，路过上海时见先生，先生指示"只言抗日，其余不涉"。我在泰山见冯玉祥，冯一见我就把窗帘都放下，说"好多人都不听我的了"。我介绍他加入新国民党，他宣誓，我是监誓人。我们讨论组织抗日救国军，我代表西南给他一百万。1933年春夏，他以此钱组织"民众抗日军"打日本人。新国民党在湖南、四川、贵州、福建等都有秘密发展，但因时变化，一切围绕统一抗日，且南方军人别有所图，故无结〔果〕而终。有关人员对此事皆讳莫如深。

1931年，胡汉民与蒋介石在制订"训政时期约法"问题上产生尖锐分歧。2月28日，胡汉民被蒋介石软禁于南京汤山。同年，"九一八事变"发生，蒋介石迫于各方压力，释放胡汉民。自此，胡汉民即模仿孙中山改组国民党的做法，秘密组织"新国民党"，同时，广泛联络各方力量，企图以军事行动推翻南京政权。冯玉祥是胡汉民的重点联络对象。1933年5月，冯玉祥在张家口组织察哈尔抗日同盟军，即得到胡汉民的大力支持，曹四勿的这段回忆，是关于"新国民党"和察哈尔抗日同盟军的重要史料。

谢幼田教授除赠我谢持先生年谱长编复印件外，又交给我一封给曹四勿先生的信，大意是说，我是研究近代史的，建议曹四勿先生将"一肚子的历史"向我倾诉。我回京后，将信寄给了曹先生，很快就得了他的回信，欢迎我去一谈。某日下午，我去见曹先生。曹先生正卧病在床。他挣扎着由人扶起来坐到沙发上，休息片刻后，就对我讲起来，看来，曹先生有准备，确实想把"一肚子历史"都倾倒出来。但是，老人年事已高，上午刚刚出院，身体虚弱，声音很低，他的四川口音又重，我能听懂的很少。但我不能让老人察觉，只好频频点头。其间，我曾问曹先生："山西之行如何？"曹先生答："阎锡山最不是东西！"我又问："泰山之行如何？"曹先生为我详述了和冯玉祥见面的细节，并称：他当时曾问冯，何时去张家口，冯答：就去！就去！

考虑到老人的健康状况，我不忍多打搅，在老人的谈话告段落时，我即起身告辞。我对老人说，等他身体康复以后再来，没想到老人竟突然去世了。

他的"一肚子历史"是否全带走了呢？倘有留存，很希望有关人士能公之于天下。

谨以此文，悼念曹任远先生。

陈立夫与国共谈判
——读陈立夫口述历史之一

哥伦比亚大学东亚研究所的韦慕庭（C. Martin Wilbur）教授是美国著名的研究中国近代史的权威，他和夏莲荫（Julie Lien-ying How）女士长期合作，从事口述历史工作。现藏于哥大珍本和手稿图书馆的陈立夫口述历史英文打字稿，就是他们长期劳动的结晶。它记载了大量陈立夫先生亲见亲历的史实，是研究近代中国历史的珍贵史料。这里首先向读者介绍并分析其中陈立夫与国共谈判部分。

蒋介石在《苏俄与中国》一书里说："中日战争既已无法避免，国民政府乃一面着手对苏交涉，一面亦着手中共问题的解决。我对于中共问题所持的方针，是中共武装必先解除，而后对他的党的问题才可以作为政治问题，以政治方法解决。民国二十三年底，五次围剿初告成功，中央即指派陈立夫担当这一政治任务。"夏莲荫女士对陈立夫的访问是从核实这一段话的真实性开始的。

"自然，当一个领袖写作回忆录时，他会认为，说由他发端更好些。这是不是说发端来自别处？是的。我的哥哥陈果夫和我认为，如果我们必须和日本打仗——当时看来这是不可避免的，那我们就必须解决共产党问题，和共产党联合。另一个问题是如何获得苏俄的帮助。两个问题相互关联。自然，除了我们之外，领袖还接受了别人的建议，决定是他作出的。

"当时，共产党已经冲破了包围，离开江西，剩下残部。

"蒋先生的想法是：第一，如果共产党投降，我们就可以集中力量处理日本问题。第二，如果他们采取和我们联合的姿态，日本认识到我们的抵抗是真正全民的抵抗，在制订侵略计划时就会多一点顾虑，会小心点。这样，战争的爆发就可能会推延。第三，共产党和我们联合这一事实会暗示日本，在苏俄和中国之间正在秘密进行着某些事情；尽管当时两国实际上并无这种联系。

"蒋先生将和中共、苏俄谈判这两个任务委托给我。由于我是反共斗争的主要领导人，选择我作为谈判代表将突出地显示我们的真诚，说明我们的政策已经改变。因此，我是完成这两个任务的最合适的人选。"

蒋介石在《苏俄与中国》一书里又说："到了二十四年的秋季，陈立夫向我报告，周恩来在香港与我们驻香港负责人曾养甫，经由友人介绍见面，希望我政府指派代表与他们商谈，而且他只要求从速停战，一致抗日，并无其他条件。"在陈立夫回答了第一个问题后，夏莲荫女士接着核实，陈立夫回答道：

"1935年秋，我派曾养甫去香港。我哥哥和我告诉他：如果共产党表示希望谈判和平，我们准备讨论。但是，只能说是我们的意见，不能说是蒋先生的主张。我们准备走一着棋，容纳共产党。

"为什么我们选择曾养甫去香港？因为他的同学谌小岑在那里。实际上，我们都是北洋大学的同学。谌是湖南人，积极参加五四运动，思想略为左倾，虽然不是共产党，但很亲共。他已经逐渐转变。五四运动后，我们一起在《北洋季刊》工作，曾经是好朋友。他在香港做什么？为报纸和杂志写文章。他有共产党朋友。

"谌了解双方都愿意接触，经过谌，周恩来和曾养甫获得了见面的机会。共产党在上海已经失败，我们摧毁了他们的中央机关，他们发现难以继续工作。周恩来抵达香港。他们可能接到莫斯科的命令，要求他们和我们合作。"

"曾养甫和周恩来讨论得如何？"

"我不知道。"

"9月1日，周恩来是否给果夫先生和您写过一封信，重申中共停止内战，和政府一道抗日的愿望？"夏莲荫女士继续问。

"是的。曾养甫将信带给了我们。在这封信里，中共表达了停止内战，抵抗日本的愿望。周恩来很聪明，他写信给我们弟兄，可能是想，如果他去南京，接触处于能保证他的安全这一位置的人是必要的。

"我有周这封信的手迹。我的秘书在台湾为我保存着原件。蒋先生在写作《苏俄与中国》之前，陶希圣需要这封信，我复印了一份给他。"

人的回忆有很大的局限性。陈立夫所说曾养甫和周恩来在香港会见一事，并非事实。当年6月，潘汉年受中共驻共产国际代表团委派，回国和国民党谈判，途经香港时，陈果夫曾派张冲前去会见，约定联系办法。陈立夫所说曾养甫和周恩来在香港的会见，当系张冲和潘汉年在香港会见的误记。

根据谌小岑回忆，1935年10月下旬，他在杭州浙赣铁路理事会工作，曾养甫邀他到南京，嘱以"打通共产党关系"。同年12月17日，曾养甫任铁道部政务次长，谌小岑被调到部里任劳工科长。其间，谌通过左恭和上海地下党建立联系。上海地下党派张子华以长江局代表身份到南京与曾养甫谈判。1936年5月，陈立夫向谌小岑口授国共联合抗战四项办法，其内容为：（一）欢迎共方武装部队参加对日抗战；（二）共方武装参加对日抗战时，待遇同中央军；（三）共方有何意见可向即将成立的民意机关提出；（四）共方可选择一地区试验其政治经济理想。同月，周恩来在陕北听取张子华的汇报后，于15日致函谌小岑。希望他继续推动各方，"迅谋联合"，"共促事成"。信中，周并表示，欢迎曾养甫、谌小岑到陕北商量大计。8月27日，张子华再到陕北，向中共中央汇报到南京联络的情况，带来曾养甫邀请周恩来赴南京谈判的信件及联络密码。31日，周恩来致函曾养甫，声称"国难危急如此，非联合不足以成大举"。周邀请曾养甫、陈立夫到苏区谈判。9月1日，周恩来致函陈果夫、陈立夫，函称：

分手十年，国难日亟。报载两先生有联俄之举，虽属道路传闻，然已可窥见两先生最近趋向。黄君从金陵来，知养甫先生所策划者，正为贤者所主持。呼高应远，想见京中今日之空气，已非昔比。敝党数年呼吁，得两先生为之振导，使两党重趋合作，国难转机，实在此一举。

　　近者寇入益深，伪军侵绥，已成事实，日本航空总站，且更设于定远营，西北危亡迫在旦夕。乃国共两军犹存敌对，此不仅为吾民族之仇者所快，抑且自消国力，自速其亡。敝方于一方面军到达西北后，已数作停战要求。今二、四两方面军亦已北入陕甘，其目的全在会合抗日，盖保西北即所以保中国。敝方现特致送贵党中央公函，表示敝方一般方针及建立两党合作之希望与诚意，以冀救亡御侮，得辟新径。两先生居贵党中枢，与蒋先生又亲切无间，尚望更进一言，立停军事行动，实行联俄联共，一致抗日，则民族壁垒一新，日寇虽狡，汉奸虽毒，终必为统一战线所击破，此可敢断言者。敝方为贯彻此主张，早已随时准备与贵方负责代表作具体谈判。现养甫先生函邀面叙，极所欢迎。但甚望两先生能直接与会。如果夫先生公冗不克分身，务望立夫先生不辞劳瘁，以便双方迅作负责之商谈。想两先生乐观事成，必不以敝言为河汉。

　　临颖神驰，伫待回教。

这就是陈立夫始终保存的信。它是国共关系史的重要文献。如今，哥大所藏陈立夫档案中保存着一份复印件，原件大概还收藏在陈立夫手中吧！

　　"收到上述信件后，是否很快就开始了和周恩来的会谈？"夏莲荫女士问。

　　"是的。"陈立夫答。

　　"谁参加了谈判？"

　　"张冲和中央调查统计局的代表徐恩曾。我们为周恩来的来到采取了安全措施。我想是张冲陪他旅行。"

"有别的共产党人伴随周恩来吗？"

"没有。"

"和周恩来见过几次？"

"两次。我们谈了国际形势，鼓励他们和我们联合，共同抵抗日本。周表达了对我们的诚意。我们没有提出任何条件。实际上，我们刚刚建立联系，多少有点空谈。您看，他们很焦急，我们没有理由焦急。如果我们能在军事上打败他们，就不需要和他们谈判。所以，我们将谈判拖着，事情也拖着。"

人年纪大了，事情就可能记错记乱。1936年，周恩来并未到过南京。后来的发展是：

9月22日，周恩来因为得不到国民党方面的回音，再致陈果夫、陈立夫弟兄一书，批评蒋介石"迁延不决，敌对之势非但未变，且更加甚"，要求陈氏弟兄力促蒋介石停止内战，早开谈判。信中，周恩来表示，为推动事情速成，特派潘汉年任联络代表，赴南京详申中共方面诚意，讨论双方负责代表会谈的时间和地点。10月8日，张子华自广州致电中共中央报告，曾养甫邀请周恩来飞广州或香港谈判。中共中央当即电复，提出国民党必须不再做丧失领土主权的事，不再进攻红军。同月17日，潘汉年抵达上海。21日，中共中央致电张子华，要他转告曾养甫、陈立夫，由潘汉年进行初步谈判。11月9日，毛泽东、周恩来致电张子华，要他转告曾、陈，在确保安全的条件下，周恩来赴广州谈判是可行的。11月10日，潘汉年和陈立夫在上海沧州饭店会谈。19日，在南京再次会谈。显然，陈立夫回忆的和周恩来的两次会见是和潘汉年会见的误记。尽管如此，他所说"如果我们能在军事上打败他们，就不需要和他们谈判。所以，我们将谈判拖着，事情也拖着"，正是当时蒋介石等人的真实心态。

据陈立夫回忆，其后，谈判任务交给了张道藩，就差不多搁置起来了："张道藩只是敷衍。我们只要保持这条线不断。我们必须观察和苏俄的谈判是否有明确的结果，如果没有，我们为什么要和他们谈判呢？"

"蒋先生在《苏俄与中国》一书中说：'民国二十五年5月5日，中共发出停战议和通电，随即由周恩来代表中共，潘汉年代表共产国际，到上海与张冲会商。当时我得到这个报告，对于潘汉年代表共产国际一节甚表怀疑，但据陈立夫考验后，知道他持有与共产国际通讯的密码及其来往电报无误。我认为此事真伪虚实，对本案不甚重要，故亦再未追问。潘汉年乃即到南京与陈立夫谈判.'情况是否如此？"夏莲荫女士接着问。

"是的。周恩来将潘汉年作为共产国际代表介绍给我，他说：我代表中国共产党，潘先生代表共产国际。周恩来不会介绍一个和共产国际没有联系的人。他们经常一起出席会议。还有，为了和共产国际通讯，潘汉年将密电码转交给了我。"

"你们见过几次？"

"经常。"

在1936年，周恩来并未到过上海或南京，陈立夫这里是将1937年的事误记成1936年了。1937年3月、5月、7月、8月，周恩来曾多次到上海、杭州、南京、庐山等地，和国民党谈判。由于陈立夫误记，蒋介石的《苏俄与中国》一书也跟着错了。

回忆必须和文献相结合，才可能有高度的真实性和准确性。

陈立夫与西安事变
——读陈立夫口述历史之二

一

回忆国共谈判，自然会谈起西安事变。陈立夫对夏莲荫女士说：

"张学良为自卑情结所苦。虽然蒋先生原谅他丢掉了东北，人们仍然称他为'不抵抗将军'。他需要显示，他是抗日的，而蒋是不抗日的。他需要换换'帽子'，将自己头上的'不抵抗的帽子'戴到蒋先生的头上。他感到在东北丢了面子，要在西北挣回来。

"当然，也有共产党人的鼓动和张学良渴望回东北的因素在内。有些人利用'统一战线'的口号鼓动他。其次，杨虎城和他自己的部下在背后推动他。

"西北的联合很糟糕。邵力子、张学良、杨虎城不是稳定的成分。没有任何力量能代表南京发挥平衡作用。"

"是否有点怀疑邵力子对蒋先生的忠诚？"夏莲荫女士问。

"张学良逮捕了所有中统的代理人，并且没收了他们的材料。其中有人报告邵力子，邵力子对此很不高兴。实际上，这些报告从未被送到南京。后来，我对邵力子说，我从未收到过这些报告。"陈立夫的话匣子一经打开，就滔滔不绝地讲起来。

"我意识到西安的情况不正常。我认为蒋先生太宽大了。蒋先生应该做些什么？怎能没收中统的资料？张学良的行动羞辱了中央。蒋先生应该下令张学良释放中统被捕人员。当然，领导人不能偏心。他必须研究事实。可能中统人员有错误。这是关键时期。也许蒋先生下令会使事情更麻烦。

"蒋先生通过这样那样的报告，认识到西安的形势是危险的。这就是他为什么去西安的原因。不过，他只带了很少一点警卫力量。这是清楚的，张学良和杨虎城摇摆不定，共产党和他们已经共谋了很久。

"总之，我们担心共产党和张学良之间的关系。我们坦率地要求周恩来去西安见张学良，以便使他了解我们正在准备抵抗日本。我们的谈判已经进入关键阶段。这一事实说明我们正在准备抵抗。如果我们的谈判已经有了最后结果，张学良会问：为什么还打共产党？那将不是我们所希望的。因为，我们希望张学良知道，我们的谈判已经接近但还没成功，军事行动不能放松。"

在11月10日的上海沧州饭店会谈中，陈立夫提出，对立的政权与军队必须取消，红军只能保存3000人，师长以上的领袖一律解职出洋，半年后量才录用。潘汉年当即指出，这是站在"剿共"立场上的收编条件，不是抗日合作的谈判条件。在此后的两次谈判中，陈立夫允许红军保留3万人，但收编的立场没有变。12月8日，中共中央指示潘汉年，蒋介石似尚无抗日救亡的决心，谈判显然没有速成的希望。因此，陈立夫所说，"谈判已经接近但还没有成功"，显系误记。

"为什么不能宣布，和共产党人已经接近达成协议？"夏莲荫女士问。

"一、这将显示，有一个反对外国（侵略）的联合；二、日本方面会想，这个联合背后有苏联，因此，可能会采取进一步的行动反对我们，换句话说，日本可能迅速地攻击并消灭我们。这种情况对中国、苏联都不利。"陈立夫回答。

"约在11月底或12月初，周恩来、张冲去西安向蒋先生报告谈判的进展。共产党已经原则上接受了我们的四项条件，潘汉年留在南京制订细节，草拟协议。"陈立夫继续说。

前已指出，周恩来1936年并未到南京等地和国民党谈判，因此，所谓"周恩来、张冲去西安向蒋先生报告谈判的进展"云云，也就不可能了。

"蒋先生要求我去西安报告谈判情况。我计划12月1日起飞，但是，突然发烧了。所以，蒋先生出事儿的时候，我不在西安。"

"12月12日晚，召开紧急会议，决定派遣部队讨伐西安。关于这次会议，您想起了什么？"夏莲荫女士问。

"这时，事变的报告还不详细。不过，我们都猜到发生了什么。张学良和其他反叛者在通电中表达了他们的观点，联名者包括陈诚这样的南京领导人。但是，我们估计，张学良、杨虎城是重要分子。我们一致决定，坚持原则，派遣部队讨伐西安。"

"决定是一致的意见吗？"

"有过讨论。我不记得有谁发表过反对派遣部队的意见，没有人真正反对。当然，有人劝告要谨慎。但是，在紧急会议上，这种意见并不多。我们感到最大的问题是冯玉祥，他是军事委员会副主席，态度不明朗。作为军事委员会主席的蒋先生掌握着全部军权，副主席有名无实，类似于副总统。通常，冯玉祥没有任何权力。照理说，蒋先生被关在西安，应该指定冯玉祥接任。但是，怕他利用这一位置制造麻烦。重要的问题是委任少数人负责。我们组织了一个委员会。何应钦被委任全权负责，计划军事行动。我想，这是一个非常合适的选择。蒋先生还活着，怎能将全部权力移交给副主席！我们希望避免可能出现的情况，久拖不决。"

"谁是派遣讨伐部队的主要倡议者？"

"几位元老。戴季陶特别坚决。他引证历史——就像贵国人谈历史一样，说明为了拯救领导人，中央政府措施必须坚决。他说，历史事实是，当领导人被绑架时，政府软弱，领导人肯定被害；政府强硬，领导人将安全无恙。"

"何应钦态度如何？"

"在几位元老发表意见后，何应钦拥护这一决定。我自己是100%地拥护派遣讨伐部队。我相信这是必须的，只谈判不够。"

南京方面得知西安事变的消息后,于12月12日夜召开国民党中央常务委员会、中央政治委员会紧急会议,居正、张继、戴季陶、冯玉祥、陈果夫、陈立夫、于右任、孙科、何应钦等21人出席,张群、曾养甫等列席。会议指责张学良"背党叛国",决定褫夺其本兼各职;关于指挥调动军队,归军事委员会常务委员兼军政部部长何应钦负责;但是,会议并没有立即决定派遣"讨伐"部队。推何应钦为"讨逆军"总司令,"迅速指挥国军,扫荡叛逆"的决定是16日上午政治委员会第30次会议的决定。这里,陈立夫和夏莲荫女士都记得不准确。

在各次会议上,确如陈立夫所说,戴季陶"特别坚决"。事后,戴曾将自己的发言要点告诉康泽说:"明朝英宗为也先擒去,因后方镇定有办法,明英宗才能回来。要张、杨生命掌握在我们手上,蒋先生生命才能保全。现蒋先生为张、杨所劫持,那是很危险的。现在希望全党全军要镇静,不要动摇,迅速派兵包围西安,将张、杨生命掌握在我们手中。"孔祥熙也记述说,戴季陶等人的意见是:"(张、杨)劫持统帅,以蒋公之生死为政治上之要挟。中央既不能曲从其狂悖,陷国家于沦胥;尤不能过于瞻顾蒋公之安全,置国家纲纪于不顾。昔项羽囚太公,汉高不屈,而太公卒还;清廷囚郑父,成功不屈,而郑父竟死。此中关键,固须审察;然千秋万世,终必赞果断而贬屈服。故中央政策宜持以坚定。况蒋公安全,尚不可知。示张、杨以力,蒋公倘在,或尚可安全;示张、杨以弱,蒋公虽在,或竟不能安返。"二人所述,和陈立夫所述,基本一致。

宋美龄在回忆录中说:"中央诸要人,于真相未全明了之前,遽于数小时内决定张学良之处罚,余殊觉其措置太骤;而军事方面复于此时,以立即动员军队讨伐西安,毫无考量余地,认为其不容诿卸之责任,余更不能不臆断其为非健全之行动。"因此,夏莲荫女士问:

"蒋夫人宣称,她反对派遣讨伐部队,您如何评论?"

"我知道蒋夫人反对。她应该谨慎行事。公平地讲,她毕竟是个女人。她是好人。除了国家利益之外,她关心许多事情;她的丈夫处在危险中。我不相信任何人能完全没有个人考虑。蒋夫人没有参加会议,但

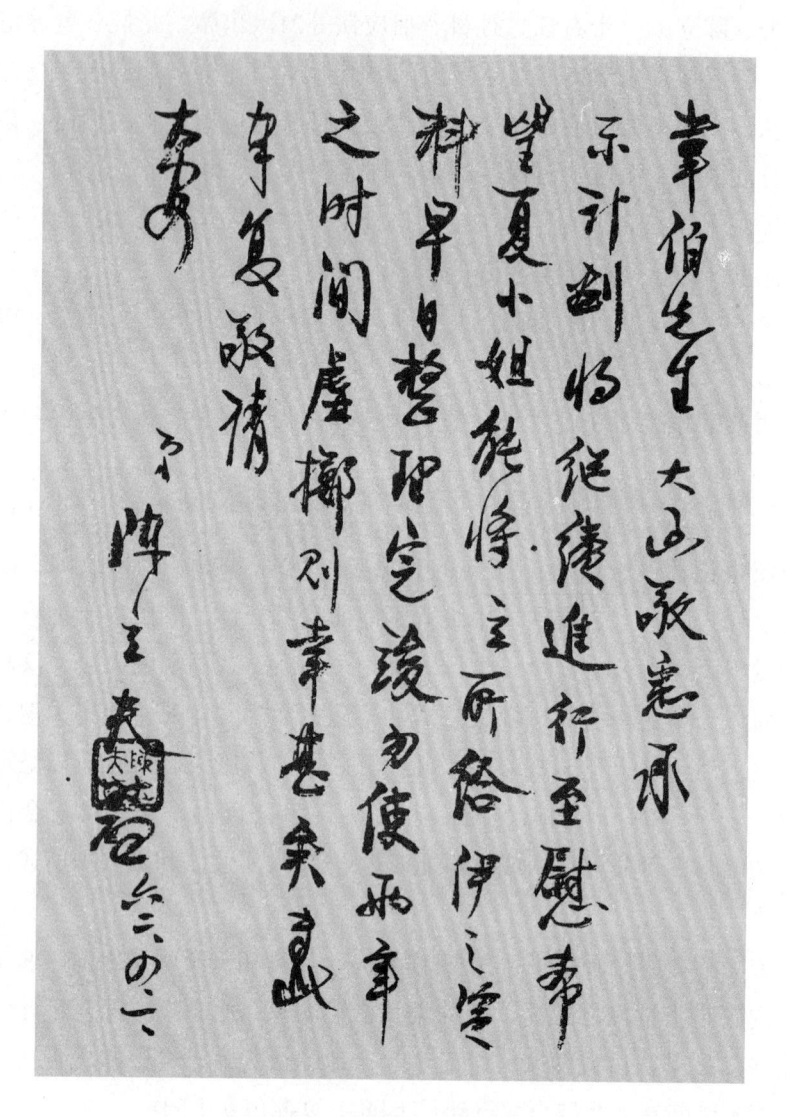

慕伯先生 大山赋寄承
示計劃將繼續進行至慰甚
望夏小姐能繼續主所務伊之等
料早日整理完竣勿使兩年
之時間虛擲則幸甚矣盼
年復致候

立夫

陈立夫致韦慕庭教授手迹

是每个人都同情她。谁不知道政府的强硬危及蒋先生的安全,但是,有谁希望拿蒋先生的生命孤注一掷呢,没有。

"如果我是蒋夫人,我将从自己的书中删除这一部分。不能忽视军事行动。我仍然怀疑,单凭蒋夫人去西安能拯救蒋先生。蒋夫人做了一件值得赞美的事——一个妇女不怕危险去救丈夫,这是值得赞美的事。但是,她不能取得全部荣誉,并怀疑别人。这就好像某个人在战后靠自称代表千万在战争中被害的人得了奖章。我认为这是错误的,是很大的遗憾。如果蒋夫人问我,我将坦率地告诉她,她错了,不应该以此伤害许多人。"

"有些人认为,某些南京领导人主张派遣讨伐部队是为了伤害蒋先生,您对此有何看法?"

"人们后来想,有人为了个人目的企图伤害蒋先生,但是,紧急会议上没有人有坏念头。这种意见是错误的。这是关系国家生死存亡的问题。没有人认为为了保护国家就应该让蒋先生出事,也没有人想牺牲蒋先生以赢得一个位置。

"值得讨论的是冯玉祥。蒋先生出事,冯玉祥继承他的军事员会主席的位置。他也许不会利用这一机会来提高自己的地位。但是,从长远的观点看,我相信个人目的指引着他。这种自私的家伙肯定隐藏在冯玉祥一类人里面,但是,在这个时刻,他们不可能很好地得到表现。如果他们这样做,他们将处于攻击之下。"

冯玉祥1927年支持蒋介石反共,1929、1933年期间反蒋,1935年12月被南京国民政府任命为军事委员会副委员长,但是,国民党对他仍怀着很深的猜忌。紧急会议上,之所以任命何应钦负责指挥军队,而不是他,其原因就在这里。陈立夫的话坦率地道出了对冯的这种猜忌。

"冯玉祥之外,是否有人怀着自私的目的?"

"龙云、刘湘一类人,谁知道他们会做什么!电报来来往往。他们后来致电南京,是得知了南京的决定,可能受了南京意见一致的影响。关于龙云,我必须多说几句。在关键时刻,他常常不和中央站在一起。

"当然,孔祥熙没有问题。宋子文刚刚从南方回来,他没有参加紧急会议。会上,没有人属于桂系。桂系中没有人利用这一机会来提高自己的位置。黄绍竑去看阎锡山，并举行讨论。没有人认为这种讨论是不必要的。由于形势严重，他们一起讨论是自然的。那些有武装的力量，阎锡山、黄绍竑、桂系，必须研究，如果蒋先生在西安丢了性命该怎么办。他们必须决定，妥协还是战斗。因此，他们之间的讨论可以看作好事。"

"黄绍竑是这个时候离开广西的吗？"

"是的。不过他、李宗仁、白崇禧经常站在一起。黄到蒋先生这里来，另两个人留在广西。他们希望给人分裂的印象。这样，如果一个人失败了，其他人将仍是安全的。这是很聪明的主意。黄绍竑和白崇禧都很聪明，李宗仁赶不上他们。

"我想，编写西安事变的历史将特别困难。如果何应钦不提出派遣讨伐部队，他可能被指责为和张学良共谋。如果何应钦更聪明，他在表达自己的观点时应该有所保留。他可以说，中央告诉他做什么，他就做什么。这样，他将不负责任。他处在一个特别困难的地位上。我充分同情何。就我所知，他不会利用形势。我为他说了这么多。我不认为他有任何自私的目的。"

西安事变中，中共方面曾认为何应钦是亲日派，"目的在造成内战，不在救蒋"，甚至说何"实欲置蒋于死地"。陈立夫的这段话，说明国民党内也有类似的看法。

"关于这一切，您对何应钦谈过吗？"

"没有机会。后来，他上前线去了。西安事变以后这些年，我们没有谈过这一切。

"蒋先生自己完全同意派遣讨伐部队。他的日记说，当他从端纳口中得知南京的计划时，感到宽慰。南京做得对；否则一切都要完蛋。如果他的日记完全真实，他应该感谢南京的正确决定。实际上，何应钦的行动应该受到嘉奖。"

"您是否和戴季陶谈过这一切？"

"是的。很少的几次。我和他谈的就是现在和您谈的。我相信南京决定坚决采取军事行动主要是为了拯救蒋先生。我现在可以说，某些事是绝对真实的。自西安事变以后，戴季陶控制自己，不再大胆说话。罗家伦已经提到这一点（罗的纪念戴季陶逝世周年祭的文章，见《中央日报》，1959，题为《戴季陶、何应钦与西安事变》）。戴先生说，他仅仅是为了拯救蒋先生，但是，某些人不理解他。他很不高兴。他不仅不愿意大胆地讲话，而且，除非蒋先生征求他的意见，他也不愿意向蒋先生建议任何事情。在各种会上，他很消极。他推动我大胆地提出许多重要的问题，例如，降低金价60%的问题。我说：'您自己为什么不讲？'他说：'不想讲。我讲得太多了，经常被误解。'他被伤害了。毕竟谁不读蒋夫人的书！这本书伤害了许多人。我告诉您的关于戴先生的事基于事实。当然，他的消极对我们是损失。"

二

谈完派遣"讨伐部队"的有关问题后。陈立夫又接着谈起潘汉年和共产国际来：

"正如我所说，如果不发烧，我会去西安。我不在西安，有好处。参加12月12日会议之后，回到家里，当晚无论如何不能入眠，我不断问自己：我能做什么？

"第二天早晨，我请潘汉年到我家来，要求他致电共产国际，分析西安形势。作为共产国际代表，他应该电陈意见，帮助决定政策。我建议他指出，如果蒋先生出了什么事，其结果将是灾难性的。中国将失去抗日的领导人。日本由于企图征服我们，必然发动侵华战争，其后，目标将转向苏联。其结果不仅关系中国的存亡，也将关系苏联。我还建议他报告，人们一致反对张学良，支持蒋先生。他同意并且起草了电报，我们将它译成密码发出了。此前，为了和共产国际通讯，他将密码转交给了我们。

"为了免得周恩来在西安火上加油，次日，我要求潘汉年再次致电共产国际，报告全国一致反对张学良，同时希望共产国际指令周恩来，设法保证释放蒋先生，至少，指令他不要'加油'。

"第二天，接到了来自共产国际的一份电报，中称：收到了潘的两份电报，他对形势的分析是正确的。共产国际赞同他的观点，并已按建议致电周恩来。

"我有这三份电报的副本。不幸，1938年和其他重要文件一起丢失了。"陈立夫补充说。

"共产国际给了中国共产党一项指令，大意是：蒋先生的安全意味着苏联的安全。"陈立夫接着说。

在西安事变后，潘汉年确曾和陈立夫有过联系。12月19日，毛泽东致电潘汉年，指示他"向南京接洽和平解决西安事变之可能性，及其最低限度条件"[1]。21日，又指示潘向陈立夫提出五项合作抗日要求。谌小岑也回忆，曾养甫告诉他，潘汉年已经到了一次南京，他和陈立夫同潘汉年在中央饭店谈了一次，交换了解决西安事变的意见。谌小岑又回忆说，潘是以第三国际和中共中央的代表身份来同陈立夫、曾养甫谈话的，谈话内容是双方同意西安事变可以在停止内战，一致对外的条件下和平解决，让蒋介石回到南京。但是，陈立夫所说，他要潘汉年致电共产国际以及共产国际回电等情节，目前还没有其他文献可以证明，尚须进一步研究。

"后来，我们发现，在蒋先生被绑架之后，共产党报纸表示了极大的满意，希望张学良杀死他。以后，政策突然转变。

"若干年之后，蒋梦麟问我西安事变以及我和共产党谈判的情况，我告诉了潘汉年电报的事情。他告诉我，西安事变之后，他去看一个重要的苏联人，可能是驻北平总领事。这个俄国人告诉他，蒋先生将会被释放。蒋梦麟对我说，他经常奇怪，这个俄国人为什么能说得如此肯定。他说，他现在终于明白了。"

西安事变之初，中共确曾有过惩罚蒋介石的打算。12月13日，中共中央召开政治局常委扩大会议，由毛泽东报告。会议提出，"以西安为中心来领导全国"，"要求罢免蒋介石，交人民公审"，认为"把蒋除掉，

---

[1] 中央文献研究室编：《毛泽东年谱：一八九三——一九四九》（上卷），第627页，中央文献出版社，2013年12月第1版。

无论在哪方面，都有好处"。[1]会后，致电共产国际，报告上述意见。同日，毛泽东、周恩来致张学良电称："元凶被逮，薄海同快。"建议张"向全体官兵宣布蒋氏卖国残民罪状"。[2]15日，毛泽东、朱德、周恩来、张国焘等15名红军将领致南京国民党、国民政府电称："公等而果欲自别于蒋氏，复欲自别于亲日派，谓宜立下决心，接收张、杨二氏主张，停止正在发动之内战，罢免蒋氏，交付国人裁判……"[3]但是，17日以后政策就迅速发生变化。17日，周恩来致电毛泽东及中共中央，提出"为缓和蒋系进兵，使我集中分化南京内部，推广全国运动，在策略上答应保蒋安全是可以的"。[4]18日，中共中央致电国民党中央，提出召集全国各党各派各界各军的抗日救国代表大会，决定对日抗战，组织国防政府、抗日联军，实现孙中山先生的三大政策等五项要求，电报表示，如能实现，"蒋氏的安全自由当亦不成问题"。[5]19日，中共中央再次召开政治局会议，张闻天提出，当前的主要问题是抗日，并不是对蒋个人的问题，将蒋介石交给人民审判的口号是不妥的。会议产生了两个文件，即《中华苏维埃中央政府及中共中央对西安事变通电》和《中共中央关于西安事变及我们任务的指示》，明确提出和平解决的方针。中共中央随即指示周恩来和潘汉年，在和南京谈判时声明，在有关条件得到相当保证时，"恢复蒋介石之自由"。

12月16日，共产国际执委会曾致电中共中央，内称："张学良的发动，无论其意图如何，客观上只会有害于中国人民的各种力量结成抗日

---

[1] 杨奎松著：《西安事变新探》，第310页，山西人民出版社，2012年3月第1版。

[2] 《毛泽东、周恩来关于重兵置于潼关、凤翔、平凉等问题给张学良》，《中国共产党关于西安事变档案史料选编》第181页，中央档案馆编，中国档案出版社，1998年6月第1版。

[3] 《红军将领关于西安事变致国民党国民政府电》，《中国共产党关于西安事变档案史料选编》第201页，中央档案馆编，中国档案出版社，1998年6月第1版。

[4] 《周恩来关于到西安后与张学良所谈情况给毛泽东并中央电》，《中国共产党关于西安事变档案史料选编》第213页，中央档案馆编，中国档案出版社，1998年6月第1版。

[5] 《中共中央关于西安事变致国民党中央电》，《中国共产党关于西安事变档案史料选编》第219页，中央档案馆编，中国档案出版社，1998年6月第1版。

统一战线，只会助长日本对中国的侵略。"电报要求中共中央"坚决主张和平解决这一冲突"。但是，由于电码错误，无法译出，中共中央不得不去电要求重发。20日，共产国际才发来了正确无误的电报。因此，将中共中央对蒋态度的转变说成是共产国际来电的结果是不确切的。

中共中央对蒋态度的转变有着多方面因素。12月14日，苏联《真理报》发表社论，认为"南京政府方团结国内一切力量向抗日之途径进行，乃反动派顽强阻遏此种运动，张学良所部叛变之原因，应予此中觅其解释"。社论并说："张学良固曾有抵抗日本之一切机会，乃彼抱不抵抗主义，不战而将东北各省让与日人。现又以反日运动为投机，高抬反日旗帜，事实上促进国家之分裂，沦中国为外国侵略者之牺牲品。"17日，再次发表国际述评，指责张学良，肯定南京政府。在政治局扩大会议上，毛泽东、张闻天都提到这两篇文章。他们虽然不赞成苏联对西安事变背景的分析和对张学良的指责，但在最终确定和平解决的方针时，显然考虑了苏联的态度。

"根据一份情报，苏联命令中国共产党为释放蒋先生而工作的原因之一是一条新闻：事变之后，希特勒从德国南部的巴伐利亚派出一架飞机去接汪精卫。他担心中国的形势，忧虑在张学良和共产党人之间可能形成公开的联盟。他希望汪精卫能利用头班轮船回国。斯大林害怕这将使汪精卫重掌权力，中国将接近德国，那将对苏联不利。"陈立夫说。

"情报来自何处？"夏莲荫毕竟是有经验的访问者，接着问。

"我们有情报来源。这条新闻被塔斯社由柏林发往莫斯科。西安事变三个月之后，由一个在共产党内有很高位置的人泄露给我们。我不记得他是谁了。按照他所说，莫斯科指令中共为释放蒋先生而工作之前，在蒋先生的命运问题上，中共分为两派。

"我相信希特勒和汪精卫会见的情报是可靠的。这是事实，在和希特勒会见后，汪精卫立即从一个意大利港口乘船回国。"

陈立夫认为苏联建议和平解决西安事变是由于塔斯社的一条新闻，未免简单了些。但是，从苏联当时的国内外政策去说明苏联和共产国际的态度，无疑是正确的思路。

三

陈立夫在对西安事变得以和平解决的原因作了多种分析以后,接着叙述蒋介石回到南京以后的情况。

"我和其他高级官员到机场欢迎蒋先生,并且跟随他到他的住所。蒋先生背伤未愈,躺在床上。他要我进去看他。我最关心的是周恩来在西安事变中的态度,第一件事便是问:'周恩来态度如何?'蒋先生说:'不坏!不坏!'我感到很大的宽慰。

"然后,我建议,中央军各部继续全线西进,夺取延安,一举消灭共产党。——您瞧,我将最高机密都告诉了您。"陈立夫对夏莲荫女士说。

"我对蒋先生说,共产党是虚弱的,不真诚的。您必须走在前面,命令何应钦全线西进,向延安进军,碾碎共产党人。按照我对形势的估计,我们应该立即进攻延安,并且夺取过来。鲍格莫洛夫(当时苏联驻华大使——笔者)已经建议说,如果中共不听我们的意见,就消灭它!我坚信,如果我们进攻中共,苏联将不会反对。当然,苏联政策后来改变了,但是,那时候,我们有消灭共产党的绝好机会。中央军已经进入潼关,那在事变以前是决不可能的。"

人类历史上的许多事件都不见于文献记载,特别是那些二三人相谋于密室的事,因此,当事人的回忆就有着特殊的不可取代的重要性。陈立夫的上述回忆,就属于这类情况。

"但是,我的建议没有被接受。蒋先生不说'是',也不说'不'。当然,蒋先生健康不佳。他太慈善了。他相当熟悉中国文化。由于周恩来在西安事变中的态度,可能使他感到,共产党真心实意地要抗日,否则,为什么不利用事变的机会伤害他?他想:'别人对我好,我不能伤害他们。'"

历史的发展不决定于个别人的良心或愿望。蒋介石之所以不再坚持攘外必先安内的反共方针,决定于当时国内外的形势,把蒋介石没有接受进攻延安的建议说成是被周恩来所感动,仍然是把复杂的问题简单化了。

毛泽东、李富春的一封未刊英文函件
——美国所见中国名人书札

哥伦比亚大学珍本和手稿图书馆藏有毛泽东、李富春的一封英文信件，是中美关系史的珍贵资料，现译出，格式一依原函：

延安，陕西，8.20.1938

援华会
促进和平与民主同盟
第4街268号
纽约，美国

亲爱的先生：

八路军卫生部经由艾格尼丝·史沫特莱小姐得知，7月份八路军野战医院的综合费用共650美元，必须偿还在汉口的纽约花旗银行，此款现已偿还该行。八路军卫生部同意这一做法。

7月份资助余款已经兑换为中国货币2571.43元，正式报告已经寄出。

野战医院的一份详细的初步的报告也已寄出，今后将按月报告有关情况。

八路军卫生部希望借此机会表达他们对得到巨大援助的真诚谢意，并且希望这种援助能够继续。这种感谢不仅发自卫生部，而且发自所有得到你们很多帮助的伤员。

您的真诚的，致以敬意的

毛泽东（签字）　李富春（签字）

八路军卫生部

毛泽东（签字章）

李富春（签字章）

当年6月15日，毛泽东曾写信给延安《解放》周刊编辑吴亮平，要他代为起草一封信给一位美国"同情者"，信云：

亮平同志：接了美国一位同情者的信，我想请你起草一封回信。信内除感谢她外，并说及八路抗战情形，请她转告美国兄弟姊妹们多给我们援助，我们和他们是站在一起的。

毛泽东、李富春的英文函件当亦由别人起草。两封信之间或许存在着联系。致吴亮平函中所称"美国一位同情者"，或即史沫特莱。

促进和平与民主同盟（League For Peace And Democracy）是当时美国最大的反战和平组织，拥有400万会员。它曾支持西班牙人民的斗争。中国抗战开始后，该同盟即组织专门的援华委员会（China Aid Council），当时称为美国援华会，或译全美援华委员会。该会设总部于纽约，并在各地建立分会五十余处。援华会的主要活动为开展抵制日货运动，举行反对轰炸中国的示威，组织周游讲演，动员募捐。该会成立不久，即向中国派出两名医生、一名护士，同时按月接济医药救济费用1500美元。本函所称7月份的资助，当即指这一笔款项。

Yenan, Shensi, Aug. 20, 1938

China Aid Council
League For Peace And Democracy
268 Fourth Avenue
New York City, USA

Dear Sirs:

The 8th Route Army Medical Service has been informed thru Miss Agnes Smedly of the mix-up in funds for the month of July for the Front Field Hospital of the 8th Route Army, involving a sum of US$ 650.00 which had to be repaid to the bank of City of New York, Hankow. The sum has been repaid to the bank and 8th Route Army medical service agrees with the action taken in this respect.

The remainder of the funds for July have been transmitted amounting to $2,571.43 Chinese and an official reciept is on the way.

In regards to the Field Hospital a detailed preliminary report has been sent and will be followed up by regular monthly reports in the future.

The 8th Route Army Medical Service also wishes to take this opportunity to express their sincere thanks for the tremendous support that has been forthcoming and hope that in the future such help will continue. This thanks not only from the Medical Department but from all the wounded and suffering who have been able to obtain much needed help from your support.

Sincerly, with Greetings,

毛泽东   李富春

8th Route Army Medical Service.

毛泽东、李富春的英文函件

保卫中国同盟与中国"工合"运动的珍贵文献
——读宋庆龄往来英文函札

哥伦比亚大学珍本和手稿图书馆藏有宋庆龄英文往来函札多件。其中一部分，美国圣若望大学李又宁教授已经作过评述，[1]这里将全文译出这些信件，并在李文的基础上，进一步探讨其历史内容。

哥大所藏宋庆龄函件，除个别手迹外，均用保卫中国同盟信笺，英文打字。大部分发于香港。

保卫中国同盟1938年6月14日成立于香港，由宋庆龄发起。其目的为动员、鼓励全世界爱好和平、民主的人士以医药、救济物资供应中国，支持中国的抗日战争。列名发起的还有印度尼赫鲁、美国保罗·罗伯逊、德国托马斯·曼以及冯玉祥、孙科、宋子文等。宋庆龄任中央委员会主席，宋子文任会长，廖承志任秘书长。邹韬奋、金仲华、陈翰笙、路易·艾黎、沙尔文·克拉克、诺曼·法朗士、爱泼斯坦、史沫特莱、斯诺、王安娜等均为"保盟"成员。在其活动的年代里，它为中国人民的解放事业做出了巨大贡献。

在有关宋庆龄的大量文献中，哥大所藏只是很小的一部分，但即使是这一部分，也足以充分展现宋庆龄的功绩和伟大品格。

---

1 《介绍最近发现的几封孙中山和宋庆龄的信》，《近代史研究》1991年第2期。

1938年8月5日宋庆龄致哈斯克尔先生

  大札叙述了在为中国征集捐款时遇到的困难,极有帮助,非常感激。我们得以充分了解,由于敌方的阴险宣传和反动分子歪曲我们卷入的各种问题,美国公众普遍冷淡。我们一定尽力工作,在将来为您提供丰富多采的资料和激动人心的呼吁书。

  在美国的收获如此微小,令人十分沮丧。我本来期望很大,其理由,这里不必说了。

  您在划拨资金给汉口的林博士时碰到了困难。我们组织保卫中国同盟正是为了确实地解决诸如此类的问题。好几个集团军都有代表驻在香港,他们也是我们同盟的成员。我们将愉快地按照您的指定,将资金划拨给某一个集团军或组织,并从那里取得收据。请详细说明您希望资助的处所,以便发送资金。由于可能从汉口撤退,发送或邮寄资金到那里是不明智的。我们将愉快地尽一切可能发挥联络作用。

  我正计划在最近几天内飞赴汉口,希望能找到办法,迅速补救对外宣传及与之相关的不足,同时将提出您在信中叙述的某些困难。

  具有严格保密性质的事务请直接和我联系,不必通过我们的办公地址香港和上海银行转。我的地址是:香港Conduit路11号,2A房间,宋庆龄夫人。

  致以兄弟般的问候!

您的十分真诚的
宋庆龄(签字)

  又及,请尽可能广泛地分发我们的通告。

宋庆龄

本函大部分为英文打字，"又及"以下，为宋庆龄手迹。哈斯克尔（Haskell），生平未详，当为美国援华会工作人员。林博士，原函作Dr. Lim，当指林可胜，福建厦门人，著名医学家。多次组织医疗队，参加抗日医疗救护工作。1937年10月，组织红十字会救护委员会，任救护总队总队长。1938年任国民政府军政部卫生行政人员训练所主任。

宋庆龄写这封信的时候，保卫中国同盟成立才一个多月。附言中提到的"通告"当即《保卫中国同盟成立宣言》，该《宣言》声明：为了加强和扩大国外援华工作起见，所有愿意与保盟合作的机构，均可与保盟香港中央委员会取得联系。保盟中央委员会可以：（1）成为各机构与其所支援的中国有关方面之间的桥梁；（2）供给各机构消息及有关的建议。宋庆龄要求哈斯克尔尽可能广泛地分发这份《宣言》，以扩大影响。

从信中可以看到，由于日本帝国主义的阴险宣传等原因，"保盟"开始工作时很困难，收效不大，但宋庆龄坚韧不拔，积极改进，力争以最好的成绩奉献给中国人民的解放事业。

1938年9月8日宋庆龄致哈斯克尔先生

附寄我们的《新闻通讯》。在我去广东之前收到您7月12日极有启发的来信。出于对您的信任，我不想隐瞒，从大札中获得信息是我们海外运动获得成功所必需的。如果您能不断地向我个人提供美国的情况，我将十分感激。

实现访美愿望还不可能。我已被选为广东省海外动员委员会委员，即将再去广州以保持必要的联系。我下面给您的地址是在中国期间的永久地址，请将所有的信件寄到我的私人地址。

感谢您为在精神和物质上援助我们而作出的巨大努力，祝您成功！

您真诚的

宋庆龄（签字）

（孙逸仙夫人）

2A房间

Conduit路11号

香港，中国

9月8日，1938年

《新闻通讯》，保卫中国同盟的英文机关刊物，自1939年4月1日起，初为两周刊，后为月刊，并增出中文版。据本函，此前当已不定期出版过。

当年8月20日，宋庆龄离港赴穗，到广州会见中共中央代表邓颖超。次日，赴各医院慰问受伤将士及被敌机轰炸的难民。下旬，向美国世界青年大会发表广播演讲，声明中国将"拼死的斗争，坚持抗战，直到最后的胜利"，呼吁英美不要和日本贸易，停止将原料和技术输给日本[1]。同月25日返港。本函所称广东之行，指此。

宋庆龄非常重视华侨的力量。1937年12月，她支持广东群众团体成立华侨抗敌动员总会，任名誉主席。次年3月，她与何香凝联名发表《致海外同胞书》，呼吁华侨支援祖国抗日部队。本函所称广东省海外动员总会，或即华侨抗敌动员总会。宋庆龄发出此信后不久，又再返广州。当时，华侨抗敌动员总会正在召开第二届会员代表大会。宋庆龄曾为会议写作《华侨总动员》一文，要求"加紧华侨中的团结，充实与扩大华侨救国的组织，统一华侨运动的领导"[2]，对于"海外动员"工作，起了重要作用。

1938年11月21日宋庆龄致顾维钧

"中国人民之友"法国协会（地址：Irue de Clichy）来信说：愿以展览及义卖中国工艺品的方式为我们募款。圣诞节期间，在伦敦

1　汉口《新华日报》，1938年8月24日。

2　《宋庆龄选集》，第133～136页。

的援华会也在做类似的努力，为此，我们已寄去了十大箱的绣品、字画、象牙、玉及其他中国工艺品。

我们希望：您与法国友人仁慈地合作，容许他们在中国大使馆举行义卖；您和顾夫人，及知名的法籍中国之友担任赞助人。这样会吸引众多人群，会保证成功，并有效地宣传我们的宗旨。明年1月，一个类似的义卖将在华府或纽约举行。何时寄出（义卖的）物品，由何船运载，容后奉闻。这些物品是在香港的所有中国妇女捐赠的。为了避免上税，这些物品将直接寄到尊处。The Messageries Maritime（法国邮船公司）将免费为我们运送。

谢谢您。

您的非常真诚的
宋庆龄
（主席）[1]

"中国人民之友"法国协会由法国52个和平团体组成，社长赫礼欧（Ed. Herriot），法国社会急进党总裁，曾任内阁总理，当时任众议院议长。该会积极支持中国的抗日战争，曾举行多次演讲会，呼吁抵制日货；又曾向国联大会、法国内阁及外交部上书，要求尊重中国领土完整及主权独立。该会还曾号召为救济中国难民捐款。仅据1938年9月初的统计，捐赠款项即达50万法郎，捐赠人达2万余之众。当年2月12日，该会在伦敦召开世界援华大会，有欧洲五国代表参加。在伦敦的援华会，指英国援华运动总会，成立于1937年9月，会长为李斯陶威尔爵士（The Earl of Listowel），其任务为向中国捐赠医药用品、布匹；组织集会讲演，抵制与日本的贸易；散发日本侵略的文件等。

"保盟"成立后，宋庆龄即倡议在国外举行义卖，借以筹集经费。香港的五个妇女团体——全国妇女救援会、中国妇女士兵救济会、中国妇女俱乐部、中国基督教女青年会、广东妇女新生活运动委员会等积极响应宋庆龄的倡议，至1939年4月中旬，共募集中国艺术珍品4500余件，

---

[1] 本函用李又宁教授译文。

先后在伦敦、巴黎、纽约三地举行义卖。本函即为与驻法大使顾维钧接洽义卖而作。

1938年12月2日宋庆龄致哈斯克尔先生

来电敬悉。您同意协助我们举办义卖会，十分高兴。这次义卖的收益将捐献给伤兵、战争孤儿、难民，他们的总数已超过6000万，我们已无力供养。救援的需要每日都在增加，但我们几乎得不到来自美国的捐助。

现在我正动员中国不同组织的全体妇女，帮助向富人收集捐献品。我们已成功地得到了若干很有价值的刺绣、磁器、漆器、卷轴、古玩等，全是中国民族工艺。义卖会将能为中国向公众作出有影响的宣传。我们正在法国和伦敦进行同样的努力以募集资金，但是，最有价值的物品将送到纽约。

由于我们的书记沙尔文·克拉克夫人休假一月，义卖会的大部分工作落到了我的肩上。这里有这么多工作要做，使我无法设想美国之行。我们发出的每一件物品都附有标签，标明价格，因此，您将了解每一件物品的基本价格。由于它们是免税的，请尽力争取最高价格，不要跌价出售。

我们希望将这些箱子装上"总统门罗"号，12月23日启程，2月10日到达纽约。为了便于免费运输并免税，这些箱子将寄给中国驻华盛顿大使胡适博士。我早已写信给胡博士，请他在货物到达时派遣代表，或指令驻纽约领事取货。可否请您和中国领事取得联系并派遣一些代表陪同中国领事接收并检查这些货物？

稍晚一点，当这些物品登记并列表后，将寄给您一封更详细的信。

本函为接洽在纽约举行义卖而作。沙尔文·克拉克（Hilda Selwyn-

Clarke），香港医务总监司徒永觉的夫人，"保盟"的名誉书记。总统门罗号，原函作President Mondoe，疑为President Monroe之误。

1938年12月7日顾维钧致宋庆龄

11月21日大札敬悉。对您为救济我国战争难民而作出的高尚努力谨致谢意。在法国，我们已在为同一目标工作。举行了几项活动。和美国、英国比较，这里只有少数人能象上述两国一样进行施舍；虽然募集并送往中国的数目不大，但也表达了法国对中国的普遍的同情。考虑到目前为救济中国战争难民的中国物品义卖会正在举行，因此到下一年早些时候方可举行另一次慈善义卖，这样，我们可以有时间准备并有足够的间隔以重新引起兴趣。

按照我们的经验，美丽的物品能卖得好价格，从而增加义卖的收益。能否告诉我，您何时可以发出义卖的物品？

致以最高的敬意！

您的真诚的

顾维钧

本函为复宋庆龄11月21日函而作。

顾维钧热情支持宋庆龄的义卖计划。由于顾的努力，所有运到法国的义卖物品均获得免税。

1939年1月18日宋庆龄致哈斯克尔先生

我们的秘书已将名义上是寄给驻华盛顿大使胡适的物品目录寄给了您。这些箱子将于2月10日到达纽约。我们希望，您将和纽约中国战灾难童委员会取得联系，该会的领导人为塞巴斯蒂安·艾尔夫人、穆丽尔·德雷珀夫人、路易斯·瑞娜、爱德华·卡特夫人等，她们也是中国人民的朋友，会帮助您举办正在发起的义卖会。位于百老汇大街的华昌贸易公司的李国钦博士也会帮助您，他懂得中国古玩，能带领许多富有的收藏者来参观展览。

　　我刚从乡下旅行归来，很快又要离开。以后还要作出南方难民生活条件的报告。请原谅只能写这封短简。祝您在援助我们方面取得成功，并祝新年好！

您的真诚的
宋庆龄（签字）

本函亦为接洽在美义卖而作。纽约中国战灾难童委员会，美国援华组织之一。1938年3月7日，宋庆龄发表《向全世界妇女申诉》一文，呼吁世界妇女采取措施，援救无数在战争中失去了父母的中国儿童。纽约中国战灾难童委员会正是在宋庆龄的这一号召下成立的。李国钦（原函作Dr. K. C. Li），爱国华侨，纽约华昌贸易公司董事长兼总经理，曾任美国中华协会副会长。

1939年3月28日索耶小姐致宋庆龄

　　附寄3月24日星期五的信，尽管形势已经改变，但我希望您知道当时我正在想什么。

　　星期六，贵国领事馆打来电话称：美国国务院已经通知中国大使馆，我国财政部没有发现允许货物免税入境的先例。我不知道，您给大使馆打电报是否对此有利，但我相信有此可能。如此巨大数量的一批货物以"国际优惠"为理由获准免税进口，在目前形势下，可能没有什么事情比做到这一点更困难了。如果可能，我计划在一两天内去华盛顿，了解真正的困难所在，以及有无改变裁定的希望。Mr. C. Y. Chen可能和我一起去。

如果裁定不能改变，我们必须交税，将争取付得少一点。我需要知道，您能否从运来的物品中将1830年前制造的艺术品分出来。按照我们的法律，在任何情况下，此类物品进口都是免税的。我意识到，这样做可能对您太麻烦了。如果您做不了这么多，我们会理解。在这些物品中，如果有明显的古董，鉴定人会分辨出来的。我们需要尽早得到您收集的证据。

这批物品的领事发货单寄给大使馆了吗？我们尚未收到。如果我们必须交税，那就必须有一份。没有发货单而要提取物品，唯一办法是邮寄一份笼统的保证书，但那样也必须在6个月内接到发货单。

我们都很遗憾，未能尽早打通我国国务院。不过，面对贵国大使馆的请求，我们将事情全都扔给他们，似乎是轻率的。从大使馆得到任何信息都是很困难的。

最真诚的

伊迪丝.O.索耶

理事

附：3月24日函：

我们很苦恼，不能通过海关及时提取运来的艺术品；更加苦恼的是，我们感觉到，牵连到的有些事较之通常的官样文章还要严重。从胡适博士的秘书那里，我们得到口头保证，大使馆已经做了所能做的一切。我们相信，直接来自您的电报将鼓励他们作进一步的努力。我想，我们可以通过有影响的朋友去打通我国国务院，但是，贵国大使馆的代表强烈要求我们不要主动做什么。

在为准备展览及义卖做了这么多的工作之后，如果这批物品不能到手，或者被要求和别的组织合办，那将事实上破坏援华会的威信。毫不夸张地说，我们有数百名有兴趣的人在等着这次义卖，他们中的许多人卓越而能干。推迟义卖自然会减少兴趣，但我们相信，如果得到物品，我们将能举办一次成功的义卖。

很早以前，我们曾建议中国战灾难童委员会帮助这次义卖，但他们太忙。这是我们为什么现在不愿和别的组织共同发起的真正理由。即将出现的义卖委员会将是一个由杰出人物特别组成的团体。

因为延迟，需要另雇一人，管理机构，推进展览和销售。在纽约，此类事情需要高明的技术。花点钱处理更多的事务比只用志愿人员弄糟事情好得多。其经费将从收益中扣除，我们希望得到您的批准。为了义卖，这是必须的。我们正试图向一些有兴趣的朋友筹款，以弥补这笔开支，因为我们喜欢尽可能将全部收入都交给您，用之于中国。

我的大部分时间必须用于重组美国援华会，以便通过它的分会及组织新分会的计划有效率地工作。当然，我也会密切关心展览和义卖。

下周，我们将海运大约一吨已用过但仍完好的外科设备。约值4000美元。买新的要花两倍以上的钱。要求设备和药品的新呼吁已经发出。如果上述设备无法使用，请立即赐告。

我们正在进行民意测验以了解当地分会对抵制（日货）和禁运的态度。到目前为止，援华会的政策仅限于救济。在下次执行委员会会议上，我们将讨论一项政策上的可能转变。我们的希望之一是做最能帮助中国的事。我们有一些优秀的执行委员会成员，如果我们能获得进行组织所需要的资金，委员会将迅速发展。我们付给工作人员的工资仅可勉强维持生活，我们需要更多这样的人，以继续保持已经建立的联系并利用正在增长的对中国的兴趣。

我希望希尔·达·沙尔文·克拉克夫人了解此新的内容，可能直接将信寄给她转您，因为我不能十分肯定您现在的地址。

索耶（Edith. O. Sawyer），美国援华会理事。运往法国、英国的义卖物品均顺利获得免税，但在美国则碰到困难。据1939年4月15日出版的《新闻通讯》第2期报道："不幸，纽约美国海关至今尚未同意免税。在华盛顿的中国大使胡适博士目前正在争取获得免税。同时，组织义卖和捐助义卖的各妇女团体在4月6日的联合会议上，决定向富兰克林·D·罗斯福夫人发去下列电报，求得她的帮助。"该电由宋庆龄领衔。本函反映出美国援华会方面的努力。

当时，美国是日本主要的军火和军用原料的供应国，日本从美国的进口数约占其总进口数的54%。美国援华会成立后，曾不断发动抵制日货运动，同时要求对日禁运军火、军需，曾派代表赴华盛顿国会请愿。索耶小姐3月24日函称："正在进行民意测验以了解当地分会对抵制（日货）和禁运的态度"，显然是在为新的行动做准备。

1939年4月14日宋庆龄致顾维钧

来电敬悉，得知义卖的箱子已转交中国人民之友社的Etienne Constant夫人，非常感谢。

附寄备忘录一件，当地"中国工业合作"（CIC）促进委员会要求转给您，希望得到来自您的信息与合作。

致以最好的祝愿！

您的真诚的
宋庆龄（签字）

1937年秋，埃德加·斯诺及其夫人海伦·斯诺与路易·艾黎等在上海提出，鉴于中国沿海工业区已经或即将沦于日军之手，后方工业品十分缺乏，建议采用合作社的方式，在大后方发展小型手工业和半机器工业，生产各种迫切需要的日用品，以支持长期抗战。宋庆龄积极支持这一倡议。1938年8月，中国工业合作协会总会成立。随之，工业合作运动（Chinese Industrial Cooperation）在各地兴起，简称"工合"。1939年1月，根据艾黎的建议，为了避免重庆方面控制并贪污海外捐款，将之用于"最急需的地方"，在香港成立中国工合协会国际委员会。宋庆龄任名誉主席。不久，又成立工合香港促进委员会，宋庆龄任主席。其后，宋庆龄即积极在美国、英国、菲律宾、新西兰、澳大利亚等地建立工合推进委员会，大力争取国际援助。本函称"附寄备忘录一件"，"希望得到来自您的信息与合作"，显然，宋庆龄试图得到顾维钧支持，在法国推进"工合"运动。

1939年7月25日宋庆龄致索耶小姐

您盛情经由沙尔文·克拉克夫人转来的1102元支票收到，附寄收据两张。

您的真诚的
宋庆龄（签字）

据不完全统计，1939年前后，保卫中国同盟从纽约美国援华会得到的援助额为：美元4258.81元，法币9556.09元；从麦迪逊、诺坦普顿、费城、得克萨斯等地美国援华会得到的援助额为：美元1757.27元，法币127.57元。本函所称转来的1102元支票当即其中的一部分。

1939年10月宋庆龄致亚瑟·柏朴

本函英文本曾刊于1939年10月出版的保卫中国同盟的机关刊物《新闻通讯》第9期，题为《孙逸仙夫人致外国团体的信》，中文本收录于1983年5月上海人民出版社出版的《永远和党在一起》，题为《给外国机构的一封信》。两种文本均无收信人，看来当时是寄给许多外国机构和个人的。

亚瑟·柏朴（Arthur Pope），美国救济中国战灾难童会主席。
由于本函已有中文本，故此处不录。

1939年10月宋庆龄致普赖斯小姐

普赖斯（Mildred Price），纽约美国援华会的执行秘书。本函内容与致亚瑟·柏朴同。

1940年5月24日宋庆龄致亚瑟·柏朴

支票收到，收据随信附上。谨代表我们的委员会向您致以深深的谢意。我已经得知您对我们工作的巨大兴趣。感谢您的不断支持，它已使挽救无数幼小的日本侵略的受害者成为可能。我去前线访问6周，刚刚回来，在我访问过的不同团体中，战灾难童受到我特别的注意。

不久我将寄一封详细的有关这一问题的信给您。随信寄去一张战灾难童的快照，它是我在视察旅行中抓拍的。

致以最热烈的问候！

您的真诚的

宋庆龄（签字）

（孙逸仙夫人）

据有关资料，1939年前后，美国救济中国战灾难童会曾向保卫中国同盟捐款388美元。本函所称收到的"支票"，当即该项汇款。

1940年3月31日，宋庆龄与宋霭龄、宋美龄自香港飞抵重庆。4月初，与宋霭龄一起到重庆第一儿童保育园慰问难童。5日，三姐妹巡视被敌机轰炸的重庆市区。8日，赴伤兵之友社医院慰问伤兵。22日，飞成都视察中国工业合作协会成都事务所，参观"工合"产品展览会。5月9日返港。本函所称"访问6周"，指此。

1940年5月26日宋庆龄致普赖斯小姐

我到内地作了6周旅行，刚刚回来。在那里，我见到了您的朋友并且收到了您的信息。但我仍然希望得到详细的回答。

同时，我还必须告诉您，对您为我国战争受难者所做的杰出工作，我是多么感谢！自您参加援助中国委员会以后，巨大的进步明显可见，至于捐赠品的增加，就不用提了。我已写了封短信给洛克伍德博士，感谢他帮助在费城成功地举办了音乐会。

从现在起，我将更加用心，试着写一封信去美国。正在讨论的妇女问题确实是个问题，不过，像所有问题一样，它不能表面地加以解决。这需要时间。

致以个人的问候和敬意！

您最真诚的

宋庆龄（签字）

美国援华会在费城设有分会。在当地举办的音乐会，也是向中国提供援助的义演。因此，本函中，宋庆龄除了对普赖斯小姐的出色工作表示感谢外，也顺便告诉她，已去信感谢帮助组织义演的洛克伍德（Lockwood）博士。

1940年7月16日宋庆龄致普赖斯小姐

附上尊处寄给"中国工业合作协会"的300元收据。

S-C夫人已去碧瑶，您的信将由办公室秘书转给她。

当保卫中国同盟发起中国工业合作协会时，我们的组织还有其他的承诺。当您尝试募捐时，请记住这一点。更多的人对后一组织感兴趣,因此,经常有钱来自各方。

信即将发出,我必须止笔。致以热烈的感谢和问候!

您的真诚的

宋庆龄(签字)

S-C夫人,当指沙尔文·克拉克夫人,碧瑶(Baguio),菲律宾的一座城市,位于马尼拉之北。

为了广泛争取支持,动员菲律宾华侨支援祖国抗战,宋庆龄曾派斯诺夫妇去马尼拉组织"工合"菲律宾推进委员会。其后,又在碧瑶建立了同样的组织。路易·艾黎曾去两地演讲,获得很大成功。克拉克夫人去碧瑶,当亦为推进"保盟"和"工合"运动。

本函中,宋庆龄指出,更多的人对"工合"有兴趣,"经常有钱来自各方",这是非常正确的。据不完全统计,至1946年止,英国"工合"推进委员会对中国"工合"的捐款为10万英镑。美国"工合"推进委员会的捐款为300多万美元,连同港澳、菲律宾、新西兰、澳大利亚等地,约计500万美元左右。[1]

1940年8月27日宋庆龄致普赖斯小姐

捐款拜收,呈上收据。对您的努力,谨表示我们诚挚的谢意。

我已指示会计,在将来更细心地列出捐献清单,并且向援华会颁发所捐全部金钱和物资的荣誉状,而不一一给予个人。这确实是由于办公室打字员的粗心,以致使她登录了贵会分支的认捐额。

美国战灾难童会参加贵会,这是个极好的消息。我希望您已经收到我为战灾难童出版的专刊,其中提到,在30万以上战争难童中仅有2万受到照顾。因此,非常需要为这些日本暴行的无辜受害者寻

---

[1] 卢广绵:《抗日战争时期的中国工业合作运动》,《文史资料选集》第71辑,第126页。

求资金，建设更多的住宅，特别在西北地区，由于到目前为止，这一问题尚未受到充分注意，要求就更加迫切。

听到普赖斯小姐关于中国工业合作协会款子的不满，我很惊讶。我们经常迅速地将款子转交（中缺）回答说，他们已经从保卫中国同盟的会计那里收到了全部款子。如果普赖斯小姐能给她的朋友写一封信，更清楚地说明何项款子我们没有转交，事情将会立即得到澄清，因为我们可靠的秘书掌握着所有给中国工业合作协会的支票。

眼下我极忙，短简乞谅。

致以热烈的问候！

您的真诚的

宋庆龄（签字）

保卫中国同盟由香港大学教授诺曼·法朗士（N. H. France）任名誉司库，有严格的财务管理制度。从本函看，由于打字员的粗心，出现了某些差错，宋庆龄立即采取措施，加以改进。

1940年12月7日宋庆龄致普赖斯小姐

11月16日大札敬悉。谢谢。附呈我们的司库寄给您的支票收据两张。听到您的许多活动，我们很高兴，对您提到的某些困难，我们也能很好地理解。

沙尔文·克拉克夫人早已写信给您，阐明委员会关于医药救济的观点。保卫中国同盟仍然主要负责国际和平医院的维持和供应，此项工作，我们不能直接依靠（中国红十字会总会）救护总队（或美国医药援华会）。我记得沙尔文·克拉克夫人说过，美国医药援华会仅提供物资，它的援助主要用于林博士及其救护总队，这已成为一项主要原则。但是，林博士完全忙于满足主战场的需要，除了偶然向游击队员或游击区派遣一个医疗队外，不能提供更多的帮助，后者要依靠国际和平医院。

援华团体广泛直接地以经费支持国际和平医院之所以仍然非常重要，其原因就在这里。

关于经由保卫中国同盟为中国工业合作协会所募的款项，我们运用同样的原则。我尽量特别支持前线及游击地区，尽可能地将特别指定为中国工业合作协会的款项用在"游击单位"及前线地区的特别计划。中国工业合作协会的一般经费必须分配于他们活动的全部领域，但是特别指定的经费可由在香港的国际委员会（保卫中国同盟之下的）处理，并直接送到我们认为非常重要的地区，是中国工业合作协会应当立即发展的。

我们的难童经费主要用之于西北地区，边区孤儿院及延安附近的"小鬼"训练学校。在那里的儿童，不仅受照顾，而且被训练去做有用的和建设性的工作。

总之，保卫中国同盟坚持早已得到赞同的政策，首先援助那些不能从一般救济工作，红十字会及援助中国组织得益的所有前线及游击区。

自然，我们希望，贵会将继续支持此项工作。

目前，游击区正面临日军全面进攻，因此，种种原因说明，他们从海外朋友处得到支持，远较过去任何时期为重要。

我希望，你们计划在1月举办的美术义卖与展览能获得巨大成功，从而在新的一年里取得更好的工作条件。

您最真诚的

宋庆龄

保卫中国同盟中央委员会主席

国际和平医院，抗战初期创建于晋察冀的一所医院，没有固定院址，主要为中共所领导的游击区军民服务。1938年，国际和平大同盟世界代表大会在伦敦通过援华决议，其后，宋庆龄即积极和中共方面联系，筹备建院。该院由英国援华会捐助建院费,第一任院长为白求恩,第二任院长为柯棣华。宋庆龄对该院一直给予巨大关注和支持。《新闻通讯》也经常报道该院消息,此外,延安保育院也受到宋庆龄的特别关注。

  鉴于八路军、新四军的条件极为艰苦,因此,保卫中国同盟一直将援助的重点放在中共所领导的解放区。例如,"保盟"1940年的援助账单即记载:国际和平医院,46878.46元(港元,下同);红十字会医疗救济会,9639.80元;八路军,27411.50元;新四军,14990.83元;中国工业合作社,30616.69元;战灾儿童,5789.47元;难民救济,5511.03元;鲁迅艺术学院,9800元;抗日军政大学,923.87元。在本函中,宋庆龄坦率地向普赖斯小姐通报此点并说明了理由。

1941年1月11日宋庆龄致普赖斯小姐

  拜领您最近寄来的捐款,呈上收据。

  在委员会上部分地宣读了您的坦率的来信,很受欣赏。大多数您指出的问题是我们的问题。可以奉告的是,我们正在重建我们的机构、成员,并且坚决在广阔的基础上推进我们的政策,以适应需要和形势。

  詹姆斯·伯特伦先生现在是我们的发言人,他将回答大札中有关问题。不过,他和我都正可怕地忙于在本月举行音乐舞蹈演出会。我们经常好像处在奔跑中。如果不是因为财政运动,继之以《新闻通讯》,两星期之后,我肯定将专注于您的问题。

  同时,请接受我热烈的新年祝福和对您献身于我们共同事业的感激。

您的真诚的

宋庆龄(签字)

  本函发于九龙。詹姆斯·伯特伦(James Bertram)或译杰姆斯·贝特兰，英国人，1932年考入牛津大学。1937年来华，曾秘密去延安访问毛泽东。1938~1939年任《先驱报》、《卫报》驻华特派员。1941年任英国驻重庆大使馆新闻参赞。他曾在"保盟"的《新闻通讯》上发表《关于国际和平医院的报告》、《同日本摊牌》、《纪念白求恩》等文。

为救济战争难童，保卫中国同盟中央委员会曾于1940年10月18日在香港半岛旅馆举行过音乐舞蹈演出会，著名舞蹈家戴爱莲和上海市立乐团歌手斯义桂等参加演出，获得成功。1941年1月22日，同盟又与援助昆明医院委员会共同发起，在香港皇家剧院举行演出会，所得收入用以援助国际和平医院及遭到严重轰炸的昆明医院。戴爱莲、斯义桂再次参加了演出。

1941年2月18日宋庆龄致普赖斯小姐

1月28日大札给我们带来了好消息，贵会在纽约成功地为中国获得了大量救济物资。如果您能指令将他们运到香港，我们将非常感激。

由于日本人占领了惠州附近的道路，从香港经过广东北部到达内地的通道现在不能开放。我们希望这只是暂时的，通道将能迅速开放。目前，我们在仰光没有代理人，这条路线又远，而且经过滇缅路运送救济物资还需要特别的安排。在这两条路线中，香港—广东要快得多。

我注意到，您剩下了一些圣诞卡。如果可以储存起来，请留待下一年使用。

由于中国人民力量的强大和公众舆论以及人民武装的形成，中国的内战暂时得到阻遏。我感到，我们的外国朋友，此地的和海外的，已经为促进统一战线所做的或将要做的努力，仍然是一个重要的因素。我们都感激在纽约的朋友迄今为止所做的一切。

您提出的与菲希顿先生谈话有关的四个问题我已转交陈翰笙博

士，请他回答。我想，在下一封信里，他会回答您。

最近，我们增加了同盟工作机构的人员，并且建立了更多的工作部门。沙尔文·克拉克夫人负责与欧洲国家的通讯，陈翰笙博士将处理和美国朋友的通讯。

致以热烈的祝福！

您的真诚的

宋庆龄

孙逸仙夫人，主席

1941年1月上旬，国民党当局制造皖南事变，抗日统一战线面临着破裂的危险。14日，宋庆龄与何香凝、柳亚子等联名致电国民党中央，谴责事变，要求国民党和蒋介石"撤消剿共布置，解决联共方案，发展各种抗日实力，保障各种抗日党派"。在国内外爱国、民主力量的反对下，这次事变未发展为更大的风潮。2月15日，"保盟"的《新闻通讯》发表《统一战线继续存在》一文，报道事变真相，说明局势已经缓和，要求国内外一切民主力量继续努力，维护国内、国际反侵略统一战线。本函为向美国友人通报有关情况而作。

当时，在"保盟"中央委员会的领导之下，建立了四个小组委员会：诺曼·H·法朗士领导的财政委员会、麦克斯·比克顿领导的运输委员会、邹韬奋领导的宣传出版委员会、玛丽恩·苔德领导的促进委员会。本函称"建立了更多的工作部门"，即指上述各机构。

圣诞卡，1939年、1940年，"保盟"都制作了具有中国艺术特色圣诞卡，委托美国援华会等友好组织出售，收入全部用于救济中国的战争难童和伤病员。函中所称圣诞卡，指1940年所制。

1941年3月6日宋庆龄致普赖斯小姐

我想知道，您是否已经见到了埃德加·斯诺，他正在纽约。我乐意将他作为保卫中国同盟的创始人介绍给您。毫无疑问，您早已熟悉他在援助中国工业合作运动方面所做的各种工作。

作为中国人民的朋友，他可能易于同意在美国发表讲演。如果在援助中国委员会主持下他有某些讲演的机会，我们将很感激，他能向美国公众说明同盟的目标和活动。

兹答复您2月28日大札中询问的项目。D1与D2在香港买不到。我们的办公室有关于价格的资料，引录如下：

绷带用品，40码（yd.）长，36″宽，每卷港币5.3元

橡皮膏，7″×1yd.，每罗港币72元

安全别针，每罗港币35分

脱脂棉，每箱224磅，港币224元，或每磅港币0.75元

纱布，40yd.×28″，港币4.5元

棉布，作绷带、包装等用，40yd.×36″，港币8.6元

棉布，作小袋用，40yd.×36″，港币6元

一般地说，如果您收到了此类捐赠，望运至香港，我们再转运内地。当您指定捐款用于制造此类物品时，我们将安排在此购买此类物品并转运内地。中国工业合作协会下属的任何单位都能制作绷带、脱脂棉花及纱布。

凯思琳·霍尔小姐是一位负责公众健康的护士，她在山西南部的红十字会里做了一年多医疗工作，成绩突出。最近回故乡新西兰，途经香港。您可以想起，她是和白求恩博士一起在五台山工作的朋友中的一个。

根据她的报告，现在在山西和河南有14个孤儿院，4491个儿童，五分之二是女孩。她们急迫需要的是医药、衣服、食物、教育用品与房屋。

目前，生活费到处都在飞涨，但是，儿童的食品补助却因为缺乏经费而无法增加。现在，负担一个儿童的食品和其他开销至少需要中国货币1元。汇率是18元中国货币兑换1美元。

由于需要抚养的儿童不断增加，几个孤儿院虽早已找到经费，

但都不够。根据霍尔小姐提供的情况，我可以愉快地说，这些孤儿院在条件允许时能很好地工作。

　　食品、教育用品之外，医药是紧迫的需要。眼病、一般的儿童疮、抓伤、跌倒，还有夏季疾病的药物供应不足。来自半饥饿或饥饿地区的儿童需要鱼肝油和维他命B产品。

　　我知道，在边区的孤儿院得到当地政府的财政支持，但是，这种支持太不足了，仅能维持每日最贫乏的食品，包括小米、面条、馒头和黄豆。另一方面，护士和教师的数量似乎差不多。每8至10个儿童有一名护士。我知道，这些教师和护士在延安的师范学校和医药学校受过训练，他们中的有些人毕业于抗日大学。

　　那些孤儿院进行简单的初等教育，包括读、写、算术、唱歌、体育和政治教育。圣诞节在信徒的家里庆祝。中国新年（今年1月27日）一般受到重视。儿童节（4月4日）和双十节（中华民国国庆）放假。教育设备如积木、粘土、可塑材料等供应不足。通常的玩具不需要。

　　由于霍尔小姐的报告，我对于那些孤儿院进行一般的卫生训练获得印象。孩子们被教以一般的健康和环境卫生习惯。什么时候才能得到牛痘和血清的供应，使当地政府的防疫站能给孩子们种牛痘和免疫？

　　希望您已经收到了我2月18日的信。与英文版一起，同盟正在这里出版中文版半月刊《新闻通讯》。

　　致以友好的问候！

您的真诚的
宋庆龄
孙逸仙夫人，主席

　　1941年1月，斯诺在香港从宋庆龄与廖承志处得悉皖南事变情况，曾向美国发出急电，公布事变真相，导致美国政府中止一笔新贷款的谈判，国民党政府因此取消了斯诺的采访权，迫使斯诺返回美国。本函

中，宋庆龄希望普赖斯小姐为斯诺提供机会，向美国公众介绍"保盟"。

凯思琳·霍尔（Kathleen Hall），教会护士，1939年12月以中国红十字会外籍人士后备队员的身份赴山西工作，1941年初因病回国医治，途经香港时，向"保盟"提交了一份长篇报告。该报告详细叙述了中国西北部人民饥饿和缺医缺药的状况，也介绍了在八路军总部、国际和平医院以及各地孤儿院所见。出于对孤儿们的关怀和爱护，宋庆龄在本函中特别为他们提出了救援要求。

1943年4月17日宋庆龄致普律德小姐

李约瑟博士给我带来了您的短简，从而得知您在纽约活动的部分情况，很高兴。上周我在贵国大使馆时，一位朋友提起，他听说，您试图控制在纽约的"工合"美国推进委员会。我笑了，评论说："这必然是联合对华救济会那里来的。"他点头，我们两人都大笑起来。后来，我向他叙述了"保盟"和这个联锁组织打交道的经历以及现在的僵局。当我写到这里的时候，我想知道，贵处是否已经有人试图会见蒋夫人，听她如何谈论路易。我想，罗斯福夫人能在这方面给予很多帮助。

卢广绵上周给我打了电话。他大为改变，甚至提出将杭立武（陈立夫的人）增补进委员会。

您读了特迪·怀特关于河南饥荒的报告（《时代》，5月）吗？它提供了真相和该地区可怕的情景。大批灾民正在涌入宝鸡，"工合"可以救济他们。不幸的是，路易的努力被挡住了。他被劝说呆着，完全不要动。说实在的，没有什么事比这更使人丧气的了。

这封信必须立即发出。请代我问候佩（Pey）、高洛克（Galack）小姐、巴布科克（Babcock）夫人。致以最好的祝愿并望不要泄气（我也正在试着这样做）。

宋庆龄（签字）

本函发于重庆，为宋庆龄亲笔，左上角并有Strictly personal（绝对个人的）等字。

收信人普律德（Ida Pruitt）出生于山东烟台，在中国度过幼年时期，后回美国读书，毕业后再来中国，任职于北京协和医院。抗日战争爆发后到上海，与路易·艾黎、斯诺等共同发起"工合"运动。1938年到香港，任"工合"国际委员会秘书。后被宋庆龄派回美国，组织"工合"美国推进委员会，邀请罗斯福夫人任名誉主席，普律德自任秘书，为支持中国抗战做了大量工作。晚年执教于美国宾州大学。著有 *A Daughter of Han: The Autobiography of a Chinese Working Woman*（《汉族的女儿：一个中国劳动妇女的传记》）等书。

联合对华救济会（United China Relief），或译"救济中国难民联合委员会"，由美国对华医药救助委员会、劳工对华救济委员会、中国妇女救国会、对华紧急救济委员会等团体组成。以罗斯福之子西尔多·罗斯福为主席。该会也为支持中国抗战做了大量工作。但该会与美国各地绅、商、资本家及保守派工会领袖关系密切，当时中共领导的武汉《新华日报》曾发表文章称："这一团体有很多弱点，他们在组织上排挤进步分子合作与参加，又该会并不注意群众的组织与团结，仅作运动的发动与号召。"[1]从宋庆龄此函看，联合对华救济会与"工合"国际委员会及推进委员会之间存在着矛盾。宋庆龄领导的"工合"运动主要援助中共及八路军与新四军，这可能是联合援华会对"工合"和普律德不满的主要原因。

路易，指路易·艾黎，新西兰作家、诗人。1927年来华。抗战期间，积极支持宋庆龄成立保卫中国同盟，倡导工业合作运动。卢广绵（函中作Lu Kwang-mian），原在华北从事棉业合作工作，抗战爆发后到上海参加全国农业调整委员会，旋又参加胡愈之等人发起的星一聚餐会，与路易·艾黎及斯诺夫妇相识。不久，投入"工合"运动。杭立武（函中作Han Lih-wu），安徽滁县人。毕业于金陵大学，先后留学美、英两国。时任三青团中央干事会候补干事。后曾任教育部常务次长。

---

[1] 汉口《新华日报》，1938年7月27日。

Strictly Personal

Chungking
April 17, 1943

JUN 7 1943

My dear Miss Pruitt,

Dr. Joseph Needham gave me your note from which I was glad to learn something about your activities in N.Y. Last week I was at the U.S. Embassy & one of the friends mentioned he heard you were trying to "dominate" the CIC committee in N.Y. I laughed & remarked: "It must have come from a U.C.R. agent!" He nodded & we both laughed heartily. Then I related to him also about COL's experiences with this interlocking directorate organization and our present impasse.

As I write these lines I am wondering whether you people have tried to interview Mme. Chiang &

宋美龄致普律德小姐函手迹

"工合"运动受到国民党政府,特别是CC系的嫉恨。不少"工合"工作人员被捕,甚至被害。1942年末,国民党政府宣布解除路易·艾黎的"工合"技术顾问职务,企图迫使他离开中国,其理由是:艾黎在洛阳与共产党员共同搞阴谋,利用蒋夫人的钱使八路军有所依靠,为新四军制造草鞋[1]。本函询问普律德,美方是否已有人会见宋美龄,听她如何谈论路易,当即为此。本函又称:卢广绵"大为改变,甚至提出将杭立武(陈立夫的人)增补进委员会",可以曲折地反映出CC系对"工合"运动所施加的压力。

特迪·怀特(Teddy White),西奥多·怀特(Theodore White)的昵称,中文名字为白修德,1938年毕业于哈佛大学,1939年至1945年任美国《时代》杂志驻重庆记者。1943年,河南发生大灾荒。《大公报》因报道了有关情况,被国民党政府勒令停刊三天,怀特随即决定偕同英国《泰晤士报》记者前往采访。同年5月,怀特在《时代》杂志5月号发表文章,报道了当地因为严重饥饿而出现人吃人现象的可怕情景,并且严厉批评了国民党政府的腐败和救援工作效率的低下[2]。当时,"工合"西北办事处设在宝鸡,本函反映出路易·艾黎曾准备动员"工合"予以救济,但受到国民党当局的阻挠。

信中,宋庆龄劝普律德不要灰心,自己也将同样做。在当时的条件下,宋庆龄尽可能地为救济河南灾民做了许多事。当年5月15日,在重庆发起赈灾足球义赛。其后,又通过美国援华会的帮助,自联合对华救济会取得5万美元捐款[3]。

---

1 路易·艾黎:《"工合"运动记述》,《文史资料选集》第71辑,第105页。
2 参阅西奥多·怀特、安娜·雅各布著《风暴遍中国》,解放军出版社,第175~190页,1985。
3 宋庆龄:《从香港到重庆》,《永远和党在一起》,第36~42页,上海人民出版社,1983。

孔祥熙所藏西安事变期间未刊电报
——读孔祥熙档案之一

西安事变期间,孔祥熙任南京国民政府行政院代院长,负责处理有关事务。他藏有大量关于事变的电报和文件,其间颇多外间少见或从未见过的,现从哥伦比亚大学珍本和手稿图书馆所藏缩微胶卷中择其未刊而重要者介绍如下:

一、《张学良致宋美龄电》(1936年12月12日)

张学良发动事变的当日,曾与杨虎城等19人联名致中国国民党中央执行委员会、国民政府主席林森、各院部会等,提出八项要求;另有张氏以个人名义致孔祥熙电,说明发动事变的苦衷。此外,还有一电致宋美龄,全文云:

蒋夫人赐鉴:

  学良对国事主张,当在洞鉴之中。不意介公为奸邪所误,违背全国公意,一意孤行,致全国之人力、财力,尽消耗于对内战争,置国家民族生存于不顾。学良以戴罪之身,海外归来,屡尽谏诤,率东北流亡子弟含泪剿共者,原冀以血诚促其觉悟。此次绥东战起,举国振奋,介公以国家最高领袖,当有以慰全国殷殷之望,乃

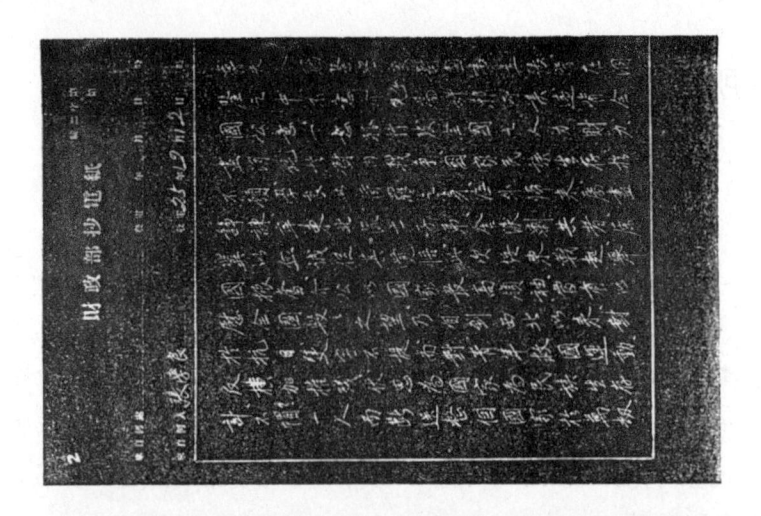

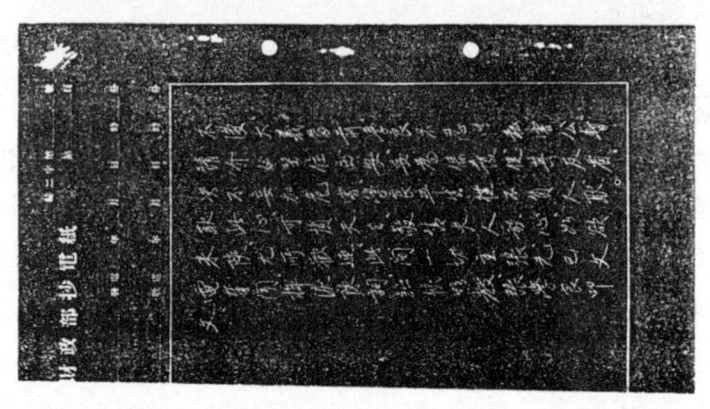

张学良致宋美龄电

自到西北以来，对于抗日只字不提，而对青年救国运动，反横加摧残，伏思为国家、为民族生存计，不帽〔忍以〕一人而断送整个国家于万劫不复。大义当前，学良不忍以私害公，暂请介公留住西安，妥为保护，促其反省，决不妄加危害。学良平生从不负人，耿耿此心，可质天日。敬请夫人放心，如欲来陕，尤所欢迎。此间一切主张，元巳文电奉闻。挥泪陈词，伫候明教。张学良叩。文。

本电主旨也在于说明发动事变的苦衷，希望得到宋美龄的理解，其中对蒋介石有激烈的批评，但也有某种回护，例如"不意介公为奸邪所误"等句，目的在保留转圜余地。电报特别表示，保证蒋介石的安全，欢迎宋美龄来陕，对促使宋美龄下决心以和平手段解决事变，显然有重要作用。

二、《孔祥熙致樊崧甫电》（1936年12月12日）

樊崧甫为孔祥熙的"及门弟子"，时任南京中央军洛阳前线指挥。西安事变后，樊即调集兵力集中潼关，对西警戒侦察，并电孔祥熙、何应钦报告。同日，孔祥熙复电嘉勉。电云：

急。洛阳樊师长崧甫弟勋鉴：松密。西安事变，吾弟率旅前进，警护侦察，进行神速，足证爱护委座、爱护国家，至佩至慰。兄已密嘱敬之兄妥为布置，星速应援，请安心应付。洛阳治安，尤盼加意维护为要。兄即晚赴京，并以奉闻。文亥。沪寓。

三、《宋美龄复张学良电》（1936年12月13日）

事变发生时，宋美龄正在上海。当夜，她和孔祥熙及蒋介石的澳籍顾问端纳匆匆返回南京。此前，南京国民党中央已决定褫夺张学良本兼各职，交军委会严办，国民政府并下令拿办张学良。13日晨，宋美龄读到张学良来电，力排众议，主张对事变不采取"急剧之步骤"，随即决定派端纳及黄仁霖赴陕，查明情况。同日，宋美龄复电张学良。电云：

西安张副司令汉卿兄勋鉴：奋密。昨在沪上，惊悉西安兵变，即晚来京，接奉文电，深以为慰。吾兄肝胆照人，素所深佩，与介兄历共艰危，谊同手足。在沪未接电前，已知其必承吾兄维护，当决无他；来京获读尊电，具见爱友之赤诚，极为感慰。惟精诚团结，始足以御侮抗敌；沉着准备，乃足以制胜机先。介兄自九一八以来，居处不宁，全在于此。吾兄久共军机，凤所深悉。凡吾兄有所建议，苟利国家，无不乐于采纳。介兄以地位关系，不得不加以慎重，藉避敌人耳目。吾兄贤明，当必深谅此意。我国为民主制，一切救国抗敌主张，当取公意。只要大多数认以为可，介兄个人，当亦从同。昨日之事，吾兄及所部将领，或激于一时之情感，别具苦衷，不妨与介兄开诚协商，彼此相爱既深，当可无话不说。否则别生枝节，引起中外疑惧，不免为仇者所快，亲者所痛，想吾兄亦必计及于此。至如何安慰部曲，消弭事端，极赖荩筹。介兄一切起居，诸祈照拂，容当面谢，并盼随时电示一切为荷。蒋宋美龄叩。元。

张学良的来电是善意的、友好的，宋美龄此电也不得不报以同一态度，除对张发动事变表示谅解外，特别强调张、蒋之间的友谊，希望二人"开诚协商"，"只要大多数认以为可，介兄个人，当亦从同"，已经暗示了接受条件，转变国内外政策的可能。后来宋美龄回忆西安事变时曾说："余复以长函致张学良，告以彼等此举将使国家前途受严重之打击，余深信其鲁莽灭裂之举动，初无断送国脉、陷害领袖之恶意，应及时自拔，勿贻噬脐之祸。"宋美龄此电同时以书信的形式交端纳带去，所以宋美龄回忆时称为"长函"。将宋美龄的回忆和原电相较，可以发现，两者的口吻、语气有很大的不同。

四、《孔祥熙致张学良电》（1936年12月13日）

张学良12日致孔祥熙电是打到南京的，他在上海从电话中得悉张电内容后，曾立即复电张学良，肯定其"爱友爱国"，发动事变事出有因，

孔祥熙致张学良电

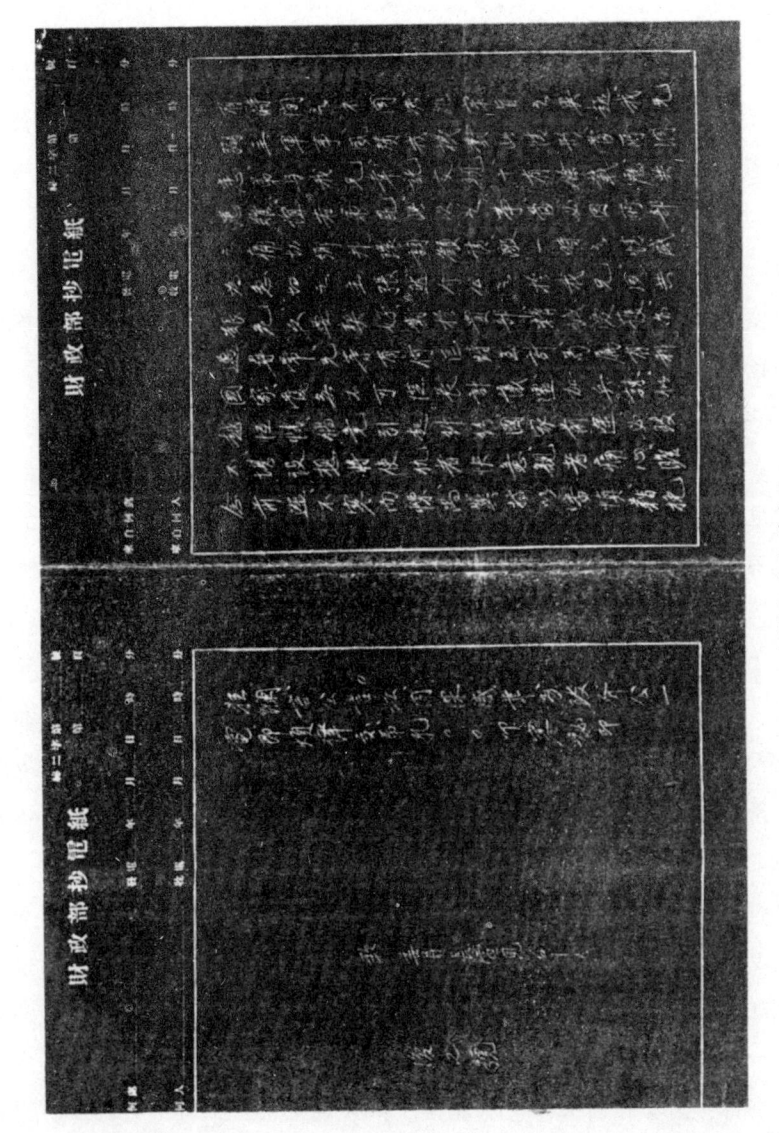

"或兄痛心于失地之久未收复，及袍泽之环词吁请，爱国之切，必有不得已之苦衷"。他当时最迫切的是要和张学良建立无线电联系，以便谈判。电云：

> 西安张副司令汉卿勋鉴：奋密。返上各电，未知得达否？现弟对于国事，尚有种种意见，亟待奉商。尚希指定电台一处，以便随时通讯，而免延误。伫盼电复为荷。弟孔祥熙叩。元秘。印。

五、《孔祥熙致杨虎城电》（1936年12月13日）

事变初起，孔祥熙不明底细，因此，单独致杨虎城一电，企图说服杨，由杨出面说服张学良及诸将领，电云：

> 西安杨主任虎城兄勋鉴：一密。汉卿兄及兄等公电均奉悉。当此危疑震撼之秋，舍精诚团结无以救亡抗敌。介公自九一八以后，居处不宁，全在于此。盖抗敌准备，无时不萦脑际。吾兄与介公久同袍泽，夙共患难，其一言一动早为吾兄所洞悉，亦为国人所共见。此次西安将领主张，与介公意见，仅有时间之不同，而衷心策划，初无二致。其所以不愿腾诸口说者，当系地位关系，不得不出诸审慎，藉避敌人耳目。吾兄谅必同此见解。汉卿兄及所部将领怵于国难，意或激于情感。惟当此风雨飘摇之际，为共支危局计，不妨开诚协商，以介公之虚怀若谷，当无不尽量容纳。倘托名抗敌救亡，而劫持主帅，自起纠纷，则不惟足招栋折梁摧之祸，亦且反为仇者所快，亲者所痛，是以救亡始者适以速亡，以抗敌倡者转以资敌。不义不智，徒贻中外之讥。诸将领素具爱国赤诚，宁能见不及此。吾兄光明磊落，风义夙敦，务乞转达汉卿兄暨诸将领，动以情感，晓以大义，俾非常事态立予消弭，则功在国家，岂有涯涘。弟今晨莅京，正与中央协商，俾内外主张共趋一致，仍祈吾兄益励初衷，多方疏解，如荷见教，幸随时电示为祷。弟孔祥熙叩。元秘。印。

本电是打给杨虎城的，因此，对西安事变的谴责用词较重，例如"劫持主帅"，"不义不智"云云，但是，孔祥熙提出，"不妨开诚协商"，这倒是为解决事变指出了一条正确的道路。

六、《孔祥熙致邵力子电》（1936年12月13日）

邵力子时任陕西省主席，12月12日曾列名于张学良、杨虎城等人的联名通电中。13日，孔祥熙致电邵力子，望其代为剖白蒋介石的"胸怀"，并关心其起居。电云：

> 西安邵主席仲辉兄勋鉴：奋密。汉卿兄及兄等公电均奉悉。此次之变，殊出意外，闻者咸骇。介公自九一八以还，无日不作抗敌准备，在准备未完，自不敢轻言启衅，且以地位关系，一言一动辄为中外所注意，更不得不沉着以将事。我兄追随介公有年，相知素深，当喻乎此。今与汉卿、虎城诸兄共事一方，相处既久，当能将介公胸怀代为剖白，自不难共见以诚，转移变患，谅在芥筹。介公起居情形，尤望时加爱护，俾释悬念，并盼见复是祷。弟孔祥熙。元秘。印。

孔祥熙在这里又提出了一个原则："共见以诚"，这是正确的。但是，在政治斗争中，又是很难做到的。

七、《孔祥熙致刘峙电》（1936年12月13日）

刘峙时任开封行营主任，事变后，即率军西进。13日，孔祥熙致电刘峙，嘱其"就近设法"，营救蒋介石。电云：

> 开封刘主任经扶兄勋鉴：斗密。昨据报，西安事变，无任惊骇。顷据黄总团长来电，藉悉我兄已率军西进，迎卫委座，忠义勇为，至深感佩。现在中央对内对外，业已决定整个办法，绝不因一时事变稍〔涉〕张皇。务望我兄就近设法，俾委座得早离险境，是

所盼祷，并将现在情形，随时电示为荷。弟孔祥熙。元秘。印。

八、《孔祥熙致张学良电》（1936年12月13日）

上电之后，孔祥熙又有一电：

> 西安张副司令汉卿我兄勋鉴：汉密。文亥沪寓电谅达。弟今晨抵京，始获读吾兄震电，深以为慰。惟查抗日御侮，举国同心，中央同人，初无二致，惟虑倘无充分之准备，徒速国家之灭亡。介公主政中枢，赤忱报国，凡所施设，罔不博采周询。六中全会决议，非至和平绝望时期，决不轻弃和平；非至最后关头，决不轻言决裂，实图存之国策，为整个之主张，然军事方面，则准备整理，积极进行。盖必审慎周详，庶收最后之胜利。衡之民众袍泽，激于愤慨，发为激烈之主张，仅有时间之不同，决非宗旨之异趣。我兄弼主军事，凤赞戎机，对此情形，当所洞悉。弟与我兄，幸托交亲，十有余载，历共患难，谊若弟昆。此次之事，当必因所部之痛切乡邦，环词吁请，激一时之情感，为急切之主张。然介公之于我兄，夙共艰危，久要契好，对于贵部，精诚爱护，亦迈寻常。兄等有何匡时至计，苟属有利国家，当无不可从长计议，遽加兵谏，似越恒情。倘竟引起纠纷，国家前途必致不堪设想，将使仇者快意，亲者痛心，瞻念前途，不寒而慄。尚冀持以审慎，藉挽狂澜，言公言私，同深感幸。另致介公一电，即烦译交。弟孔祥熙叩。寒秘。印。

此电原稿通过端纳带往西安，后又通过电台拍发。从电报内容看，本电起草时间为13日，但实际拍发时间为14日，所以电尾署明为"寒"。长期以来，蒋介石采取"攘外必先安内"方针，对日本侵略，一再忍让妥协，委曲求全，引起国人的强烈不满。西安事变的发生，即基于这一情绪。孔祥熙懂得，要和平解决事变，必须先消弭这一情绪，因此，他在电报中努力为蒋介石对日政策辩解，说明他和群众的要求，"仅有时间之不同，决非宗旨之异趣"。电报对张学良的兵谏有婉转的批评，但同时又表示体谅,要求张持之以冷静,从长计议匡时救国各种问题。电报末称,"倘竟引起纠纷,国家前途必致不堪设想",这是很有见识的观点。后来西安事变之所以能和平解决,正是各派都取同一认识的结果。

九、《孔祥熙致蒋介石电》(1936年12月13日)

要和平解决事变,只劝张学良是不行的,还必须同时劝说蒋介石,因此,在拍发上电的同时,孔祥熙又请张学良转交蒋介石一电,电文云:

> 张副司令汉卿我兄勋鉴:汉密。请转介兄赐鉴:日昨据报,西安兵变,深用悬系,急于晚车回京。今晨抵京,获读汉兄公私两电,始悉详情。查抗敌御侮,国人皆同此心。中枢同人,初无二致。吾兄以一身系天下之安危,言行开国际之视听,自不能不周详审慎而轻有所主张。在诸袍泽,痛乡邦之沦亡,激一时之情感,主张或近操切,当亦由于爱国之热忱,衡之事势,当殊途而同归,并非有何异趣。兄与汉兄,患难相依,久要契好。中枢之措施,汉兄尽所稔知,此次之事,当出迫不得已,别有苦衷。弟意任何主张,苟利国家,皆无不可从长计议。当此大敌当前,倘使别生枝节,既损前方之士气,转授敌人以乘我之机。瞻念前途,实深忧惧,望即洽商汉兄,早弭变乱,以纾国难。弟孔祥熙叩。寒。秘二。印。

本电原稿也通过端纳带往西安。它起草的时间与实际拍发的时间均与上电同。它是给蒋介石看的,但又是请张学良转的,所以必须双方都能接受,两不得罪。因此,它既为蒋介石的对日政策辩解,又为张学良的兵谏说情,结论是双方"殊途而同归,并非有何异趣"。末云:"弟意任何主张,苟利国家,皆无不可从长计议",虽然与致张学良电词句相近,但由于是打给蒋介石的,因此,其意味也就很不相同了。

十、《孔祥熙致张学良电》(1936年12月14日)

劝了张学良,也劝了蒋介石,还必须提出解决事变的方案来。当时，张学良驻南京办事处的电台已和西安恢复电讯联系，因此，孔祥熙又致张学良电云：

> 西安张副司令勋鉴：斗密。昨电及端诺顾问携去电稿计达。细绎兄通电所列八项，其中多条，中央决议早已实行，即有尚待商榷之部分，亦不难开诚商洽，由中央决定。至我兄对于介公个人，昨承电示，保证安全，具见爱友至忱，无任佩慰。惟留陕过久，复杂分子，乘机羼入，必陷兄于易发难收之境。万一危及安全，兄将何以自白？此间及各界人心，均形愤激，愈久则愈难谅解，一旦决裂，则函关以内固糜烂不堪，而国力损失惨重，尤非兄所忍闻。故为兄计，惟有请兄陪伴介公，即日南下，兄等意见即可提出中央，于公于私，莫此为善。至兄个人安全，弟敢以全家身命担保，决无任何问题。万一有为难之处，或先派负责人员二人南来，共谋解决方策，或由留陕诸公中一二人，如雨岩、翼如等先随端顾问返京，以求解决之途径。如此则兄之主张，既可昭示国人，一切误解，亦可早日冰释。此与吾兄一生成败及国家安危，关系至重。凤承厚爱，敢布诚悃，务乞三思而图利之，并盼电复为祷。弟孔祥熙叩。寒。

孔祥熙当时最担心的是蒋介石的安全，也担心发生内战，因此以全家身命为担保，要求张学良立即送蒋介石返回南京。当然，他懂得这不是轻易可以做到的，因此，又提出第二方案，即由陕西方面派代表，或允许蒋的随行人员蒋作宾、邵元冲等随端纳返京协商。他当然还不知道，事变当日，邵元冲因企图越墙逃走，被士兵开枪击伤，正好这一天在医院中去世。

十一、《商震致孔祥熙电》（1936年12月14日）

张学良的原警备旅长刘多荃与河南省主席商震关系深切。12月13日，孔祥熙致电商震，建议"选派妥员"，前往西安，通过刘多荃劝说张学良，14日，商震复电孔祥熙，声称已派刘多荃之弟刘多麟前往。电云：

特急。南京孔院长钧鉴：元秘电敬悉。△密。汉卿劫持委座，躬冒不韪，乖谬之行，令人发指。弟因此事之重要，昨已与经扶兄细加商讨，首步办法竟与钧座所见相同，并已由弟密派刘多荃之弟刘多麟驰往西安，妥为接洽。情形如何，容再奉达。待复。弟商震叩。寒巳。省机。印。

十二、《孔祥熙致万福麟电》(1936年12月14日)

万福麟为奉系旧人，长期在东北陆军任职。1929年任黑龙江省主席，1931年"九一八事变"后任第53军军长，驻防保定。14日，孔祥熙致电万福麟，劝其利用和张学良的关系进行疏解，电云：

保定万军长寿山兄勋鉴：养密。报载吾兄对记者谈话，于西安事变表示服从领袖，听命中央，忧国之忱，溢于言表，循诵之余，不胜倾佩。介公赤诚为国，数十年如一日。此次绥中之战，中央抗敌之心，亦足表示于天下。盖御侮图存，中枢同人及介公固已无不人同此心，心同此理。汉卿兄身居中委，对于国家大计如有意见，尽可从容建议中央，何至出以兵谏，徒召纠纷。当此内忧外患交迫之时，讵容更起萧墙之变。吾兄与汉卿兄相处有年，交谊素笃，尚祈责以大义，动以私情，或汉卿兄别有困难，亦尽可开诚相告。倘能因兄一言，幡然悔悟，护送介公，重返国都，则一切误会，悉可涣然冰释，廉、蔺之交复见于今日矣。专电奉达，仁盼惠复。弟孔祥熙。寒秘。印。

十三、《薛岳致孔祥熙电》(1936年12月14日15时收)

薛岳时任贵州省主席，他曾于12月14日以川黔将领及全体官兵名义发表通电，激烈攻击张学良，要求中央"明令讨伐"，"共剪凶顽"。同日，又单独致电孔祥熙，表示"誓以头颅热血拥护中央，救护领袖"，但是，他的这封电报却透露了一个秘密，是"遵令致电诘责"的，电云：

限即刻到。南京行政院代院长孔：元秘电奉悉。委座一身系国家民族存亡，年来领导群伦，致力安内攘外事业，凡有血气，莫不爱戴！而张学良竟敢称兵劫持，为外寇张目，直欲亡我国家民族，痛恨曷极！岳誓以头颅热血拥护中央，救护领袖，不与张逆共戴一天。除遵令致电诘责外，谨此奉复。职薛岳。寒巳秘。筑。印。

十四、《商震致孔祥熙电》（1936年12月14日发，15日收）

商震除派刘多麟入陕活动外，又致电孔祥熙，建议调兵遮断西安方面与中共的联系。电云：

南京行政院孔院长钧鉴：元电奉悉。密。语长心重，无任钦佩。委座既被劫持，院务由公负责，举国上下，誓竭拥戴之诚。张逆丧心病狂，用心莫测。愚见似应一面设法晓以利害，一面调集师旅，遮断叛军、共匪联络之路线，促其恢〔悔〕悟。国事至斯，义无反顾。复陈微悃，敬祈垂察。商震叩。寒。印。

本电当时曾发表过，但"晓以利害"以下至"促其恢〔悔〕悟"一段被删去，当系南京方面不愿暴露其军事策略之故。

十五、《宋子良致孔祥熙电》（1936年12月14日23时50分发，15日9时30分收）

宋子良时任广东财政特派员兼省财政厅长，事变后他努力稳定财政金融。14日，致电孔祥熙，报告有关情况，并表示，愿去西北探视蒋介石。电云：

南京财政部孔部长庸兄赐鉴：良密。此间金融，经弟昨日召集银钱业会商，尽力维持法币与毫券比价。今日市面平稳，省行方面终日只售出法币90万元，港纸经沪方尽量卖出，外汇亦已回跌，堪请释注。西北事变，群情愤慨。此间财政金融，均已布置妥当，前途不致发生恐慌。如须派弟至西北探视介兄，亟愿前往，任何牺牲，在所不惜。岭南消息迟滞，尚乞随时电示一切为祷。弟子良叩。寒。印。

十六、《张学良复孔祥熙电》（1936年12月15日）

张学良发动兵谏，目的在迫使蒋介石抗日，当然不希望扩大事态，孔祥熙既已多次来电表示和平解决的愿望，因此，张学良复电云：

南京孔院长庸之兄勋鉴：元秘、文亥、汉密、寒晨先后奉到。端纳来，获诵尊函，并聆所述，殷殷筹国，至佩荩怀。介公委员长安全无恙，起居如常，特盼释念。弟等此举，绝纯为实现救国主张，绝无一毫对人私见，尊论救亡须举国一致，极佩卓见。弟等此举，正所以要求一致。至对委座，已再四涕泣陈词，匪惟不蒙采纳，且屡被斥责。弟受委座知遇，绝无负气之理。但委座主张，坚决莫移，已绝对不能否认，故不得已而出此。弟等抗日主张，敢信万分纯洁，决不愿引起内争。如有违反民意，发动内战者，自当独负其责。弟等绝不敢多所顾虑，只图自全，坐视国家民族危亡而不救。沥胆直陈，详由端纳函达。承询通电一节，弟于京沪原设两台，皆可随时应用，并祈赐以维护，俾资便利。又为各方彻底明了真相计，欧亚飞机之京陕航程，请饬即日恢复，此间必负责保护。救国之愿，彼此所同，开诚指示，至所祈祷。弟张学良。删申。印。

孔祥熙在12日致张学良电中曾说："必须举国一致，方足以救亡图存"，本电中张学良明确表示："弟等此举，正所以要求一致。"他并特别说明，发动兵谏，并非初心，只是由于蒋介石态度固执，才不得已而有此举。当时，南京的讨伐派们正大肆活动，内战有一触即发之势，对此，张学良严正申明："弟等抗日主张，敢信万分纯洁，决不愿引起内争。如有违反民意，发动内战者，自当独负其责。"这就给了某些不顾民族大义，企图浑水摸鱼的人以警告。

十七、《孔祥熙致张学良电》（1936年12月15日）

孔祥熙急于要知道事变的真实情况，建立和张学良的对话渠道，因此于14日电中要求张学良允许蒋作宾、邵元冲先回南京。15日，再电张学良，重申此意。电云：

张副司令汉卿我兄勋鉴：

斗密。寒电谅达。兄为保卫介公，留居西安，至为感慰。惟雨岩、翼如二兄，俱系文职，与军事无关，留陕过久，延误堪虞。且京陕电讯接洽，辗转须时，而真意所在，仍难尽悉。似不妨先送雨岩诸兄回京，俾将尊意宣达此间，则一切问题，当不难迎刃而解。如何？仍候明教。弟孔祥熙叩。咸秘。印。

十八、《孔祥熙致蒋作宾等电》（1936年12月15日）

事变中，蒋介石的随行人员同时被扣，孔祥熙在与张学良的频繁联系中，不忘致电被扣人员，表示慰问，这是他的细心之点。电文云：

西安张副司令汉卿兄请饬译转蒋雨岩、蒋铭三、邵翼如、陈辞修、陈武鸣、陈雪暄、钱慕尹、朱一鸣、万耀煌、卫煜如诸兄同鉴：

斗密。委座留陕，兄等侍从，瞻企贤劳，无任驰系，专电奉候起居。弟孔祥熙叩。咸秘。印。

十九、《刘峙复孔祥熙电》（1936年12月15日）

刘峙属于讨伐派。15日，他复电孔祥熙，报告军事布置情况。电云：

南京行政院孔院长：元秘电奉悉。密。西安事变，至为痛心。刻第25军尚固守咸阳，职决率大军西进，现先头樊军正进抵华阴，其余各师均赓续输送中。中央大计，仍祈赐示，俾便进行为祷！职刘峙印。寒巳。印。

二十、《樊崧甫致冯玉祥、孔祥熙、何应钦电》（1936年12月15日）

孔祥熙除致电张学良、杨虎城进行疏导劝解外，又力图分化东北军及杨虎城的第17路军，杨部冯钦哉师驻大荔，事变后奉命接防潼关，但冯拒不奉命，派人与樊崧甫联系，声称"决不盲从作乱"。此外，第69师师长杨澄原，第105师师长刘多荃也均派人与樊接洽。15日，樊崧甫致电孔祥熙等，报告有关情况。电云：

限即到。南京军委会副委员长冯、行政院代院长孔、军政部部长何：密。（1）冯军长钦哉派郭副师长景唐、少校参谋徐恩贤来潼，表示不受伪命真意。现商定对匪军及奉军绝对打，对陕军任收容；不为中央后患。（2）69师杨澄原饬派上尉副官刘安平来潼联络，已将进展情形告知。（3）105师师长刘多荃及第1旅旅长唐君尧派该旅参谋长高志恒来潼，使中央设法调解，免除战事。恐其泄漏军情，暂行留部，转送开封，一面函慰刘、唐。（4）现以28师集中华阴，进占华县。职樊崧甫。删巳。参战印。

本电亦存于国民党"总统府"机要室档案中，台湾所出《革命文献》第94辑曾加以收入，但文字及标点均有误，关键文字"现商定对匪军及奉军绝对打"，脱落"绝对打"三字，故在此重新刊布。

二十一、《张学良复孔祥熙电》（1936年12月15日21时50分发，1936年12月16日8时30分收）

13日，孔祥熙曾请张学良转致蒋介石一电。15日，张学良复电，已转呈。电文云：

孔部长庸之兄鉴：

汉密。兄上委员长寒、秘二电，业经转呈矣。特复。弟张学

357

良。删酉。印。

二十二、《孔祥熙致张学良电》（1936年12月15日）

由于通讯堵塞，孔祥熙未能及时收到张学良的复电，因此，他着急起来了。15日电张学良云：

> 急。西安张副司令汉卿兄勋鉴：斗密。先后奉上各电，迄未得复，岂其均未入览，抑吾兄被人劫持，不得自主，无任驰系。自吾兄劫持介公以来，中央同人，愤激万端。然犹以吾兄平日为人，素重信义，不虞其有他故，一再去电劝解，尚冀仍本爱国初衷，送回介公，俾得将尊见提付公议解决，以奠国本，而明心迹。不意时已数日，迄无表示，其将挟介公一人以居奇耶？殊不知国为民主，事决多数，介公现虽为军政之长官，究属中央分子之一，在中央固属爱护介公，而当此外患重重之际，究亦不能置整个民族及国际地位于不顾，将必不能久任吾兄空挟介公一人之质，以贻全民以无穷之祸。此理甚明，宁待赘述。倘吾兄不此之图，则中央为保持民族生存计，势不得不弃私情而取公义。万一不幸，结果所至，不惟兵连祸结，徒损国家民族之元气，亦恐同归于尽，立招分崩离析之惨祸。在吾兄以救亡抗敌始，岂不以速亡资敌终乎？以吾兄之明智，纵不为国家民族计，独不为自身子孙计乎？现在祸机迫切，间不容发，系铃解铃，惟在吾兄，弟意为今之计，最好吾兄一面严饬所部各队，仍驻原防，听候商决；一面亲送介公至并，弟即邀中央负责同人，前往会商，则任何问题，当不难当面解决。否则，不听忠告，调队备战，一任共党滋大，则中央断无坐致灭亡之理。弟与吾兄，相与有年，情感至厚，为公为私，不得不再进忠言，尚希吾兄熟计而慎图之。如何？仍盼明教为幸！弟孔祥熙叩。咸。

此电起草时间为15日，但实际拍发时间为16日。由于电讯不通，孔祥熙不能及时与张学良对话、交流，因此产生了种种疑惑，如怀疑张学良被人劫持,不能自主,又怀疑张学良"将挟介公一人以居奇"等等,因此,情绪不免激动起来。电报中,孔祥熙表示:"必不能久任吾兄空挟介公一人之质","中央为保持民族生存计,势不得不弃私情而取公义",这就是说,南京国民政府准备不考虑蒋介石的个人安全而采取自认为正确的行动了。事实上,这也确是南京讨伐派们的主张。然而,孔祥熙毕竟懂得,那样做的结果必然是:"兵连祸结,徒损国家民族之元气","立招分崩离析之惨祸",因此,他又冷静下来,提出了一项新的解决方案:张学良将蒋介石送到太原,孔祥熙亲率中央负责同人前住协商。这一方案后来虽因情况变化并未实施,但是,却表现了孔祥熙为和平解决西安事变而做出的新的努力。

二十三、《钱宗泽致张群电》(1936年12月15日)

14日,端纳到达西安,见到蒋介石,并偕蒋迁居高桂滋公馆。15日,端纳自西安飞洛,以长途电话向宋美龄报告:蒋介石在饮食起居上受到优礼;张、蒋开始谈话;张学良盼望宋美龄及孔祥熙入陕。下面的电报系钱宗泽据端纳在洛阳所述向外交部部长张群的报告:

部长张钧鉴:

卫密。极机密。本日端纳顾问由西安回洛,据云:委员长住张学良之旁楼甚安。张要求接受主张,委员长初甚反抗,以后云,无论如何,须回南京方能办。但对方认无保障,有请求孔部长赴西安之意。总之,内幕情形,似有转机。谨密陈。职钱宗泽叩。删酉。

二十四、《孔祥熙致张伯苓电》(1936年12月16日)

为了对张学良进行疏导,拯救蒋介石,孔祥熙几乎利用了一切可以利用的关系,下列电报即是一例。

重庆中央银行,乾密,即刻译送南渝中学张校长伯苓兄道鉴:
西安事变,举世震骇。国家命脉所系至巨。吾兄与汉卿相知甚久，此时一言九鼎，当有旋转之效。可否即请尊驾逐飞西安，力为劝导，抑先飞京，面商进行之处，敬乞迅赐电复，无任祷荷！弟孔祥熙叩。铣秘。京。印。

二十五、《张学良复冯玉祥电》（1936年12月16日）

事变当日，张学良、杨虎城曾联名致电冯玉祥、李烈钧，说明发动原因，请冯、李"或远赐教言，或躬亲来陕"。次日，张、杨又联名电冯，再次请其命驾来陕，共决大计。同日，冯玉祥复电张学良，要求张学良先放蒋介石回南京，冯本人可以约同知交多人，留居陕西作为担保。本电是对冯电的答复，电云：

南京冯副委员长焕公赐鉴：

元电敬悉。辱承爱护，感洽肌髓。介公力图自强，诚人所共知，亦良所深信。惟国事日非，不容自讳。统一仅坐形式，外交不妄〔忘〕妥协。出兵援绥，尤未能倾注全力。在国家未至存亡关头，尚可从容处理，而今则河山半壁，几尽沦亡，国势之危，已如累卵。若犹讳疾忌医，始终隐忍，则民族立国精神沦丧殆尽，何以为国？何以为人？良等以为国难至斯，事事须求彻底，空谈团结，决不能搔着痒处。我公素抱抗日决心，为海内青年志士所共仰，一切言行，尤异凡庸，还乞进一步开诚赐教，俾救国之策得早施行。总之，良等此举，对事而非对人，介公果能积极实行抗日，则良等束身归罪，亦为〔所〕乐为。纯洁无私，可质天日。他人或有不知，而坚决抗日如公者，应能见谅。至先送介公回京一节，抗日主张及行动未能实现以前，势难遵办。我公关怀良等困难，并愿为之担保，具佩隆情。惟良等苦闷，惟在抗日未能及早实施，致国本日危，复兴无望，此外私人方面，固无困难可言。担保一层，尤无必要，盖良固不惮以七尺之躯，换得主张之实现也。公爱良至厚，良望于公者亦至殷痛切陈词，敬希鉴察。张学良叩。谏午。印。

冯玉祥当时任军事委员会副委员长，在南京国民政府的要员中，冯是坚决主张抗日的。但是，在12月13日复张学良电中，冯玉祥却说了一些言不由衷的话，如歌颂蒋介石"力图自强"、"政治军事逐渐进步"，"国事已真正统一，外交已真正不屈"云云。本电中，张学良反驳了冯的这些说法，强调指出，"国事日非，不容自讳"，要求冯能"进一步开诚赐教"。电中，张学良坚决拒绝了先送蒋介石回京的要求，对冯表示愿到陕作为担保事，张学良表示全无必要。"不惮以七尺之躯，换得主张之实现"等语，充分表现了张学良为国家、民族利益不惜牺牲个人的崇高爱国主义精神。

二十六、《陈仪致孔祥熙电》（1936年12月16日）

陈仪时任福建省主席，他坚决主张以军事力量进攻西安，并切断中共与西安方面的联系。电云：

> 急。南京财政部孔副院长：咸秘。京电奉悉。奋密。委座安适，至慰。此时最要者：（一）须以极速极大的军事力量，克服西安，并截断赤匪与逆军联络路线，庶可救出委座。倘迁延时日，正式赤匪一入西安，张逆必被擁没落，则危险极矣。（二）指挥必须统一，步伐必须整齐。以上两项，业已电陈何部长，当荷同意也。陈仪。铣巳。印。

二十七、《孔祥熙致阎锡山电》（1936年12月16日）

事变发生后，张学良曾致电阎锡山，请其响应，阎当即召开高级幕僚及重要将领会议。13日，阎锡山复电张学良等，提出四个问题：第一，兄等将何以善其后？第二，兄等此举，增加抗战力量乎？减少抗战力量乎？第三，移内战为对外战争乎？抑移对外战争为内战乎？第四，兄等能保不演成国内极端残杀乎？阎并通过其驻南京代表赵丕廉（芷青）将该电出示孔祥熙。16日，孔祥熙复电阎锡山，肯定他所提出的四个问题，告以端纳赴陕情况，要求阎电商张学良，先行护送蒋介石至太原。电云：

> 太原阎主任百公勋鉴：一密。昨上寒电，谅邀尊览。芷青兄出示复汉卿电城寒电，语意沉痛，指示国家利害，至扼切要。所质四个问题，尤深钦佩，汉卿等见之，当亦有所感动。昨派端纳飞陕，顷据其由洛电称，介公在彼安全，并谓汉卿自称，此次举动，激于一时情感。颇露〔自〕悔孟浪之意，似此情形，我公如能出任斡旋，或易寻出解决途径。弟意请我公电商汉卿，先将介公护送至太原，弟当邀同中央负责人前往，一切问题，即在太原开会讨论，由公负责保证。鄙见如是，可否？敬候酌夺。我公经验甚深，此外尚有较好解决途径，并望统筹见示为感。致汉卿电，倘有需弟联名之处，即请系衔拍发。弟孔祥熙叩。删秘。印。

二十八、《程天放致南京外交部电》（366号，1936年12月16日，17日5时15分收）

程天放时任驻德大使，此电报告德对事变的反映及汪精卫的活动，电云：

> 关于院长事，迭电均奉悉。此次消息传播后，德舆论均责备张学良而表同情于中央政府，深以中国正在统一进步之中而发生意外为遗憾。各大报尤多著论颂扬院长功绩。前数日虽屡载院长噩耗，经使馆一再辟谣，知系某方恶意宣传，已不置信。侨民对此极愤慨，均告以静候中央解决。惟因事出非常，放对一切交际应酬，均暂托故谢绝。又放奉汪主席电召，定18日赴义，馆务由谭参事处理，谨闻。旅费容后报。程天放。

二十九、《孔祥熙致张学良电》（1936年12月17日）

南京方面通过端纳得知蒋介石的确切情况后，态度转趋强硬。16日，南京国民党中央政治委员会决议，任命何应钦为"讨逆军"总司令，讨伐张学良。同日，南京空军轰炸渭南等地，向张学良施加军事压力。17日，国民党中央常务委员会召开会议，委员们纷纷发言，"语殊激昂"，决议贯彻讨伐方针。会后，孔祥熙再电张学良：

> 西安张副司令汉卿我兄勋鉴：汉密。昨据端纳自洛阳电话报告在陕访晤情形，兹得接诵删申电，俱悉一切。陕变起后，全国各地公私法团、全军袍泽，无不愤慨。昨日全国报界宣言，尤足表示各地舆情。尊论要求一致云云，可谓适得其反。且欧美各国舆论，无不一致斥责。英文《泰晤士报》，想兄处当经阅悉。日前苏俄舆论，亦称陕变以反日运动为投机，实际为敌作伥。可见无论中外，对兄此举，皆持反对。至言抗日，则陕变适足以摇动绥边前线之军心。统帅既被劫持，而徒空言抗战，天下宁有此理！兄等任何意见，中央采纳与否，必先集议讨论，然后始可决定。介公个人，并非中央全体。最好兄能伴同介公回京，或至太原，共同计议。且自事变发生以来，弟因与兄素日交好，相知最深，以为此事动机，或出于一时冲动，稍假时日，兄必幡然憬悟。不意函电信使，至再至三，而反有集中军队，准备攻豫情事，几至令人无词以对。盖劫持领袖愈久，吾兄所负责任愈重，且激起民愤愈深。兄纵不为本身计，宁独不为国家民族计，不为子孙计耶？国家民族之存亡，系于兄之一念。悬崖勒马，及此不迟。谊若弟昆，再进忠告，专复布意，愿闻明教。弟孔祥熙叩。洽秘。印。

事变初起，孔祥熙给张学良的电报，口气都比较婉转，本电则不同，"劫持领袖愈久，吾兄所负责任愈重"，"悬崖勒马，及此不迟"等等，都是以前电报中不曾出现过的。

三十、《孔祥熙致张学良电》(1936年12月17日)

孔祥熙虽然态度转趋强硬，但仍然尽力争取和平解决，其方法之一是动员东北军的故旧及张学良的亲人出面劝说。15日，孔祥熙邀前吉林省省长王树翰（维宙）由北平来南京，与前东北军将领王树常（庭午）联名致电张学良，表示愿入陕晤商。同时又致二王电于凤至夫人，请其率子女由英国电西安，劝张学良送蒋介石回南京。17日，孔祥熙为二王入陕事致电张学良。电云：

张副司令汉卿我兄勋鉴：

斗密。顷晤廷五、维宙两兄，谓日前拟相约来陕，曾电兄请示行止，迄未奉复。未审该电已达览否？如何？盼即电示。弟孔祥熙叩。篠秘。印。

三十一、《宋子良致孔祥熙电》（1936年12月17日9时25分发，同日16时10分收）

蒋介石的安全牵系着宋氏家族每一个人的心，远在广东的宋子良听说南京方面将派宋子文去陕西，表示"如必须派人前往，无宁弟去"。电云：

急。南京财政部孔部长庸兄赐鉴：良密。西北分子复杂，汉卿为人利用包围，跋扈横行，决非情感所能激动。闻中央将派大哥前往调解。此间中央地方军政当局，佥谓不可，弟意亦然。大哥负国家经济重任，去而再被挟持，则事态更形严重，应付更感困难，必致影响整个国策。如必须派人前往，无宁弟去，此间财政已布置妥善，金融有季高兄负责，无虑其他。如何？乞电示为盼。弟子良叩。铣。印。

三十二、《孔祥熙复宋子良电》（1936年12月17日）

南京方面认为，派人入陕是个重大问题，因此，意见歧异，顾虑重重。孔祥熙收到宋子良的电报后，旋即复电，肯定他的意见，但表示须待自陕释回的蒋鼎文（福州绥靖公署主任，随蒋介石赴陕被拘）报告后再定，电云：

急。广州宋厅长子良弟勋鉴：良密。铣电悉。弟见甚是。现蒋聘三君今抵洛，明晨到京报告，俟得确息续闻。熙。篠秘。印。

三十三、《中行秘书处致孔祥熙电》(1936年12月17日11时30分发，同日14时30分收）

孔祥熙于1933年出任中央银行总裁。该行总行设于上海。它是一个金融机关，但同时也收集情报。下面的电文向孔祥熙报告了端纳赴陕情况及四川刘湘的态度与措施，即是证明。

急。南京谭处长转呈部长钧鉴：乾密。顷据洛处铣电称：寒电计达。端纳昨晚电，据云：委座与张比邻而居。委座表示张等要求应提请政府核办，故张来见委座，更无可言。张谈，举动系部下意思，现仅就前次要求，提出重要者四条，并请部座或宋部长赴陕，再行恢复委座自由等语。又据渝行铣电称：昨公安局何局长召集中、中、交三行会议，谓奉刘主席电谕，渝市金融，应请三行切实维持，银币暂勿他运，拨款万勿紧缩，以安人心而维金融等语。渝市表面现尚安谧，惟人心不免惶恐。铜元因奸商居奇囤积，价格稍涨。日侨大部分离渝。职等镇静服务，一切相机应付，祈释注等语。又据蓉行铣电称：本日刘督办召集各军将领会议，一致拥护中央对内对外政策，并设法营救委座，态度极为鲜明。省政府并决定竭力维持法币。又本日省府出示，维持金融，并召集各机关首长及商会宣布省府切实维持法币宗旨，讨论安定市面金融办法：（一）令军警取缔投机操纵；（二）由中央、中国、农民三行尽量供应角票及辅币；（三）又以川洋价涨，影响法币信用，令领钞各行，暂停购买硬洋，共维市面等语。又据郑行铣电称：郑陕间明码电报，今日已通，惟电话尚未通，传闻委座甚安全，端纳顾问前日已返京复命矣，各等语。谨电转陈。中行秘书处叩。篠。

金融稳定、市场稳定于经济稳定、社会稳定至关重要。事变发生后，孔祥熙、张学良等都曾密切注意这一问题，并采取了相应的措施，本电所述四川情况反映出刘湘在这一问题上做出的努力。

三十四、《有田致天津领事密电》（293号，1936年12月17日）

事变期间，孔祥熙担心日本如加紧侵华，将使张、杨兵谏之举，获得国内外同情，并促成中共与张、杨的联络；又担心日本扰乱中国金融，造成物价波动。因此，他极注意日本方面的动态，本电即为其收集的情报之一，电云：

> 中国为防止西安事变勃发后所引起的法币制度及汇兑的动摇，刻正努力是维。因该件对日亦有最大密切之关系，视市场之推移如何，我方应采之方策，现正慎重交涉中。尚希在华日本银行，除必要政策以外，积极的助长中国经济之发展，切勿使之恶化，而加以严密的指导是幸（该件已与财政部协商）。

有田，时任日本外相。12月16日，日本首相、海相、外相、陆相等会议，决定对西安事变，"暂时静观形势"。同日，外、陆、海各局长会议，认为"此时对华经济机构，决有积极援助合作之必要"。本电即发于会后。

三十五、《孔祥熙致阎锡山电》（1936年12月18日）

阎锡山接受孔祥熙的调停委托后，决定先行派赵戴文（次陇）、徐永昌（次宸）二人赴陕。18日，孔祥熙电阎锡山云：

> 阎主任百公勋鉴：
> 　　一密。于青兄转示各电，均悉。弟咸电请公电劝汉卿陪同介公飞晋，一切问题，在太原开会集议。次陇、次宸两兄飞陕，弟意最好能由两兄在陕约同汉卿等伴同介公同回太原，尊意想亦谓然。即请转知两兄，并电商汉卿照办为荷。余情已嘱子范代陈矣。弟孔祥

熙叩。巧。

三十六、《驻日大使馆致南京外交部电》（719号，1936年12月18日发，19日3时收）

事变期间，日本政府决定继续支持南京政府。18日，有田根据驻华大使川越茂的电报向内阁做了报告。同日，驻日大使馆电告南京外交部云：

> 有田本日在阁议报告，除提及英、德，谈要点外，云：根据川越电，略谓：张学良势孤，除陕甘外，均一致拥护中央。张学良起事原因，仍在促院长抗日，未被采纳。又谓，我国对日本静观态度咸表好感云云。东日载国民党政权有安定性，应承应（此字疑衍——笔者）认，国府在政治、经济上有统制力。初时有主张对华重新检讨，另树政策者，至是已渐消灭之。有田对英、德访，印象似尚良好。此间各报对我政府处置事变迅速稳妥，均表好意。敬陈。驻日大使馆。

三十七、《朱鹤翔致南京外交部电》（172号，1936年12月18日发，19日17时收）

朱鹤翔时为驻比利时公使，他向南京外交部报告了日方宣传及当地部分华侨的反应。电云：

> 连日日方宣传中国统一假面具完全揭穿，西安事变足以说明日德协定之必要，打破英美迷信云云。已随时设法驳斥。此间侨民及学生，以绥事正在进展，张学良突有此叛国之举，予敌人以机会，均极愤懑，纷请代电中央，迅予戡乱并营救院长出险，以息谣诼而定人心。除将连日部电情形宣示，加以安慰外，特奉闻。朱鹤翔。

三十八、《张学良致孔祥熙电》（1936年12月19日5时5分发，同日18时40分收）

孔祥熙利用东北军的故旧对张学良做工作，张学良也借此对故旧说明发动事变原因，争取同情和支持。18日，张学良致电孔祥熙，复述致王树翰、莫德惠（柳忱）电大意。该电至19日才发出。电云：

> 南京财政部孔部长庸之兄勋鉴：篠秘电悉。斗密。庭午、维宙两兄来陕，至所企盼。其来电迄未收见。弟前致维宙、柳忱一电，未审得达否？该电大意，略谓文日之举，纯为积极实现抗日救国主张，如中央确能改变政策，积极领导抗日，行动实现后，用我则愿作先锋，罪我亦愿束身归罪。否则，救亡无方，空言商洽，非弟本意云云。恐前电有失，请兄再将此意转达庭午、维宙两兄为盼。再，兄之"寒"、"寒秘三"、"咸秘二"三电均奉悉，倍承关注，尤深铭感。日内子文、墨三两兄即将来陕，似无庸再由雨岩、翼如两兄传达意旨矣。并闻。弟张学良叩。巧亥。机。印。

张学良希望孔祥熙将此电大意转告王树常与王树翰，"救亡无方，空言商洽，非弟本意云云"，实际上是说给孔祥熙等人听的，意思是要南京政府拿出实际行动来。

三十九、《阎锡山致李鸿文电》（1936年12月19日）

18日，山西省驻南京代表李鸿文致电阎锡山。次日，阎锡山复电云：

> 李子范兄鉴：
> 巧酉电悉。我对营救介公出险，应尽力设法，公义私情，均当如是。其他说法，绝对不可有，亦绝对不可谈，恐有害于事之成也。山。效申。机。

此电值得特别注意。电中，阎锡山表示了尽力营救蒋介石的决心，同时，坚决反对"其他说法"。这"其他说法"的内容，大有可研究、玩味之处。

四十、《孔祥熙致冯钦哉电》（1936年12月19日）

冯钦哉17日致电孔祥熙，声称杨虎城派代表许海仙来，据云：此次事变，除杨一人外，十七路军各官长事前概未与闻。又称，杨虎城"拥护委座"，"绝对负责保护"。冯并要求孔祥熙"速筹善策，营救委座及虎城"。冯电给了孔祥熙以幻想，19日，孔电冯，命其与杨设法营救蒋介石。电云：

> 急。大荔冯军长钦哉兄勋鉴：啸密。篠戌电奉悉。陕变发生，举世震骇，吾兄力持正义，至佩忠忱。十七路各官长事前概未与闻此变，尤见爱国人同此心。虎城兄素重义气，且夙爱戴介公，当事变初起，弟即意其或为环境所迫，决无其他。今承电示，果如所料。吾兄与虎城兄相知最深，仍希就近设法，俾获介公一同出险为祷！现在匪氛待靖，中央已任命兄为渭北剿匪司令，并以贵军给养。此后或有问题，已托于院长将月饷携致。嗣后公私方面如有需弟协助之处，即盼电知。弟孔祥熙叩。效秘。印。

四十一、《孔令侃致孔祥熙电》（1936年12月19日）

樊崧甫一面积极主张向西安施加军事压力，一面向孔祥熙要官，并通过在财政部工作的弟弟樊光（震初）要钱。但他又不直接找孔祥熙而是向孔令侃提出。19日，孔令侃致电孔祥熙云：

> 南京孔代院长钧鉴：部密。（1）据樊光报告，谓本来中央命令，派徐庭瑶为潼关前敌总指挥，崧甫当呈商指挥之困难情形，现已委徐为总指挥，樊副之。惟因此次时事紧张，当初委座批该军部经常费为七千余元，军需署缩减为三千余元，致一切均感困难。希钧座

设法补助若干，以便指挥。（2）副总裁云：今晨公债市场已到上星期之市价，外汇并无卖出一文。人心尚佳，静待时局转好。特谨闻。侃叩。皓。

此电电尾有字迹云："奉批，先汇一万元。原电送国库司归卷。"当系承办人字迹。

四十二、《樊光致孔令侃电》（1936年12月19日）

孔祥熙批准先汇一万元，樊光立即致电孔令侃报告。电云：

上海公馆孔令侃兄鉴：度密。尊致部座电奉悉。关于樊部军费，已奉谕先汇一万元，以供临时支应。嗣后当每月酌予补助，请转知震初，即电告崧甫，并勖以努力奋斗。给养补助方面，部座自可协助维护。弟光叩。效。

四十三、《张学良致孔祥熙电》（1936年12月19日发，20日收）

何应钦就任"讨逆军"总司令后，立即开始行动。17日，中央军第28、36、57等师进入潼关，空军轰炸三原、富平。面对讨伐派们的汹汹气焰，张学良毫不示弱，19日电孔祥熙云：

孔院长庸之兄勋鉴：

咸、洽两电均敬悉，沁密。前电拍发稍迟，致劳切念，复承拳拳故旧，再三见教，至感。铭三兄到京，想已悉此间真况。中央同人果爱国家、爱介公，自当推人来陕商洽。抗日实现以外，别无所求，更无金钱与地盘思想。区区志愿，蕴之已久，决非一时冲动。中央对弟主张如无办法，势难送介公返京。弟之部队，初未前进，而中央军进入潼关，占据华阴一带，反诬此间准备攻豫，抑何颠倒事实之甚耶？如中央必欲造成内战，弟等亦惟有起而自卫，谁负其责，自有公论也。特复。弟张学良。效戌。

空言无益，一个实际行动比一百句漂亮话有力得多。"中央同人果爱国家、爱介公，自当推人来陕商洽。"张学良的这一要求是合理的，也是无法拒绝的。电中，张学良再次声明，行动出于抗日，并无其他目的，同时，威武不屈地表示："中央如必欲造成内战，弟等亦惟有起而自卫，谁负其责，自有公论也。"充分表现出对正义和力量和信心。

四十四、《张学良致蒋鼎文电》（1936年12月19日发，同日22时40分收）

为了制止南京讨伐派的军事行动，17日，张学良通过蒋百里与蒋介石商定，派蒋鼎文携带蒋介石致何应钦的亲笔信返回南京。张学良对蒋鼎文的东返寄以深切希望，他知道，南京的讨伐派们不会善罢甘休，因此，致电蒋鼎文，请其勿因"众口呶呶遂不尽言"。电云：

蒋主任铭三兄勋鉴：

巧亥电敬悉。斗密。此间要求，惟在抗日，委座已表示容纳。此种情形，兄已彻底明瞭，请兄返京，确是诚心诚意，力谋解决此事。若大家能仰体委座之意，为国家着想，使抗日实现，则国际地位立时提高，委座得享千秋万世之令名，岂不善哉！文日之举，纯为爱国家，爱介公，绝无金钱欲望，但求国家不亡，绝不顾任何牺牲。此情兄已尽知，想到京以后，应不至因众口呶呶遂不尽言。总之，抗日主张如不能实现，难送委座返京。南京同人如能平一时之忿气，为整个事体打算，则一切一切，〈不〉难办〈到〉。否则，不顾大局，必欲用武力以对内，须知弟等发动此种惊人大事，岂能视同儿戏！一条生命，早已置诸度外。为自卫计，为保存抗日力量计，绝不惮起与周旋。谁造内乱，谁误国家，自有天下后世之公论也。弟部并未前进，而中央军已闯入潼关。是中央早已敌视此间，不惜国家与民命。中央既已不惜，弟等虽惜，亦复何用！国家安危，系于一念。请兄转达南京党政诸公，共审虑之！如尚欲求解决，仍请子文、墨三两兄即来此间，极为欢迎。否则只好各行其事，咎不在我矣！弟张学良。皓至。

本电透露了一个重要讯息："此间要求，惟在抗日，委座已表示容纳。"电中，张学良特别说了一段话："弟等发动此种惊人大事，岂能视同儿戏！一条生命，早已置诸度外。为自卫计，为保存抗日力量计，绝不惮起与周旋。"这是说给南京的讨伐派们听的，字字铿锵有力，掷地有声，充分表现了张学良的魄力和大无畏精神。此前，宋美龄曾通过端纳转告张学良，孔祥熙因系行政院代院长，不能离职赴陕，建议以宋子文或顾祝同代，因此，电末，张学良对二人表示欢迎。

四十五、《阎锡山致赵丕廉电》（1936年12月19日收）

孔祥熙一直希望张学良能将蒋介石送至太原，因此对阎锡山的斡旋寄以希望，决定付以全权处理之任，并决定派黄绍竑赴晋面商。阎锡山本已决定派赵戴文、徐永昌赴陕，得知黄绍竑即将来晋的消息后，命赵、戴暂缓成行。19日，阎锡山致电赵丕廉，告以有关情况，电云：

赵芷青兄。密。次陇、次宸本定今晨飞陕，因中央派黄季宽兄来晋，已令稍待，与季宽兄面谈，藉知京中近情，俾资到陕后之应付。并嘱汉卿之代表先行返陕，与汉卿切实说明，必须次陇、次宸能与介公单独谈话，方可前往，以免徒劳往返。山。号〔皓〕。

四十六、《阎锡山致孔祥熙电》（1936年12月19日）

孔祥熙请出了王树翰、莫德惠、王树常，三人准备在赴陕之前，先行飞晋。19日，阎锡山复电孔祥熙，对三人表示欢迎。电云：

南京孔院长庸之兄勋鉴：

巧、巧秘两电诵悉。△密。维宙、柳忱、庭功〔午〕三兄莅晋，极所欢迎。次陇、次宸本拟今日飞陕，因季宽来晋，拟俟晤谈后再行。知注并闻。弟阎锡山。皓午二。机。印。

四十七、《阎锡山致赵丕廉电》(1936年12月19日)
阎锡山在即将派人赴陕斡旋之际，突然接到了"中央将领"的来电，反对派人，这使阎顿生疑虑，致电赵丕廉云：

> 芷青兄鉴：纬密。皓午及未二电均悉。次陇、次宸本日未赴西安，业于皓电告知。汉卿代表到晋，窥其言词之间，颇有悔祸之意，但尚不能认为确有转危为安之方。惟中央将领有电我反对派员赴长安者。我认今日介公之安危即国家之安危，转危为安，非救出介公不可。救介公非攻下长安所能做到。今日营救介公，并非无隙可乘，而难处在无担当此责任之人，恐难一直进行，不生障碍，希密商庸之兄为盼。再乘（？）元首而言新主，为有效解决之方，历史上此例很多，但今则不然。党国初建，介公统驭，非名分问题，乃人的问题也。山。皓酉。

阎锡山曾是1930年中原大战时反蒋的主帅，而且也认为历史上另立"新主"的例子很多，但又认为，当时必须营救蒋介石，"今日介公之安危即国家之安危"，"救介公非攻下长安所能做到"，因此，力主和平解决，指示赵丕廉与孔祥熙密商。

四十八、《何应钦代电》(1936年12月19日)
18日下午4时，蒋鼎文回到南京。19日，孔祥熙、何应钦、宋美龄等会议，作出两项决定。同日，何应钦将会议结果电告"讨逆军"东路集团军总司令刘峙及各将领。电云：

> 急。南京孔代院长钧鉴：顷致前方刘总司令及各将领一电文曰：皓日下午一时半，孔院长祥熙、居院长正、孙院长科、叶秘书长楚伧、宋委员子文、王委员宠惠、蒋夫人宋美龄、何部长应钦

等，在孔院长私邸，会谈营救委座之最后办法，决定如左：（1）准宋委员子文用私人资格名义赴西安营救委座。（2）准许至十二月养日止，暂行停止轰炸。但张、杨所属各部，在此期间不得向南移动。各该逆部如仍向西安、渭南前进，我空军即向行动部队轰炸。以上二项，为最后之容忍。但我军之集中侦察与攻击准备，仍须积极进行。不得延误，希即转饬遵照等语，特此奉闻。何应钦叩。皓未、镇二。印。

本电表明，南京领导人终于在营救蒋介石问题上取得了部分共识。但是，值得注意的是，何应钦在电报后半部拖了个尾巴，据此，南京空军随时可对张学良、杨虎城的军队进行轰炸。

四十九、《宋美龄致张学良电》（1936年12月19日）

南京方面决定派宋子文赴陕经历了一个曲折过程。19日，宋美龄电告端纳，宋子文决定入陕，但其后就"阻力横生"，于是，宋美龄又去电取消前讯。其后，宋子文力争以"私人资格"前往，才作出决定。其间，宋美龄有电致张学良云：

限即刻到。西安张副司令汉卿兄勋鉴：汉密。子文兄于本年乘容克机飞陕，到希赐洽。蒋宋美龄叩。效。

五十、《孔令侃致孔祥熙电》（1936年12月19日19时15分发，同日21时30分收）

大概是何应钦代电的后半部引起了关注，杜月笙从吴铁城处得知消息后，即向孔令侃进言，孔令侃随即致电孔祥熙。电云：

孔代院长钧鉴：

令密。顷由杜月笙面告：吴铁城得南京确息，谓政府忽又有准备轰炸西安及逆军之决议。若为安定日人心理之宣传，则可任其播扬，否则营救委座之企望必将全功尽弃等语。谨转呈。侃叩。效。

五十一、《张学良致张群电》（1936年12月20日1时35分发，同日9时30分收）

15日，张群致电张学良，为解决事变斡旋。20日，张学良复电云：

> 南京外交部张部长岳军兄勋鉴：删电承示各节，至感关怀。弟之恒率，兄应早知，文电既已揭櫫八项主张，则八项以外，自无余事，口是心非，弟不为也。进一步言之，目的惟在积极抗日，八项主张，不过发动抗日必备之条件，果能立时发动全国抗日，则一切自不成问题。弟既发动此举，一切牺牲，尚何所惜。非至抗日主张实现，殊难送委座南归。闻中枢诸公多为私人意气之争，危词耸听，有意内战，此匪特与弟主张背道而驰，且置国运及介公于不顾，甚非所敢闻也。掬诚奉复，并请将此意酌向中枢诸公说明为盼。弟张学良。皓亥。机。

本电起草于12月19日。张群可能怀疑张学良有其他目的，所以张学良在本电中明确声明："目的惟在积极抗日。"当时，南京讨伐派们意气激昂，摆出一副关心蒋介石和国家民族命运的架势，本电尖锐地指出，这些人"危词耸听，有意内战"，是真正"置国运及介公于不顾"的人。

五十二、《宋美龄致宋子良电》（1936年12月20日）

宋子良曾经要求代替宋子文赴陕，本电中，宋美龄告以蒋鼎文回京后所述情况，并告以宋子文已飞陕。

> 广州宋厅长子良弟鉴：
> 良密。巧电悉。介兄被困，迭派端纳、黄仁霖二君前往探视。日昨铭三总指挥回京，得悉介兄安适如常，略以为慰。昨日大哥飞洛，今晨八时飞陕，俟得详情，再为转告。粤省财政重要，吾弟暂

时不必北来，尤望安心处理为盼。美龄。号。

五十三、《孔祥熙致白崇禧电》（1936年12月20日）

事变初起，广西驻西安代表刘仲容曾致电李宗仁、白崇禧，劝其响应。电称："此间兵谏事，想已见诸张、杨两公通电。今后实际救国大计，正待共商，尤盼副座（指白崇禧——笔者）能乘机来此，共商一切。盼复。仲容。诞。文。印。"此电为南京当局截获。20日，孔祥熙致电白崇禧，邀请他来南京"协商大计"，反映出南京当局对广西方面的戒心。电云：

桂林白委员健生兄勋鉴：

统密。陕变突生，中央决议，军事由焕章兄及军事委员会常委负责主持。现在中央同人盼兄早临，协商大计。桂省军务有德邻兄负责，想兄可以分身北来。即盼早日命驾，共图匡济。如行期已定，仍希先复，俾便欢迎为祷。弟孔祥熙叩。号秘。印。

五十四、《何应钦致阎锡山电》（1936年12月20日）

赵丕廉接到阎锡山19日电后，出示何应钦，何即于20日复电阎锡山，声称"此间将领并无反对尊处派员赴长安者"。电中，何应钦并告以黄绍竑赴晋及飞机发生故障等情，声称赵戴文、徐永昌"先赴西安一行亦佳"。电云：

特急。太原阎主任百川兄勋鉴：密。芷青兄出示皓酉电敬悉。此间将领并无反对尊处派员赴长安者。季宽兄赴晋，未携有何种具体方案，乃持孙、孔、居、叶、冯、李、朱、程、唐及弟联名函，请兄全权负责调处，因飞机在汴发生故障，改乘专车赴晋，明日未必能达。为应付事机起见，次陇、次宸两兄如能先赴西安一行亦佳。如何？请兄卓裁。弟应钦。哿申。秘。

五十五、《居正等致阎锡山电》（1936年12月20日）

孔祥熙委托阎锡山出面斡旋一事得到居正、孙科等人的同意。19日，黄绍竑携带居正等公函飞太原，因飞机故障中途改乘火车，所携公函改由孔祥熙以电报拍出：

> 特急。太原阎主任百川先生勋鉴：奋密。屡在敬之兄处得读尊电，于中央执行纪律之严整，介公迅速脱险之计划，兼筹并顾，至佩荩谋。弟等固兢兢守中央之立场，不敢稍离，而于营救介公脱险之心，寤寐未释。环顾国中，能深识此事之症结，熟权公私之两宜者，莫如先生。乞即向汉卿恺切劝导，即日送介公到太原，并敢以弟等一切为先生全权处理之担保。兹特请季宽兄晋谒面陈。不尽缕缕，并候随时指示。弟居正、孙科、孔祥熙、戴传贤、张继、王宠惠、何应钦、叶楚伧（下缺，应为冯玉祥、李烈钧、朱培德、程潜、唐生智——笔者）。

五十六、《孔祥熙致阎锡山电》（1936年12月20日）

孔祥熙接到阎锡山19日电后，即向何应钦查询，何否认其事。20日，孔祥熙致电阎锡山，进一步询问有关情况。电中，孔祥熙并告以黄绍竑行程改变等情。电云：

> 特急。太原阎主任百川先生勋鉴：一密。芷青兄出示兄皓电敬悉。询敬之兄，据云，此间将领并无反对尊处派员赴长安之事，并已有电致兄，想邀鉴及。至该电是否有人具名，请兄查明电告，俾便查究为幸！季宽兄本拟乘机直飞太原，因机至汴发生故障，改乘专车赴晋，明日恐未必能到。同人所致兄函，现以电拍去，想已达览。中央同人现以全权托兄，请即负责进行，弟等愿为后盾。如有见教之处，仍祈随时电示为荷。弟孔祥熙叩。哿秘。印。

五十七、《阎锡山致何应钦、孔祥熙电》（1936年12月20日）

李金洲受张学良、杨虎城派遣与阎锡山商谈后返回西安。19日，张、杨致电阎锡山，再次陈述除抗日外，绝无他图以及决不造成内战等意。20日，阎锡山将张、杨电文转告何应钦与孔祥熙。电云：

南京何部长敬之兄、孔院长庸之兄：○密。顷接汉卿、虎城皓申电：李君金洲返，具述尊意及经过情形，敬悉。洞察愚情，指示周挚，感佩何可言喻。良等愿再为公告者，不〔除〕抗日之外，绝无他图；为抗日而受任何牺牲，在所不惜。予决不造成内战。兹事体大，动关安危，惟望我公不弃，切实指教。李君定明日返并。并闻。特先电闻。弟山。号午。机。印。

五十八、《孔祥熙致徐永昌电》（1936年12月21日1时20分发）

阎锡山派赵戴文、徐永昌赴陕。21日，孔祥熙致电徐永昌，加以鼓励。电云：

太原徐督办次宸兄勋鉴：

奋密。介公留陕未归，全国至为觖望。现在百公设法斡旋，请兄与次陇先生同赴西安接洽。以兄与汉卿多年袍泽，相知甚深，此次不辞辛劳，前往一行，当可面晤介公，商承一切，并对汉卿婉加劝解，令其感动，幡然悔悟。如获随同介公先赴太原，复与百公详加商讨，自可得圆满之解决。此行于国家安危关系綦切，举国上下，属望甚殷。特电驰候，并祝成功。弟孔祥熙叩。号秘。印。

五十九、《孔祥熙致宋子良电》（1936年12月21日）

宋子文于20日上午飞抵西安，会见张学良、蒋介石，并通过郭增恺了解到周恩来和中共方面的态度，21日，回南京报告："介公在陕，确属安全，汉卿态度，尚可理解，前途颇有开展之望。"当日，孔祥熙致电宋子良云：

> 广州宋特派员勋鉴：良密。马电悉。文弟四时回京，汉卿已有悔悟意，前途颇可乐观。知注特复。兄○箇秘。印。

六十、《宋美龄致张学良电》（1936年12月21日）

宋子文归来，宋美龄进一步获悉蒋介石与西安方面的情况，致电张学良云：

> 张副司令汉卿先生勋鉴：
> 　　子文兄本午后四时安抵京，知注特闻。蒋宋美龄。箇。

六十一、《张天枢致孔祥熙电》（1936年12月21日）

为了利用冯钦哉，分化张学良与杨虎城、东北军与第十七路军之间的关系，孔祥熙特派与冯有旧的张天枢赴陕。18日，张天枢抵达潼关，即与樊崧甫联系。21日，张以"知"为化名致电孔祥熙，报告军事进展及在西安内部策反情况。电云：

> 财政部总座钧鉴：（1）顷晤樊军长，云：我军已进占华州。昨渭南有奉军二团，被我炸散，死伤千余。（2）西安城内奉军，只刘多荃一师，余为杨之警卫一二旅暨孙蔚如部。刘为商启予从小养大者，已派刘之胞弟到西安运用反正。（3）顷已与钦哉通电话，悉奉军一营昨日渡河，为冯军击退，并定明日派汽车来潼，迎知赴同。（4）崧甫云：某等乘毅公留陕，将图攫得军队，业在前方已有相当准备，并谓以后电呈部座，不可对外宣布，以防阴谋派之注意。谨闻。知（张天枢）叩。效。

本电有两点值得特别注意，一是刘多麟至西安对刘多荃进行策反，一是樊崧甫所述"某等"乘蒋介石西安被拘之机，"将图攫得军队，业在前方已有相当准备"等语,反映了南京政府内部,确有"阴谋派"存在。电中所称"毅公",当代指蒋介石。

六十二、《黄涛转刘文岛致孔祥熙电》(1936年12月21日15时收)

1935年1月,汪精卫在国民党四届六中全会上被刺。次年2月,赴欧洲治伤,事变发生,他正在意大利。20日,驻意大利大使刘文岛致电孔祥熙,报告汪精卫的态度。该电由上海黄涛转,电云:

> 南京部长孔钧鉴:度密。顷接刘大使一电,文曰:密。汪意谓委座未出前,只能兵围,不能开火。恳坚持。齐亚诺亦电劝张。岛。号。等语,谨转陈。黄涛叩。马。

齐亚诺,意大利外交部长,曾任驻中国代办,与张学良相识,事变后致电张称:"汝系吾友,兹若与共产党联盟,即成吾敌。中国苟无蒋介石将军,即不见重于人。"云云。

六十三、《樊崧甫致孔祥熙电》(1936年12月21日20时30分发,22日13时10分收)

樊崧甫除要官、要钱外,又为儿子走后门。电云:

> 行政院代院长孔:皓秘电奉悉。崧密。钧鉴〔座〕托于院长携带军饷接济冯钦哉部,均遵命转告。小儿元彰,蒙推爱提携,感极。遵即饬其诣府聆训。此间奉令停止三日进展,惟华县驻军,号晨突围图窜,当将全部包围缴械,华县已占领。樊崧甫。号。参秘。印。

六十四、《孔令侃致孔祥熙电》(1936年12月21日22时发,同日23时收)

杜月笙虽然不当权,但积极为营救蒋介石出谋划策,下列电文即反映出这种情况：

南京孔部长钧鉴：
　　度密。顷由杜月笙来电报告，谓据吴铁城由何部长处得来消息，大约委座可无生命之虞。彼以为中央一方面不遗余力威胁叛逆，一方面妥为张学良设法，使张于释放委座后对其安全问题无所顾虑，是为当前要题。
　　上海市场平稳如常，特闻。侃。马戌。

六十五、《汪精卫致孔祥熙电》(1936年12月22日)
事变发生时，汪精卫正在欧洲。22日，他复电孔祥熙，肯定救蒋"双管齐下办法"。电云：

孔副院长庸之兄勋鉴：
　　哿电敬悉。介兄蒙难，诸兄忧劳倍加，弟在远道，惟有愧愤。急临之以兵，以夺其气；居间调停，谋自由之恢复。双管齐下，办法至□（此处当缺一字——笔者）。弟今日启程。汪精卫。养。

六十六、《孔祥熙致阎锡山电》(1936年12月22日)
阎锡山派赵戴文、徐永昌赴陕，需要飞机。孔祥熙与何应钦商量，何答以无机可派，孔祥熙不得不要求西安方面派机。22日，孔祥熙电阎锡山云:

　　急。太原阎主任百公勋鉴：迫密。芷青兄函告：汉卿飞机未到晋，次陇、次宸两兄需机飞陕。当询敬之兄，据云：此间无机可派。现已迳电西安，商派一机飞晋备用，特此电达。弟孔祥熙叩。养秘。印。

六十七、《宋子良致孔祥熙电》（1936年12月22日14时2分发，同日22时4分收）

广东长期是反蒋基地，因此，宋子良极为重视当地实力派余汉谋、黄慕松的态度，专门做了工作。22日，电告孔祥熙云：

> 特急。南京财政部孔部长庸兄钧鉴：良密。西安事变之后，此间各界，对于委座安全，深为关切。晨晤余、黄两公商及，以为国家纲纪，固应整饬；委座安全，切宜顾及。深愿中央通权应付，于可能范围内求解决途径。已由两公会电吾兄表示各界竭望营救委座之意。特电奉闻。弟子良叩。养。

六十八、《蒋鼎文致孔祥熙、何应钦电》（1936年12月22日20时收）

22日，宋子文、宋美龄、蒋鼎文飞西安。同日，蒋鼎文致电孔祥熙、何应钦，要求将双方警戒线后移，电云：

南京孔部长译转何部长：

> 梯密。夫人暨宋部长等已于5时安抵此间，即将部长手书停战条件交张、杨两位，转告前线知照。惟此间同人尚望双方警戒线均稍向后移，免无知士兵误会冲突，中央方面最好能将主力撤至华阴附近，华县仍归中央军前线。乞尊裁转令遵办。鼎文。养。印。

六十九、《张天枢致孔祥熙电》（1936年12月22日22时发，23日8时收）

张天枢到潼关后，迅速设计了一套在西安内部制造矛盾利用杨捕张的计划，貌似聪明，实则颠顶，完全不了解杨的性格与为人。电云：

> 财政部总座钧鉴：旗密。(1)按张、杨平日互相猜忌，杨向为取巧、尚诈、重利害、无定谋之人，如能商于钦哉，运用得宜，似可

使其内部发生变化。知意先派人到西安，表示服从杨虎城，说明中央对杨尚能原谅其苦衷，然后派委员向杨商议，以整个十七路军生死存亡关系，请杨设法拘捕张，欢送沙公回京，再通电全国，表明此次事变，十七路军完全为被挟持，同时密与中央军联络，解决东北军。（2）密派妥人分赴西安附近各县，散布东北军将不利于十七路之流言。（3）由钧座密嘱留京东北要员，密电汉卿，劝其捕杨释沙，以保全东北军而作回头之计。因杨在西安特设有无线电台，将〔接〕收各方往来密电，各种密本均能译。（4）杨先误钦哉之言，暗得劝张之电，闻不利之谣，或能嘱其部下，断然捕张释沙。详细办法，火车中已有函陈，惟以事关重大，未便轻率，尚祈遵裁示遵。如蒙俯准，祈电汇款若干，以资相机运用。款交中国旅行社高茂卿即妥。恐函迟缓，谨再电陈。知叩。效。

本电所称"沙公"，当亦代指蒋介石。

七十、《孔祥熙致蒋鼎文电》（1936年12月23日）
宋子文、宋美龄等抵达西安，孔祥熙认为张学良释放蒋介石的时机已到，致电蒋鼎文，要求张学良履行诺言。电云：

蒋主任铭三兄勋鉴：
　　梯密。晨电奉悉。关于军事方面，已由敬之兄电复，想达。日前汉兄曾言，子文弟如能赴陕，当即能偕同介公回京，想现已至实现时机。介公回京之后，不仅汉兄保卫介公之苦心可大白于天下，而彼等主张自亦不难商讨，容纳实施。否则，介公留陕，国人皆认其已失自由，即有容纳彼等主张之切实表示，亦认为出自胁迫，中央多数主张，决不容接受，即希转告为盼！弟孔祥熙叩。漾亥。

七十一、《李世军致秦德纯电》（1936年12月23日）
当宋子文、宋美龄抵达西安，双方正进行谈判之际，北平冀察政务委员会委员长宋哲元和山东省主席韩复榘突然联名发出电报，提出三项原则：1.如何维持国家命脉；2.如何避免人民涂炭；3.如何保护领袖安全。宋、韩建议："由中央召集在职人员，在野名流，妥商办法，合谋万全无遗之策。"当时，孔祥熙急于解救蒋介石，召开这样一个会议，将使解救一事推延并复杂化，因此，他命李世军致电北平市长秦德纯，要求秦与宋哲元商量，重新考虑所提建议。电云：

> 万急。北平秦市长绍文兄勋鉴：密。此间今日下午接宋公与韩主席自济南发出联衔漾电后，中央负责诸公，咸认为在此时期，中央表面上虽声张讨伐，而实际则仍积极求政治途径之解决，在双管齐下政策下，庶可以断绝张、杨与共党之联合，而救介公之安全，亦以求事变之和平妥善解决也。中央诸公面嘱世军，以此意转陈宋公，情词之间颇呈忧色，并谓共匪已派代表周恩来等三人与张、杨切实合作，而彼等尤以抗日号召，似此情形，如不采取军事与政治兼顾解决之方式，则不但无以救领袖，而对内对外，均无以应付，此至危难之关头，中央诸公认为漾电发出，将使爱护营救介公之至意，或受延长支离之影响，良以今日之事，危急万状，在侧面尽可谋政治解决之途径，而表面上应仍一致拥护中央既定之方式，庶能迅速解决。此当前之大难也。特嘱转陈委座，对于漾电后段之主张，详审考虑，并盼见示云云，究应如何说明，祈钧示为祷。弟李世军叩。漾亥。

西安事变初起，南京国民党内部出现讨伐与政治解决两派，经过辩论，逐渐形成了所谓"双管齐下"政策，即表面上"声张讨伐"，而实际上"积极求政治途径之解决"。由于周恩来、罗瑞卿、许建国等人已于12月17日抵达西安，与张学良、杨虎城达成协议，红军加入由东北军、第十七路军成立的抗日联军临时西北军事委员会，更使孔祥熙确认，必须采取"军事与政治兼顾解决之方式"。此电对了解南京政府在事变期间的对策有重要意义。

七十二、《黄绍竑致孔祥熙电》（1936年12月23日）

阎锡山素以圆滑谨慎著称。决定派徐永昌、赵戴文前往陕西调解，但不久又改变主意，决定派傅作义前往。当时，张学良、杨虎城、周恩来已经达成一致意见，准备在与宋子文谈判时提出，要求"改组南京政府，排逐亲日派，加入抗日分子"，张、杨并致电阎锡山，征询意见，但阎不知如何回答，通过黄绍竑向孔祥熙请示。电云：

孔副院长钧鉴：养电奉悉。密。（1）百川对营救事愿负责进行，现改派傅宜生前往，以抗日将领之立场，说词较为有力。傅今到并，明可飞往。（2）昨电百川，以子文、铭三到陕，谈改组政府问题，询百川意见。百川极感答复困难，不审子文兄等在京有无谈及在陕商谈情形如何，颇为悬系。（3）近接桂方来电，态度仍冷静沉默，尚无恶化。（4）鄂主席职务，竑自维实难肩任，恳早日明令发表准辞职。竑叩。敬午。印。

七十三、《张天枢致孔祥熙电》（1936年12月24日0时4分收）

张天枢一面力图分化张杨，一面积极收集西安方面的情报。24日，电孔祥熙献策云：

急。南京财政部总座钧鉴：旗密。（一）确悉张、杨一方在西安与子文、铭三诸公谈判条件，一方严令部队漏夜集中，共军亦积极向西安推进。就事实观察，其谈判是否诚意，抑或为缓兵之计，大有可虑。（二）西安共党分子近日愈集愈多，万一张杨被其包围，且夜长梦多，愈酝酿，愈棘手。顷与当局密议，请钧座速与何部长密商，用快刀斩乱麻之策略，一方积极进攻，以隔离张、杨部队与西安之联络，一方派员与其谈判条件，同时用空军至西安城内，稍作示威，方不至受其夸计耳。前一二日，杨尚有慌乱气象，自宋到陕，反又坚决。近日沙公每日易地而居，甚可虑也。（三）昨杨电钦，说明其军事计划，今早又电约钦哉，择地晤面，详谈一切，钦均未复。（四）项钦哉对知坚决表示，此次事变，如能照我们计划，和平解决，固为国家人民之福，万一决裂启战，第七军与杨部作战，情势均感困难。若攻击张部，我军可有绝大效力。拟祈钧座向何部长确切密示。总之，钦哉决意不与张、杨公〔共〕事，敬请钧座早为之谋。谨闻。知叩。漾印。

七十四、《许世英致南京外交部电》（733号，1936年12月24日）

许世英时任驻日大使。事变发生后，日本方面产生了重新检讨对华政策的要求，一部分人主张改变方针，改用柔软手段，诱使中国政府防共排俄。24日，许世英致电南京外交部，就中日关系有所建议。电云：

> 密。日内阁因对华交涉，现可暂事静观，枢院不致穷究，年内可以安渡〔度〕。其中央各方对华根本方针，因此时若加激动，恐陷中国于大混乱，在日亦不利，确实放弃武力政策，即关东军亦决无大举。华北方面，少数浪人仅藉冀东财力活动，图造成自治，更难有效。其分别向冀、察、晋、鲁进行局部防共协定，同属投机性质，非中央固定计划。至内阁本身，因责任，对庶政一新、增税、电力等案极端不满，议会开议后1月10日至未定日之旬日间（本句疑有脱误——笔者），必遭强烈攻击，对华任何问题，同时仍为论难之焦点。军部不甘屈服，裂痕颇深，势必力争。但继任人选，近卫以养望而成西园寺第二自命，必不轻试。宇垣本以寺内为台柱，寺内因久原真崎事已为少壮军人所不满，宇垣本身亦与少壮派有旧隙，然其活动甚力。此时我方要务，在能巩固中枢，使对中国有对象可与款洽。如能设法使日本各方深知中国对调整确有诚意，失败系因日深切诛求无厌，军人在绥，又处处侵略之故，庶几正其视听，俾将来可为我国有益之展开。英。

本电末尾批示云："所见甚是，应照此进行。"

七十五、《孔祥熙复阎锡山电》（1936年12月24日）

傅作义1933年参加长城抗战，1936年又在绥远抗击日伪军，深得人心。阎锡山派傅作义前往陕西调解，孔祥熙自然同意，复电阎锡山云：

> 急。太原主任百公赐鉴：密。季宽兄等抵晋，此间一切情形，想已面达。顷由敬之兄转示季宽兄来电，亦已祗悉，敬之已有复电。现中央切盼陕事早获适当解决，既已托付我公，仍祈大力斡旋，继续进行为祷。宜生兄如能同行，极所赞佩。进行情形如何，并盼随时电示为感。弟叩。敬。京寓。

七十六、《孔祥熙致傅作义电》（1936年12月24日）

除致电阎锡山外，孔祥熙又致电傅作义，加以鼓励。电云：

> 傅主席宜生兄勋鉴：密。陕变起后，迭接尊电，极佩荩筹。闻兄将偕次陇、次宸、季宽诸兄赴陕，想以吾兄赤诚，导以大义，责以私情，汉卿等必将有所憬悟。现在国事危急，存亡系于介公一身。能早日回京，大局庶可安定，否则，国家前途实不忍言，汉卿诸人宁能幸免？兄等启行有期，仍盼先电；续有所闻，尤盼示知。弟孔祥熙叩。敬。京寓。

七十七、《孔祥熙致韩复榘、宋哲元电》（1936年12月24日）

宋哲元、韩复榘的联名通电给了孔祥熙以极大烦恼，除命李世军通过秦德纯做工作外，孔祥熙又直接致电韩、宋二人，电云：

> 济南韩主席向方兄、北平宋委员长明轩兄勋鉴：自密。顷读兄及明轩兄漾电，仁言利溥，语重心长，承示三大原则，中央亦早具此心，我辈为爱护国家、爱护人民、爱护领袖，自应本此原则，一致努力。尊见谓各地方长官有何意见，皆应陈请中央，统筹公决，

尤为破的之论。汉卿计不出此，西安事变所以为举国所惊痛也。现欲维持国家命脉，避免人民涂炭，非健强政府之力量不可；健强政府之力量，非先整饬国家之纪纲不可；整饬国家之纪纲，尤非先恢复领袖之自由不可。介公为全国公认之领袖，介公一日不出，则纪纲一日不振，人心亦即一日不安。所谓召集会议一节，更将群龙无首，力量分散。兄等现殷殷以领袖安全为念，即祈迅为共同设法，劝促汉卿，早将介公护送回京。对于党国大计，尽可从长计议，或提前召集国民代表大会，或先开临时救国会议，不第汉卿主张可以提付讨论，请求公决，即任何方面，亦可各抒所见，供备采择，然后始可集中意志，集中力量，在介公领导之下，整齐步骤，共赴国难。救亡图存，庶乎有豸。否则西安情势恶劣，分子复杂，设因夜长梦多，再生变化，即汉卿本人安全亦未必自保，又何能必保介公之安全乎？至于讨伐明令，原为明是非，别顺逆，平军民之公愤，示胁从以坦途，而军队调遣，尤在促汉卿之觉悟，防共匪之猖獗，使政治之途径顺利进行，和平之解决早日实现，其维持国家命脉，避免人民涂炭之苦心，与兄等并无二致。兄等公忠体国，主持正义，漾电所述，自当候由中央讨论公决。因系知交，特先奉布腹心。尤有进者，汉卿既以联俄容共为标榜。（下缺）

本电中，孔祥熙和盘托出了他的解决事变的方案：通过政治途径，和平解决，颁布讨伐令，调遣军队等等，都不过是一种辅助手段；当前急务是，劝说张学良，护送蒋介石回南京，然后才能考虑召集国民代表大会、临时救国会议等问题。

七十八、《李世军致秦德纯电》（1936年12月24日）

孔祥熙发出上电的同时，又打电话给李世军，要求李通过秦德纯，转商宋哲元，重新发表谈话，说明"漾电"（23日电）和中央既定政策的关系，实际上要求宋撤回原电中立即召开国是会议的主张。电云：

> 万急。北平秦市长绍文兄勋鉴：密。漾亥电甫发出，孔部长在电话语弟云：宋、韩两公漾电，谋国深厚，用意至嘉，虽有人认为于目前局势及两公原意不无相左之处，但在伊个人，认为并不受若何不良影响，不过电已发出，甚盼委座能立即郑重发表谈话，说明漾电系完全本中央应付事变之既定政策，阐明反共救国以及迅速恢复介公安全之至意，以故目前急要之事，为介公早日回京主持大计，至于主张召集在职、在野名流，共议大计，系在介公回京后应有此集思广益之举。如能发表如此谈话，一则抑制张、杨之气焰，一则免为日本所藉口，发生种种外交之压迫。良以张、杨放弃甘肃，与共匪合作，已成事实。此刻唯有在中央一致政策之下，始能应付一切危困之环境云云。孔公殷殷嘱咐，谨以陈闻，祈转呈委座为祷。弟李世军叩。敬子。

孔祥熙当时有三怕：一怕张、杨与共产党合作；二怕日本外交上的压迫；三怕地方实力派独出主张，与"中央"不合作。他和李世军的电话谈话惟妙惟肖地透露了这种心理状态。

七十九、《桂永清致孔祥熙电》(1936年12月25日收)

中央军校教导总队队长桂永清是讨伐派中的积极分子，还在12月17日，他即率队由华县向赤水西岸进攻；25日，他又致电孔祥熙，陈述"军事进展"和谈判的关系。电云：

> 南京财政部长孔钧鉴：衣密。并转呈夫人钧鉴：箇电敬悉，感奋莫名。张逆狡狯密谋，我以诚求彼以诈，借和为酿成其奸心，想非至其实力相当消灭时，恐不易就范。逆军到处劫掠，人民怨恨，我军士气旺盛，乐受欢迎。该张逆不敢危害领袖，军事进展正所以利谈判也。现奉令停进在赤水，准备进攻中。桂永清谨呈。印。

八十、《孔祥熙复桂永清电》（1936年12月25日）

孔祥熙并无指挥军队权力，接到桂永清电报后，即告以宋美龄已偕宋子文飞陕并说了几句空泛的鼓励话。电云：

> 华县桂总队长鉴：衣密。电悉。夫人于养晨偕宋委员飞陕，省视委座。吾兄率师靖乱，迭奏肤功，诵电极深欣慰，务盼督励忠勇，迅扫逆氛，早迎委座回京，以慰四海苍生之望。孔祥熙。有秘。印。

八十一、《孔祥熙致赵戴文电》（1936年12月26日）

宋子文、宋美龄到达西安后，形势急转直下。12月24日，蒋介石答复张学良：1.下令东路军退出潼关以东，中央军撤离西北；2.委托孔祥熙、宋子文为行政院正副院长，责成孔、宋与张学良商组府名单，命何应钦出洋；3.释放爱国七领袖；4.联红容共；5.召开国民大会；6.联俄联英美。同日，蒋介石又当面答复周恩来："停止剿共，联红抗日，统一中国。"25日，张学良伴送蒋介石等飞洛阳，次日，抵南京。同日，孔祥熙致电赵戴文，告以此项消息。电云：

> 赵主席次陇先生勋鉴：密。宥电奉悉。委座今午由洛抵京，汉卿亦偕来。此间一切，自可在委座指导之下迎刃而解。知注复闻。弟孔祥熙叩。宥亥。秘。印。

八十二、《驻日大使馆致南京外交部电》（744号，1936年12月28日2时50分发，同日18时55分收）

西安事变和平解决，日本政府急于了解谈判内情及南京政府的今后方针，"有无容共备战"，"是否继续剿共"，等等。27日，驻日使馆电云：

> 592号电敬悉。院长安旋，日本除极少数方面或不无嫉忌之意

外，均为挚诚，普编〔遍〕为东亚大局及我政府巩固、秩序安宁，表示真挚庆慰之情绪，尤以金融之安定，更为惊佩。今后看法，仍重在有无妥协条件，妥协内容有无容共备战。一如724号电有田所云及，是否继续剿共。至对中央，不论是否改组，均信其仍必巩固，而不脱院长之领导。大使馆。

西安事变的历史意义在于，迫使蒋介石和南京国民政府转变政策，促成第二次国共合作，从而出现了全民抗日救亡的热潮。从本电可以看出，这正是日本侵略者所最害怕的。

八十三、《戈定远致孔祥熙电》(1937年1月12日14时30分收)

蒋介石回南京后，态度大变。1936年12月31日，审判张学良。次年1月4日，决定将张"交军事委员会严加管束"。5日，行政院通过"陕甘军事善后方案"，任命顾祝同为西安行营主任，杨虎城与甘肃省主席于学忠撤职留任。同时，以五个集团军的兵力进逼西安。1月7日，宋哲元致电杨虎城、于学忠，声称"在今日而言救国，只有精诚团结一途"，劝二人"遵照中央命令办理善后"。8日，杨虎城复电宋哲元，说明态度与立场。12日，冀察政务委员会秘书长戈定远将杨电转报孔祥熙。

南京财政部孔部长钧鉴：力密。宋委员长致杨虎城阳电，曾经电陈在案，顷接杨复电文曰："宋委员长明轩兄勋鉴：阳电敬悉，承注至感。此间唯一主张，始终在积极抗日。汉公前此之不辞卤莽而留委座于陕者在抗日，继之不避罪刑而送委座入都者亦在抗日。委座在陕，确曾容纳积极抗日主张，事关国信，不容虚构。中央所订陕甘军事之善后办法，远非委座在陕容纳抗日主张之本意，具有陷委座于不信不义之嫌，以言抗日，实不啻南辕北辙。弟与汉公，因主张相同而结合，今汉公被扣，军队西迫，弟如放弃主张，即仅就道义论断，人将谓弟为何如人！兄等热肠照人，想必不欲竟有友如此。国家艰危至此，精诚团结的如尊论。特我以诚往，人以兵来，人我相形，使兄等处弟地位，能不痛心！兄长城抗战，增光国家，弟心印向往，追尘恨晚，务望以声应气求之义，作提携策应之图。东望燕云，实深翘企。弟杨虎城庚戌"等语。敬以奉闻，祈将最近中央对陕甘办法略示一二为祷。戈定远叩。文。印。

张学良离陕后，杨虎城力担重任。1月5日，他会同东北军、17路军将领通电，抗议南京政府扣押张学良并兵压西安，从戈定远所报杨电中也可以看出他的这一态度与立场。电报中，杨虎城明确表示，陕甘军事善后办法与蒋介石所承诺的抗日主张不合，"有陷委座于不信不义之嫌"。由于宋哲元是1933年长城抗战的将领之一，因此，杨希望宋能够"提携策应"，支持西安方面的正当要求。

八十四、《韩复榘致孔祥熙、何应钦电》（1937年1月14日11时10分发，同日15时30分收）

于学忠既是甘肃省主席，又是第51军军长。他积极支持"兵谏"；张学良离陕时，命于负责指挥东北军。1月11日，他致电韩复榘，宣布恢复张学良自由，中央军撤出潼关等三项要求，希望韩支持。14日，韩复榘将于电转报孔祥熙与何应钦，电云：

分送南京孔部长庸之兄、何部长敬之兄勋鉴：自密。顷接兰州于主席孝侯真电，文曰："西安事变，实有不得已之苦衷，所提主张，意在停止内战，一致对外，并非走入偏锋；外传赤化之说，尤与事实不符，其为故意捏造，不言而喻。自张副司令恭送蒋委员长返京后，已现和平商讨之景象。方期集思广益，共定国是，孰料张副司令留京未返，潼关东撤之中央军转而增兵西进，甚至陕甘驻军亦严令限期调动。袍泽闻之，愤慨异常。老子有言：民不畏死，奈何以死惧之！东北军亡省破家，现所存者只此生命，若并此生命而不许其存在，则死有何惧！中央如欲息事宁人，则下列三事实有提前解决之必要：（一）即日恢复张副司令之自由，可促其返陕；（二）

潼关、华县一带之中央军即日东撤；（三）陕甘驻军照现在位置，暂时不动。至其他问题，或关国家大计，或难即时解决，不妨邀集各方，从长计议，求一全国公正之办法。现在中央军明言和平，而暗调大军压迫，似此办法，无异抱薪救火，薪不尽，火不灭，迁延日久，更恐无以善其后。此间共同主张，对政治途径不拒绝，对武力压迫不屈服，内部团结坚实，所有一切，已有相当布置。惟目击国势阽危，实不愿再见阋墙之争，吾兄爱护国家，爱护东北袍泽，倍逾寻常，尚乞鼎力斡旋，指示周行，无任盼感。再兰垣上月文晚稍有军事，次日即复原状，现已安谧如恒"等语，弟未便置复，特电以闻。弟韩复榘叩。寒。印。

八十五、《广西各界抗日救国会霰电》（1937年1月17日）

李宗仁、白崇禧和蒋介石有矛盾，主张抗日，和张学良等早有联系。1月16日，李、白二人与刘湘联名通电，要求制止中央军入陕，消弭内乱，团结对外。17日，广西各界抗日救国会再次通电，要求"采取政治方法"解决善后问题，同时要求蒋介石立即领导全国军民，发动民族抗战。电云：

南京中央党部、国民政府、各省市党部、各省市政府、各民众团体、各报馆公鉴：连日报载，中央大军续向西安压迫，西北军民亦严阵以待，战云密布，大有一触即发之势。消息传来，不胜忧惧。窃前次西安事变，举世震惊，幸赖我委座及西北诸将领咸以国家为重，互相谅解、化险为夷。乃旬日以来，中央对于西安抗战之主张，未能见诸实行，竟复派大兵入陕，重相煎迫，万一激成变乱，人将谓中央勇于对内，怯于对外，而亡国灭种之惨祸亦不旋踵而至矣！心所谓危，不敢缄默，用特电恳中央，迅行制止入陕部队，采取政治解决方法，以弭内战而培国力，并恳委座立即领导全国军民，发动民族抗战。尤盼全国同胞，一致主张，以挽危机。党国幸甚！临电惶悚，无任盼祷！广西各界抗日救国联合会。霰。印。

八十六、《杨虎城致孔祥熙电》（1937年1月22日0时5分发，同日8时40分收）

根据周恩来的建议，杨虎城、于学忠于16日（铣日）发表通电，表示接受南京政府的"革职留任处分"，要求准许张学良回陕，同日，鲍文樾、李志刚、米春霖等携带杨虎城的方案飞南京商谈，要求以张学良为陕甘绥靖主任，杨虎城为副；陕甘地区由东北军、第17路军、红军分驻。17日，孔祥熙复电杨虎城，对杨"遵令奉职"，表示"至深佩慰"。19日，孔祥熙再电杨虎城，认为米春霖等所提要求"似有拟使陕甘特殊化模样。势难完全采纳"。22日，杨虎城复电孔祥熙声明并无"使陕甘特殊化之意"，同时反驳南京广播中的"诬蔑"。严正声明："在抗日联合阵线下联共则有之。"电云：

南京孔部长庸之兄勋鉴：奋密。皓电奉悉，承注，无任感激。此间前由米代表等携呈之解决方案，纯就事实着想，用供中央采择，弟爱戴领袖终始不渝，如委座俯察此间之实际困难情形，凡有训示，弟必竭诚遵办，努力运用，只求事实上于国家有利，弟个人得失，在所不计。近日京中广播，语多诬蔑。弟始终忠于本党，在抗日联合阵线下联共则有之，但绝非容共，绝非赤化，弟无论何时，绝不抛弃本党之立场也。肝胆之言，想荷洞察，仍乞随时指示，藉资遵循，实深感祷。弟杨虎城叩。马戌。印。

八十七、《樊崧甫致孔祥熙电》（1937年1月23日发，24日9时收）

在国民党将领中，樊崧甫是坚决的主战派，他曾多次向孔祥熙建议，采取军事行动。1月19日，孔祥熙致电樊崧甫，询问："张、杨、于三人部队及共军是否团结一致，政治方式能否解决，或非用兵力不可？"23日，樊电复孔祥熙，促孔"用兵"。电云：

特急。南京财政部孔部长庸之兄：皓京秘电奉悉。松密。张、杨、于三部原系同床异梦，近以统驭关系，猜忌颇深，兼之赤匪参入，益呈纷乱状态。闻现在张、杨各部，分将西安重要辎重移置蒲城、凤翔，可想见各自为谋之意态矣。拟请迅速用兵，促其分化，一面仍可用政治手腕应付，军事、政治同时进展，或较易结束。谨复。樊崧甫。号午。秘。印。

八十八、《孔祥熙致蒋介石电》（1937年2月4日）

张学良离陕后，面对蒋介石的军事压力，西安内部出现了和战两派。以王以哲为代表的东北军老一代将领支持中共的和平方针，主张通过谈判营救张学良，以应德田、孙铭九为代表的少壮派主张为营救张学良，不惜对中央军作战。1月31日，杨虎城、于学忠、王以哲、何柱国、周恩来等会议，决定促进和谈成功。2月2日，应德田、孙铭九等集会，认为王以哲、何柱国等准备投靠南京政府，决定派人捕杀。同日，王以哲被害。4日，孔祥熙致电蒋介石云：

> 杭州蒋院长钧鉴：勋密。据报，西安叛部内变，孙铭九等竟戕害王以哲等四人。回忆去冬驾留陕时，京中同志激于义愤，当时有一部分主张胁以军威，用机轰炸，弟等因知叛部分子复杂，诚恐惹起变动，铤而走险，危及我兄安全，关系党国前途太钜，坚主对彼等责以大义，晓以利害，动以感情，俾能早日和平解决。复幸天佑中国，吾兄安然脱险，证以西安现状，回思往事，至今栗栗。陕局善后，想正统筹。窃以为叛部内容复杂，处理稍一不慎，恐致枝节横生，更难收拾，幸祈垂察。弟。孔。豪。京秘。印。

孔祥熙此电，目的在于献策并表功，但他清晰地道出了事变初起时南京政府内部的分歧，是一份很有价值的历史文献。

八十九、《樊崧甫致孔祥熙电》（1937年2月9日）

少壮派的鲁莽行动造成了东北军的分裂。2月3日，扼守东线的刘多荃师自动撤退,中央军进驻渭南。刘多荃并召集会议,宣布接受南京方案,全军东开。8日,中央军进入西安,杨虎城及17路军撤到三原。9日,樊崧甫致电孔祥熙云:

  孔部长庸公。松密。本军先头部队昨已到达西安,后继部队正在陆续推进,顾主任佳日过此西上,主持行营。本部拟于明后日前往。逆部除城内尚留一小部外,主力已向三原、富平、高陵一带撤退。杨本人尚在新城,现军势已操我手,谅顽强者必能俯首就范,建设西北计划即可按步实施矣。知注谨闻。樊崧甫叩。佳午。印。

日蒋秘密谈判的重要资料
——读孔祥熙档案之二

萱野先生伟鉴：

久违芝宇，时切葭思，适贾生来，拜读手书，快同面谈。先生以远大之眼光，发救时之伟论，忧国忧民，语重心长，多年故交，感慨同深。中日本系同文同种，必须共存方能共荣，承示佛者精神，救国伟业，尤愿以先生勉弟者，仍以勉先生，爰将向所欲言而未言，以及不愿为他人言者，为先生掬诚一言，惟先生高瞻远瞩，心领而神会之。因先生翊赞中山先生，致力革命数十年，所以谋中日之幸福，东亚之和平者，久具苦心，非惟知日知华，亦且深知东亚者也。

自战事爆发以来，双方有心人之隐痛，俱不堪言，以为不仅中日两国之危机，实属东亚黄族之厄运。古人云，鹬蚌相争，渔人得利，螳螂捕蝉，黄雀在后，苟不速谋两全之道，更有同归于尽之惨。诚如先生所云，应弃小嫌，维持大局。春间头山满先生亦曾有电致弟，欲归两国于好，其怀抱亦与先生相同，足见贵国老成谋国者，尚未尽为威武所屈也。惟是此次惨剧，由于贵国少数军人未审共同利害，一时误入歧途所致。敝国坚决抗战，纯为自卫起见，故解铃系铃，仍在贵国少数军人之手。先生欲自救以救人，必设法使贵国少数军人早日醒悟，必先使其了解此次战事于贵国之利害。弟旅东有年，不乏知交，且懔于唇亡齿寒之戒，不仅忧在敝国，而易地以想，认为贵国危机潜伏，亦颇为之代忧，尚冀先生对于贵国少数军人有以指示而纠正之。

（一）中日接壤最近，唇齿相依，在历史上地理上关系极为密切，互助则能共存，相残必致偕亡。且敝国地大物博，民性中和，适为贵国最近之善邻，较之其他远水不救近渴之友邦，尤宜患难相救，疾病相扶，不意今竟弃好寻仇，驱友作敌，似此阋墙之争，萁豆之煎，何异自残肢体，自坏长城，况黄雀渔翁，俱在其后，失此奥援之国，必致唇亡齿寒。究竟贵国之真正敌人为谁，似应认清，此对于亲仁善邻，不能不希望贵国军人猛省者一也。

（二）贵国陆军为何而积极教练，贵国海军为何而积极扩充，一切武力之准备，是否专为对华之用！姑不论以今日整个战局观之，贵国未必即操胜券，一切武力消耗于对华之后，何时始能补充？一旦他国乘机对日冲突，将恃何种武力以与周旋？深恐贵国不亡于对华，而亡于其他敌国。此对于国防武力，不能不希望贵国军人猛省者二也。

（三）贵国原为工业国家，一切原料率多取给敝国，一切货品亦多行销敝国，是敝国为贵国惟一最大之市场，今竟摧毁之不遗余力。姑不论和气生财，懋迁有无，全恃情感，而战时贵国之生产力日益惨落，敝国之购买力日益减少，试问影响于贵国经济者，曷堪设想！德、义均为工业国家，纵能供给原料，行销货物，究有几何？且英、美、印度抵货之风，有加无已，贵国更蒙国际上之损失乎？同时贵国战费之增加，漫无限制，人民之负担不堪，尤恐贵国不亡于战场，而亡于市场，此对于经济恐慌，不能不希望贵国军人猛省者三也。

（四）贵国人士素以武士道自豪，忠君爱国，抑强扶弱，今者军队在华，奸淫烧杀，惨绝人道，毫无纪律，武士道之精神已荡然无存。战而败固不必言，即使战而胜，对于军队之纪律，将何以整饬？对于嚣张之风气，将何以遏制？且民众反战之情绪酝酿益烈，尤恐贵国不亡于外患而亡于内乱，此对于武士道，不能不希望贵国军人猛省者四也。

上述诸端，仅系荦荦大者，此外因战事延长，不利于贵国之处尚多，想先生熟筹深思，早已洞若观火，而贵国朝野不乏明达之士，倘能平心静思，当亦悚然于此种自杀之政策，适足以促东亚之速亡。且数千年来我东方之文化，基于仁义道德，纯为王道，孟子云："以力服人者，非心服也；以德服人者，中心悦而诚服也。"贵国固亦素倡王道者，今贵国少数军人舍王道而行霸道，竟欲以武力屈服敝国，以敝国土地之广，物产之富，人口之多，非惟在事实上不可能，而敝国人士熏陶于王道之中，最尚气节，倘使压迫过甚，势必宁为玉碎，不为瓦全，亦惟有余及汝偕亡而已。如贵国军人果能改弦易辙，弃嫌修好，勒马悬崖，回头是岸，似非不难化干戈为玉帛。弟固深知贵国军人倔强成性，或以骑虎难下为虑，惟是止戈为武，古有明训，既不失其武士精神，亦不愧为大国风度，究修百年之好，抑种百年之仇，似全在贵国少数军人之一念。先生东亚明哲，中日有识之士莫不深佩，当此大局危急之秋，倘承联络贵国忠君爱国之士，责以正义，晓以利害，当可幡然改悟，此固贵国之福，亦东亚黄族之幸也。弟虽不敏，然为奠定中日真正共存共荣之百年大计起见，亦当竭尽绵薄，以从事焉。专此布悃，诸希亮察，未尽之意，仍由贾生面达。敬颂勋祺！

弟名正肃

五、廿二

外附微物数件，聊以将意，务祈哂纳为幸！

上述函件，已摄成缩微胶卷，藏于美国哥伦比亚大学珍本和手稿图书馆孔祥熙档中。萱野，指萱野长知（1873～1947），号凤梨，日本高知县人，1895年与孙中山订交，先后加入兴中会、同盟会。1907年被任命为东军顾问，负责购置并运送枪械。1911年武昌起义爆发，萱野应黄兴之邀赴汉阳参战。1915年,再次被孙中山任命为中华革命军顾问,协助居正在山东起义反袁。1931年"九一八事变"后,曾受首相犬养毅派遣,秘密来华商谈撤兵问题,因军部反对,不久即被召回。

在抗日战争中,孔祥熙属于主和派。1938年1月,日本浪人首领头山满致函孔祥熙,表示将竭平生之力使两国同归于好,要求蒋介石集团"速改旧图,更新其策"。同月,孔祥熙复电头山满,希望他"主持正义,力挽狂澜,设法〔使〕贵国军人早日醒悟"。3月末,萱野长知的助手松本藏次和孔祥熙的亲信、行政院代理秘书贾存德(即函中所云贾生——作者)在上海中国旅社秘密见面。贾称:"如果任凭中日两国同归于尽的话,将给整个亚洲带来不幸,必须设法讲求和平之道。"4月20日,双方在同一旅馆第二次相见。松本传达了萱野提出的和平条件,要求中国政府承认"满洲国"独立,承认日本关于内蒙的立场;贾存德则要求日本全面撤兵。其后,在松本的安排下,萱野与贾存德见面,萱野声称:"我和孙先生是朋友,中日是兄弟之邦,不应以兵戎相见。"他要求贾存德转信给孔祥熙,大意为:中日交战犹如萁豆相煎,如孔有意出面解法阋墙之争,化干戈为玉帛,他愿意为此奔走。5月,贾存德携该函赴港,与宋霭龄同机飞抵汉口。同月,贾存德携孔祥熙复函返回上海。关于这一过程,贾存德晚年回忆说:

> 在汉口住了两天,孔便令我转港返沪,行前找我谈话,首先勉励我一番,要我为他好好做事,并当面允诺在上海中央银行给我挂一个名义,领取薪俸。接着就警告我说:"你回去以后和这些人(指萱野等人)来往要特别谨慎,若不小心,一旦泄露秘密,我不但要否认,还要通缉你。当然,你也不必害怕,暗中我会保护你的。"同时,他还要我回去打听萱野背后的支持人是谁,经常和哪些人来往,松本藏次从前做过些什么,等等,最后让我找他的秘书李青选,给萱野带回一封信。
>
> 当天晚上,李青选拿着一封没有封口的信给我,并说:"你可以看看信的内容,以便按照孔的意图和萱野交谈。"信的内容是:收

到了中国驻日本大使许世英下旗回国时所带头山满先生的信。……令兄（指萱野）为了两国的利益有志斡旋，弟甚感钦佩，惟解铃系铃还在于日本当局，如果兄能以百年利益说动贵国当局早悟犯华之非，弟将呼应共襄此举。李青选还告诉我今后有事直接和他联系，并将联系时所用之密电本交给了我。

关于贾存德所回忆的这封信，近年来我一直在找寻，在日本没有找到，在中国也没有找到，不想却在美国找到了，这真是"踏破铁鞋无觅处，得来全不费工夫"。将贾存德的回忆和原函比较，可以发现，贾存德的回忆虽然简略，但大体不错，"解铃系铃"云云，确系原函中的用语。

孔祥熙《复萱野长知函》的发现，有助于进一步深入研究抗日战争期间日蒋之间的秘密谈判。

蒋孔关系探微
——读孔祥熙档案之三

在美国哥伦比亚大学珍本和手稿图书馆所藏孔祥熙档案中，保存着致蒋介石的几封信，看来是孔祥熙本人认为很重要的文件。其一为：

介兄多鉴敬密陈者：弟自由欧奉召返国，参加国难工作，倏逾半载。遵命担任行政，亦已四月。初抵汉时，正值前方军事失利，后方极形恐慌，难民流离于途，伤兵到处滋事，救济不及，安置无方，人心浮动，怨言丛生，大局几有不可终日之势。而中央机关之西迁，或川，或湘，或武汉，办公地点既无一定，负责长官亦多分散，政务更有停顿之虞。为安定后方，镇静人心起见，经竭力设法，约集来汉，乃将中央组织稍事整理，协助地方政府解决伤兵、难民问题。嗣我兄以军事繁要，坚辞院务，筹划改革中央行政机构，以谋政院与军会之调整，虽蒙询及刍荛，迄未妄参末议，对于提出改组办法，因而未曾过问。改组之议既定，以人事问题征及于弟，自维材轻任重，本不敢承，故再三辞谢，乃我兄推诚相与，恳切责勉，弟以时值国家艰危，我兄忧劳逾恒，遂不得不暂承其乏，冀我兄专心军事，求取抗战之胜利。所幸抗战初起，中央即有决议，党政军统归我兄领导，而政院诸务，早有成规可循，曹随萧

送呈

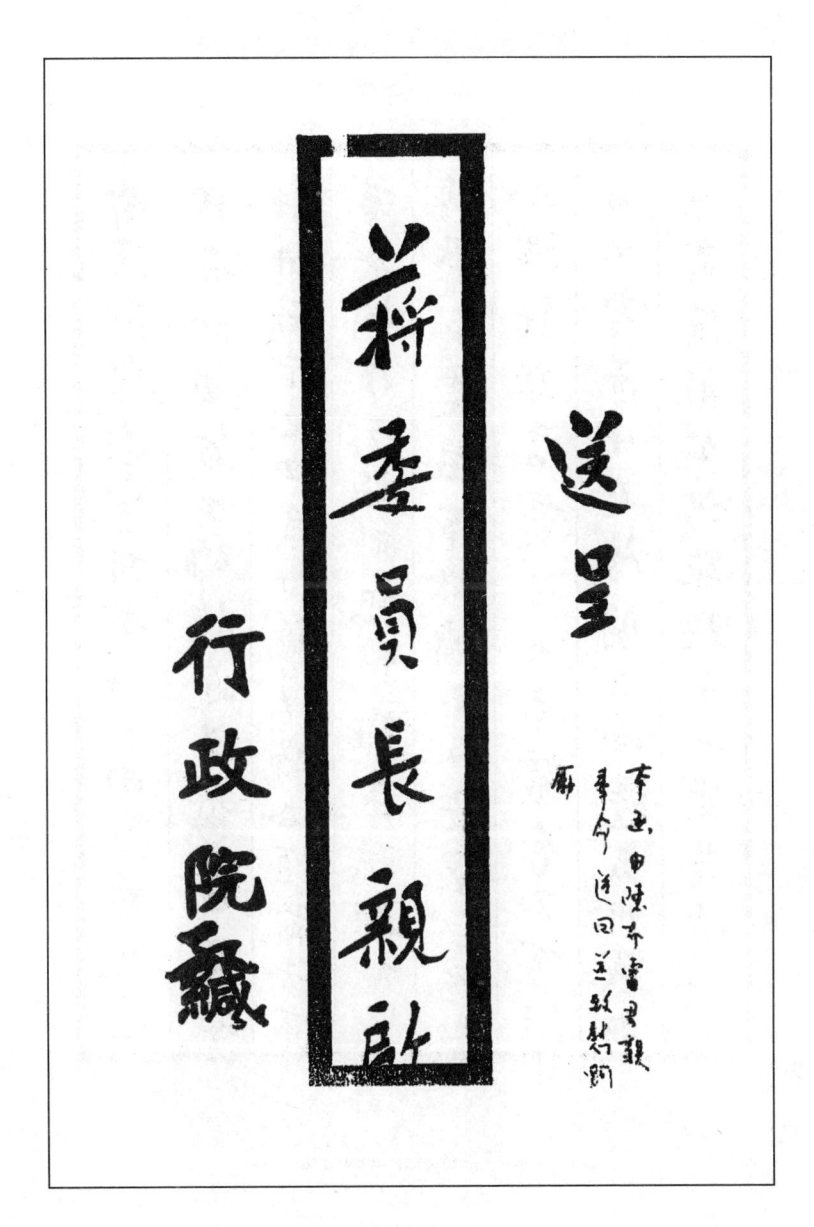

蔣委員長親啟

行政院緘

孔祥熙致蔣介石函封面

介兄鈞鑒敬密陳者弟自由歐奉召返國參加國難工作倏逾半載遵命担任行政亦已四月初抵漢時正值前方軍事失利後方極形恐慌難民流離於途傷兵到處滋事救濟不及安置無方人心浮動怨言叢生大局幾有不可終日之勢而中央機關之西遷或川或湘或武漢辦公地點既無一定負責長

孔祥熙致蔣介石函手迹

后，自亦不必另有主张，另有政策。惟数月以来，外间或不加察，责弟无主张、无政策，在非常时期，更无特别办法。实则以党治国，一切大计均须取决于党，听命领袖，而抗战时期，最重意志统一，政策一贯，尤不容个人随便发表主张，致涉分歧。故切盼全国代表大会及中央全会早日开幕，有所指示。兹既先后举行，决定《抗战建国纲领》，则此后政治益臻稳定，军事愈易撑柱，财政亦筹有办法，且弟多年以来，即主张为统一政令、集中力量起见，政治军事大权应归我兄一人主持，去岁出国前并有长函向我兄建议，将军委会改组，国防部隶于政院，由我兄以院长兼总长。此次大会通过我兄为本党总裁，主持一切，尤与弟之平素主张相同。

目下前方军事好转，党政军权宜即乘时统归我兄总揽，庶几德威普照，军民共仰，指挥便利，策应敏捷，于国家前途及抗战前途裨益实多。弟近来身体多病，精力远逊于昔。前为我兄分劳，应付难局起见，暂任行政，尚能勉强支持，如使长负重责，深惧自误误国，既负我兄推许之意，亦累我兄知人之明。亟盼允卸仔肩，俾得稍事休养，或另畀闲散职务，以便从容效力。倘我兄仍不愿自兼院务，或由岳军代理，亦颇稳妥。至财政一席，子文如能担任，更为驾轻就熟。弟秉性率直，遇事认真，或不免获罪于人。长财数年，幸赖我兄信任，虽有谣诼，均置不理，始能放手做去，即近来稍有成就，亦系我兄指导之力。就积极方面言，因整顿旧税，举办新税，为国库增加数万万元；就消极方面言，因购置消费躬亲核实，为国库亦节省数千万元。均有数字可查。至于改善币制，整理公债，活泼金融，扶助工商，以及废除苛杂，治本防灾，直接间接，无形中为国家所增之富力，想亦有相当之数目。且自信经手事项，公私分明，丝毫不苟，差堪告慰于我兄。过去虽因严厉取缔交易所操纵投机，并在整理公债时期不肯徇情，致受人攻击，发生谣诼，曾经审计部派员秘密查账数月之久。其结果中行方面并未发现错误，财部方面亦只因暂记账为查账者所吹求质询，但该项支出均系奉有我兄手条，先行垫付，待补手续者，一经核对解释，亦无问题。现在厉行预算制度，主计、审计，又复组织严密，一切收支必经种种手续，更不待言。

  弟去秋在德，乘便诊疗宿疾，时期未满，即奉我兄叠电召归。匆匆返来，又因国难严重，未敢休息。近复忙碌数月，益感精力不及。惟前以国家情景欠佳，未敢提及下忱。今幸行政组织大致妥帖，战事前途又形好转，而财政亦筹有办法。弟之去留，当不致影响大局。现拟提出辞呈，自不能不先商我兄。披沥直陈，敬祈垂察。倘承不以畏难见责，尤为感幸。专肃，恭请钧安！弟孔祥熙谨启。四·二十五日。

  孔祥熙于1937年3月以特使身份被派赴英国参加英皇乔治六世的加冕礼，其后，陆续访问意大利、捷克、瑞士、德国、法国、比利时、美国，秘密订购军火武器及汽油等物资。卢沟桥事变发生后，蒋介石指示他"在国际方面多所接洽"，又再赴巴黎、柏林谈判。同年10月，奉蒋介石之召回国。12月13日，南京被日军攻陷。次年1月，为建立战时行政机构，国民政府实行改组，孔祥熙被任命为行政院长。本函称："由欧奉召返国，参加国难工作，倏逾半载。遵命担任行政，亦已四月"，知此函作于1938年4月25日。

  当年3月29日至4月1日，国民党在武昌召开临时全国代表大会，通过《抗战建国纲领》，选举蒋介石为国民党总裁，汪精卫为副总裁。同月6日，在汉口召开五届四中全会。函中所称全国代表大会及中央全会，指此。

  在国民党的高级官僚中，孔祥熙是最受蒋介石信任的一个。其原因，从本函可以窥见：一是孔对蒋绝对忠诚，以蒋之主张为主张，绝不和蒋争权，也绝不和蒋标新立异。本函称："弟多年以来，即主张为统一政令、集中力量起见，政治军事大权应归我兄一人主持。"又称："政院诸务，早有成规可循，曹随萧后，自亦不必另有主张。"这自然是十分投合蒋介石的胃口的。二是善于理财。1933年宋子文撂挑子的时候，国库仅存现金300余万元，而月支出则达2200万元。宋子文曾认为，三个月之后，国民政府的财政就要垮台。但孔祥熙接任后，采取各种措施，迅速积聚起大量财富，保证了蒋介石的各方面需要。本函所称："就积极方面言，因整顿旧税，举办新税，为国库增加数万万元；就消极方面言，因购置消费躬亲核实，为国库亦节省数千万元"，应是事实。三是不顾财务制度，蒋介石要钱就给。本函所称"为查账者所吹求质询"的"暂记账"，都是只凭蒋介石的"手条"，就照付不误的。这是孔和宋很不同的地方。

孔祥熙担任行政院长后，颇为部分人所不满。王世杰1938年2月12日日记记载："近来中外人士对中央信托局（孔为董事长）购买军火，指摘殊甚，谓有不少舞弊情事。宋子文似亦有电告知蒋委员长。"3月4日日记云："近日外间对于孔庸之长行政院，王亮畴长外交，颇多不满。昨闻傅斯年君（国防参议会委员）曾以长函致蒋先生，指责孔、王甚力。"孔祥熙致蒋介石函中也说："数月以来，外间或不加察，责弟无主张、无政策，在非常时期，更无特别办法"，可见这种不满的强烈。在2月12日的国防最高会议上，孔祥熙曾为中央信托局作过辩解，但并未能遏制这种不满。于是，他便以退为进，于4月25日上书蒋介石，一方面要求辞职，声称"亟盼允卸仔肩，俾得稍事休养，或另畀闲散职务，以便从容效力"；一方面力辩自己的"无主张、无政策"乃是因为在蒋介石领导之下，"曹随萧后，自亦不必另有主张"；同时则大谈自己多年来理财的"成就"和公正廉明，目的在于反驳舆论对自己的批评，争取蒋介石的信任。果然，蒋介石见信后，即命陈布雷将信退给孔祥熙，并表示"慰问鼓励"。这样，一场反孔风潮还没有来得及掀起来就被压下去了。

其二为：

> 主席钧鉴：弟病中闻有将财政部外汇管理委员会结束，所余工作改由中央银行执行之议，再四思维，窃认为应请重行考虑者有以下几点：
>
> （一）按欧美各国外汇自由买卖时期，业务则统归中央银行调剂，但实行外汇管理后，则多在财政部设立专管机构，处理审核手续，而业务则由中央银行主管。如德、义、伊兰、加拿大、智利、

巴西、阿根廷及其他南美诸国，皆采此制。其他如英国、印度、纽西兰等国由财政部授权中央银行管理外汇者，亦各在中央银行内另设机构，不与普通业务互相混合。盖审核、业务两种业务之应分别办理，犹会计、出纳之应分开也。分开则可收互相监察之效，合并则权力有过于集中之嫌也。

（二）我国管理外汇之执行，因英、美封存法令与我国有关系，而美国财部外贸局所颁布之《特许法令》第58项及第75项皆指明我国外汇管理委员会为合作执行之机关。按此项法令予我国管理贸易及资金之流动，颇多便利，而外国商人则认为不便。因此美方对此项法令久有放任倾向。今外汇管理委员会改组消息传来，闻已有非正式表示，拟取消此项合作办法而图便利彼国商人也。

（三）查外汇管理委员会成绩尚佳，若非确有必要，观似不必更改，否则恐外人认为不稳定之表现。如以为现有机构不足胜任，则可视诸工作之需要而加强，似不应重起炉灶也。

总之审核与业务理应分开。如必欲将二者皆归中央银行处理，亦应在中央银行之内特设审核委员会，聘请行外有关人事参加，方为妥善。因此事关系重大，影响国际合作，披直陈所见，以备参考。是否有当，尚乞钧裁。

此函未署年月，中国外汇本取自由买卖制度，1938年2月，日本侵略者指使北平伪组织设立银行，发行无担保、不兑现的纸币，强迫人民行使，妄图套取外汇，这样，中国政府就不得不逐渐建立外汇管理制度，规定外汇售结买卖，须在政府所在地的中央银行办理，其他非政府指定银行，不得买卖外汇。同月，财政部指定中央银行总行办理外汇审核事宜。次年4月，成立外汇审核委员会。1941年8月，成立行政院外汇管理委员会，孔祥熙任主任委员。1943年12月，外汇管理委员会改组，隶属财政部。此函当作于此后。

其三为：

介兄主席钧鉴：敬陈者：顷阅报载，美政府决派马歇尔将军继赫尔利将军使华，在此内外情势艰困之时，此举于外交姿态上殊属有利，深为庆慰。忆赫尔利将军使华年余，贡献极多，有助于中美邦交者非渺。其出任之经过情形，弟在美时曾应罗斯福总统之请，征询意见，除当时简略电陈外，兹再摘陈如下，用备参考。

自史迪威将军召回，及高斯大使辞职后，中美邦交阻碍颇多。弟奉派驻美代表，公私运用，极费苦心。对继任人选，如不得其当，误解更多，影响大局更甚。在当时情形，实须熟悉我国情形，同情我国困难，而富有军事专才，兼有政治头脑者为最适宜。弟于罗氏征询意见时，即经表示上述意愿，立场所限，自不便擅举人名。罗氏即以华莱士、纳尔逊诸人见询，弟则反复仅表我方之意愿，微露如能就贺浦金斯、及赫尔利两人择一任之。罗以贺难远行，遂即以赫君任命。（下缺）

此函原稿未署时间。函称："美政府决派马歇尔将军继赫尔利将军使华。"知此函作于1945年11月。

1944年6月，重庆国民政府派孔祥熙赴美出席国际货币基金会议，蒋介石并任命其为私人全权代表。不久，国民党在豫湘桂战役中大溃退，大片国土沦于敌手，中外震惊，驻华美军司令兼远东战区参谋长史迪威通过美国政府，要求取得指挥中国战区作战部队的全权，加剧了和蒋介石的矛盾。于是，蒋介石指示孔祥熙会晤罗斯福，要求给予三个月的布置时间。孔祥熙接电后，在会晤罗斯福时表示，一旦中国的军队由外国人指挥，士气民心必将大受影响；孔祥熙要求召回史迪威，另择贤能。罗斯福接受孔祥熙的意见，改以魏德迈为美军驻华司令兼中国战区统帅部参谋长，同时派赫尔利为私人代表。10月，又任命赫尔利代替高斯任驻华大使。孔祥熙此函现存部分即反映这一情况。

其四为：

介兄主席钧鉴：敬陈者：抗战胜利，宇宙重光，此皆钧座坚苦卓绝，精诚感召有以致之也。弟以衰病之躯，早拟回沪养息，兼理家务。嗣以全会召开在即，身为革命党员，追随总理及钧座，献身党国者几四十年。际兹本党大业垂成，本届全会缺席去沪，恐惹误会，乃决缓行。现在大会业经闭幕，不久拟即束装就道。忆二十年来，在钧座领导护持之下，服务党国，勉分劳怨之任，若干任务难副殷望，由于能力之不及，与夫环境之艰难，乃虽心余力拙，仍难见效，致劳钧虑，实深愧憾。顾目今国家环境，内外艰危，实较抗战时期为尤甚。惟信在钧座领导筹谋之下，必可迎刃而解，统一进步之新中国自可指日而待也。

当今之势，我国际地位已跻于五强之列，责任自亦加重，苟国际间运用得法，外获世界之重视，内则我党人牺牲奋斗所求之三民主义、五权政府之终极目标，亦可加速顺利完成。近闻指示，极佩荩筹，实我国亿万年幸福之所系，忝属旧僚，实深钦敬。

所窃以自慰者，当抗战时期，重荷青睐，谬膺辅弼之选，自问竭忠尽智，不敢偷闲。今任务勉达，体力日衰，此时休养，度我余年，实拜钧座之所赐，感何可言！山居静养，检讨往事，愧贡献之毫无。惟忆任内凡所施措，均本福国利民之义，绝无为个人私利之念，区区赤心，早邀洞鉴。今后以在野之身，从事社会事业，聊尽国民之职。诸如燕京、铭贤诸校、中美文化、边疆服务、孔学会、慈幼协会等机构，均关社会福利，亦即本党终极目的所在。过去所需经费，均由弟私人筹措，虽有若干事业如孔学会、慈幼会等曾由钧座名誉领导，并承钧兄由国库酌予协助，弟以深体国家艰难，迄未请拨。今后事功更艰，深望钧座指导提倡，使之发扬光大，以竟全功。他如国家兴革，弟以从政多年，或有一知半解之见，只供钧座参考，苟有垂询，仍当尽我愚忠，本知无不言，言无不尽之义，仰答知遇于万一。

留禀恭陈，以代踵辞，伏维垂鉴，敬请钧安！弟祥谨启。

此函原稿亦未署时间。函称："抗战胜利，宇宙重光。"又称："本届全会缺席去沪，恐惹误会，乃决缓行。现在大会业经闭幕，不久拟即束装就道。"据此，知此函作于1946年3月17日国民党在重庆召开六届二中全会之后。

1944年初，国内反孔之声大盛。同年秋，罗斯福通过宋子文转达提议，要求中国政府更换军政部长和财政部长。11月，孔祥熙自美致电蒋介石，请辞财政部长职务，同时保荐政务次长俞鸿钧接任。同月，蒋介石照准。1945年5月，孔祥熙再辞行政院副院长职务。7月，自美返国。此后又陆续辞去中央银行总裁和中国农民银行董事长等职务。至此，蒋孔之间的亲密关系结束，孔祥熙在中国政治舞台上的作用基本消失。本函反映出孔祥熙失意后的种种复杂心情。他虽有满腹牢骚，但仍然表示要忠于蒋介石，"仰答知遇于万一"。

其五为：

> 介兄钧鉴：拜别来美，转瞬经年。因知吾兄国事劳神，日理万机，未敢多扰清听，致疏函候，至以为歉。然对吾兄怀念之诚，无时或已也。当弟抵美之时，此间人士因受共党宣传，对我误解颇深。美友纷来探询，弟鉴于情形恶劣，不容坐视，乃一面向各方解释，一面联络议院友好，促成援华政策。幸于去年能在国会通过援华议案。当时正值竞选，总统，共和党对我尤表热诚。不幸共和党失败，民主党当选。弟于选举之后，即与杜总统及马国务卿晤谈数次，杜氏虽对我表示同情，惟以各方牵制甚多，国会虽曾通过援华议案，而国务部执行方面仍多留难，环境因人事使然，实亦莫可如何。自吾兄引退以来，国内情形每况愈下，使此间爱我人士灰心。盖援华问题必须我方自身有办法方能推动，此美人所谓天助自助者也。
>
> 吾兄自参加革命，二十余年来，继承先总理遗志，努力奋斗，功在民国。抗战八载，全国在兄领导之下，协力支持，举世钦敬，名列四强，诚非偶然。不幸胜利以还，政府措施错误甚巨，因一误而再误，以致士无斗志，民有二心，功败垂成，为党国，为吾兄，实为痛心。我国战后措施之错误，据愚见所及，约有三点。因感于

前车之失，可为后车之鉴，因敢为吾兄列陈之：

一、我国币制应于胜利之后立即改革。当时国币发行不过一千七百亿，而国库外汇尚有十亿美元，除可收回抗战旧币，换发建设新币外，尚可余存一亿美元之多，可以留作发行准备及建设生产之用。当时如能将币制整顿稳定，不自己贬值，当可维持信用，则资金不致逃避，物价不致腾涨，工商业可以发达，国外贸易可以推广，侨汇可以源源而来，国库收入不致太失平衡，人民安居乐业，赤祸不致蔓延。殆至去年秋间，我国外汇已告枯竭，对外贸易及国内生产相差过巨，而于此时冒〔贸〕然换发金圆券，既无充分准备，又未增加生产，且强征民间黄金外汇，不顾商情成本，限价勒售，强迫执行，凡此种种，均大失人心，嗣后金圆券又自行贬值，一至不能维持而有今日之经济崩溃。此失策者一也。

二、胜利之后应立即恢复生产。所有日人之工厂，理应利用，不使停顿。不幸因政府接收人员彼此争夺，致使停止生产，机器损坏，原料散失，对国计民生损失奇重。本国既无生产，自不得不仰给于外国，因而外汇逐日消耗。此亦经济崩溃之又一原因也。

三、中俄条约原无必要，但一经签订，则使苏俄在东北及内外蒙古享有特权，故能充分武装中共，扰乱吾华。此实中共军事日强之主因，亦即我政府之失策也。

以上三点，不过事之近因，而考其远因，实由于群小干政，蒙蔽元首，结党营私，忌贤妒能，争权夺利，失德丧良，而结果吾兄代为受过，言之痛心。目今中外明达人士尚以为欲救中国脱离赤祸，非有吾兄出山领导不为功。且我国宪法亦无总统辞职之条文，惟吾党同志是否能捐弃成见，团结合力拥戴，瞻望前途，曷胜翘企！弟年老衰弱，无力报效。惟祈为国珍重，举贤任能，完成革命建国之大志。弟以为人能自知自改，方不失革命之精神。数十年来追随左右，甚感知遇，早拟本忠谏之诚，沥胆直陈，惟以吾兄明察秋毫，必已洞悉，且恐有人发生误会，未能遽启。然一片忠诚，如梗在喉，一吐为快。兹乘三妹返国之便，冒陈渎听，祈垂察，实所企祷。肃此敬请钧安！

此函原稿亦未署时间。1947年秋，孔祥熙因得家人自美来电，称宋霭龄癌症严重，匆匆离沪赴美。本函称："拜别来美，转瞬经年。"又称："目今中外明达人士尚以为欲救中国脱离赤祸，非有吾兄出山领导不为功。"据此，知此函作于1949年1月蒋介石宣布"引退"之后。

为了挽救濒于灭亡的国民党政府，美国国会于1948年4月3日通过一项"援华法案"，向蒋介石集团提供四亿六千多万美元的援助。根据本函，孔祥熙在通过这一法案的过程中起了作用。这是人们前所未知的材料，可补史乘的不足。

孔祥熙写作本函的时候，国民党政府败局已定。本函除劝告蒋介石出山，从幕后走到幕前外，主要目的在于总结失败教训，为蒋介石制定新的施政方针提供借鉴。函中提出的未能及时进行币制改革等三点，并没有揭示出国民党政府失败的根本原因，但他论及的财政失策、接收大员们的"彼此争夺"，以及"群小于政"、"结党营私"、"争权夺利"等情况，却也为人们研究这段历史提供了一份当事者的有权威的证言。

蒋介石虽然在美国及国内反孔势力的压力下，于1945年甩开了孔祥熙，但是继任的宋子文、翁文灏、孙科、何应钦以及财政部长王云五等人，却再也做不出孔祥熙当年的成绩。1967年8月孔祥熙在美国去世之后，蒋介石曾亲自写了一篇《孔庸之先生事略》，认为孔创造了"中国财政有史以来唯一辉煌之政绩"。中云："当其辞职之后，国家之财政经济与金融事业，竟皆由此江河日下，一落千丈，卒至不可收拾。"这是对宋子文等人的批评，也隐约表示了对甩开孔祥熙的后悔。

豪门之间的争斗
　　——宋子文档案管窥之一

　　宋子文档案藏于美国斯坦福大学胡佛研究所，大部分重要且机密度较高者目前尚不开放，我所读到者只是已开放的一小部分，但即使是这一小部分，也已令我收获不小。

　　钱昌照先生新中国成立前曾长期在资源委员会工作，和宋子文关系密切。他曾在回忆录中谈到，宋和孔祥熙一向不合，钩心斗角，但其具体情况，却谈得很少，使人颇感不足。我在宋子文档案中，发现了部分电稿，生动地反映出宋、孔之间的矛盾，有助于人们了解这两家豪门之间的争斗。

　　1941年1月3日宋子文致钱昌照电云：

　　　　此间各项借款十日内可办妥，飞机事亦有相当成功，此后是否留美继续工作，或赴英办理借款，抑回国，正须考虑，以弟观察，介公仍被孔等愚弄，回国亦无意义，即平衡委员会弟亦不拟参加，一切听委座及孔等决定。

　　宋子文自1928年起担任南京国民政府财政部长，和上海大银行家、商界人士之间建立了密切联系，在以财力支持蒋介石和南京政府方面立下了汗马功劳。1932年4月,任行政院副院长兼财政部长,成为仅次于蒋介石、汪精卫的显赫人物。但是,1933年10月,宋子文因不满蒋介石的猛增军费,滥发公债,和蒋介石发生冲突,愤而辞去职务,蒋介石改以孔祥熙任行政院副院长兼财政部长。自此,孔日益得到蒋的信用,宋、孔之间的矛盾也因而滋生、展开。1940年6月,蒋介石为争取美援,派宋子文以私人代表身份赴美谈判。本电发于美国。它告诉钱昌照,争取美援事已有相当成功,征询钱对于他今后去留行止的意见。电中所云"介公仍被孔等愚弄"等语,反映出对孔祥熙的强烈不满。

1月6日,钱昌照复电宋子文云:

> 弟与孟余先生均认为最近国际政治中心在华盛顿,有暂时留美的必要。中、英、美远东合作及派遣专家等事,在华盛顿接洽较为方便。国内政局尚未至明朗化,除非介公电催速回,届时加以考虑外,似不必遽作归计。

钱昌照和顾孟余商量的结果是,宋应该暂时留美,其理由一是华盛顿地位重要,便于开展外交活动,一是"国内政局尚未至明朗化",这是句潜台词丰富、耐人寻味的话。

宋子文辞职后,除挂名全国经济委员会常务委员外,没有其他官职,主要从事金融、企业活动,但他仍然渴望涉足政坛。然而,当蒋介石仍然信任孔祥熙的时候,他的进身之途是不会畅通的。前电所云"回国亦无意义",即是此意;本电所云"国内政局尚未至明朗化",亦与此有关,说得直白一点,那就是孔祥熙尚无下台迹象也。

孔祥熙接替宋子文后,一直官运亨通。除了财政部长一职稳如磐石外,行政院副院长、代理行政院长、行政院长等位置轮流交替。这时,他正官居副院长,成为院长蒋介石的副手。但是,孔祥熙政声不佳,国民党中也有一部分人希望宋子文重新上台。2月12日,张冲致电宋子文云:

> (一)俄方对新四军事变初甚关心,因恐引起内乱。(二)俄方

> 已派一新总顾问到渝，前总顾问回国，与事变无关。（三）叶剑英回陕调整，尚未返；周恩来在此，钧座可电其努力斡旋。（四）俄方飞机、军火已半数到华，余在运输中。下月开全会，钧座能回国否？

张冲，字淮南，浙江乐清人，国民党第五届中央执行委员。曾代表国民党与中共秘密谈判，又曾以考察苏联实业团副团长名义赴苏，争取苏援。全会，指国民党五届八中全会。本电中，张冲只是一般地询问宋子文是否返国出席全会，下一通电报就说得很明白了。3月23日电云：

> 中共以中央未采纳共党十二条办法，暂不出席中央所召集一切会议，但周恩来与委座间仍直接商洽调整，大体安静。八中全会或提付讨论。钧座如出面赞襄委座，则此事易得一解决之道。党内国内对钧座属望皆甚殷。

1941年1月6日，国民党军突袭北撤的新四军，制造了震惊中外的皖南事变。11日，周恩来向张冲提出抗议。20日，中共提出十二条解决办法。28日，中共中央向张冲再次提出临时解决办法十二条。由于国民党拒绝接受，毛泽东等中共参政员拒绝出席3月1日在重庆召开的国民参政会。张冲维护国共合作，希望与共产党关系较好的宋子文能"出面赞襄"蒋介石，主持政务，缓解国共合作危机。"党内国内对钧座属望皆甚殷"云，反映了国民党内一部分拥宋派的呼声。

对宋子文属望甚殷，孔祥熙的位置就难以坐稳了。4月6日，古达程致宋子文电云：

> 顷见孔夫人致蒋夫人函，坚决反对俞鸿钧调任外次，并拟请委座任钧座为驻美大使。

俞鸿钧，广东新会人，曾任上海市市长，时任中央信托局理事。在宋氏家族中，宋霭龄并非党国要人，但经常操纵金融，干涉政务，不但孔祥熙唯命是从，宋美龄也常听命于她，本电即说明了她干政的情况及其渠道。值得注意的是，宋霭龄任命宋子文为驻美大使的建议，颇有文章。4月7日，宋子文复电古达程云：

> 孔夫人又拟支配政治，甚为明显。委座对弟究竟如何？应否回国，以免被迫为大使？再，光甫有何新活动？均盼密告。

光甫，指陈光甫，上海商业储蓄银行经理。抗战期间，曾被国民政府派赴美国签订桐油借款、滇锡借款、钨矿借款等协定。宋子文此电称："孔夫人又拟支配政治"，可见前此此类情况已不止一桩。在封建社会里，臣下要经常研究皇帝的情绪和意向，以便"仰体圣意"；宋子文志在掌握中枢，不愿屈就驻美大使一职，但他的升沉荣衰，完全取决于蒋介石个人，因此，必须研究"委座对弟究竟如何"。

在复电古达程的同时，宋子文又致电钱昌照云：

> 微电敬悉。古达程鱼电可索阅；各方对孔不满。孔有无放弃财部，交光甫代理意？再弟已请高斯来渝时与兄详谈。

高斯（C. E. Gauss），美国外交官。曾先后在上海、天津、济南、厦门等地任领事、总领事等职。宋子文要倒孔，必须扳倒他的财政部长一职，故此电询问"孔有无放弃财部"意。当时，美国政府已决定派高斯出任驻华大使。宋子文要求高斯与钱昌照详谈，可能亦与此有关。

钱昌照很快就回答了宋子文的问题。4月10日电云：

> 就弟所知，孔无放弃财部意。各方对孔不满由来已久，但介公迄无决心根本改组政府耳。孔夫人建议任先生为美大使显有作用，其目的当在巩固孔之地位也。承介绍高斯至感，来华后当随时与之洽谈。

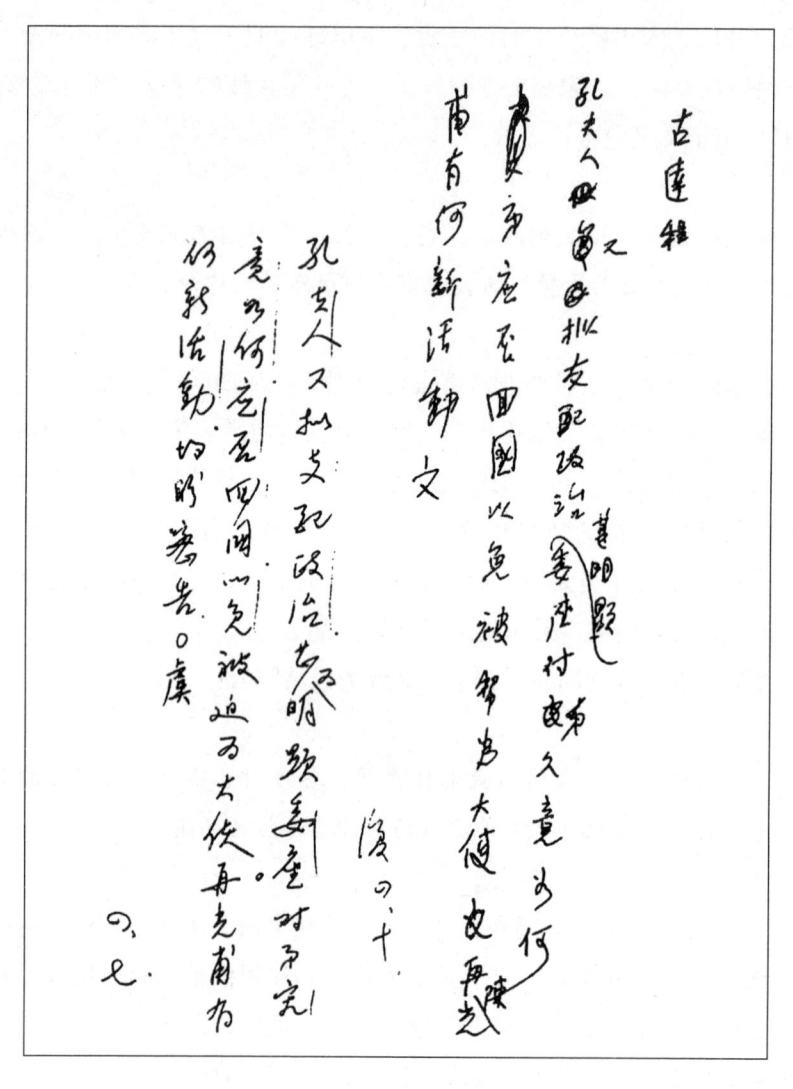

宋子文电稿手迹

在国民党政权中，孔、宋都是理财干将，但宋子文办事讲究手续，蒋开条子向财政部要钱，他要问一问做什么用，有时就不买账，而孔祥熙则决不问长问短，要钱就给。因此，宋蒋之间常有矛盾，宋子文曾发牢骚说"做财政部长无异做蒋介石的狗"，而孔蒋之间，则比较和谐。尽管"各方对孔不满"，但孔仍可以在行政院和财政部的宝座上继续坐下去。不过，尽管孔得到蒋的信用，但对宋仍有很强的戒备心理。此电揭示了宋霭龄建议宋子文出任驻美大使的目的在于"巩固孔之地位"，正是这种戒备心理的表现——将宋子文"外放"，孔在国内不就少了一个竞争对手了吗？

古达程也很快就回答了宋子文的问题。4月10日电云：

> 委座对钧座现极信赖。惟孔在参政员及全会各中委前竭力攻击钧座，幸各人咸知孔之为人，多不直其所为。八中全会钧座未回国，在美任务若未终了，此时似不宜回。是否有当，尚乞钧裁！光甫尚未闻有新活动，敬复。

国民参政会是重要的舆论、咨询机构，国民党中央全会则是当时最高的权力机构，孔祥熙在这两个会议的参加者面前"竭力攻击"宋子文，显然非同小可。宋子文接到上项电报后，自然极为关心，立即电询古达程：

> 孔在参政会及大会之言词，尚盼详告。

4月12日，古达程复电云：

> 孔趁开会时机，轮流宴请参政员及中委，席间每以钧座为攻击对象。诬蔑棉麦借款及平准基金之办理不善。又谓钧座未尽量利用国际局势，致美方援我不能彻底云云。

棉麦借款，指1933年宋子文与美国政府签订的合同，规定美国贷款5000万美元给中国政府，用以购买美国的棉花和小麦。平准基金，指1941年4月宋子文与美英两国政府签订的平准基金协定及借款合同，规定美国贷款5000万美元、英国贷款500万英镑以帮助中国政府保持汇率的稳定。对这两项谈判及合同中的不当之处，自然可以批评，问题是批评的时机和目的。

4月25日，平准基金借款合同正式签字，宋子文致电蒋介石云：

> 文奉命来美，经十月之苦干，赖钧座督促，于今得告一段落。关于平准基金事，闻有人于八中全会及参政会向各委员对文相当施攻评，幸钧座明察，勿以为罪。本日起对维持法币问题，悉听财政部措置，文未便再参末议矣！

这里说的"有人"，正是指的孔祥熙。面对孔的咄咄逼人的进攻，宋不得不回敬一拳。不过，考虑到孔祥熙"圣眷正隆"，宋子文不愿明言。电中，宋子文表示不愿对维持法币问题发表意见，"悉听财政部措置"，含蓄而委婉地暗示了他和孔祥熙之间的矛盾。

6月初，国民政府内定俞鸿钧任财政部次长。同月3日，宋子文致电古达程云：

> 兄前电称孔夫人反对俞鸿钧任外次，今俞忽任财次，究竟内幕如何？

6月5日，古达程复电云：

> 俞鸿钧在信托局极得孔夫人赏识。反对俞任外次，恐他人夺其干部；极力荐为财次，以便充分利用。该项命令于孔夫人抵渝之翌日，即行发表，并以奉闻。

信托局当时在香港办公，其主要任务是向外国购买军火，它是孔氏家族聚敛财富的重要渠道，由孔祥熙的大儿子孔令侃出面主持，俞鸿钧则是重要干将。本电说明宋霭龄对信托局的重要作用，也说明了她在当时国家政治生活中的作用。不让俞鸿钧当"外次"，俞就不能当；推荐俞当"财次"，俞就一定当得上；而且任命状还必须在宋霭龄自港飞重庆的第二天发表。宋霭龄的力量，可谓大矣哉！

宋子文倒孔，不便亲自出马。6月15日，钱昌照致宋子文电云：

> 李石曾先生抵渝，弟已将一年来政治内幕详告，并共同斟酌晤蒋时应持之态度。

李石曾是国民党元老，他是有资格对蒋介石进言的。19日，李石曾电告宋子文云：

> 介公两次晤谈，函件已交，尚无机会及于具体问题，惟曾一再约弟往住黄山，俾利静谈，彼时或为较好之机会。

黄山，指当时蒋介石在重庆的官邸。李石曾虽是元老，但他也不敢造次，而要等待"较好之机会"，然而，宋子文却没有信心了。23日，他复电李石曾称：

> 最近孔在重庆，爪牙密布，几有清一色之势。今春大会，有人建议改组政府，介公谓君等以某某贪婪，故有此举，然代之者其为争夺政权，亦可想而知云云。意似指弟而言，领袖之不谅如此，益增悚愧。但我辈一本赤忱，为民族、为国家，只有不顾一切，努力尽我个人之职责。介公处兹环境，先生前电黄山谈话，恐难有彻底之效果耳！

今春大会，指五届八中全会，当时确实有一部分人"建议改组政府"。王世杰日记就记载，3月21日，张群自成都来，和他商量"改组政府事"，要求在全会后更动财政部等部人选。张群并表示，将向蒋介石面述。然而由于蒋介石袒孔，未能成功。所以王世杰4月3日日记又云："此次全会，外间切望财政部长人选有更动，会毕，竟无更动征象，外间不免失望。"此电表明，宋子文也是失望者之一。至此，宋霭龄建议任宋为驻美大使，孔祥熙在国民参政会参政员及国民党中委面前"竭力攻击"宋子文的目的，就一清二楚了。

在孔、宋矛盾中，钱昌照支持宋子文，因此，经常向宋提供国内情报。8月4日电云：

> 孔谓先生气量狭小，又谓在外接洽，碎屑零星，光甫谓上两次桐、锡借款成功，全靠彼与摩根索私人关系，此次先生在外接洽，希望极小云云。

摩根索，美国财政部长。抗战期间，蒋介石盼望美援心切，派宋子文赴美，说明他对此的重视，孔祥熙一再贬抑，说穿了，无非是怕宋子文的名声盖住自己，动摇宝座罢了。

对于孔祥熙的飞短流长，宋子文自然极为恼火。当年8月，中国银行副经理贝祖诒企图赴美，想通过宋子文斡旋。28日，宋子文复电云：

> 孔对弟嫉视有增无减，是以兄来美之议，以另筹善策，托他人提出较妥。

1942年3月16日，宋子文再电宋汉章、贝祖诒云：

> 孔对行及本人，蓄意摧残，已非一朝一夕之故。其人虎头蛇尾，两兄不必过虑。但我行内部，如有侵害社会、自私自利之徒，亟当不待外间指摘，随时自行察办。所谓西北助长囤积，本行在该区共放款若干？西北货栈案，油饼厂及豫丰等事，内容如何？希即详细电告，交光华加码密转，以便检讨，决定今后方针。请告外间，本行港沪损失奇大，决非意欲以零星剥削抵偿也。至于总处统筹管理，严加督导，乃我辈寻常应办之事，即请特别注意。

宋汉章，中国银行总经理。光华，指倪光华，宋子文在国内的机要发报员。中国银行原来实际为张嘉璈所有，1935年宋子文出任该行董事长，掌握该行及附属企业豫丰纱厂等大权。他联合交通银行、商业银行等，执金融界牛耳,随时计划取孔而代之,而孔祥熙则力图加强中央银行的地位,削弱中国银行的地位和影响。从本电可以看出,孔祥熙抓住中国银行及其附属企业业务中的一些问题,企图搞垮中国银行及宋子文本人。"蓄意摧残,已非一朝一夕"云云,说明孔、宋之间长期倾轧,已经成了冤家对头了。

孔、宋之间的争斗持续很久。钱昌照1943年3月25日电宋子文云:

> 粮食会议无特别重要性。孔荐郭任首席,似可不与之争,惟以后如有重要会议,则必须力争。为国家前途着想,即伤介公及孔感情亦所不顾。

粮食会议,当指世界粮农会议;郭当指郭秉文,江苏江浦人,曾任财政部次长。此电表现出孔、宋之间权力角逐的炽热。"即伤介公及孔感情亦所不顾",很有点儿准备决战的架势了。

果然,到了1944年初,马寅初带头发表文章,指斥孔祥熙大发国难财,CC系、政学系等继起,一时反孔之声甚高。12月,蒋介石起用宋子文为代行政院长。1945年5月,行政院改组,宋子文正式任行政院长。7月,孔祥熙退出政界,孔、宋之间的权力争斗以宋子文的胜利告终。不过,应该说明的是,这次蒋介石之所以决心抛弃孔祥熙,起用宋子文,除了国内反孔势力的活动外,很重要的原因还是美国人罗斯福说了话。否则,蒋介石大概还是下不了决心的。

关怀张学良全家
——宋子文档案管窥之二

在"西安事变"后张学良被囚禁的日子里,宋子文曾经给了张学良全家以关怀。这一方面,美国胡佛研究所所藏宋子文档案也有反映。

1941年夏,张学良患急性盲肠炎转为腹膜炎,不得已开刀割治。7月11日,戴笠致电向在美国的宋子文报告。12日,宋子文复电云:

> 汉卿割治经过良好,甚慰。务请逐日电示病情,并祈饬属慎护为祷!

同日,宋子文又致电张学良慰问,电云:

> 顷闻兄患盲肠炎,割治经过良好,稍慰悬念。尚祈格外珍卫。已请雨农逐日电告尊况。嫂夫人安吉勿念。

雨农,指戴笠;嫂夫人,指于凤至。张学良被囚后,即由于凤至相伴,流转各地。1940年,于凤至积郁成疾,患乳癌赴美就医,得到宋子文的关照。电末,宋子文并称:"未敢通知嫂夫人,恐焦念过度,有碍健康。"这一段文字在发报前被宋子文删去,当系担心张学良反过来忧虑于凤至的健康之故。

宋子文和戴笠之间有着特殊密切的关系,他要戴笠"逐日电示病情",戴笠不敢怠慢,17日于贵阳复电云:

> 震电奉悉。汉卿先生由盲肠炎溃烂变为腹膜炎,经割治后现已平复。自昨日起热已退清,精神甚佳。委座对汉卿先生病极关心。晚当慎护一切,请勿念。闻公盛暑过劳不适,至念,敬祝健康。晚笠。筱。贵阳叩。

不知道是由于医疗条件不好,还是什么原因,张学良的病并未如戴笠所称迅速"平复",而是又恶化起来,不得不第二次开刀。8月17日戴笠于重庆致宋子文电云:

> 汉卿先生创口脓尚未清,已续行开刀,但无妨碍,乞勿念。

张学良这一病,沥沥拉拉,拖了好几个月。1942年1月26日,宋子文致戴笠电云:

> 汉兄病况,盼示。

从这短短几字中,不难看出宋子文自始至终对张的关怀。

在张学良患病期间,他的长子张闾珣在伦敦得了精神病,8月20日,宋子文致电驻英大使顾维钧云:

> 汉卿长公子马丁,入牛津精神病院。其弟在伦敦,请询病状,可送美否?请示复。

22日,顾维钧复电宋子文:

> 马丁在医院，一时尚不能出。医曾证明，有精神病，恐到美不便。其弟在飞机厂事忙，昨甫获晤。彼以暂留就医为宜，并拟辞去飞机任务，可专照顾乃兄。倘在美预为商洽，特许登岸，彼当伴送。汉卿夫人函迟未复，祈代致歉，容另告。

当时，于凤至夫人的健康状况也不好，因此，宋子文和张学良的女儿张娴瑛商量后，决定对于凤至保密。11月12日，宋子文致电戴笠云：

> 汉卿长子，入伦敦神经病院。因张夫人病，迄未复元，商得其女同意，暂不转达。闻汉卿现在重庆，不知确否？近体何如？请兄将此事，先告四小姐，酌量情形通知汉卿。其夫人心神亦颇瞀乱，最好有一信来，以资安慰，盼示复。

宋子文既要关心被囚禁的张学良，又要关心身患重症的于凤至，可谓用心良苦。

同年12月4日，张娴瑛结婚，宋子文于3日致电戴笠，要他转告张学良，电云：

> 汉卿女公子函告，得母同意，于本月4日与陶鹏飞君结婚，请便中转达。

在张学良寂寞的囚禁生活里，这大概是一丝安慰吧！

在宋子文档案里，还有一通电报：

> 张汉卿兄：尊夫人胸癌，今日开刀割治，经过极好，知注特闻。

本电字数不多，但同样表现出宋子文对张学良夫妇的情谊。

排挤驻美大使胡适
——宋子文档案管窥之三

抗战时期，国民政府急需美援。1938年9月，蒋介石任命胡适为驻美大使，企图借他的名声开拓对美外交。1940年6月，蒋介石又任命宋子文为驻美私人代表，负责争取美援。初时，二人合作尚好，但不久，宋子文对胡适的不满就逐渐增多。他多方运动，力图免掉胡适的驻美大使一职。

1940年10月14日，宋子文致电蒋介石称：

> 欲得美国之援助，必须万分努力，万分忍耐，决非高谈空论所能获效。际此紧要关头，亟需具有外交长才者使美，俾得协助并进。否则，弟个人虽竭其绵力，恐不能尽如钧座之期，弟所以提议植之，即为此耳。

植之，指施肇基，浙江杭州人。曾一度使英，三度使美，出席过巴黎和会与华盛顿会议，又曾做过外交部总长、外交部部长等职，是有名的职业外交官。从电文看，宋子文此前已经向蒋介石提过以施代胡的建议，此电不过进一步申说理由。"决非高谈空论所能获效"云云，显指胡适而言。胡适出任驻美大使后，经常发表演说和讲话，比较注意争取美国公众和舆论的支持，这当然是宋子文所看不上的。

宋子文的习惯和特长是和上层人物交往、谈判。12月3日，他致钱昌照电云：

> 进出口银行部分，五千万以矿产偿还，详细条件尚在磋商中。适之和蔼可亲，惟实际上不能发生助力。

胡适是学者，讨论借款的"详细条件"之类自非所长，不过，宋子文不满胡适还有更深层的原因。1941年1月3日，宋子文再致钱昌照电云：

> 惟胡大使非但不能为助，且恐暗中冷淡，诸事均唱独脚戏。

在孔祥熙、宋子文二人中，胡适对孔祥熙印象不错，宋子文担心胡适助孔，因此对胡有戒心。"暗中冷淡"云云，怕胡适在宋子文的对美谈判中暗中掣肘之谓也。

钱昌照同意宋子文对胡适的看法，曾在1月6日复电中表示：

> 适之能力薄弱，弟等早已料到不能为助也。

不过胡适自有胡适的优势，在蒋介石周围也有些人出头为胡适说话，因此，蒋介石没有采纳宋子文的建议。其后，宋子文便改取迂回战术。

他先是聘请施肇基到美任中国物资供应委员会副主任，负责处理美国援华物资。同时，通过钱昌照，动员国民党元老李石曾出面进言，1941年6月16日李石曾、钱昌照致宋子文电云：

> 关于更动大使事，弟等观察最近政治环境，认为更动适之一点或可不成问题，但如率直的提出植之，恐不易立刻得到介公同意。盖因介公一向对植之感想平平，而离华前未能来渝一行亦稍感不快也。弟等磋商结果，此事似可以下列方式之一与介公接洽。（一）由瀛向介公婉达先生意旨，希望植之能担任驻美大使，俾一切得顺利

进行。一则由于植之已在赴美途中，二则由于植之与美朝野甚为熟悉也。（二）皆不提出植之，仅由瀛暗示介公，新派之驻美大使必须与先生绝对合作，故其人选最好与先生一商。以上两种方式，究以何者为宜，请印电复。

尽管施肇基多年从事外交，使美时间长达十余年之久，但蒋介石对之"感想平平"，而且赴美前居然不到重庆向蒋介石请训，因此，李石曾对向蒋介石进言就很踌躇了。

6月22日，德军进攻苏联，国际局势发生急剧变化。宋子文敏感地意识到，在美的外交任务愈益加重。25日，致电李石曾云：

（一）苏德已决裂，美参战期又更迫，此间外交异常活跃，实为我国之最好活动机会。（二）我国处兹环境，应有得力之外交使节驻美，与弟彻底合作，始可完成委座之使命。（三）适之外交工作情形，前请先生详陈委座，想已洞悉。（四）苏德宣战，嗣后中、英、苏俱在军货贷借案内要求协助，粥少僧多，竞争在所不免，弟非有得力之外交上协助，不能有满意之效果。（五）前奉委座东电，谓高斯奉其国务卿命，对委座表示，以后与其政府有关各电，皆请用正式手续云云。弟在此情形之下，更非有外交上彻底合作无能为力。再四思维，为国家前途计，实以植之兄任驻美大使为宜，盼即向委座婉陈为祷。

宋子文也有自己的难处：他是以蒋介石私人代表的身份在美活动的，然而美国人不吃这一套，通过其驻华大使表示，"请用正式手续"，他又不愿与胡适合作，因此，只有再次要求任命施肇基为驻美大使。

鉴于李石曾6月16日电所表现的犹疑态度，7月5日，宋子文再电李石曾：

时局变幻万端，紧张日甚，我国在美外交亟待调整，务乞催促

> 委座早日裁定，俾利进行，毋任企盼！再此事不必与复初商洽。

复初，指郭泰祺，湖北广济人。时任外交部长，宋子文要李石曾绕过外交部，直接催促蒋介石。其间，蒋介石曾多次电令宋子文，直接和罗斯福会谈。7月6日，宋子文致电蒋介石，再次提出以施代胡问题。7日，又一次致电李石曾：

> 日昨介公迭电，嘱向总统直接商办外交重要事项，因此提出植之事更为迫切。昨已电陈介公，请索阅原电。文完全为工作着想，个人固无所要求。办理特别外交，必须予我便利。万一不蒙谅允，只可株守本职，循分尽心而已。

蒋介石架不住宋子文的多次要求，同意以施代胡。7月12日，宋子文致电蒋介石称："仰蒙俯允，尤感荩筹"。他要求迅速发表明令：

> 长此以往，不但文不能尽责，有负委任，适之亦属难堪，惟有恳请毅然处置，迅予发表。

在以施代胡问题上，宋子文要李石曾不必与郭泰祺商量是有考虑的，果然，郭泰祺不赞成宋子文的意见，在蒋介石面前力谏，于是蒋介石收回成命，以施代胡之议再次搁置。8月22日，宋子文致电钱昌照云：

> 兄见甚为赞同，弟前请介公予我以政治上名义；又退一步，请任植之为驻美大使，均无非为推进国际之活动，未蒙接纳，只有谨守范围，自治其分内应办之事，免于越俎之嫌耳！

从本电看，由于屡请不准，宋子文已经相当丧气，准备"谨守范围"，不再提什么要求了，然而事实并非如此。

1941年7月，宋子文和美国陆、海军参谋本部商谈，由美国派遣军官团来华，充当蒋介石的顾问，同时援助中国军火7.4亿美元。这当然是有利于中国抗战的好事，但美国国务院担心引起日本反感，态度消极，迟迟不能决定。在此情况下，宋子文致函罗斯福催询。8月20日，罗斯福复函，同意派遣军官团赴华。宋子文自觉做了件大有光彩的好事，将罗斯福的复函迳交中央通讯社发表。这样，就将中美之间的绝密谈判公之于世，宋子文随即受到批评。9月4日，宋子文致电钱昌照云：

> 江电悉。适之屡次不顾事实，觍颜自我宣传，弟殊不屑与之争辩。此次罗函本不愿公布，因恐淆乱听闻，有碍日后工作，故尔发表。嗣后自当注意，并请兄暨孟余兄随时加以补救为感！

可以看出，宋子文不仅在对美外交中"唱独脚戏"，完全甩开胡适，而且感情上也憎恶胡适了。尤其不应该的是，居然为了争功，不惜泄露外交机密。孔祥熙批评宋子文"气量狭小"，信然。

宋子文始终不曾放弃以施代胡的念头。1942年4月3日钱昌照致电宋子文云：

> 东电奉悉。介公为安插与果夫、立夫有关系之徐恩曾，故将彭调开，先生恐无从助力。至调植之事，弟认不易办到。盖政府中不乏为适之说话之人，而介公对植之感想仍不甚佳也。

彭，指彭学沛，时任交通部政务次长，当日，蒋介石将彭免职，而代之以徐恩曾。从本电可以看出，国民党用人，一要靠关系，二要靠领袖印象，蒋介石对施肇基"印象不佳"，所以始终得不到重用。

宋子文对胡适的排挤使一些知情人深感不满。1941年4月，周鲠生致函王世杰，批评宋子文"在华盛顿遇事专擅，不顾体统，颇使适之不快"。同年7月16日王世杰致函胡适，认为宋子文"有能干而不尽识大体"，希望胡适以"宽大"态度"善处之"，胡适虽然日子不好过，精神苦闷，但倒确能做到以"弘大度量"，宽恕地对待宋子文。1942年5月17日，

431

他致函翁文灏、王世杰二人,声称"半年来绝不参与机要,从不看出一个电报,从不听见一句大计"。又称:"我忍耐至今,我很想寻一个相当机会,决心求去。我在此毫无用处,若不走,真成'恋栈'了。"

同年8月15日,蒋介石决定免去胡适的驻美大使职务,以魏道明继任。

对苏外交的一鳞半爪
——宋子文档案管窥之四

抗战期间,宋子文在美国待了两年。他这一时期的档案大多反映对美外交,但是,也有少数文件,关涉对苏外交,可以从中看出这一时期中苏国家关系的一鳞半爪。

1940年10月30日张冲致电宋子文云:

> 史太林有函致委座,说明德、义、日同盟,于中苏两国表面上有害,实际上有利。询中日和平谈判之谣有无确据,以及问候之词。

当年9月,德、义(意)、日三国在柏林签订同盟条约,规定三国要在欧洲、亚洲建立"新秩序"中起领导作用,彼此间以一切政治、经济手段互相援助。同月28日,驻苏大使邵力子致电蒋介石,建议乘机增进对苏关系。29日,蒋介石致电斯大林,宣称"中国自抗战以来,外交方针无不期与利害共同之苏联一致,中正自去年欧战发生以来,更无时不思商承教益。俾作指针",措辞极为谦恭。10月16日,斯大林复函蒋介石,认为三国同盟改变了日本的孤立状态,对中苏不利,但它促使英美改变对日本的中立态度,因而又对中国有利。函称:"中国主要任务,在为保持与加强中国国民军","如阁下之军队坚强有力,则中国必不可摧破"。抗战爆发以后，蒋介石集团曾通过多种渠道和日本秘密谈判。1940年6月，日军占领宜昌，威逼重庆之后，这种谈判活动有加剧之势，因此，斯大林关心地询问："现在关于对日议和及和平之可能性，谈写〔论〕颇多，余未知此种传说，与事实有何符合？"在国民党人中，张冲主张对苏友好，因此，他将斯大林致蒋函件摘要报告了宋子文。

抗战初期，英美对日态度举棋不定，苏联是唯一坚决支援中国的国家。1940年12月2日，张冲致电宋子文云：

> 苏使通知，于本月27日运到哈密交货，计飞机170架，野炮200尊，高射炮50，轻机枪800，重机枪500，并问美方对太平洋及中国及中美苏三国形势上有无方案，似此时苏方颇为起劲。

1937年8月，中苏签订互不侵犯条约。其后，苏联即陆续以飞机、军械及军事技术人员帮助中国。1940年11月25日，苏联驻华大使潘友新会晤蒋介石，告以苏联政府可以向中国提供飞机、大炮、轻重机枪等物。蒋介石表示，希望在本年内，至迟明年2月止，化冻之前，能将上项物资运到中国境内。本电所云，12月27日运到哈密交货，当即此事。宋子文接电后，非常高兴，于同月9日复电云：

> 冬电欣悉。苏联开始运输大量军械，军气民心为之一振。其采取陆运，恐欲避免日本知悉。此后如有消息，请随时见告。

当时，中国抗战正处于艰苦阶段，迫切需要军援，宋子文的兴奋是可以想知的。

德国在欧洲的主要进攻目标是苏联。1940年7月，希特勒开始拟订进攻苏联计划。12月18日，希特勒签署命令，将进攻苏联的日期订为1941年5月15日。从1941年2月起，德国开始秘密地向苏联边界调集军队。为了全力对付德国侵略者的进攻，苏联政府力谋与日本妥协。4月13日，与日本签订互不侵犯条约，内称："苏联誓当尊重满洲国之领土完整与神圣不可侵犯性，日本誓当尊重蒙古人民共和国之领土完整与神圣不可侵犯性。"这一内容严重地损伤了中国的主权和利益，但重庆国民政府决定低调处理。4月15日，国民党中央宣传部长王世杰致电驻美大使胡适云：

> 日俄协定事，除由外部就满蒙问题声明立场外，我将不对苏作其他批评，以免造成反苏印象，为敌利用。请密嘱有关人员注意。

此电虽是打给胡适的，但宋子文属于有关人员之列，所以此电就保存在宋子文档案里了。

从1941年3月日本外相松冈访问莫斯科并受到斯大林和莫洛托夫接见之日起，重庆国民政府就很紧张，多方打听双方谈判内容。为此，邵力子曾访问苏联外交部次长拉代夫斯基，拉代夫斯基守口如瓶，答称"纯为礼貌"。苏联驻华大使潘友新也告诉张冲：苏联对外政策不变；苏联决不为自己而牺牲人家的利益；松冈过苏，因苏日并未绝交，照例予以招待云云。苏日条约一公布，国民党内部自然很激动，几经议论，才确定了王世杰传达给胡适的方针。

苏日条约第二条规定：缔约国之一方成为一个或数个第三国敌对行动的对象时，则缔约国之他方在冲突期间即应如约保持中立。当时，中日处于敌对状态，如果根据这一条，苏联就不能继续援助中国，因此，各方极为关心苏联对中国的态度。4月17日，邵力子自莫斯科致电胡适云：

> 15日，见Molotov（莫洛托夫），询苏日约第二条是否适用于中日战局。据答：该约专为苏联保持和平，与中国无涉，谈判时亦未提及中国，不影响中国抗战。谨密闻，并请转告子文先生。

4月21日，张冲又致电宋子文云：

> 苏使见委座，谓苏日条约不妨碍中苏关系，松冈与莫谈话中并未提到中国问题。苏俄决不改变，而且不能改变援华政策。西北运

输及顾问工作如常。谨闻。

从根本态度上说，苏联反对日本侵略，其所以与日本签订互不侵犯条约，主要是为了麻痹日本，稳定东部边境局势，避免陷于两面作战的艰难境地。宋子文读到张冲的电报后，一颗紧绷着的心松弛了下来，在张冲电报上批了两个字："至感！"

尽管苏联愿意支持中国抗战，但是，1941年春，德军大举进攻巴尔干半岛诸国，进一步进攻苏联的态势已经很明显，为了准备对付德国侵略军，苏联开始自顾不暇了。4月23日，宋子文接到署名"七号"的来电，电云：

> 邵力子电孔，莫洛托夫谓巴尔干情势恶化，俄须注意西方，中国政府订购各货不能供给，料美国援助无影响云。邵谓僵局难打开，以后只有向美购。

"七号"，当系宋子文在国内的情报人员。此后，苏方对中国的武器援助大减，但是，两国间的换货贸易仍然继续，苏方仍然继续供应中国部分军用物资。5月28日，张冲致电宋子文云：

> 苏方上周给汽油2500吨，机油940吨，及其他器材。
> 似苏日中立条约对中国不受约束。如我内外无大变化，苏仍将接济我国。我在苏尚有6千余万元押品之军火。

6月22日，德军以庞大的兵力进攻苏联，苏德战争爆发。23日，宋子文致电张冲云：

> 兄前有促进苏美合作之愿，惜两国互相疑忌，今德苏决裂，美对苏态度将有转变，前愿易了，亦未可知，德日对苏有无密约，日寇此后向何方发展？德宣战后，苏对我有何表示及中共之言论，均

请探询，伫候示复。

兄，宋子文自称。在很长时期内，美国尽力避免同德国和日本发生军事冲突，中立主义的情绪甚嚣尘上。但是，宋子文估计，随着苏德战争的爆发，美国的态度将有转变，这一估计是正确的；他促进"苏美合作"的愿望也是有利于国际反法西斯的斗争的。果然，就在宋子文致电张冲的同一天，美国代理国务卿威尔斯发表声明，认为任何反希特勒主义的斗争都将促进美国的国防和安全，暗示了美国中立主义立场的转变。同月27日，张冲电复宋子文所提各种问题。7月3日，宋子文致电张冲云：

苏军溃败太速，不容我辈作国际之工作矣！

苏德战争爆发后，德军长驱直入，迅速占领白俄罗斯、乌克兰等大片领土，军锋指向莫斯科，这是宋子文所始料不及的，他感到促进苏美合作的国际工作不好做了。

然而，形势比人强。不待宋子文的斡旋，苏美之间很快加紧了合作的步骤。当年7月，苏联军事代表团和罗斯福总统的密友戈·霍普金斯分别访问了对方的国家。9月底至10月初，苏联、英国、美国的代表就互相给予军事援助问题在莫斯科举行会议，国际反法西斯战线开始形成。

1941年12月7日，日军偷袭珍珠港。次日，美英对日宣战，在此情况下，蒋介石也希望苏联对日宣战。12月12日，斯大林致电蒋介石，答称：本人认为苏联力量目前似不宜分散于远东，苏联当然必须与日本宣战，但准备需要时间。12月16日，外交部长郭泰祺致电宋子文，将斯大林电的大略告诉他：

史丹林答复委员长节略，谓苏站在同一阵线，日本将来必破坏中立协定，但目下西方战事吃紧，希望我方弗逼其立即对日宣战云云。

郭泰祺还告诉宋子文："英方答复关于订立同盟一节，美方对于联合指挥一节,均在同情详细考虑中。"12月9日,丘吉尔致电蒋介石:"英国与美国业被日本攻击。我等向为良友,现则同对一敌共同奋斗矣!"16日,罗斯福致电蒋介石,提议在重庆、新加坡、莫斯科三地分别召开军事会议,筹设永久性机构,"以设计及指挥我等共同之努力"。重庆国民政府梦寐以求的局面很快就要出现了。

抗战期间,苏联对中国提供军火,中国则向苏联提供钨、锑、桐油、茶叶等物资。其中,向苏联交运矿产品的工作由资源委员会负责。1942年9月5日,宋子文致钱昌照电云:

> 苏因高加索危迫,必尽力广事开辟,我为救急起见,合作未始非计。商量情形,仍请续示。

此电所讨论的具体"合作"事项不明,但它说明,在苏联处于危难之际,中国方面也是努力帮助苏联的。

宋子文与戴笠之间
——宋子文档案管窥之五

宋子文和戴笠关系密切,戴笠筹建中美合作所时,许多器材都是通过宋子文在美国购买的。这一方面,宋子文档案中有许多资料。我在美期间因时间关系未能一一收集。这里介绍的是反映宋、戴关系的另外几通电报。其一为:

宋部长:一、马寅初发表救蒋杀孔灭宋之谬论,已押往前线服务。二、晚奉命兼任财部缉私处长。固辞不获,只得勉就。雨叩。真。

此电发于1940年12月11日。字数虽不多,但却包含着丰富的内容。

抗战期间,马寅初在重庆大学担任商学院院长,多次抨击官僚资本。1940年5月29日,马寅初在重庆社交会礼堂发表演讲,指斥"拥有大量资产的达官们","大囤其货,大发其国难财"。他要求征收发国难财者的财产税。事后蒋介石召见重庆大学校长叶元龙,责问说:"你知道马寅初在外面骂行政院长孔祥熙吗?他骂孔祥熙就是骂我!"蒋表示,要同马寅初谈谈。同年11月10日,马寅初应黄炎培之邀,在重庆实验剧院再次发表演讲,要求豪门权贵拿出钱来支援抗战,他说:"有人说委员长领导抗战，可以说是我国的民族英雄，但是照我看，只能说是家族英雄。因为他包庇他的家族亲戚，危害国家民族啊！"11月24日，他第三次发表演讲，重申"请发国难财的人拿出钱来"的要求。戴笠电所称"救蒋杀孔灭宋之谬论"，当即指上述演讲。12月6日，马寅初正在用早餐的时候，被宪兵以最高当局请去谈话为名逮捕，旋即声称"派赴前方研究战区经济情况"，将马寅初押送贵州息烽集中营监禁，戴电所称"押往前线服务"云云，指此。

为了平息舆论对豪门权贵的不满，蒋介石于逮捕马寅初的前后，下令在财政部成立缉私处，以戴笠兼任处长。戴笠和宋子文关系密切，自然要向宋报告这一任命。

宋子文接电后，于12月13日复电云：

> 马博士神经病可笑，惟国内经济情形之严重可想而知。兄就缉私处，须防范，勿为中伤。

宋子文虽然受到马寅初的抨击，但当时主持行政院和财政部工作的是孔祥熙，因此，对马寅初，只淡淡地说了句"神经病可笑"，而对国内经济情况则表示了忧虑。戴笠不为孔祥熙所喜，在选择缉私处处长时，孔祥熙意在杨虎，任命戴笠完全是蒋介石的决定，因此，宋子文又叮嘱戴笠："须防范，勿为中伤。"防范谁呢？自然是孔祥熙。

宋子文档案中，还有一通戴笠的电报，文云：

> 即面呈宋部长赐鉴：梗电奉悉。（一）晚意公有回国必要，惟公返国后对美种种交涉，似有一资望能力均优之大员能代公负责为妥。（二）吾驻美大使易胡为魏，国内各方感想不佳，美国旅华人士闻亦有不满，乞公注意及之。（三）在此抗战时期，外交部工作实甚重要。日俄恐不免一战。苏对我最近表示颇好，惟英方为印度对我感想不佳。领袖对派驻（代理？）事，实难兼顾。（四）国内经济问题日行严重，领袖对民生必需品有管理决心，对公务人员与军警生活问

题图定量分配。惟在行政院部长以上诸公对领袖之政策，大都无实行决心。（五）上陈诸问题均与公此行有关，晚亦甚望公能于此时回国一行也。谨电密陈。

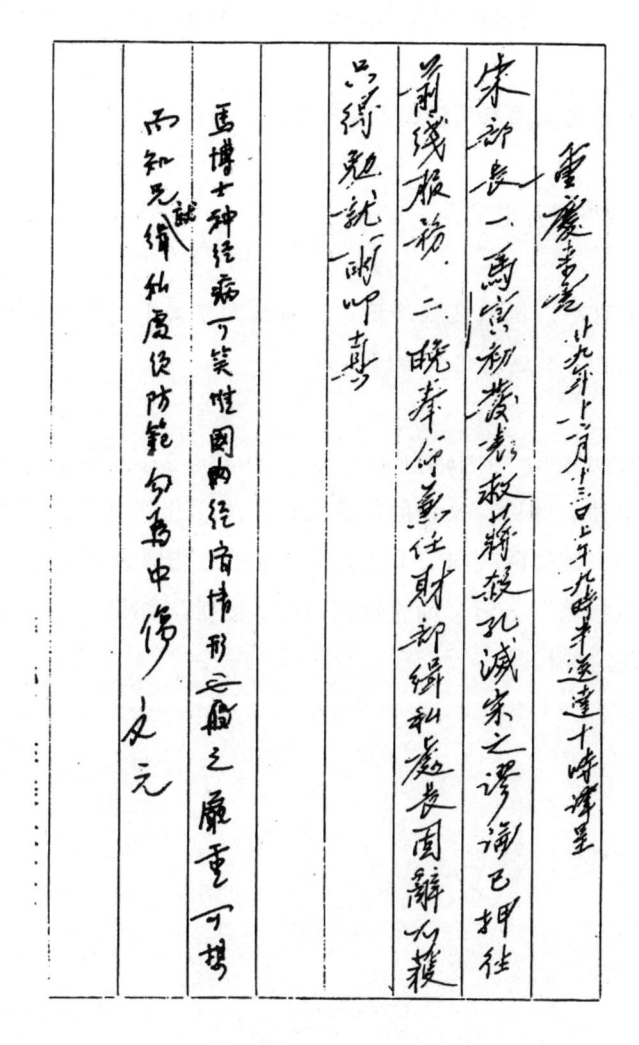

宋子文戴笠往来电报

此电发于1942年9月24日。戴笠通过本电向宋子文汇报了多方面的问题，可见戴对宋的忠诚，也可见二人之间的关系非同一般。1941年12月初，太平洋战争爆发，中国成了英、美的盟国。宋子文因对美交涉有功，于同月被蒋介石任命为外交部长。但是，由于对美交涉繁重，宋子文仍停留美国，直到收到了戴笠的这通电报后，才毅然束装归国，于此也可见宋对戴的信任。

此外，宋子文档案中还有几通电报。1943年4月20日致贝淞荪电云：

> 谏电悉。雨农商借国币两百万元，可照办。

9月10日再致贝淞荪电云：

> 青电悉。雨农兄经济困难，希询需银若干，即照数接济，毋须先期电告。弟返渝仍住怡园。

贝淞荪，即贝祖诒，中国银行副经理。1943年2月，宋子文再到华盛顿与罗斯福会谈。此后，又访问加拿大、英国。此二电均发于国外。短短的几个月内，戴笠两次向宋子文告贷，宋子文均慷慨解囊，"希询需银若干，即照数接济"云云，简直慷慨得令人吃惊。如果不是关系特殊，绝不可能出现这种状况。

从大举进攻到全面败北
——读蒋介石致熊式辉手札

美国哥伦比亚大学珍本和手稿图书馆藏有蒋介石致熊式辉手札多件，是研究解放战争时期东北战场的重要资料。

1945年8月8日，苏联对日宣战，苏军向盘踞在我国东北的日军发起进攻。日本侵略者的彻底失败即将成为事实。10日、11日，中共中央连续发出《关于苏联参战后准备进占城市及交通要道的指示》及其他命令，要求各解放区部队迅速前进，收缴敌伪武装，接受日军投降，并令在冀热辽边区的部队迅速深入东北。与此同时，蒋介石则下令要各解放区部队"原地驻防待命"，并在美国的帮助下抢运部队，接受沦陷区的主要城市和交通线。于是，国共两党间一面在重庆举行谈判，一面开始了紧张的角逐。

8月31日，蒋介石任命熊式辉为东北行营主任，同时将原东三省划分为九省二市，分别任命了省长和市长，以示其对于东北的统治权。10月18日，任命杜聿明为东北保安司令长官，积极准备进攻东北。与此同时，共产党也针锋相对，积极准备抗御国民党军。9月14日，中共中央决定建立东北局，以彭真为书记。19日，中共中央确定"向北发展，向南防御"，打击和阻止国民党军北进，控制东北。此后，陆续派遣10名中央委员、10名候补中央委员率领2万名干部和11万部队进军东北。10月下旬，成立东北人民自治军。1946年1月，改名东北民主联军，以林彪为总司令，彭真为政治委员。中国两大政治力量的生死较量首先在东北展开。

大举进攻

当时，东北处于苏军控制之下，蒋介石要接收东北，不得不和苏方交涉。1945年9月4日，蒋介石任命蒋经国为外交部驻东北特派员，协助熊式辉进行谈判。最初，蒋经国等根据蒋介石的意见，提出以大连港作为国民党军登陆地点，但苏方强烈反对，不得不改变计划。10月23日，熊式辉与蒋经国会见苏军元帅马林诺夫斯基，提出在葫芦岛及营口的登陆计划。10月29日，蒋介石致熊式辉函云：

> 刻与美军商定，我军决在秦皇岛先登陆一军（即十三军）（先头运输），至另军约须下月初旬到达葫芦岛，如形势未能变更，亦仍在天津登陆，由铁路向东北运输也。惟与苏军仍应继续交涉，要求其负责协助我军在葫芦岛登陆也。一面必须要求其由沈阳至山海关段铁路，负责保护，协助我运输，此应作为主要交涉也。

蒋介石担心新计划仍然会遭到苏方的反对，因此，作了两手准备：一面以已被美军控制的秦皇岛作为登陆地点，一面命熊等和苏方交涉，如苏方仍然不同意以葫芦岛为登陆地点（即函中所云"形势未能变更"），即在天津登陆，利用北宁路向东北输送。蒋经国1945年10月29日日记云："下午一时会见马林斯基，彼对重要问题，皆不作正面之确定答复，即关于葫芦岛我军登陆一事，俄方亦不愿作安全之保证。"[1]指的就是有关交涉。

在美国海军的帮助下，国民党军队第六十军曾泽生部、第十三军石觉部、新一军孙立人部、第七十一军陈明仁部、新六军廖耀湘部等先后到达

---

1 《五百零四小时》，《蒋经国自述》，第149页，湖南人民出版社，1988。

东北，和共产党的矛盾日形紧张。蒋介石1946年3月30日致熊式辉函云：

> 东北执行组方针及我方应取之态度，特派范汉杰同志来锦面详一切，并留其在东北协助一切可也。

1945年12月20日，美国总统特使马歇尔抵华。次年1月7日，张群、周恩来、马歇尔组成军事三人小组，商讨国共两党间停战及整编等问题。10日，国共双方代表签署停战协定，但国民党坚持不包括东北在内。14日，国民党、共产党、美国政府三方代表在北平组成军事调处执行部。2月25日，军事三人小组签订《关于军队整编及统编中共军队为国军之基本方案》。3月27日，通过《东北停战协定》，规定停战期七天。29日，军事调处执行部发表公报，决定派四个执行小组赴东北。次日，蒋介石决定派范汉杰赴锦州，向熊式辉传授机宜，并留范在东北策划。本函即作于当日。蒋介石的如意算盘是：以最快的速度消灭中共在东北的主力，尽量占据有利地位。对此，郑洞国回忆说："我们的方针大致是，乘三人小组未到东北之前，尽可能扩大占领地区，首先要控制铁道沿线的重要城市，造成既成事实，以便将来停战谈判时，处于有利地位。"[1] 这段回忆是符合蒋介石当时的思想的。

4月6日正午，蒋介石致范汉杰转熊式辉函云：

> 我军应在四平街以南地区与赤匪决战，以期彻底消灭其主力，则今后东北即易为力矣。如兄等同意，则新一军暂缓北进，即在现地整顿，而调新六军、第五十二军以及其他有力部队，全力北进，予匪以歼灭之打击，并准备用空军临时助战，以期一网打尽，为东北根本之图也。希以此意转示郑、梁各副长官、赵参谋长、各军师长参谋长可也。

四平街当时是辽北省政府所在地，为东北交通、工业及军事重镇，中

---

[1] 《从猖狂进攻到放下武器》，全国政协《文史资料选辑》第20辑，第57页。

长、四洮、四梅等铁路在此交汇，东北郊山峦重叠，西南郊河流纵横，为通往长春的咽喉要道。蒋介石决心在这里和共产党人打一场恶战。同日16时，蒋介石又致熊式辉函云：

> 望于本月10日召集师长以上之高级将领在锦州或沈阳开会，此间当派何总长、白副总长或陈部长来锦参加会议，面达机宜也。惟要旨仍不外附函中所述方略，请照此预备，但须极密，尤不可以派大员来锦事为任何人所知也。集会当以兄之名义分别电召，亦不可言明开会也。何人来锦，约8日下午可决定电告。兄如接"敬（修）（健）兄后日起飞"，即知何总长10日来锦矣！万不可派人到机场迎接，必须极秘，勿为共党探悉为要！

何总长，指何应钦，时任军事委员会总参谋长；白副总长，指白崇禧，时任军事委员会副总参谋长；陈部长，指陈诚，时任军政部长。蒋介石布置熊式辉在锦州或沈阳召开师长以上高级将领会议，并拟派何应钦等参加，可见他对该会的高度重视。由于当时正处于国共谈判期间，因此，蒋介石叮嘱熊式辉采取严格保密措施，特别要注意"勿为共党探悉"。

附函共三份，细致而具体地提出了作战方略。其机密（甲）第9349号云：

> 我军应集中所有全力，凡最有力之部队，皆应向北抽调，先击破四平街以南之匪部，故应从速调整现在散漫之部署，至于新到后续部队，应全部控制于北宁路全线，而津滦空虚，更应从速负责增强其兵力与防务为要。

机密（甲）第9350号云：

> 新一军方面战况如何，无时不在深虑之中。详察我军在东北部署，散漫薄弱，而在北宁全线后方基地尤为空虚，此最为不可。应即

重新调整，尤应将第五师归还津滦方面其本军之建置，切勿再事延宕，贻误大局。如我军决心向北挺进，则对南除收复本溪湖以外，不必再求发展，应暂取守势，而用全力向长春挺进。对法库、康平方面，是否应用七十一军全部前进，亦应研究。中极不以现在此种散漫部署为然也。目前匪部主力全在沈北，应抽调新六军及其他有力部队向北推进，集中全力，击破其四平街以南匪部而消灭之，则大局定矣！而今后新到之六十军等，应全部控制于北宁路全线，万勿再忽视后方交通基地。此次东北作战，如果一地略遭挫失，则全局皆危，国脉将断。希兄负责审慎，勿使有万一之挫失也。

机密（甲）第9351号云：

沈阳、锦州应派机保护基地，前方如有需要，应派机侦察匪情，协助我陆上作战，若在紧急战况，或发现重要有利目标，亦可对匪射炸。然此只可偶然为之，不可常用。惟苏军所驻地点及其附近上空，应避免进入，以免发生波折，故侦察机北至四平街以南为止，对沈阳、海城以南，则不可用飞机侦察也。若炸射动作，则仅以前线作战最激烈之地点为限也。

抗战胜利后，国共两军在上党、邯郸有过战斗，国民党军都处于下风，蒋介石决心在东北打出个局面来。"东北作战，如果一地略遭挫失，则全局皆危，国脉将断"云云，可见东北战场在蒋介石心目中的地位。

在蒋介石的亲自指挥下，国民党军由铁岭、法库分别北犯，中共方面则以十四个师（旅）的兵力阻击并守卫四平街。17日，蒋介石派白崇禧到沈阳视察，白对杜聿明说："只要将四平街打下，对中共的和谈即有面子。"[1]18日，国民党军开始进攻四平街。21日，蒋介石致熊式辉函云：

---

1 杜聿明：《蒋介石破坏和平进攻东北始末》，《文史资料选辑》第42辑，第47页。

> 东北军事甚为焦虑，特再派员前来授旨，务希照办为要。

函末，蒋介石附言云："汉杰同志可先回渝面报。"军事上的大忌是"遥制"，蒋介石身在重庆，却要"遥制"千里之外的东北战场，不仅派员"授旨"，而且要求"照办"，在这种情况下，其部属是很难指挥作战的。

当时，马歇尔正在调停，蒋介石企图争取时间，占领长春，四平街在所必得，因此，一再采取措施，力争速胜。而中共中央则希望在四平街给予国民党军以沉重打击，以便争取较好的谈判条件。5月1日，中共中央指示林彪说："东北战争中外瞩目，蒋介石已拒绝马歇尔、民盟和我党三方面同意的停战方案，坚持要打到长春。因此我们必须在四平、本溪两处坚持奋战，将两处顽军打得精疲力竭，消耗其兵力，挫折其锐气，使其受到最大消耗，来不及补充……那时，便可求得有利于我的和平。"[1] 5月2日，中共中央再次指示林彪和彭真，要求坚决保卫四平。但是，由于力量悬殊，东北民主联军伤亡八千余人，被迫于当月18日撤离四平街。22日，国民党军进占长春，28日进占吉林。蒋介石兴奋之至，于24日飞抵沈阳视察，30日返回北平。31日致函熊式辉云：

> 途中研究东北内部，以人事之关系最大。中意如兄以行政长官兼辽宁主席，则省长人选是否以徐箴为宜，亦希考虑详复。道儒来平时拟另予位置。在其任务未发以前，暂以梁华盛代理省主席名义行之如何？

徐箴，字士达，安东（今辽宁）新宾人。国民党六届中央执行委员。时任辽宁省主席。从本函看，蒋介石一度考虑以熊式辉兼辽宁省主席，而以徐箴改任沈阳市长。道儒，指郑道儒，天津人。原任行政院善后救济总署副署长，时任吉林省主席。梁华盛，广东茂名人。黄埔军校第一期学生。时任东北保安副司令长官。从本函可以看出，由于国民党军占领长春、吉林，控制了松花江以南地区，蒋介石以为东北大事已定，在调

---

[1] 转引自陈沂《四平保卫战》，《辽沈决战》（上），第224页，人民出版社，1988。

调整人事安排了。

停战烟幕

尽管各界人士强烈呼吁东北停战，但是，却迟迟难以实现。现在，国民党军攻占四平街及长春等地，占了大便宜，蒋介石终于点头了。6月6日，国共双方达成协议，在东北停战15天。6月7日，蒋介石致熊式辉函云：

> 2日函悉。近日回京事忙，不能详加研究，一俟稍暇，再行商讨。惟行营此时不能取消，兄亦不能摆脱此重任也，停止前进令既下，我军在此十五日之内，必须绝对遵守令旨，勿予匪方稍有借口之资料。匪必不能在此短期内就范，则十五日之后，我军仍须照预定计划，一举而收复安东、通化也。安东省主席赵家骧、赵公武皆可，届时当再决定。惟现主席高惜冰应予安置。中意高任沈阳市为最宜。董文琦调永安市长，而现任长春市长，一望而知为弱不胜任者，亦应从速决定人选，希详报。郑道儒决调关内任事，彼亦甚愿也。

赵家骧，字大伟，河南汲县人。毕业于东北讲武堂。时任东北保安司令部参谋长兼沈阳警备司令。赵公武，时任第五十二军军长。高惜冰，辽宁凤城人。毕业于美国麻省罗惠尔理工学院。1945年任第四届国民参政会参政员。次年9月任安东省政府主席。董文琦，吉林双城人。毕业于日本名古屋工业大学。后曾任东北水利总局局长，1946年1月任沈阳市市长。"现任长春市长"，指赵君迈，毕业于美国威斯康辛大学。1942年任第三届国民参政会参政员。1945年12月任长春市市长。此函表明，蒋介石的停战令不过是掩人耳目之计，一场新的进攻正在酝酿。

同函，蒋介石将6月6日致马歇尔备忘录附寄熊式辉，要他和东北保安司令杜聿明"详阅"。

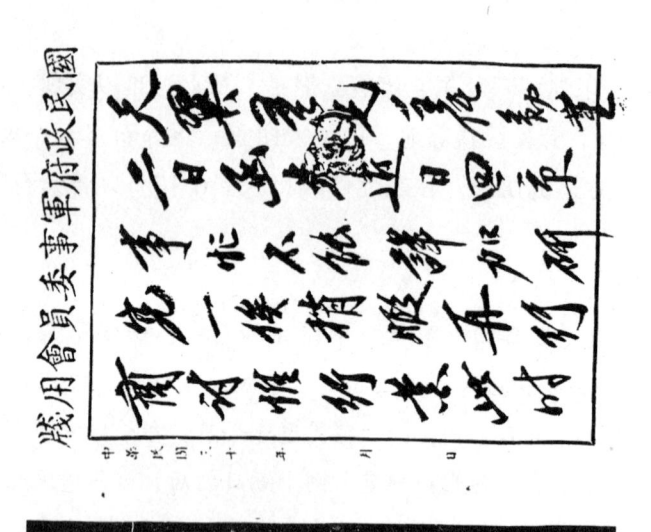

蒋介石致熊式辉函手迹

蒋介石致马歇尔备忘录云：

阁下5月26日大函所示之建议，余根本上极表赞同。为使阁下建议之意见及目的更为明晰起见，特为提出下列数点，尚祈鉴照。余过去五个月来所获痛苦之经验，使余于应付共产党时更为准确切实，诚盼阁下对于下述各点予以充分之谅解与支持。

（一）阁下建议余下令国军停止前进攻击及追击共产党，此固不仅为阁下之愿望，余最近前往东北时亦抱此愿也。是以，余近日已下令在东北之国军自明日正午起，至6月21日正午止，在此15日内准停止对共产党之一切攻击、前进及追击，并盼在此时期中对于业已签订各协定之详细实施办法均能完成，惟须请阁下自共产党方面获得保证，将整军协定立即在东北首先实行，并请阁下在此时期内议订实行2月25日所订整编及统编军队之整个计划，并将实施之具体办法示知为荷。至于阁下暨中共代表所建议派遣执行部前方小组往东北一节，自可派往长春先作准备工作，俟具体办法解决之时再行开始其任务。

（二）关于修复铁路及恢复交通一节，余认为有关此事之决定权应赋予美方代表，即由其决定最后完成修复之时期及进度，否则，即无从保证其实现。

（三）余特为强调一点，即政府接受东北之神圣职责不应久延，是以，1月10日停战协定中所规定政府对于收复主权保持自由行动一点，应始终予以维持。例如倘共党仍继续其目前所为，在长春以南之海城附近攻击国军，则国军仍保持其反攻之权。此应特别声明也。

5月26日，马歇尔曾致函在沈阳的蒋介石，建议立即在长春设立军调部前进指挥所，同时发出在24小时内停止国民政府军队前进和追击的命令。马歇尔声称："如果你不能做到上述两点，就将违反你最近向共产党提出的建议。"[1] 29日，马歇尔致电蒋介石称："国民政府军队继续在满洲前

---

1 《马歇尔使华》（一），第102页，中华书局，1979。

进,你并未采取任何行动以停止冲突","使我作为一个可能的调解人的工作陷于十分困难,也许不久实际上陷于不可能了"。[1] 蒋介石无奈,同意在东北停战15天。备忘录即是对马歇尔5月26日信件的回答。备忘录中,蒋介石特别强调,"接收东北"不应久延,政府"保持自由行动"云云,都是为了重新挑起内战埋下伏笔。蒋介石要熊式辉、杜聿明"详阅",也是为了要他们注意这一点。

6月17日蒋介石致熊式辉、杜聿明函云:

> 停战令期满以后我军行动应重加研究,切勿稍有疏忽,免误全局。否则,功亏一篑,不能不为之戒慎恐惧,尤以东北地位与处境,不可不熟虑深思,期无万一之错失,以东北兵力在此两个月内无法增加与补充也。故照现有兵力,在停战期满以后积极攻取安东与通化,同时并进,及其占领以后,是否更觉防广兵单,此其一也。
>
> 以战略与政略论,我军对哈尔滨之进退取舍之方针最为重要。我军此时如能用全力占领哈尔滨,先打通哈尔滨至沈阳一段铁路,于外交与政治上自为有利先,而且不患共匪破坏该路。如此比较,先取安东、通化为安全,而且兵力亦容易集中与运用。预料此时进占哈尔滨时,外交上不致发生困难。故此时先占哈尔滨,而致安东于缓图,亦一方案,应加考虑。此其二也。
>
> 但安东、通化不先收复,则匪之山东来源不能断绝,而且我沈阳侧背时受威胁。中意在此二案之中,必须决定一策,否则期满以后,暂时不动为宜。故派至柔兄前来面商一切,望详加研讨后决策呈核,再行实施可也。余不一一,皆由至柔兄面达一切。

至柔,指周至柔,蒋介石的亲信。原任军事委员会委员长侍从室第一处主任,时任空军总司令。按蒋介石的本意,15天之后立刻要恢复进攻,但是,是先进攻哈尔滨,还是先进攻安东、通化,蒋介石踌躇难定。在进占四平街、长春、吉林之后,国民党军战线拉长,已经感到兵力不足。本函

---

[1] 《马歇尔使华》(一),第104页,中华书局,1979。

中，蒋介石明确地告诉熊、杜二人："东北兵力在此两个月内无法增加与补充"，并担心攻占安东、通化后"更觉防广兵单"，倾向于"期满以后，暂时不动为宜"。可见，蒋介石已经感到背上包袱的分量了。

转入守势

蒋介石的"暂时不动"维持了四个多月。10月中旬，蒋介石觉得休整得差不多了，又着手布置新的进攻，他一面发表声明，提出所谓八项停止冲突条件，做出和平姿态，同时制订了一项"南攻北守，先南后北"的计划，企图集中兵力，首先消灭或逼退南满的中共部队，切断东北解放区和华东解放区的海上联系，然后进攻北满，控制整个东北。18日，蒋介石致函熊式辉、杜聿明云：

> 前函谅达。收复安东，未知时间能及否？巴黎和会结果，欧洲与近来重要问题并未有所解决，俄国对我国东北之干涉尚非其时，故吾人尚有豫余时间策划北满。但安东能在此次停战令以前收复更妥，否则盖平、岫岩应可相机收复也。自中声明以后，中共尚无反响，惟我军仍应作其不接收条件之准备。即使停战令发表，亦必有三五日之犹豫时间耳！天翼兄如能于下月初来京一叙，甚盼。否则请公权兄先来协助国大之召开。请先准备为荷。

巴黎和会，指中、苏、美、英、法等28国代表于当年7月29日在巴黎召开的会议，目的在于审查对德国的欧洲盟国意大利、罗马尼亚、匈牙利、保加利亚、芬兰等五国的和约草案。会议至10月15日结束，未能就全部条款取得协议。蒋介石分析会后国际形势，估计苏联不可能出面干涉中国的东北问题，要抢在新的停战令发布以前攻占安东，至少也要攻占位于辽东半岛的盖平和岫岩。19日，熊式辉、杜聿明根据蒋介石的部署，调集九个师约10万人的兵力，分三路大举进攻南满。同月下旬，相继占领安东、通化等城市。公权，指张家璈，银行家，时任东北行营经济委员会主任委员。当时，蒋介石正积极准备召开国民大会，要张回南京参加筹备。

蒋介石的国民大会预定于11月12日召开。11月6日，蒋介石致函熊式辉、杜聿明云：

> 国民大会决如期召开，在开会期间，不能不暂时停战，故决日内下令，定于本月11日正午起，关内外全面停战。但匪心决难望其诚服，故我军在停战之时，更应积极准备，严防其突击，并乘机整补，万勿因此懈怠。将来命令虽不明定停战期限，但不久匪必向我乘隙进攻，望密告各将领，切戒与严防勿误。

同函蒋介石又附言说："将来第二期进剿目标，东则敦化，西则白城子，请积极准备为要！"要开"国大"了，为了装点门面，蒋介石不能不"暂时停战"，但是，他生怕熊、杜等人"因此懈怠"，特别提出"第二期进剿目标"，要他们"积极准备"。敦化，在今吉林省东部；白城子，在今吉林省西北部。

1946年12月6日蒋介石致函熊式辉云：

> 东北今日之急务，应速修复古北口至锦州铁路。凡有枕木、钢轨，应以此为最优先使用，请全力督成为盼！东北今日之形势，无论政治、军事与交通各业务，皆应以西重于东，南重于北。故必须在辽西尽力拓展与巩固，则进占退守，皆可确保安全。请照此意旨努力实施。如果宽甸河口之电厂俄军尚未交还，则对辑安暂缓进取亦可。并请转告光亭长官是荷！

光亭长官，指杜聿明。从本函看，蒋介石除恢复"南攻北守，先南后北"的计划外，又增加了"西重于东"的内容，企图巩固与扩展其在辽西的统治，以便确保关内外的联系，进可攻，退可守。但是，其进攻重点仍然在东线。自12月17日起，国民党军先后四次集中兵力，进攻位于吉林东南部的临江，均未成功。在此期间，国民党军被歼六万四千余人，丢失城市11座，不得不停止战略进攻，转入守势。东北人民解放军则转入主动。

当国民党军在东北屡遭失败之际，在山东却取得了一次使蒋介石极为开心惬意的"胜利"。1947年2月20日蒋介石致熊式辉函云：

> 临沂收复以后，黄河南岸之共匪势如破竹，不难于一个月内肃清，此后关内仅为黄河以北之问题，务望关外亦能积极整训，期于今春南满与热北之残匪同时肃清也。

1947年1月，蒋介石调集53个旅31万人，进攻鲁南地区。其中，以8个整编师20个旅为突击集团，自台儿庄、剡城、城头一线进攻临沂，以3个军9个师自明水、周村进攻莱芜，企图南北夹击，迫使华东野战军在临沂地区决战。2月上旬，华东野战军根据中共中央军委指示。放弃临沂，主力秘密北上，准备歼灭自北南进的李仙洲集团。蒋介石写这封信的时候，他还完全没有察觉中共的战略意图，以为打了一个极大的胜仗，梦想在一个月内肃清黄河南岸的中共部队。基于这一估计，他也要求熊式辉在当年春季肃清南满和热河北部的中共部队。但是，蒋介石好梦不长，李仙洲集团迅速被歼，这样，他在东北战场上不得不谨慎点。3月7日致熊式辉、杜聿明函云：

> 奸匪败窜以后，其死伤与损失程度究竟如何？如我军夹胜进占哈尔滨，只就东北原有兵力布置，能否足用？如以为可，则进占哈尔滨亦无不可；否则，仍照原定方针不如暂缓也。请兄等决之，并详报计划候核为要！此次保卫德惠与松江桥头堡之各主管长官，希即详告，并先晋一级，其所部官兵皆应重奖。望拟定办法，一面呈报，一面发表。如只一团，则应命名为德惠团，或中正团亦可。特致立人一书，望转交为荷！

立人,指孙立人,当时率新一军驻守长春,该军第五十师则驻守长春北部的德惠。2月20日,东北民主联军主力跨过松花江,奔袭城子街,包围德惠。长春国民党军派出12个团的兵力赴援,民主联军撤回江北,其后,杜聿明乘机宣扬:"德惠大捷,歼灭共军10万!"但是,有了临沂之役的教训之后,蒋介石持保留态度了。所以本函要求了解民主联军的真实损失情况,对熊式辉等进攻哈尔滨的打算,也倾向于"暂缓"。事实上,当时国民党在东北战场上已经感到兵力不足,捉襟见肘了。

3月17日蒋介石致熊式辉、杜聿明函云:

> 关于收复旅大政权方案,已嘱董参谋长面达不赘,第二次匪部反攻长春,其意在演成拉锯战,俟我官兵疲劳,而后彼乃乘机伺隙以袭长春。故第三、第四次之反攻亦将继续而来,因之我军对长春据点之固守,必须指定部队,使之专守长春核心工事,切勿如过去市内防务之空虚。不仅长春,即沈阳亦应如此。兹决定在已成立之保安团队中,长春与沈阳各调集四个至六个团,专供防守市区核心之用。除步兵轻武器已配发者外,所需重武器必须配给之种类数目,希详报候批。惟此八个至十二个保安团应即派定,一面调集沈、长二市,一面呈报番号,以备四、五月间中来东北时亲自校阅也。

3月8日,民主联军再次跨过松花江,在靠山屯等地歼灭国民党军第88师全部及第87师一部,包围农安,准备歼击长春、德惠援敌。本函所称第二次"反攻长春",指此。从函中可以看出,国民党军往日气势汹汹的进攻姿态已不复再现,蒋介石开始和熊式辉等讨论"固守"及抽调保安团一类问题了。其间,杜聿明曾派郑洞国赴南京见蒋介石,要求增加两个军,同时要求将划归华北的第53军调回东北。蒋介石愁眉苦脸地对郑说:"各个战场的兵力都不够用。"[1]

---

[1] 郑洞国:《从猖狂进攻到放下武器》,《文史资料选辑》第20辑,第70页。

败局已定

当时，东北民主联军已发展至46万人。为了从根本上扭转东北战场形势，打通南北满，民主联军于当年5月13日发起夏季攻势，攻击长春至四平街两侧地区及沈吉路中段之敌。至6月初，南北满民主联军会师，吉林、长春以南，四平街以东广大地区国民党军被肃清。同月11日，以24个师的兵力进攻四平街，以割断沈阳、长春之间的联系，孤立长春、吉林的国民党军。6月13日蒋介石致熊式辉函云：

光亭病状如何？无任系念。第五十三军集中沈阳后，当可打通四平街铁路线，未知由四平打通至长春一段有否把握？务希切实估计详报，下列各点亦希妥筹密报。

一、长春与永吉两地能否固守三个月？

二、此时大石桥与营口应可派正规军固守，尤以营口为然。究派何部及如何决心与计划？

三、锦州与葫芦岛防务应积极加强，并指定得力部队固守核心工事，以防万一。如何计划？

四、闻四平街士气最低落，如飞机仍可降落，应由兄或派高级人员以中名义前往视察与慰勉。

五、东北将领之生活与旧习应彻底改革，自高级军官本身做起。一面组织整顿军纪督察组负责执行，先由沈阳做起。如何实施希详告。如欲收复失土，完成革命任务，非从本身之精神与修养做起，则不足再言剿匪矣！希告我各将领，共同一致，努力实施。

六、长春、吉林、四平街、新民、铁岭各地部队，请派专员与王副司令叔铭为我前往慰劳，并勉其作三个月之固守准备，以防万一。如兄或光亭兄能亲自慰勉更好。

七、第五十三军集中后之全般计划，希函告。

八、各地守军应下决心,作固守三个月之准备。

九、此时必须增强北宁路后方联络线之防务,尤以营口、锦州、葫芦岛三地为然,务希即速着手布置勿忽。

光亭均此。

王叔铭,山东诸城人。黄埔军校第一期毕业生。时任空军副总司令。本函充分反映出,在东北民主联军的强大攻势下,国民党军的处境日益不妙:杜聿明身患重病,国民党军士气低落,所占领的城市成了孤岛,蒋介石自己也失去信心,只能提出打通铁路线、"固守三个月"之类的要求了。

6月20日蒋介石致熊式辉函云:

来书详悉。凡可能之事,皆已督促各部照办勿念。关于四平得失,无任系虑。沈阳增援部队应即向四平前进勿延,不必待五十三军之集中。但其后续一师必令另迅速车运无误。关于作战意见,已嘱孙副长官面详不赘。顺颂光亭长官均此。

蒋介石懂得四平街战略地位的重要,因此,命令沈阳增援部队迅速前进。6月27日,民主联军曾一度攻入四平街城内,但由于兵力不足,自沈阳驰援的国民党军又已迫近,遂决定停止进攻四平街。

民主联军发起的夏季攻势至6月30日止,历时49天,共歼灭国民党军八万余人,收复城镇四十余座,广大的解放区连成一片,国民党军只保有中长路及北宁路的少数点线。

同年7月,杜聿明因病离职。8月,熊式辉被免去东北行辕主任职务,黯然离开东北。12月,被任命为战略顾问委员会委员。

在熊式辉档案中,还保存着蒋介石1948年1月26日的一封信,中云:

一、保密。

二、防奸(清查)。

三、封锁消息(检察)驻地及行进通过道路之两侧地区(十五公里以内），通过前后各一日皆应事先派便衣队密布要路口，禁止行人来往。对匪所在方向之交通道路，更应特别封闭，无论何时，皆不准人民出入来往。

四、情报组织与技术之加强。

五、团以上各级指挥部新闻处，设置登记丁粮、组训民众之专员及人民服务队，负责编训地方各级武装自卫队。

六、通信工具机构与技术之加强与监督考察，及每月赏罚及其成绩之呈报。

七、伪装假情报与反间等技术之加强与每月赏罚之评定呈报。

八、参谋业务之加强与调查研究督导工作及其方法之不切实不敏捷与判断识别之不明晰与判断之不正确，决心与实行之不坚定，皆应彻底改革纠正。

以上各条，请择要编入于新剿匪手本之内。

本函反映出，由于在全国战场上屡遭惨败，蒋介石已经无计可施，只能借助于特务手段，加强控制了。

南京政府崩溃时期的陈光甫
——读陈光甫档案之一

陈光甫是近代中国著名的银行家,江浙金融资产阶级的领袖人物。他一生创建了两个重要企业——上海商业储蓄银行和中国旅行社,都卓有成就。他曾以财力支持过蒋介石和南京国民政府。在中国抗战的关键年代里,曾受命赴美谈判,争取援助。在战后国民党政权风雨飘摇之际,他又曾出任国府委员。他的档案现藏于美国哥伦比亚大学珍本和手稿图书馆。本文将根据该档案中的未刊日记、函札及其他资料,考察南京政府崩溃时期的陈光甫的活动及其心态变化过程,从而揭示这个特定时期给予一个资产阶级代表人物的影响。

南京政府改组与张群游说

1947年2月,经济危机席卷了整个国民党统治区,物价猛涨。金价每两从法币30万元涨到110万元,美元与法币的兑换率从1美元兑换6700元涨到1美元兑换1.7万元。人们普遍感到,生活的压力愈来愈难以承受,

1944年冬,宋子文利用人们对孔祥熙家族贪污腐败的不满,在美国人的支持下,取代孔祥熙成为行政院长。1946年2月,任用亲信贝祖诒

为中央银行总裁。当时，中央银行拥有黄金储备560万两，连同其他外汇，总值8.58亿美元。宋子文为了控制物价，维持法币，大量抛售黄金和外汇。结果，仅仅一年光景，中央银行的库存黄金减到260万两，连同其他外汇，总值3.64亿美元，减少了一多半。1947年2月15日，中央银行根据蒋介石的命令，宣布停售黄金。于是，物价继续猛涨，金融大乱。蒋介石伤心地对宋子文说："我把财政经济交给你管，不料你竟弄得如此之糟！"[1]16日，监察院决定派员赴上海彻查，随后迅速提出了对宋子文的弹劾案。28日，蒋介石改组中央银行，任命著名的银行家张嘉璈（公权）为总裁。3月1日，宋子文被迫辞去行政院长一职，蒋介石决定改组政府，内定以政学系首领张群为行政院长。张群随即展开了紧张的组府、组阁活动。

鉴于国民党一党专政的局面早已为人们所深恶痛绝，同时，经济危机又已严重威胁着国民党政权的生存，因此，这次改组政府，既要网罗一些小党派领袖和在公众中有威望的无党派人士，又要罗致在金融工商界有影响的资产阶级代表人物。陈光甫这两个条件都具备，于是，便成了张群心目中首要的网罗对象。

1947年3月18日，张嘉璈的妹妹朱夫人邀请陈光甫与张群共进午餐。19日，陈光甫日记记载说：

> 我去了。这是一次愉快而亲密的聚会。我们谈啊，谈啊，一直谈了三个钟头。张群是一个善于雄辩的人，有时有说服力。他直截了当地告诉我，此次到上海，仅仅为了说服我参加政府。
>
> 他说，蒋主席派他来，只为了一个特殊而单纯的目的，劝我出任国民政府委员。蒋主席形成了某些现实的、稳固的思想，并且企图寻找名声好的人来加强政府。到目前为止，只有极少数人有资格被考虑，包括胡适、胡霖、莫德惠和我。[2]

---

1 经济资料室编：《宋子文豪门资本内幕》，第60页，光华书店，1948年12月。
2 原文为英文。陈光甫日记大部分为英文，小部分为中文，不一一注明。

陈光甫并不是第一次听到这个消息。两天以前，张嘉璈早已出面动员过。当时，陈光甫表示拒绝。张嘉璈和张群同属政学系，二人关系密切。显然，张嘉璈动员无效之后，张群亲自出马了。

"我希望您不会真如传说一样成为新任行政院长。"陈光甫试探性提问。

"不！"张群回答，"我必须出任。我和党有40年的密切关系。我的情况和你们大不相同。你们是党员，或者不是党员，而我，和蒋主席有40年的关系。当他要求我的时候，我不能拒绝。"张群于1908年由保定陆军军官学校保送日本留学，进入日本陆军士官学校，在这一年加入同盟会，在此前后，与蒋介石相识，至此，差不多40年了。

"你要大力帮助我和新政府。"张群继续说，"如果你同意参加改组后的国民政府委员会，将来，你会被派往美国，担负财政方面的使命。"[1]1936年，1938年至1940年，陈光甫曾两次以财政部高等顾问身份被派往美国，接洽借款，均告成功。但是，这一年，陈光甫已经67岁了。张群好像估计到陈光甫会以不胜负担为理由拒绝似的，特别应许说：新的岗位将不会带来过多的麻烦，全部要做的事只是两周去南京参加一次会议。

"这完全是一个争取人们支持的问题。"张群直率地说，"我们需要广泛的支持。这就是为什么必须有你和胡适一类人参加的原因。"

"争取人们支持是重要的。"陈光甫评论说，"但是，政策更重要，您的新政府将采取什么政策？进行无止境的战争直到共产党人被打垮和肃清，还是现在就停止战争？抑或政府设定一个有限的目的，达到之后就停火？"抗战胜利后，人们普遍渴望和平，不希望国共两党之间再起刀兵，但是国民党却调集大军，进攻东北、鄂东、豫南等地的解放军。1947年2月，南京国民政府通知中共驻南京、上海、重庆三地担任联络和谈判的工作人员，限于3月5日前撤回延安，内战有再次全面爆发的危险。

"是的，有限制。"张群答道，"在肃清津浦路、平汉路并且重新通车之后，政府将再次谋求和平。"1946年12月末，蒋介石曾密令各部，规定

---

[1] 以上对话均见陈光甫日记，下同。

翌年上半年的作战目标是,"打通陇海、津浦、同蒲、平汉与中长铁路诸线,肃清冀、鲁、晋、陕等地境内股匪",张群这里告诉陈光甫的计划显然大大缩小了。

"尽早停火更好。"陈光甫不希望打内战。他对张群强调指出,国家经济受到内战的巨大打击,有垮台的危险。

张群的两位前任孔祥熙和宋子文都是因治理经济无方而倒台的。张群出任行政院长,严峻的经济形势自然是他必须首先考虑的问题。他告诉陈光甫,政府准备发行一种新的货币。但是,陈光甫对此不以为然,他告诉张群,在这个节骨眼儿上,这将是困难并且是无效的。

"政府的军费怎样?有无限制?"陈光甫深知,造成国民党政府经济危机的主要原因是扩军备战,任意增加军费。另一天,陈光甫从别处听说,蒋介石在下两个月里需要2万亿元,这是任何理财能手都无法满足的。陈对张群强调指出,关键是解决经济问题。

陈光甫还对张群说:"对于新政府来说,另一个重要问题是重视国际政策、在新体系里包括亲美分子,清楚地显示了政府倾向美国,但是不能忽视苏联。政府应该表现出,对两个国家都持友好态度。"

陈光甫还提出了一些其他问题:"您有无便捷的门路通向蒋主席?"张群作了肯定的回答:"您如何找到马歇尔?您认为能和马歇尔共处,并且在观察问题上或多或少地取得一致吗?"张群的回答也是肯定的。马歇尔于1945年12月受美国总统杜鲁门派遣,以特使身份来华调处国共纠纷。1947年1月,调处失败,马歇尔怏怏回国,但回国后即升任国务卿。陈光甫认为,在华盛顿没有任何人能像马歇尔一样影响美国的外交政策,特别是讨论中国问题的时候。陈光甫并建议张群,同时兼任财政部长,以便于和马歇尔谈判。

1938年至1940年,陈光甫在美接洽借款,曾得到驻美大使胡适的密切配合,因此,当张群提到,可能为财政方面的使命派陈光甫赴美国时,陈建议再度任命胡适出使华盛顿。他说:"这是最重要而且最关键的岗位中的一个,胡适能博得美国官方和公众两方面的尊敬。在美国,他是友好的源泉。美国人相信他。如果派他去华盛顿,他将殚精竭虑地工作。"

"至于我自己,"陈光甫附带说,"我将乐于和胡适合作,尝试再次寻求美国的经济援助。作为老朋友,我将准备承担您认为对我适合的任何紧急任务。"

谈话中,张群没有暗示陈光甫,战争将会立即停止,军费将被限制。陈光甫得出的印象是,政府改组之后,在政策方面将不会有任何根本的改变。因此,陈光甫告诉张群:"在任何时间、任何场合,我将尽个人之力帮助您,但是,我将不参加国府委员会,不能以国府委员的身份尽职。"

胡适——自动出面的说客

在张群之后,胡适继续充当说客。不过,他并非出于张群授意,而是自动出面。

蒋介石要改变一党专政的形象,拉拢胡适参加政府自然是个好办法。

1947年1月15日,蒋介石与傅斯年谈话,拟请胡适出任国府委员兼考试院院长。胡适希望保持在野的独立地位,声称不入政府则能为政府之助力,一再力辞。3月13日,胡适到南京参加中华教育文化基金董事会年会,蒋介石两次召见。他同意胡适不当考试院院长,但一定要胡适作为无党派代表参加国民政府委员会。19日,胡适到上海,住国际饭店,陈光甫来访,二人之间有过一次长谈。这次长谈,有位偶然在座的年轻人作了记录。

胡适首先叙述了他和蒋介石的会见:

> 我在南京,蒋先生找我去吃饭,他就对我说,不是不体念我的地位,非到国家不得已的时候,不会坚持要我出来的。他对我这样说,要我参加这次改组,态度很诚恳,颇使我为难。后来要离开南京,蒋先生又召见我,坚嘱我勉为其难,出任国府委员,并且说,只要来南京开开会,不会怎样影响北大的工作,如果不能每次到

会，来几次也可以。

胡适接着说明了这次改组的背景：

> 这次改组当然与美国有极大的关系，当时马歇尔在华，就口口声声地说，希望中国的自由分子出头。他到底还是洋人，不明瞭中国情形，到处谈话的时候，举出胡适之、胡政之、莫德惠来作为中国今日自由进步的分子。我们在北平也见过面，他对我说："自由分子应该请出来参加政府改组，胡博士，你当然应该头一个出来。"所以这次政府对于改组人选的考虑，显然的，很受马歇尔的影响。

中国封建传统深厚，清朝统治者、北洋军阀、南京蒋介石集团都不喜欢民主、自由。他们有时候也要搞一点民主、自由的摆设，但是，骨子里酷爱的是专制和独裁。南京政府末期，旧的一套愈加不行了，他们不得不加点新东西。不过，可悲的是，这点新东西还是洋人逼出来的。

二次大战结束后，美国一直劝说蒋介石放弃一党专政，扩大社会基础，接纳自由主义分子，按照西方的模式改组政府。马歇尔、司徒雷登不断地和自由主义分子谈话，敦促他们行动起来，组成"单一的自由主义的爱国党派"，"对政局施加影响"。[1] 马歇尔等企图利用自由主义分子抵制中国共产党，同时敦促国民党进行改革，并对国民党注入活力。1947年1月，马歇尔离华时并称："情势之挽救，唯有使政府中与小党派中之自由分子居于领导者的地位。"[2] 蒋介石要争取美国的援助，不能不敷衍美国人。当年3月开始的南京政府改组正是马歇尔意旨的部分体现。

马歇尔的提名没有包括陈光甫，胡适感到不满，认为马歇尔对中国的事情还是"十二分的隔膜"。他热烈支持陈光甫参加政府改组，劝陈说：

---

[1] *Foreign Relation of the United States*, 1946. Vol. 10, *The Far East: China*, 1972, P.633.

[2] 《中美关系资料汇编》第1辑，第700页，世界知识出版社，1957。

如今听到，政府有意思要你老大哥参加改组，我倒真觉得胆壮得多。光甫先生，我认为你对于国府委员这件事倒是值得考虑的；当今的问题，最严重的还是经济问题，如果我胡适之懂得经济，懂得财政，没有问题的，我一定参加。

抗战期间，陈、胡二人合力在华府争取美援，这一段经历，不仅对陈光甫来说是难忘的，对胡适也同样如此。胡适认为，当时情况的严重不亚于抗战初期，力戏陈光甫"就范"。他说：

今天是国家的紧要关头，严重的程度可以和抗战初期相比。在当时，不得已，政府把你找出来，到美国去。在今天，情形也还是如此。正如蒋先生说，非得政府万不得已的时候，不会坚持要我们这班人出来。你和我，都还有点本钱，所以政府要向我们借债。抗战初期，情形那样的困难，政府不得不向我们借债，渡难关；在今天，也还是如此，向我们借用我们的本钱。从责任一方面看，我们是应该就范的。这并不是跳火坑，没有那样严重。

当时，国共谈判决裂，内战的烽烟燃起，中国的前途决定于两大党派之间的血与火的角逐。胡适看出了这一点，他称之为"国家的紧要关头"。尽管胡适的政治信念与价值观和国民党并不一致，但是他寄希望于国民党的改革。他自信像他和陈光甫一类自由主义分子还有影响力，"都还有点本钱"，他要用这点"本钱"帮助蒋介石。

按照1946年1月通过的政治协商会议的议决，国民大会应在内战停止、政府改组、训政结束、宪草修正完成之后才能召开。同年11月，国民党不顾中国共产党和民主同盟的反对，悍然召开国民大会，通过了一部"人民无权，独夫集权"的《中华民国宪法》，这次会议遂被称为"制宪国大"。南京国民政府于1947年1月1日宣布，该宪法于同年12月25日施行。胡适据此怂恿陈光甫说："这次参加政府改组，只是暂时的、短期的。在今年12月25日，宪法施行，整个的政府要改变，制度也要更改，充其量，国府委员的寿命只有九个月，所以，形势并没有像跳火坑那样严重。"

胡适完全明白，蒋介石要陈光甫出来，除了装点门面外，还要利用陈和美国的关系争取美援。他说：

> 当年你我在华府替政府做事，我们真是合作，因为你和我同是没有半点私心，一心一意地做我们的事。这次政府要你出来，担任国府委员，也许还要请你再去美国多跑几次，打通美国这条路。财政部的人是变了，不过财政部和进出口银行都还有你的老朋友在。还有一点，不但政府是要向我们借债而要我们出来，而且请我们参加政府是最容易的，最便宜不过的，我们不会有任何条件的。

1946年11月的"制宪国大"曾有中国青年党和中国民主社会党的代表参加，这两个党以此为条件向国民党要官要权，闹得颇为不堪。胡适谈起青年党，尤其是民社党来，连连摇头。

胡适接着按自己的理解为陈光甫分析了当时的国际、国内形势。他说：

> 今天的大局，或者可以这样看法：从整个世界的形势来说，如今是美、苏对峙的局面，民主政治和集权政治的抗衡，没有，也不会有真正的和平；所有的只是武装和平——Armed peace. 这是大宇宙（macrocosm），而中国是小宇宙（microcosm），情形也一样。最多只能做到一种国共对峙下的武装和平，做不到一般人所希冀的真正和平和统一。唯一的希望是由这双重的武装和平中慢慢的产生一种方式，而运用这种方式逐步取得真正的和平。

胡适认为：当时世界上的政党只有两种。在英美，政党的组织要Loose（松散）得多。党员人数究竟有多少，没有人知道，碰到选举时，党员的Vote（选票）和党员的数目不会相符，常常会Cross the party line（越出党的行列）而投票拥戴他们自身认为满意的候选人。在苏俄，政党组织极严密，有很浓的Indoctrination（灌输），党员应以党为至高无上，对党纲绝对遵守，对领袖绝对服从。胡适声称：孙中山是受过英美思想熏陶的人，他树立国民党，原意要建立一个英美式的政党。但是，同时，他又看到苏俄共产党组织之严密，于是有民国十三年的改组，希望采取共产党的优点。孙中山的最终目的还是要创立一个类似第一种的政党，采取第二种政党的部分作风只是一个过程，一种办法，于是才有先训政而后宪政之说。

1946年1月的政治协商会议协议实际上否定了国民党长期奉行的一党专政政策，它是中国和平民主力量的一次重大胜利。会后，国民党一方面企图在实际上推翻或篡改政协协议，一方面则将政协的部分主张、口号接过来，装点独裁统治。3月1日至17日，国民党召开六届二中全会，宣称批准政协协议。1947年3月15日，国民党召开六届三中全会，蒋介石声称，就要"实行宪政"，"贯彻我们结束训政，还政于民的夙愿"了。胡适看不出这只是个骗局，以为他梦想多年的"民主政治"就要实现了，兴奋地对陈光甫说：

> 这次在南京召开的国民党三中全会，正是针对着这个问题，会中最重要的题目就是训政结束，宪政开始。从国民党本身的立场上来说，就是放弃这许多年所掌握的政权，亦就所谓还政于民。要一个政党吐出他已有的政权，不是一件容易的事，因为这是反自然的。政党的目的是要取得政权，而不是放弃政权。所以这一次国民党的还政于民，实在是有史以来，中外政党史上从来未有的创举。

胡适实在是太天真了，蒋介石声称"还政于民"，嘴上说得诚然漂亮，然而何曾真正实行过！不要说"还政于民"，1949年初他宣布引退，让李宗仁"代行总统职权"，又何曾让李宗仁真正地"代"过。

国民党内有一帮顽固分子，他们不理解蒋介石的苦心，连口头上、纸头上的"还政于民"也不赞成，1946年11月的"制宪国大"开得乌烟瘴气。胡适回忆说：

> 我相信蒋先生对于这件大事，他是有诚意，而且也有决心的。记得我在南京开国民大会，那真是个鸡群狗党，什么样的人都有的聚会。国民党的极右、顽固分子，猖獗非凡，有几天看情形简直黯淡得很，蒋先生找这班人去，又是痛骂，又是哀求，希望他们要认清国大的意义，这样才能有最后通过的宪法，而这宪法在大纲上是维持政治协商的原议的。这次在南京，蒋先生召我去见他，他也反复申述他还政于民的苦心。谈话中，我曾对他说，他的一大错误就是在抗战初期尽力拉拢政府中一般无党无派的人如翁咏霓、公权、廷黻等入党。蒋先生对于这一点也认错。从那天的面谈，我相信他对于结束训政、开始宪政的态度，是非常诚恳的。

胡适看出并且承认，"制宪国大"是个"鸡群狗党，什么样的人都有的聚会"，这是他老实的地方，但是，胡适还是太天真了，即使翁文灏、张嘉璈、蒋廷黻等几个人抗战初期不被拉入国民党，南京政府里有了这几位"无党无派"的人士，难道就是"实行宪政"，"还政于民"了吗？

胡适非常欣赏西方国家的两党制。1945年8月，胡适在纽约时，曾经给毛泽东写过一封信，希望中共能"痛下决心，放弃武力，准备为中国建立一个不靠武装的第二政党"。他对陈光甫说：

> 现中国最大的悲剧就是缺少一个第二政党。我曾写过一封信给毛泽东，力劝他领导中国共产党做一个像美国的共和党、英国的保守党一样的在野党。这就是一个观念上的错误，我没有认清共产党的本质，它根本是一个性质完全不同的政党，要它变成英美式的在野党是不可能的。

接着，胡适笑着说："中国今天缺少一个由陈光甫Finance（财政支持）胡适之领导的政党。"

胡适批评马歇尔对中国的事情"十二分的隔膜",其实,要求共产党成为国民党统治下的"在野党",或者,由陈光甫、胡适之一类自由主义分子出面组织一个"在野党",都同样表现出对中国的事情"十二分的隔膜"。

"美国这条路非打通不可"

胡适本拟3月20日乘机返平,然而飞机因雨停航,胡适不得不折返国际饭店,他托人带话给陈光甫:

> 请你看见光甫先生的时候对他说,如果到美国去,在那里有郭泰祺先生,是他Pennsylvania(宾夕法尼亚)的老同学,还有刘锴,他们都可以像我当时在华盛顿一样的帮他忙。

郭泰祺,号复初,湖北广济人,曾任南京国民政府外交部次长、部长,多次代表中国出席国联会议。刘锴,广东中山人,曾任外交部常务次长。当时二人都在美国,胡适相信他们可以帮助陈光甫获得美国的支持。

胡适讲了抗战时期与陈光甫在美国借债时的一段故事:

> 是1938年10月底,我们正在华府商谈借款的事,消息传来,广州失守(10月21日),紧接着就是汉口沦陷(10月25日)。当然我们觉得很忧虑,心里非常不痛快。就在那天下午,我正在双橡园家里,财长毛根韬有电话来,约我和光甫先生晚饭后八点多钟去他家Have a drink together(一起喝点什么)。我们约定先在双橡园一同吃饭,饭后同去财长家里。我们一进他家,就觉得空气很异样,财部的要员都在。毛根韬的书记Miss Klotz手里拿着纸和铅笔,好像有公事要办的一样。财长看见我们,就说,借款的事已经成功了,罗总统也已经O.K.了。顺手又指着桌上的纸张,那就是借款协定的草案,接着说,这两天中国的消息不好,希望这笔借款可以有强心针的作用。

现在只剩下最后一件事，总统要知道中国政府是否仍坚持抗战到底的原议。

这突如其来的好消息，真令我们又兴奋，又惊异。稍坐一下，我们就匆匆告别。本来是应约去渴杯酒的，可是根本既没看到酒，也没喝到一滴酒。只一人喝了一杯冷开水。美国政府要帮助我们，怕这两天战事失利的消息太馁人了，所以给我们这一帖兴奋剂。

和毛根韬话别后，马上拍电报去重庆，报告经过，并要求政府继续抗战的Reassurance（再保证），好给罗总统一个答复。

就这样，向美国借款的命运大致定了。

1938年9月，陈光甫抵美。10月6日，胡适到华盛顿驻美使馆视事。二人立即合作，向美国政府洽商以桐油作抵押，换取美国的借款。最后，经罗斯福批准，达成借款2500万美元的协议。这是抗战开始后美国对中国的第一次经济援助，因此，陈光甫、胡适都特别兴奋，蒋介石也致电胡适表扬，声称"借款成功，全国兴奋。从此抗战精神必益坚强，民族前途实利赖之"。多年以后，胡适旧事重提，意在鼓励陈光甫出任国府委员，重赴美国争取援助，挽救处于危机中的南京国民政府。

陈光甫听人转达胡适的话和这段故事时，一面听，一面摇头，笑着说："不成，不成，今天的情形和当年也大不同了。"他接着解释道：

（一）环境不同。当年去借款，在美国方面是财长毛根韬，我和他有1936年白银协定的经验，而我之去借款是由于他的建议（毛氏本人是一个以个人为出发点的人，所以这几年来，我和他只做到朋友，谈不到深交）。国内一方面，在家有孔庸之当家，要给我便利不少。我和他虽然也说不上是深交，可是我们是老朋友，他相信我，让我放手去干，牵制也较少，成功的机会也比较大。

（二）美国政局的不同。当年借款，正是罗斯福执政。他为人有远见，有卓识，有打算，有通盘计划。他知道要中国为世界民主国家向独裁武力集团继续抗战，美国就非得想办法接济援助不可。至于用哪一种方式，决定多少数量，那是另一件事。所以借款给中国是不违反他对华政策的基本原则。

今天中国再向美政府借款，对象可不同了。一方面有Truman-Marshall的Team（杜鲁门-马歇尔的合作），一方面有共和党多数的国会。现任美国政府的对华政策几乎完全取决于国务卿马歇尔一人，而他在离华调停失败，对我们政局的声明，很显然的，是美国对华政策的基石。要打通Truman-Marshall这条路，就得顾虑到他的声明所举出的几点条件不可。另一方面，要取悦于共和党操纵的美国国会，我政府势不得不取消大部分的统制，尤其和美国商业相抵触的管制，以求迎合共和党传统的经济政策。

（三）自己本人地位的不同。如果再唱去美国谈借款的戏，我在这出戏的地位和上次迥异。上次，我是主角，胡大使是配角（很好而重要的配角）；而这次如果旧调重弹，主角是张岳军、胡适之，而我只能配合他们把这出戏唱起来。

陈光甫最后说：

> 这些是几点主要的不同，可是，不论怎样，从国家一方看，美国这条路非打通不可！

可以看出，陈光甫所说的几点不同并不和胡适的意见对立，只是对形势作了一些比较和分析。显然，胡适的话打动了陈光甫，他准备出来"唱去美国谈借款的戏"了。

然而，后来陈光甫又有点犹豫，在上述谈话记录上写了几行字："现在中国情形不好。美国人有一点觉得我们政府是法西斯，打仗后又不知上进，自己人打自己人。"抗战期间，陈光甫赴美请援，是为了打击日本帝国主义；现在赴美请援，则是为了帮助国民党"自己人打自己人"。陈光甫这里才隐约地接触到了问题的实质。当时，执政的美国总统杜鲁门属于民主党，陈光甫担心第二年共和党人要上台，"恐怕美国有大变动，军人要抬头"，因而，他认为，赴美借钱或派往谈借款的人"必须带有政治色彩之人方为合格"。

在和胡适谈话之后，陈光甫决定出任国府委员。胡适自己本来也准备接受，但后来傅斯年劝他，不要往"大粪堆上插一朵花"，胡适听了他的话，托词身为北大校长，国府委员是特任官，不宜兼任，拒绝了。

成为国府委员之后

张嘉璈出任中央银行总裁后，面临的第一个困难是政府的巨大财政赤字。据估计，当年南京国民政府短缺经费将达法币10万亿元。怎么办？开动机器印钞票。老资格的银行家张嘉璈、陈光甫都懂得，这个办法极为简便，但却极为危险。张嘉璈和陈光甫、李铭商量后，决定发行公债。由于法币早已失去信用，张嘉璈将新公债定名为美金公债和美金短期库券。前者发行1亿元，以外币或金银购买，以外汇还本付息；后者发行3亿元，按牌价以法币折合美元购买，还本付息时按当时美元牌价付给法币。陈光甫积极支持张嘉璈的这一措施。3月31日，他带头表示，上海商业储蓄银行愿购买美金公债100万元，以为提倡。这一举动，可以看作是陈光甫对国民政府改组的一份礼物。

1947年4月17日，蒋介石在南京宣布改组后的国民政府委员会名单。在29名委员中，国民党17席，青年党、民社党各4席，社会贤达4席。陈光甫与莫德惠、王云五、包尔汉赫然同列为社会贤达。蒋介石宣称，这就是"多党之政府"了。同月23日，国民政府委员会举行第一次会议，通过行政院各部会人选，在26人中，非国民党员占9人。陈光甫从上海来，参加了这次国府委员会会议。当晚，他兴奋地对王世杰说："国民党今日自动取消一党专政，可说是一种不流血的革命。"

然而，这种换汤不换药的政府改组既不能解决国民党面临的严重政治危机，也不能解决日益严重的财政危机。鉴于美金公债、美金短期库券的销售额都不会很大，所以，南京国民政府的目光主要盯在美援上。4月下旬，外交部长王世杰提出，直截了当，要求美国政府提供10亿美元的援助。陈光甫觉得王世杰的胃口太大，4月28日，他对张嘉璈说："此时情况与战时情形迥异，大量财经援助，恐不可能。"1946年4月，马歇尔曾致函蒋介石，声称中国和平统一有望，为促进中国的经济复员及发展，美国进出口银行准备对中国国营事业及民营企业提供5亿美元信用贷款，作为向美国采购物资、器材之用。陈光甫建议，不如就此题目继续做文章，说明该款之五六成，将用以在美购买棉花、麦子、肥料，其余四五成，用以购买急需的交通器材。陈光甫并提出，前者可由纱厂、面粉厂组织代表团，后者可由交通部派代表，一切照商业借款手续办理，张嘉璈问陈："如果政府希望阁下赴美一行，有无可能？"陈答："可任代表团团员之一。"

4月29日，陈光甫写了封英文长信给张嘉璈，全面地阐述了他对争取美援的意见，其大略为：

一、目前向美政府进行政治借款的可能性，殊属渺茫，其理由是，政府刚刚改组，绩效如何，必须经过时间证明，方足使美政府有所认识。其次，经济方面，中国无论财政、金融，均去安定甚远。

二、中国经济急需复员，而非兴建。最主要者为不断获得原料供应，使现有工厂继续开工，提高民众就业机会，缓和恶性通货膨胀，吾人应遵照美国进出口银行的愿望，使此项贷款，基于自力偿还原则，而运用于各项计划。

陈光甫含蓄地表达了他对国民党坚持内战的不满，他说：两年前，美国政府曾希望中国在经历了战争残破局面之后，转变为远东的一种安定力量，但是，现在形移势换，此一希望已成泡影，而代以怀疑与失望。因此，陈光甫力主由中国企业界代表出面洽商此项贷款。信中，陈光甫并就谈判之前的准备工作提出了许多意见。30日，陈光甫又补寄了两份资料给张嘉璈。一份是他所拟的贷款谈判节略，一份是贷款还本付息表。

王世杰不同意陈光甫的意见，他对张嘉璈说："就政治观点而言，仍应（对美国政府）作较大之要求，且看对方反应再说。"5月7日，国府委员会举行第二次会议。当晚，陈光甫再次面晤王世杰，说明此项美援必须是"纯商业性借款"，王世杰仍然不同意陈光甫的意见，说是"即令前后予所能借贷者是一种商业贷款，此时亦不能不以政治理由为建议之根据"。他一面向蒋介石建议，任命陈光甫为政府代表，赴美求援；一面电令驻美大使顾维钧，直接向马歇尔提出10亿美元贷款要求。5月9日，顾维钧电告王世杰，马歇尔"亟欲予我借款，只候一适当机会，现我政府已扩大改组，可说机会已到"。顾称，困难在于美国财政部等有关方面担心中国局势未定，想知道此次政府改组后，能否确实保障借款用于中国经济，"不为党方阻挠，致我政府新政不克贯彻"。12日晨，张嘉璈将顾维钧报告内容转告陈光甫。同日，陈光甫致函张嘉璈，再次陈述对争取美援的意见。

陈光甫称，马歇尔在杜鲁门政府中，对经济援华，有一言九鼎之势，因此，必须先对他说明：1.政府今后的政治方向；2.翔实披露经济的严重危机，同时提供切实而合理的计划。他说："今日我国之经济情况，已濒绝境，物价不断上涨，早已引起人心不安；抢米风潮，学生罢课，工人聚众游街抗议，层见叠出；社会秩序，殊难维持。"但他又认为，只要在两三个月内运入大量物资，问题不难解决。对于王世杰推荐他赴美谈判一事，陈光甫表示感谢，但他表示，王世杰本人最为合适。信中说："赴美谈判事项，不只局限于工商经济方面，它包括整个国策，若非对于政治全局有深切认识之大员主持，难以胜任。愚意除王外长外，实难觅合格人物。"

陈光甫之所以不愿去美国谈判，除了在借款数额、性质上与王世杰有分歧外，主要是他感觉到，美国政府、商界中都有不少人认为南京国民政府得不到民众拥护，对中国政治与军事现状流露出愈来愈多的不满，不愿在无把握的情况下提供援助。7月4日，王世杰约陈光甫谈话，询问他是否愿意赴美谈判借款，陈态度模糊。当日，王世杰在日记中写道"一月以前，彼尚热心，现则又现犹疑之意，盖美国对政府之态度不佳使然"。

陈光甫既不愿去美国谈判，他所能做的便是核定外汇汇率了。

当时，由于法币大幅度贬值，各方竞相抢购外汇，导致黑市外汇猖獗，美元对法币的兑换率愈来愈高。为了稳定汇率，张嘉璈于8月18日成立外汇平衡基金委员会，以陈光甫为主任委员。但是，这个委员会并无任何基金，要稳定汇率根本做不到，于是，只能核定。每天早晨，中国、交通两家国家银行，花旗、汇丰两家外资银行的代表共4人，根据国内物价、出口贸易和黑市汇率等情况，商定当天的汇率，然后，由陈光甫召集平衡基金各委员和中央银行的外籍顾问审核。这是件很难讨好的工作。由于黑市汇率高，委员会定低了，没有人愿意出手外汇；定得接近黑市，又会造成物价上涨。委员会从成立到结束，9个月之中，共调整汇率18次，从1美元兑换法币3.8万元涨到1美元兑换44.4万元，还是远远落在黑市汇率后边。

在赤字愈来愈大、物价狂涨不已的情况下，蒋介石曾于1948年1月下旬召见陈光甫，陈表示：1.美援多少，现时不必计较，一经开始，可徐图增加；2.政府支出，必须减少；3.对于财政金融，不必过于悲观，致乱步骤，等等。这些意见，有的根本做不到，有的纯粹是空话。由于国民党坚持内战，经济状况早已病入膏肓，任何高手都无能为力了。

同年3月29日，国民党召开"行宪国民大会"。4月，蒋介石、李宗仁分别当选为总统、副总统。5月22日，成立总统府。其后，翁文灏取代张群出任行政院长，俞鸿钧取代张嘉璈出任中央银行总裁。这样，陈光甫的国府委员、外汇平衡基金委员会主任等头衔就自然取消，他的新头衔是立法院交通委员会召集委员，这是个闲职，没有多少事可做了。

安排退路

翁文灏内阁被称为"行宪内阁"。它一上台，物价更以前所未有的速度狂涨。美元1元兑换法币400万元，银圆每枚值法币200万元，米每石2000万元。8月19日，南京政府颁布《财政经济紧急处分令》，宣布自即日起，以金圆券代替法币，限期收兑人民持有的黄金、白银、外汇，限期登记管理本国人民存放国外的外汇资产，规定全国各地各种物品及劳务价格。为了强行推行此令，蒋介石任命俞鸿钧、张厉生、宋子文为上海、天津、广州三个经济管制区的督导员，派蒋经国到上海任协助督导员，有行政及警察指挥权，企图以政治高压手段克服经济危机。9月6日，蒋介石又在南京扩大纪念周上宣布，各大商业银行必须在本月8日以前将所有外汇自动存入中央银行。第二天，蒋特派专人赴沪，强迫商业银行交出全部外汇。

《财政经济紧急处分令》加剧了国民党政权和广大人民的矛盾，也加剧了它和上海金融资产阶级的矛盾。蒋经国到上海坐镇时，陈光甫认为自己的银行要完了，惶惶不可终日。但是，经济问题不是用政治高压手段可以解决的。一时货物奇缺，交易停顿，黑市猖獗，各地纷纷发生抢购风潮，南京政府不得不宣布取消限价，准许人民持有黄金、白银和外币。11月4日，蒋经国辞职，紧接着财政部长王云五、行政院长翁文灏相继辞职。11月26日，孙科出任行政院长。

南京政府不仅经济上全面崩溃，军事上也一败再败，到了不可收拾的地步。11月2日，人民解放军占领沈阳，辽沈战役结束。同月6日，华东、中原人民解放军发起淮海战役，先后歼灭黄百韬、黄维兵团。30日，蒋介石命令杜聿明放弃徐州，率部突围，但杜随即陷入解放军的重重包围里。

上海的资本家们坐不住了，纷纷飞往香港，观察风向，安排退路。12月初，陈光甫也到了香港。

陈光甫到香港后，深居简出，不见报馆中人，也不见政界人物。但是，《大公报》还是发表了有关消息，在陈光甫头上，还加了"江浙财阀"与"浙江财团领袖"等字样，这使他很不舒服。12月4日，他在日记中写道：

> 查此项名称之由来，乃日本人所创造。当国民军北伐之时，中交两行垫付军费，颇具努力。而银行主持人如张公权、钱新之、周作民、吴鼎昌、李馥荪等，皆为留日学生，日本工商金融界联络吾国银行家，有时亦邀余在内。自中交两行增加官股后，其大权已握于政府之手。即所谓南三行、北四行者，其内部亦各自独立，不受

任何人之支配，虽有每周之聚餐，亦仅谈谈人事之待遇与应付政府之法令而已。并不若美国摩根集团等等，可以指挥投资途径，性质完全不同。共产党以此项名称有刺激性，不问其内容如何，竟沿用日本人之称谓，而一般记者亦不之察，常用江浙财团、四川财团、广东财团等名词以刺激人心也。

江浙金融资产阶级是影响中国现代政治、经济的一股重要力量，它可不可以称之为"财阀"或"财团"，多年来一直是学者们争论的问题。陈光甫的这段日记也是一家之言，可供参考吧！

香港报纸"左倾"的多。住了几天后，陈光甫感到，当地报纸对于有钱人逃难到此并不同情，甚而取攻击态度。宋汉章、卞伯眉等银行家到此后，都销声匿迹，不敢声张。这种情景，使陈光甫感到，有类于清末遗老纷纷逃难至上海、青岛一般。

香港当时已经很繁荣。街道整齐，工商业发达，资产阶级财力雄厚。陈光甫认为，这是由于"英人政存宽大"，"地方官员办事精神"，加上居民奋斗，"运用天才"所致。他在日记中写道："吾见香港，并非要看其居民之享受，街市之繁荣，而见其太平。太平二字，吾将在何处求之乎?"反过来，他对于国民党政权更加不满了，又在日记中写道："中国政府近年处处消灭人民的创造力，私人企业不发达。"虽然只有寥寥两句，但却反映出一个重大的历史转变，曾经支持国民党政权的江浙金融资产阶级转为它的批判者了。

上海商业储蓄银行在香港设有分行。陈光甫对香港进行了考察，又和分行负责人谈话后，认为由于通货膨胀，内战不息，上海与长江一带分行已无法发展，香港分行将是唯一维持业务的重心。因此，又制订了一份雄心勃勃的发展计划，准备觅地建屋，开设新的分行，中国旅行社亦同时进行，此外，还要经营房地产业。陈光甫估计，"三四月之后，上海富家必来此，需要房子，有利可图"。

12月5日，香港英文报纸 *Morning Post* 登载了"中共及各团体"的一份宣言，声称共产党取得政权之后，允许私人经营事业。陈光甫感觉宣言内容和济南解放后的情况一致，内心略感安慰，认为自己的事业尚可维持一短期，但方针必须配合新的社会环境。这样，他就打消了原定在香港住下的计划，决定将家留在上海暂时不搬了。他在日记中写道："一来搬家费事，二来共党政策不扰动做生意的人，不反对中外私人事业，不依照俄国铁幕政策。我住上海，与香港有何不同？"12月6日，他制订了一项近期计划：1.家不搬，仍住上海；2.往台湾一行，看看时局；3.时局不好仍回香港；4.时局好仍回上海；5.香港房子要准备。

陈光甫日记手迹

有时，陈光甫想起1927年的情景，又有点紧张。12月12日，他在日记中写道："宁汉分裂之时，汉口共党政府主动，组织各业工会，清算斗争，颇有令人难以终日之苦。"他又进一步设想共产党进入上海之后的情景："共党号称为人民解放军，先从工人主政入手，即如银行方面，首先驱逐经理，由工役组织委员会，开始清算，其时我还是在上海好，还是不在上海好？此一套工夫，我颇难欣赏，故还是不看见的好，其所以不要看原因，乃是太觉幼稚。"陈光甫认为：社会主义在分配，而分配得法乃在生产。在他看来，中国生产政策试办有成效者唯有上海的办法。他列举了十二条：1.鼓励投资，保护投资。2.合理工价。2.鼓励外人来华投资及其技术。4.外汇自由，不加管理。5.外人可在长江内河航行，借此我们向他学习管理办法，亦可限制中国人跋扈，公务员猖狂，如此真真为人民服务。6.政治方面，各省自治，自由发展生产，不受中央控制。7.行政多用外国人，减少官样文章及不负责行为。8.速办学校，教育公务员而成文官Civil Service，切切不可用党治学堂去办。9.币制独立，换而言之，即是不用发行弥补赤字。10.裁兵，以省下之钱做救济难民工作。11.大学由人民办，小学、中学为强迫教育。12.此外一切新花样，新议论，严禁宣传，严禁不负责任之演讲，以免人心骚动。陈光甫的上述意见，有正确的部分，也有不正确的部分，它们代表了一个金融资本家的要求和设想。陈光甫自夸："如此做法，五年内即有成效。"

陈光甫在香港没有待多久，即因事回到上海。

拒绝参加"上海人民和平代表团"

香港报纸透露的中共对私人企业的政策使陈光甫略感安慰，他决定保留上海的家，自己尽可能坚守上海，直到非走不可的时候。但是，刚进入1949年没几天，淮海战役就胜利结束，国民党军队被歼达50.5万人。这样，京沪一带就完全暴露在人民解放军的攻击范围之内，陈光甫又有点坐不住了。他制订了一份个人应急计划，准备在必要时和妻子一起出走香港，在那儿安家，然后去新加坡、曼谷、仰光、菲律宾、美国等地旅行。他已向南京政府申请了护照，并且在设法取得去马尼拉的签证。

然而，就在这一时刻，发生了新情况。

1949年1月21日，蒋介石宣布"引退"，由副总统李宗仁代行总统职权。22日，李宗仁发表声明，宣称"将以高度之诚意与最大之努力，谋取和平之实现"，"关于中共方面所提八条件，政府愿即开始商谈"。他并称："为集思广益，众擎易举，宗仁更已分电邀请全国各党派及社会上爱好和平人士，共同赞助。"为了试探中共方面的反映，李宗仁决定动员几位在全国公众中有影响的人士，组成"上海人民和平代表团"前往北平，在南京政府和共产党人之间搭桥。在这几位人士中间，就有陈光甫。

1月24日，李宗仁命刘仲容持函赴沪，面见陈光甫，函云：

> 蒋公引退，弟出膺艰巨，勉维现局。现决以最高之诚意，尽最大之努力，促成和平之实现。惟兹事体大，尚待共筹。吾兄高瞻远瞩，必有嘉谟。兹特派刘仲容兄代表趋诣，面达鄙意。卓见所及，希不吝惠示，并盼即日命驾入京，俾得朝夕承教，至所企幸。

刘仲容（1913～1980），湖南益阳人。早年在莫斯科中山大学学习，其后长期任李宗仁、白崇禧参议。抗战期间，参与发起中国民主政团同盟。抗战胜利后，又积极为国共和谈奔走。刘仲容抵沪后，还没有来得及会晤陈光甫，就接到急电赶回南京，此函遂由章士钊转交。

1月30日，李宗仁再次派甘介侯赴沪，重申邀请之意。函云：

> 和平为全国人民一致之呼声，政府亦决以最高诚意，谋求和平之实现。唯前途艰巨，尚待各方共同努力，始克共济。为民请命，谅荷同情。兹倩甘介侯兄代表前来，面陈鄙悃，敬希鼎力支助，俾速其成。余情统由甘介侯兄详述不备。

甘介侯，江苏宝山人，清华大学毕业，其后又就读于美国威斯康辛大学、哈佛大学。长期从事外交工作。曾任南京国民政府外交部常务次长。这时，已成为李宗仁的亲信，因此，被派到上海游说陈光甫等人。

1月31日，李宗仁又偕邵力子、程思远等赴沪。当日上午，在中国银行召见社会贤达及各界名流，出席者有颜惠庆、章士钊、冷遹、江庸、陈光甫等二十余人。行政院长孙科、副院长吴铁城等也参加了召见。关于这次召见，陈光甫在日记中写道：

> 当夏历新年之际，代总统李宗仁要求我参加人民和平代表团去北平，目的是寻求和平，但并不需要和共产党人谈判和平条件。更确切地说，其主要任务是使在北平的共产党领导人认识人民的苦难以及实现和平的迫切需要。代表团不代表官方，它将为政府的正式代表团与赤色分子的谈判铺平道路。
>
> 我试图拒绝。我的理由是，我是银行家，一个资本主义制度的代表；在政府和共产党人处于战争状态的时候，我曾两次被作为工具去华盛顿为政府寻求财政援助；我通常被认为是亲美分子。
>
> 当代总统自南京飞沪，作短暂的然而是戏剧性的访问时，我提出了上述理由。2月1日上午10点，我被召到中国银行大楼。我向代总统解释：我不是寻求和平的适当人选，在代表团中有我的名字可能使共产党人感到刺眼；我认为张元济、侯德榜、卢作孚将是更为合适的人选。但是，代总统不听我的陈述，并且说，我应该去。

召见之后是午餐。餐后，李宗仁邀请邵力子、颜惠庆、梅贻琦、冷遹、章士钊、江庸、张嘉璈、陈光甫等少数人座谈，讨论派遣代表团去北平的问题。李说，计划中的代表团是"和平攻势"的一部分，目的是向世界证明他对和平的渴望，从而赢得他们的同情和支持。这个使团可以称为"敲门使团"——敲开和平之门，希望得到共产党人的响应，打开门，从而为两党之间的谈判铺平道路。李并附带说，司徒雷登大使已经让他了解，虽然没有蒋，但华盛顿仍将支持政府。

李宗仁最后几句话激起了陈光甫的强烈兴趣。一段时期来，陈光甫听到了好几项消息。一项消息说：张群见过蒋介石，蒋透露，5年之内不打算出国，准备留下，隐退，献身于党的改造，并且训练国民党的新人。据说，蒋希望建设一个一元化的、恢复活力的党，如果现在的和平努力归于失败，就在李的后面支持他和共产主义战斗。陈光甫并被告知，这项消息已经传给了李。陈光甫听到的另一项消息是，张群即将回到四川，恢复原职，担任指挥部总指挥官，张嘉璈正计划配合此举在西南各省建立一种地方货币系统。陈光甫还听到，美国政府采取的姿态是，将不援助共产党中国。

将这些消息和李宗仁所述联系起来，陈光甫似乎感到，李宗仁计划派遣和平代表团去北平时，他的眼光注视的是华盛顿，希望这一行动将招致美国更多的财政援助。换句话说，和平攻势实际上是为了争取美国并且借此延长他的政治生命。

陈光甫赞赏李宗仁依赖美国的立场。他认为，美国在中国的国家生活中扮演着十分重要的角色，没有美国的援助，上海的商业，包括他自己的银行早就破产了。在他看来，司徒雷登的话意味着，美国可能对一个反共的没有蒋的中国政府，或是对联合所有派别包括共产党在内的某种"联合政府"增加援助。当时，南北之间的面粉和煤炭的交换还在继续，但是，陈光甫感到，由于共产党人取得北平，这种交换可能停止。陈光甫认为，其结果将是悲惨的：北平人民缺乏食物，上海电力公司因缺乏燃料停止发电，整个城市将瘫痪。

基于上述考虑，陈光甫认为：如果代表团能促进和平临近，从而导致某种类型"联合政府"的产生，那将有益于千百万人民，如果代表团未获成功，至少也会带来美国人的同情和援助，这种援助，过去已经证明，它有益于千百万人民。因此，尽管陈光甫估计，代表团不会做成任何事情，并且他本人已经表示拒绝参加，但他仍然认为，和平代表团是有价值的，为了拯救上海和千百万人民，他应该为和平作出努力，这样一想，他又倾向于赴北平一行了。

31日晚，国民党中央社宣布："李代总统决定，推请此间无党派之社会领袖颜惠庆、章士钊、冷遹、陈光甫、江庸等5人以私人资格即飞北平，与中共方面接触，即请推派代表，指定地点、时间，洽商和平。"

但是，思来想去，陈光甫还是决定不参加代表团。2月3日，他写了一封信给李宗仁，说明他的决定；同时，他又要求吴忠信去南京为他做出解释。

陈光甫致李宗仁函如下：

前聆赐教，欣幸何似！承嘱北访呼吁，仰征致力和平，无微不至。弟属国民，敢不勉竭绵薄，供效驰驱。惟兹事体大，涵义微妙，人选如何，实成败所系。弟一生从业商业银行，与英美关系较深，且曾厕身立法委员，如滥竽其中，转授对方藉口之柄，将恐有碍进行。除面托礼卿、介侯两兄分别代为转达外，谨此奉陈，敬乞谅察。

和李宗仁讨论经济问题

由于陈光甫拒绝参加，冷遹又因江苏省议会开幕在即，不克分身，"上海人民和平代表团"的人选不得不有所变动。2月6日，南京政府方面宣布，代表团由颜惠庆、章士钊、江庸、凌宪扬（沪江大学校长）、欧元怀（大夏大学校长）、侯德榜（永利化学公司总经理）等六人组成；代表团之外，邵力子、甘介侯以私人资格参加。甘介侯根据李宗仁的意思宣称，代表团的唯一任务为"敲门"，敦促中共迅速指派和平代表，并决定和谈之时间、地点，以便政府代表团前往开始和平商谈。7日，中共方面广播称："如果上海颜惠庆、章士钊诸先生是以私人资格前往北平参观，并于国是有所商谈，则北平市长叶剑英将军准备予以接待"，如果按甘介侯所说前来"敲门"，则"和平商谈的准备工作尚未做好，目前无从谈起"。广播称甘介侯是从事和平攻势的政治掮客，他只有资格在南京、上海一带出卖其以"和平攻势"为招牌的美国制造的廉价商品，人民的北平不欢迎这种货色。广播并称："对不起，请止步。如果甘介侯竟敢混入北平贩卖私货，则北平人民很可能把他驱逐出境。"代表团原定2月8日飞平，这样只好临时改期。

李宗仁从北平方面得悉，中共对陈光甫不参加代表团"有点儿失望"。为了动员陈光甫，并且讨论日益严重的上海经济问题，2月8日，李宗仁再次飞沪。

抵沪后，李宗仁立即在黄绍竑寓所召见陈光甫、张嘉璈、钱新之、徐寄庼等上海资本家并共进午餐。召见情况，陈光甫记载如下：

> 我参加和平代表团去北平的问题再次被提出来。在我们互相问候之后，代总统立即重新提出他的要求。他说，他在北平的代表送来消息，由于我不去北平，共产党人有点儿失望。因此，代总统要求我根据这一情况重新考虑。我很为难，但是，我告诉李代总统，我真正看不出改变我的决定的理由。他是个好人，不想过分勉强我。

召见主要讨论经济问题，李宗仁要求陈光甫、张嘉璈等告诉他，应该做什么。当时，蒋介石正在秘密下令将上海库存金银秘密运往台湾和厦门，因此，座谈首先涉及这一问题。陈光甫记载说：

> 公权是我们的代言人，详细地讲了当前的经济形势。他将这一问题分为两部分：当地和全国。他说，实际上现在已经没有什么根本的解救办法，不过，作为一种治疗方法，应该要求中央银行将其金银保存在上海。当财政部长决定发行金圆券时，公权提出过此点。结果，同意将金银交由一个委员会保管。他说，这一步是必要的，并且是反对将金银运往南方的好理由。

陈光甫同意张嘉璈的意见，他进一步补充说：

> 中央银行大约现存4500万银圆，按照战前的汇率计算，大约相当于1500万美元。两个星期以来，由于物价飞涨，金圆券，这种现

在的法币早已濒临崩溃。在此意义上，金圆券将立即丧失它作为交换手段的价值。部分米商早已拒绝接收金圆券，相当大的一部分公众将失去支付能力。我们可以想像，当人民无力购买基本生活用品时，情况将多么严重。

陈光甫继续说：

最严重的问题是，上海附近地区大约有20万士兵，这将是麻烦的根源，他们为饥饿所迫，将开始抢劫，从而使全市陷入混乱。这样，尽管实际上共产党人尚未入侵，上海也将很容易地崩溃，并且在事实上瓦解。

陈光甫建议，要求中央银行通过指定的银行抛售银圆，以之作为吸收纸币、控制物价的办法。所有与会者都同意陈光甫的意见。

但是，陈光甫认为抛售银圆只是一个临时的办法。他说：永久性的、根本性的解决办法必须依靠美国的援助。这种援助可以在政府严格地改组并且赢得人民的信任之后开始。从华盛顿获得援助要比严格改组政府容易得多。对此，与会者也都表示同意。

黄绍竑参加了全部讨论并且同意陈光甫抛售银圆的意见。他说，这一步骤将首先加强士兵的战斗精神，这是非常非常重要的。

午餐很精致。优质的白兰地酒打开了陈光甫的话匣子。他告诉李宗仁：代总统现在的职务吃力不讨好，而且坦率地说，不可能保持很久，终究必须离开这个位置，因此，必须利用机会，做自认为最有利于国家和人民的事情。他鼓励李宗仁，无所畏惧，勇往直前，只要自认为正确的事就做。

陈光甫并向李宗仁建议，每周举行新闻发布会，让世界知道他的意图和活动。陈说：此项发布会此前在中国还无人举行过，值得一试。"关于现在中国的代总统，世界知道得太少了。代总统每周召开新闻发布会将很好地解决这一问题。世界将更多地知道李宗仁是怎样一个人，反过来，李宗仁将拥有全世界的听众。"

当日下午，陈光甫去颜惠庆家参加会议，讨论去北平的和平代表团可以做的事情。甘介侯在座。他希望陈光甫重新考虑不去北平的决定，陈的回答仍然是否定的。甘问为什么，陈答：赤色分子宣称，如果代表团希望参观北平，不准备讨论和平条件的话，他们将愿意接待。我不喜欢共产党的这种广播。

这时，章士钊，代表团成员之一，将陈光甫拉进另一个房间说，他已经收到北平的电报，大意是，共产党人渴望陈参加代表团，陈光甫再次向章说明了不参加的理由。

陈光甫说：上海的财政形势变得如此严重，如果我参加代表团，共产党人自然希望从我身上取得如何使上海经济成功运转的主意。事情到了今天这种状态，眼前没有解决的办法。我的意见是，我们所有的财政问题只能依靠美国的财政援助，说得更明确些，我们必须有美元。人们似乎还不了解，过去两年，我们从美国大致得到了15亿美元的援助。正是由于这种援助，上海，事实上，中国才得以存在。这是我的真诚的信念。由于赤色分子持续不断地攻击"美帝国主义"，我不能想象，我如何能愉快地和共产党人谈话。这条路线可能受到莫斯科的影响。不过，这是很明显的，在共产党人和我之间，缺乏走到一起并且进行讨论的共同基础。如果我和代表团一起去北平，我当然会说出我的信念——除了美援外，我看不出有任何解决的办法。

陈光甫还对章士钊说：如果共产党人对上述仅仅是纲要性的阐述有兴趣，他可以打一个电报给我，我将赴平。

会上，侯德榜、凌宪扬、欧元怀也表示，不参加代表团。欧元怀并声称：共产党既采取如此姿态，在如此关键时刻，他没有空闲去做诸如此类的事情——浪费时间在北平参观。

欧元怀的话激起了陈光甫的反共情绪，他立即离开了会议。

何以不去北平

2月13日，由颜惠庆、章士钊、江庸、邵力子组成的"上海人民和平代表团"终于启行了。龙华机场上人头攒动，盛况空前。邵力子笑眯眯地对记者说："敲门是用在门尚未开的时候，我们却是去推开那个仅是虚掩着的门，我们希望的是和平之门大开啊！"说得大家都笑了。

2月14日，陈光甫在日记中再次说明了他为何不和颜惠庆等同行的原因。他说：两个星期之前，当他首先得知组织代表团的提议时，他的反应是50%愿意去，50%不愿意，甚至可以说，略微多地倾向于去。最后之所以决定不去，可能受到朋友们的影响，不过，主要出于个人考虑。陈光甫说：他不是一个年轻人，退休计划早已酝酿。去年，政府几次和他商量，要他担任这种或那种公共职务。每次，他都试图拒绝。虽然这些努力并未完全成功，但却值得重视，他有可能过一种退休生活了。他认为这些有限度的成功使他有可能实现个人自由。例如，拒绝不希望担任的工作；不想说什么的时候能保持缄默；希望走动的时候能离开上海，等等。他写道："一个人可以声称反对国民政府，但至少，在它的下面，我已经享受并且实现了这种或类似的个人自由。"陈光甫对即将面临的共产党人充满了恐惧，担心可能失去他的上述自由。他说："正是这些思想，使我决定回避任何和共产党人见面的机会。如果我和代表团一起去北平，那末，我将使自己卷入，从而中断退休计划。"

陈光甫并称，他正在考虑离开上海，以避免卷入代总统领导的现政府。他写道："愈来愈清楚，共产党人将来到并占领上海。与其说我不喜欢他们的革命，毋宁说是因为我的个人考虑。"

在日记中，陈光甫还记载了几个朋友对他的劝告。一个姓文的将军（音译）说：和平难于实现，代表团的工作注定没有结果，如果陈随代表团前去，将可能遭到共产党人的攻击。

胡适也劝陈光甫不要去。他说，除了颜惠庆可能是例外，其他人都不是重要人物，和他们一起去不值得，代表团将不会有任何收获。

另一天，乔治叶来看陈光甫，听到陈拒绝去北平后很高兴，他告诉陈，不要和政治纠缠在一起。在中国，政治将长期混乱。陈代表着两家成功的企业——上海商业储蓄银行和中国旅行社，不应该使自己卷入，从而损害了这两家企业发展的机遇。

陈光甫写道：

> 我感谢这些和别的朋友们，他们关心我的幸福。在他们的劝告和鼓励下，当李代总统2月9日来到上海要求我重新考虑的时候，我才能作出明确的答复。
>
> 对于那些不了解我的人来说，通常的意思是，在接受去北平的提议上，我太"滑头"了。是的，"滑头"，在上海方言中不是一个褒义词，它的意思是见风使舵，利用形势以达到自私的目的。我要在日记中澄清这一点，我不像他们想像的那样"滑头"，如果不是因为我的朋友们，我可能完全不了解形势的错综复杂和后果，接受去北平的提议。

看到了国民党失败共产党胜利的必然性

上海人民和平代表团于2月14日飞抵北平，陆续与叶剑英、聂荣臻、董必武、罗荣桓、薄一波诸人共同或个别洽谈。22日，应邀赴石家庄中共中央所在地会晤毛泽东、周恩来。24日返平。27日带着毛泽东给李宗仁的信飞返南京。4月1日，南京政府所派和平代表团张治中、邵力子等一行抵达北平。同月15日，双方达成《国内和平协定（最后修正案）》8条24款。中共代表宣布，南京政府必须于4月20日前表明态度。4月20日，国民党中常会发表声明，拒绝接受《国内和平协定》，和平谈判破裂。

4月21日，谷正纲、潘公展、赵棣华自溪口回上海，由杜月笙以请吃茶的名义邀请上海资本家座谈。这几个人"带来蒋先生的话"，其内容据陈光甫记载，大致是："北伐时上海这班人帮他的忙，如今重新表示感谢；今后如北伐时一样，还要希望我们这群人（颜骏人、钱新之、我等）帮他的忙。如今和谈决裂，共产党对内无Principle（原则），对外要走亲苏的路线，与过去外交中立，不亲苏也不亲美的政策不合。如今要决心破坏20年来国民党的政绩，而所提的条件直似无条件投降，不能接受。和既不能，只有继续作战。蒋本人表示决不出来，全力支持李德邻。"会上，谷正纲并提出口号："拼命保命，破产保产。"

北伐时期，陈光甫等上海金融资本家曾以财力支持过国民革命军；"清党"时期，陈光甫等又曾以财力支持过蒋介石反共；谷正纲提出"拼命保命，破产保产"，无非是要陈光甫等再次拿出钱来支撑国民党的残局，然而，时代不同了。

陈光甫没有吭声，他知道自己情绪不好，说出话来不会好听，心里在想：

> 今日之争非仅国民党与共产党之争，实在可说是一个社会革命。共产党的政策是穷人翻身，土地改革，努力生产，清算少数分子……所以有号召，所以有今天的成就。反观国民党执政二十多年，没有替农民做一点事，也无裨于工商业。

陈光甫是中国资产阶级的代表人物。从这一页日记可以看出，连他心中也积郁着对国民党的深刻怨愤，并且，连他也看出了共产党胜利的必然性。这一事实雄辩地说明，中国历史上天翻地覆的时代快要来到了。

会议开得很冷清，说话的人不多，也没有新意见。

蒋介石的"慰问"与北平的邀请
——读陈光甫档案之二

1949年春。

人民解放军于4月21日横渡长江。23日，占领南京，降下了"总统府"大门上空飘扬多年的"青天白日满地红"旗帜。解放军官兵人不卸甲，马不离鞍，风卷残云般地扫荡长江下游三角洲上的残敌，迅速完成了对上海的包围。

4月下旬，陈光甫丢下了苦心经营多年的上海商业储蓄银行和安乐舒适的家，匆匆逃到香港。一个月之后，上海解放。

当时，像陈光甫一样逃到香港的上海资本家颇不乏人。蒋介石觉得这是一批可以争取的力量。于6月底派"戡乱建国动员委员会"秘书长洪兰友携带他的亲笔信到港"慰问"。信谓：

> 当北伐之时，上海工商各界一致拥护赞助，政府得力颇多，此次退出上海，政府未能为工商界安排，闻受损甚大，殊为抱歉，派洪来慰问。倘工商界有需政府协助之处，当为办理云云。

7月2日晚，杜月笙为此在寓所设了两桌筵席，邀请潘公展、吴开先、宋汉章、钱新之、周作民、石凤祥、王启宇、唐星海、吴坤生、刘鸿生、杨管北、陈光甫等出席。大多是上海资本家，也有少数CC分子。浙江实业银行总经理李铭接到了请帖，但没有出席。席间，首由洪兰友致辞。他声称：

> 蒋总统与李代总统意见已趋一致，颇为融洽。今后政治上有团结之重心，一切俱转好象。
>
> 军事上现在中共供给线拉长极远，千里运粮，已背孙子兵法，为兵家所大忌。而且中共占领上海，问题甚多，背上此大包袱，足够其头痛。政府已拟有作战计划，切实布置，中共顿兵，所以不敢轻进。

当时，蒋介石正在乞求美国出动兵舰封锁大陆各海口，因此，洪又称：

> 外交上美国对于封锁共区海口一事，复文谓遇有损失，须照赔偿云云。彼既只谈赔偿，事即好办，封锁可顺利进行。英国态度虽然强硬，亦不至采取干涉行动。

洪并称："第三次世界大战不久必将发生，是以政府可得最后胜利。"洪兰友之后，原《申报》董事长、上海市议会议长潘公展，原上海市社会局局长吴开先接着讲话。由于蒋介石信中有上海工商界"受损甚大"一类的话，因此吴开先要求台湾方面"最好首先做几件事情，有所表现，不至像过去之徒托空言，方可告慰于在座诸位"。陈光甫觉得这一天晚上，只有吴开先的话"尚堪动听"。他最反感的是洪兰友说的一套，当日在日记中写了一长段驳论：

> 政府向来予人以"空心丸"，不知已有若干次，受者深知其味，今又再来一次，未免难受。洪述各点，皆不符于实情，蒋、李（宗仁）两人之隔阂甚深，当竞选副总统时，蒋自居于家长身份，属意孙科，而李竞选成功，蒋极不满，从此即不融洽。蒋退位后，李出

任代,毫无实权,蒋仍暗中指挥,例如白崇禧拟就防御计划,需要宋希濂部队合作,白亲到广州与何应钦面洽。何当与宋通电话,告以应遵照白之计划办理。宋答尚未接到彼之命令。何又告以此乃本人以行政院长兼国防部长之身份所发命令,宋仍答以须待彼应得之命令。何放下听筒,与白相对无言。又如胡宗南守西安有部队20万人,其时中共尚未向之进攻,胡接蒋令退守汉中,西安各界劝胡勿退,谓汉中缺粮,而西安可得供应,胡仍照撤。胡之撤防交由马步芳接收,马因不能及时赶到,告胡稍迟一星期再行,胡亦迫不及待,急遽撤守。迨马步芳与中共接战,共军后退时,胡部又复进驻。如此情形,何能抗共!兵法首重攻心,其次攻坚。今不闻筹谋如何攻心之法,而指挥更不能统一。退位者仍握权不放,使当政者莫能展布,实谈不到转好现象。

这里所说的"退位者仍握权不放",指的正是蒋介石。对于洪兰友所称"中共补给线过长"问题,陈光甫认为,"中共组织颇好,有其刻苦耐劳之精神,亦不难有克服之方"。这样一分析,陈光甫觉得洪所称军事上、政治上具有办法云云,实不足信,只有对于"第三次世界大战爆发在即"问题,陈光甫不能拿得很准,但他问过这几天正在香港的美国华人领袖李国钦,李称,纽约的看法,近20年间或不致发生。这样一想,陈光甫觉得,这不过是国民党人的幻想和期望而已。

1948年9月,南京国民党政府发行金圆券,强制收购金银、外币时,蒋介石也在南京发表过一次谈话,痛斥上海金融界、工商界"只知自私,不爱国家",严令各银行在两天内将全部外汇资产移存中央银行,不得稍有隐匿。对蒋介石的这次谈话,陈光甫记忆犹新:"辞令严厉,有若疯狂","令人难堪,亦令人不解"。但是,曾几何时,蒋介石又派洪兰友"慰问"来了。思前想后,陈光甫颇有啼笑皆非之感。他在日记中写道:

    此皆出于蒋一时之冲动。蒋于国事,无论懂与不懂,一切必须亲

> 为裁决，不旁谘博询，不虚心下问，信任佞人，致成今日之局面。

陈光甫这里偏重个人责任，并没有正确说出国民党在大陆失败、"致成今日之局面"的真正原因，但是，江浙金融资产阶级长期支持、信任蒋介石，陈光甫的这页日记说明，蒋介石立脚的地块动摇了。

在洪兰友抵港前后，北平方面也在争取陈光甫。

和陈光甫谈论第三次世界大战问题的李国钦原是长沙人，毕业于伦敦皇家矿业学校，获得矿冶工程师学位。1915年归国，在湖南从事采矿事业。其后，历任华昌矿务公司纽约总办事处经理、华昌贸易公司董事长兼总经理、北京政府财政部及农商部驻纽约代表等职，长期生活在美国，和美国官方及工商各界均有广泛联系。这时，正在香港通过章士钊的关系，想赴北平会晤毛泽东。章士钊积极为之联系，并拟动员陈光甫、李铭二人同行。7月1日，陈光甫日记云：

> 昨天6点半左右，章士钊和我约定，他和他的第二个妻子一起来，问我是否准备和K. C. Li（李国钦）一起赴北平。他说，他已经向李提出建议，有李铭参加也很好。
>
> 我告诉章，现在，我不能作这次旅行。他说，毛泽东正在等待他的关于我们三人能否北上的电报。我既已拒绝，章希望知道，将用什么理由回答毛。我解释说，理由很简单。我现在还有营业机构在尚未被共产党人"解放"的地区。如果我赴平，将被蒋主席理解为一种敌对行动，他将很可能对我们在重庆、成都、昆明、广州和台湾等地的分支机构搞点动作。章听了我的解释后说，这是一个很好的理由，他将打电报告诉毛上述大意。我必须说，章的话听起来很像毛在香港的特别代表。
>
> 我提醒章，此地天气过热，李铭和我，很可能去日本观光。

尽管陈光甫并不热心前往北平，但他却很希望李国钦能够成行，并且希望通过李，在中国共产党和美国等西方国家之间建立联系。他对章士钊说：

> 李是一个充满色彩的人。他可能希望处于这样的位置——在他回到纽约之后，能告诉他的朋友们，他在中国见到了毛泽东，我更认为，比起李铭、侯德榜和我来，李是最适于和毛接触的人。我们在中国都有商业利益。不像李一样能够以中间派的身份说话。作为一个商人，他最能使毛认识到一项受到西方民主国家援助的工业化计划的重要，李可以告诉毛，如何实现这一计划。由于李在纽约和华盛顿的各种关系，如果共产党人希望和西方一起前进并且为得到他们的承认而进行谈判时，李最有资格成为新政权的代言人。

陈光甫长期反对共产党，害怕共产党，但是，新中国的诞生已经如日之东升一样，成为不可改变的事实，他又在为新中国设计了。陈向章士钊建议，中国共产党建立的政府如果名为联合政府，那就应该包括像李国钦这一类的人，以便驱散西方国家的怀疑。他可以担任外交部长或驻华盛顿的大使，这样，就会逐渐赢得西方国家的信任。章士钊同意陈光甫的意见，但认为李不会接受此类提议。陈光甫却不这样想。

章士钊告诉陈光甫，毛泽东将乐于见到他。陈认为，这不会是毛的主意，而是章对毛的建议。这次谈话使陈光甫感到，章正在动员他认为有价值的人为共产党人效力。

当晚，陈光甫举行家宴，参加者有李国钦、侯德榜、张嘉璈、李铭等。陈光甫听说，侯德榜第二天早晨就要乘轮赴津了。章士钊曾计划安排一架飞机，但未能实现。

7月4日晨，陈光甫接到了留守的上海商业储蓄银行总经理伍克家打来的电报，其中包含着黄炎培的电报，转述了周恩来对陈光甫的劝告，电云：

> 利孝和兄转世丈：归自北平。先悉兄已离沪。临行恩来兄嘱为劝驾早归，共为新中华努力，其意甚诚，特为转达，不久通航，亟

盼握谈。炎培。东。家。

同日，陈光甫复电伍克家，请伍代他表示对黄炎培的感谢，说明因健康原因不能归去。电文如下：

> 上海家弟，接孝和兄转台电洽悉。兄因头晕，在港诊治，医嘱尚须长期疗养。任老盛意，极深纫感，即烦代为转申谢悃是荷。绥。

此电说明，尽管陈光甫的思想感情发生了若干微妙的变化，但是，他对于回到大陆仍然顾虑重重。

当时，北平方面正在筹备召开中国人民政治协商会议，商讨新中国建立的各项大计，中国共产党自然希望陈光甫这样有影响的银行家归来，共襄盛举。1949年9月12日，李济深派李绍程携函赴港，面见陈光甫，函云：

> 迩近人民革命军事空前胜利，全国各地完全解放指日可期，百年来帝国主义所予中国经济发展之桎梏，已因封建主义与官僚资本主义统治崩溃而告解除。今后新中国经济建设，将在中共毛主席领导之下，由人民共有的国家资本，和民族工商业的私人资本，分工合作，有计划有步骤地促进民族产业之发展，新民主主义之实现。
>
> 新中国经济建设根本方针，系以公私兼顾，劳资两利政策，达发展生产繁荣经济之目的。凡有利国计民生之私营经济事业，均坚决保护，鼓励积极经营及扶助其发展。对于产业金融界诸耆宿及以往有经验的企业经营专家，光能望推诚合作，共策进行。
>
> 人民政治协商会议，即将集会于北京，商讨成立人民民主联合政府，并规划中国政治、经济、文化建设方案，久钦先生领导民族工商业界，夙著勋猷，今后国家经建大业，需助正殷。特就李绍程同志南来之便，略贡所知，祈能命驾北来，共商一切，则集思广益，众擎易举，未来经济建设进展之顺利，盖可预卜也。

当时，中共的许多统战工作是通过民主人士来做的，因此，这封信不应该看作是一种私人行为，而是代表了中共方面对陈光甫的争取。函中所称坚决保护"有利国计民生之私营经济事业"，愿与"产业金融界诸耆宿及以往有经验的企业经营专家"推诚合作等，也正是中共的政策。这封信多少打动了陈光甫，10月31日，陈光甫复函李济深云：

> 久别时念，居恒阅报，仰见勋猷懋著，弥切钦敬。日前李绍程兄来，交到惠函，详示各节，诸承盛意，匆感无既。弟与绍程兄晤谈一切，均经奉悉。惟以在港养疴，因失眠症颇觉严重，且耳鸣头晕，其病源尚未查出，仍在继续就医中，一俟健康稍复，即行北上聆教。辱荷垂注。除托绍程兄代为面达外，谨此布复。

此函虽声明病源待查，继续就医，但表示"一俟健康稍复，即行北上聆教"，显然，在北京的邀请面前，陈光甫怦然心动了。原稿中还曾有"自维虽届衰年，顾一生致力于服务社会，此志不懈，自当为新中国效微劳以竭余力"等语，更表现了中华人民共和国的诞生在陈光甫心中所激起的波澜。但是，陈光甫考虑再三，还是把这几句话勾掉了。

北京方面感到了陈光甫的变化。11月10日，章乃器致电林仲容，邀请陈光甫、李铭等人北上。11月11日，陈光甫复函云：

> 弟年近七旬，精力就衰，4月间因疗养方便来港就医，头晕耳鸣之病源尚未查出，复有失眠，病态严重，是以逗留在港，未能即离。迭荷友好邀约，均无法应命，心中至为歉怅。惟望健康稍复，即行首途，届时自当访候聆教。

这封信和复李济深函的态度一样，对于北上邀请，不拒绝，但也不准备在近期就道。

就在此际，在上海的商业储蓄银行业务中发生了一些问题，和人民政府之间出现冲突。11月19日，陈光甫约李绍程吃饭，他在日记中写道：

> 此事现在要通天，讲一个道理。我想共党人士的作风，亦是如此，但沪行人员已存恐惧之心而软化，迭次来电云：我方有责任，并意赔千数，冀可早日了事。具此心理，何能折服对方。可虑！

从这段记载看来，陈光甫不满意沪行人员的"软化"对策，他要"通天"，据理力争。

此事的具体情况及后来的发展，现在还不清楚，但陈光甫北上的念头，大概从此放弃了。

1950年10月，有两个自称"潘忠尧、张惠农"的人来访，二人携带着具名周恩来的一封信，内称要在香港办一份报纸，希望陈光甫帮助。函云：

> 久仰渠范，弥切钦迟。国步维艰，胥凭英杰作中流柱，共挽狂澜，翘首云天，咸盼出岫。潘忠尧、张惠农同志因公赴港，特着晋谒崇阶，希予延见，代为致意。伊等拟在港筹设日报一所。惟创办伊始，尚望海外贤达，时赐匡助，使此文化事业，俾底于成，党国前途，实深利赖。

这封信所用为"中央人民政府政务院用笺"，共两页，手写，并有签名，但均非周恩来手迹；签名下盖有"周恩来"印章一方。其中"党国前途，实深利赖"等语，不像中共和周恩来的语言。现在看来，大概是台湾方面对陈光甫政治态度的一次试探。

1954年，陈光甫在观望几年之后，终于去了台湾，在台北成立上海商业储蓄银行，并于1976年7月1日病逝在那里。

蒋介石"复职"与李宗仁抗争
——读居正藏札及李宗仁档案

蒋介石退守台湾后,急于恢复"总统"职位,从幕后走到幕前。但是,"代总统"还在美国就医,并无交出权力之意。于是,蒋李之间再次展开了一场斗争。

1950年1月20日,台湾"监察院"致电李宗仁,催其回台,语多指责,实际上是对李宗仁意向的一次"火力侦察"。同月29日,李宗仁以"代总统"名义,复电台湾"监察院",声称病体尚须休养,不能立即返台。2月2日,再复一电,声称"赴美就医未废政务,接洽美援,仍可遥领国是"。2月4日,台湾《中央日报》、《扫荡报》、《中华日报》等同时发表社论,向李开火,要求"蒋总裁"复出,"绾领国事,统率三军"。其间,居正曾托女儿带给李宗仁一函。2月6日,李宗仁复函居正,函称:

> 觉生先生勋右:病中承令爱惠临,并携来手教,欣慰无似。自弟出国疗治胃疾,不意转瞬间,西南半壁竟遭赤匪席卷,举世震骇,群情悲愤。今国军孤悬台琼,既无饷械,复乏外援。闻美国政府对我总裁成见极深,曾一再声明,不以军事援助台湾,今更公开嘲骂。在此情形下,吾党负责同志应警惕国家之危亡,不再感情用事,权衡利害,改弦更张,以挽回既失之民心,俾友邦对我增加信

心，乐于相助。倘仍固步自封，一意孤行，逆料美国民主党主政期间，有效援助决无希望，则反攻大陆，扫荡赤氛，更为空谈，即希冀固守台琼，势亦难持久。言念及此，不寒而栗。凡有血气，爱党忧国之士，谅有同感。

　　日前接监察院电，对弟似有误会，颇为惋惜。察其言外之音，别有作用，醉翁之意，路人可知。本党廿余年来政治暗潮中，此种现象履见不鲜，固不足怪。际兹国脉如缕，民不聊生，且政情复杂，积弊已深，虽思革新，与民更始，无奈障碍横生，阻力重重。名为元首，实等傀儡，尸位素餐，如坐针毡，有何留恋权位之足云！每感蝼蚁无能，难胜重任，早拟引退以谢国人；无如再四思维，弟若下野，依法由行政院长代行职权，为时仅限三月，今既无法召开国大，选举总统，则代理如逾三月法定期间，即为违宪。或曰可敦请蒋公复职。殊不知弟所代者为总统职权，而非蒋公本人，国家名器，何能私相授受！譬如宣统逊位后贸然复辟，国人群起声讨之。专制帝皇，尚不能视国家为私产；蒋公首倡制宪，安可自负毁宪之责！弟何忍为个人安逸计，而陷本党于创法始而毁法终。少数同志倡斯说者，不仅毫无宪法常识，抑且故意歪曲理论，以乱视听，实属荒谬，贻害至深。国事败坏至此，诚非偶然也。先生明达，未卜以为然否？

　　弟创口虽已平复，惟元气大伤，尚须休养一个时期。现正与美国朝野接洽反共复国计划。盖美国虽对我政府现状、措施表示不满，然在其反苏政策下，并未放弃中国。事在人为，宜群策群力以图之。国家前途，尚大有可为也。

　　纸短情长，笔难尽意。敬祈不遗在远，时赐教言，以匡不逮。专此顺叩勋安！

李宗仁拜启
二月六日[1]

---

[1] 美国国会图书馆居蜜博士赠。

12日，台湾"监察院"指责李宗仁滞留美国，遥控台湾政局，决议提请"国民大会"弹劾。13日，国民党中央非常委员会委员联名致电李宗仁，促其返台。次日，李宗仁复电，以医嘱不能远行为理由拒绝。15日，李宗仁的私人代表甘介侯到华盛顿会见"驻美大使"顾维钧，声称：李宗仁对来自台湾的攻击十分恼火。如果蒋停止诽谤，李就回台，商讨如何把权力交给他；如果蒋继续和李捣乱，李自有回击的武器。

18日，李宗仁托孔祥熙转告蒋介石，最好以和解方式安排交回"总统"职位，否则他就不客气，公开反对蒋复职。21日，国民党中央非常委员会致电李宗仁，限其三日内返台，否则放弃"代总统"职务，如不照办，则由蒋介石复行"总统"职务。同日，李宗仁再电台北"总统府"秘书长邱昌渭，声称"个人地位无所留恋，惟必须采取合理合法途径，以免违宪之咎。国事至此，安可再生枝节，自暴弱点，以快敌人"。电称：

希兄与各方接洽，从速寻求于宪法上说得过去之方法，仁自可采纳。若图利用宣传，肆意攻击，则仁当依据宪法，公告中外，于国家，于私谊，将两蒙其害。

23日，国民党中央非常委员会决议，请蒋介石复职。于是，李宗仁就决定摊牌了。28日，李宗仁写了一封公开信给蒋介石。哥伦比亚大学珍本和手稿图书馆保存着该信的英文本，现据英文本回译于下：

亲爱的将军：我很遗憾，不得不告诉您一项消息：自我来美就医以来，您周围的那些不负责任的人就阴谋篡夺宪法赋予总统的权力。无论根据宪法原则，或是根据人情，我都不能相信这些不断来自不同渠道的报告。

我的健康恢复期已满，正在准备回国，出乎意料地从文件中得知，您宣布将于3月1日恢复总统职位。

您应该记得，您于1949年1月21日引退后，我即根据宪法规定，接管总统职务。所"代"者为总统职权，并非阁下个人。更进一步

李宗仁致居正函手迹

说，您自引退后，已经成为一个普通公民，和总统职权没有任何关系。不经过国民大会选举，您没有合法的理由再次成为中国的总统。同样，除非国民大会决定，授予我的权力也不能由任何个人或任何政府机构以合法理由废除。

您的高压的、独裁的行为不能被宪法证明为正确，也不会为人民所赞同。在历史的关键时刻，您的巨大的错误将极大地影响我国的命运。袁世凯的下场将是您的殷鉴。

  为了保护历经许多困难而制订的宪法，我代表全体中国人民严重警告您，不要甘冒海外民主世界之大不韪。

李宗仁

  又，依据中国宪法，如果现职人员必须辞去——在这样的情况下，我没有任何意见——法律没有规定，引退的蒋介石总统可以复职，但是却规定由行政院长执行总统职权三个月，在此期间，召集国民大会，选举新总统。

  我极不愿意叙述下列情况：自我来美就医以来，蒋介石将军及其亲密的追随者，如著名的CC系利用我缺席的机会，阴谋篡夺我的政治权力。我一时不在国内成了CC系无理攻击的借口。然而，没有一部宪法规定可以反对一时缺席的国家元首。威尔逊总统有几个月不在美国，逗留在战后的欧洲。最近，菲律宾总统也像我一样来美就医。

  不仅如此，我们是内阁制政府，总统只有有限的权力和责任。在总统缺席期间，政府和立法院、行政院可以很好地发挥作用。

  通向民主的道路没有播撒玫瑰花。在中国，为民主而斗争的40年来，我们为引进宪法进行了两次艰难的努力：一次，被想当皇帝的袁世凯破坏了；另一次，就是现在，将要被想成为独裁者的蒋介石所破坏。

  上周五，休养期已满，我准备回国。于是，选择了这个时候来进行这一狡诈的冒险行动。

  只有真正的民主思想才能有效地和正在扩展的共产主义潮流斗争。在我们和共产主义斗争的时候，这一对民主制度的完全背叛将引起深深的痛惜。作为中国的合法的国家元首，我有责任领导我国人民保卫我们的宪法。

3月1日，蒋介石在台湾发表文告，宣布复职。同日下午，李宗仁在纽约举行记者招待会，发表了一项声明（原文为英文）：

在中国为成为民主国家而斗争的时刻,传来了一项不幸的、令人震惊的消息——台湾方面公告,蒋介石将军已经宣布"恢复"中国总统职位。

人们记得,1949年1月,蒋介石将军辞去总统职位,成为普通公民。他在引退后的两个公开声明中宣布,五年中,他将不使自己卷入政治,也许将避开下届总统选举(中国宪法规定总统任期6年)。为什么在这样一个时刻,他认为适宜于使自己不经过选举就成为总统,这是令人惊奇的。

这是荒谬的,超出想象的,一个普通公民能宣布自己成为国家总统。这样,蒋介石将军就向世界暴露了一个可悲的事实,作为独裁者,他能将国家视为自己的私产,可以根据兴致抛弃或者捡起。

蒋介石将军引退时,我依照为人民所接受的中国新宪法的规定,被迫继承这一空缺。在美国,有过非常类似的情况,副总统杜鲁门继承了罗斯福的空缺,直到下届选举。

在中文里,"代"的意思是指,我的任职时间为从上届选举到下届选举,它永远不能被解释为,代替即将离职的已不再做任何事情的前任总统。

在民主的历史上,蒋介石的复职是最严重的违法行为,他为了自己的目的,在他的声明里有意曲解了中国宪法第49款。[1]

当晚,李宗仁收到蒋介石的电报,蒋要李以"副总统"的身份做他的专使,在友邦争取外援。1949年5月,李宗仁曾要求蒋介石出国争取外援,企图将他逐出中国的政治生活;曾几何时,现在轮到蒋介石报一箭之仇了。

还在当年1月下旬,台湾方面就得悉杜鲁门和国务卿艾奇逊准备邀请李宗仁到华盛顿商谈中国事务,非常紧张。当月31日,"外交部"部长

---

[1] 李宗仁档案,哥伦比亚大学珍本和手稿图书馆藏。

叶公超致电"驻美大使"顾维钧,要他"密探实情及美方意向"[1]。2月下旬,李宗仁派甘介侯赴华府拜会艾奇逊,接洽会见时间。同月末,杜鲁门决定在3月2日邀请李宗仁到白宫便餐,艾奇逊、顾维钧、甘介侯作陪,台湾方面更为紧张。3月1日,台湾"外交部"打给顾维钧一通"最速"电,电称:"蒋总统已于今晨十时视事,2日白宫宴会,李代总统仅能接受副总统待遇,希遵办并电复。"[2]3月2日,再电顾维钧,指示说:"李副总统如系以副总统身份赴白宫宴会,自应陪往;如竟以代总统身份前往,应不陪往。"[3]当日上午,在记者招待会上,有人问杜鲁门,将按什么身份接待李宗仁,杜鲁门答:"作为中国的代总统。"记者又问,他是否知道蒋介石已经复职时,杜鲁门答,他一直没有同蒋直接联系。在下午的宴会上,杜鲁门称李为"总统",连"代"字也没有用。宴会结束后,出现了一个饶有意味的细节。杜鲁门带着李宗仁到小客厅谈话,顾维钧本欲跟进,却被艾奇逊拉住。艾一面表示要和顾在大客厅谈话,一面将甘介侯推进小客厅,让他充当杜、李之间的翻译[4]。这一切,使李宗仁、甘介侯风光之至。

蒋介石非常关心白宫招待李宗仁的情况,特别是杜鲁门如何称呼李宗仁,是否称他为"代总统"等等,当晚就指令叶公超向顾维钧了解。顾维钧据实作了报告并作了分析。他致电王世杰说:

> 今日白宫午餐招待,国务院曾先告我,纯系交际,并非正式,故并无招待代理元首之特别表示,一切谈话未及我内部政治问题,故尚称融洽。惟今后美方态度仍宜注意。[5]

顾维钧毕竟是个老外交,他不认为美方的表现有什么特别异常的地方。李宗仁心里明白,但故弄玄虚。次日,李宗仁致电邱昌渭、居正、于右

---

1 顾维钧档案,哥伦比亚大学珍本和手稿图书馆藏。
2 顾维钧档案,哥伦比亚大学珍本和手稿图书馆藏。
3 同注1。
4 《顾维钧回忆录》(7),第606页,北京中华书局,1988。
5 顾维钧档案。

A STATEMENT

ISSUED BY ACTING PRESIDENT LI TSUNG-JEN

On the "Resumption" of the Presidency by Chiang Kai-shek

The press report from Formosa to the effect that General Chiang Kai-shek has announced his "resumption" to the Presidency of China came as an unfortunate surprise at a time when China strives to become a democratic nation.

It will be remembered that General Chiang Kai-shek resigned from the Presidency in January, 1949, and became a private citizen. In two public statements after his retirement he declared that he would not concern himself with politics until five years later, implying that he might want to run for President at the next election. (The Chinese constitution provides a six-year term of office for the President.) It is astonishing how at this time he sees fit to make himself President without an election.

It is fantastic, beyond belief, that a private citizen can announce himself as the President of his country. By so doing, General Chiang Kai-shek has exposed the lamentable truth to the world that as a dictator he can consider the nation as his private property, which he could lay down, or pick up according to his whim.

When General Chiang Kai-shek resigned from office, I was constrained to succeed to the vacated post, in accordance with the provisions of the new Chinese constitution, adopted by the people. An almost similar case took place in this country when the then Vice-President Truman succeeded to the post vacated by President Roosevelt until the subsequent election.

The word "Acting" is meant in the Chinese language to indicate my office during the interregnum, from the last to the next election. And it can never be construed to mean as acting for an outgoing predecessor who no longer has anything to do with the presidency.

The return to the Presidency as announced by Chiang Kai-shek is the most unconstitutional act in the history of democracy. The article 49 of the Chinese constitution is deliberately misinterpreted in his declaration today for his own purpose.

李宗仁在美国散发的声明

任、阎锡山、何应钦、张群、王宠惠、陈诚等人称：

> 仁昨到华府。事前顾大使已奉台方令通知国务院，仁仅以副总统名义代表蒋先生往聘，但杜总统向记者宣称，仍以代总统地位对仁。招待午宴席间，与杜总统及国务卿、国防部长畅谈甚欢，举杯互祝，三人均称仁为大总统。餐后，杜单独与仁谈话，不令顾参加。内容未便于函电中奉告。[1]

当时，蒋介石已在台湾掌握实权，而李宗仁孤身在美，杜鲁门是不会真正支持一个光杆司令的。在和李宗仁单独谈话时，杜鲁门说：一切都了解，来日方长，务必暂时忍耐。杜并劝李，和他保持接触。[2]显然，这是杜鲁门在承认蒋介石之前对李宗仁作精神上的安抚。这些，李宗仁自然未便"奉告"。果然，3月2日下午晚些时候，白宫新闻发布官声明说：国务院收到了蒋介石复职的正式通知，美国承认蒋是"中国政府"的"首脑"。又称：杜鲁门无意决定"谁是中国总统这一重要的外交问题"云云。[3]

附记：本文所引李宗仁致居正函及致邱昌渭、居正等电报，均系美国国会图书馆居蜜博士赐赠，谨此致谢。

1　居蜜博士赠。
2　《李宗仁回忆录》（下），第1036页，广西政协，1980。
3　《顾维钧回忆录》（7），第612页，中华书局，1988。

海峡两岸争取张发奎
——读张发奎档案札记

张发奎，字向华，广东始兴人，民国史上的重要军事将领。武昌起义后当兵，参加过讨袁、讨桂、两次东征诸役。北伐时任第十二师师长，在进攻汀泗桥、贺胜桥、克复武昌等战斗中屡建功勋，被任命为第四军军长，该军被誉为"铁军"。抗战期间，张发奎任第四战区司令，在广东、广西等地指挥部队与日军苦战，多次获胜。1949年李宗仁任代总统后，他曾出任陆军总长，但不久即辞职寓居香港。

由于张发奎的历史地位重要，因此他寓居香港后，海峡两岸都做了不少工作竞相争取他。

1950年，台湾国民党当局举行党员重新登记，张发奎接到通知，和孙科商量后，将通知扔进字纸篓里。1954年2月，国民党在台召开所谓国民代表大会第二次会议，陈济棠、余汉谋、陈诚利用老关系连续致电张发奎，邀请张赴台与会，陈诚并表示："此间无事不可相商"，均为张拒绝。1月14日，陈诚写了一封长信给张发奎，声称"中央迁台后，检讨大陆之失，其主要原因在于党内派系之私与党员之日趋腐化，故念主改造本党，一切从头做起"；又称："今日在台，上自总统，均具赎罪补过之决心"。此信的主旨仍在动员张发奎赴台，"共图匡复大业"，但张仍然不为所动。其后，张发奎一度准备离港远行，需要护照，台湾当局通知张，必须赴台并与"蒋先生"进行一次谈话,张发奎再次加以拒绝。

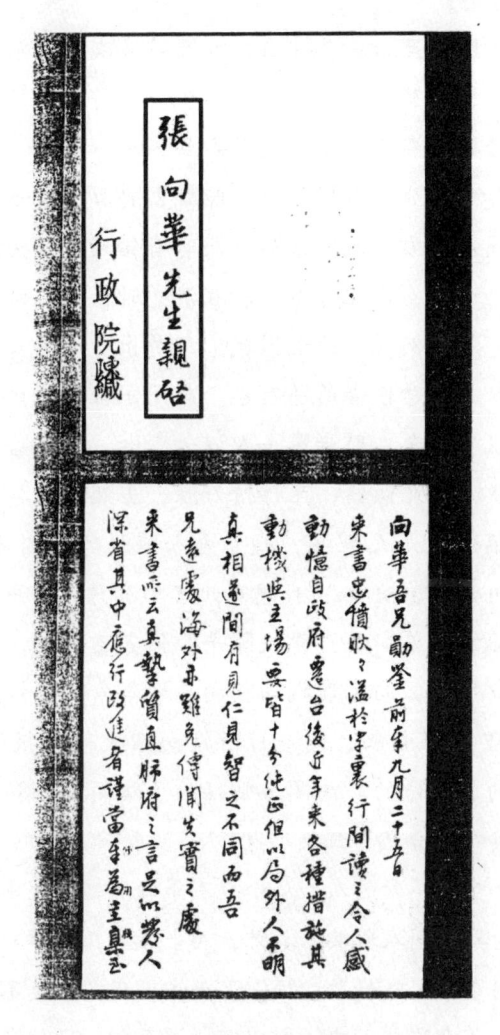

陈诚致张发奎函手迹

大陆方面最初争取张发奎回归的是叶剑英。当时,叶任广东省主席。他通过原国民革命军第五军副党代表李朗如及李章达二人转告张发奎,希望张到广州作一次旅行。其后,何香凝给张发奎写过一封信。由于言辞比较激烈,效果不好,于是,再由李济深出面转圜。李信原件今存张发奎档案中,全文如下:

向华吾兄有道：

久不通候，至念。其伟自穗来及许多友人前后自港穗来，得知二、三年来，吾兄革命之意志，以机缘未许，至埋没苦心，未尝不时以为痛惜也。在侪辈中，童年即兵，革命精神，屈指有几人哉！不幸中国革命大业，多所顿挫，除顽固自私如袁世凯、蒋介石及其死党外，或左或右，或前或后，而时有错误，或为环境所束，而陷于反革命之途者，比比皆是。我在清党时，自己做了反革命，一时尚不知，即是一例也。此盖因我们都是出身小资产阶级，而失却正确领导之人如我总理者所易有也。此间同人均能谅兄之心，知兄之苦，故常以兄为念。前者廖夫人以老卖老，致函吾兄，不善属辞，云要兄认罪，要兄认错，兄性情好胜，当然不能接受。然而严格言之，其言不能说是无理耳，我意吾人应服理，闻兄说："我是国民党，不能向共产党投降。"我想兄此言仍有意气用事，门户之见，宗派观点，你能说弟向共产党投降乎？你若这样说，我也不服。其实我们向革命投降，向真理投降，向总理革命主张投降耳。向革命、真理、总理革命主张，或今日所谓向人民等等投降，我想是应该的、光荣的、革命的。禹闻善则拜，子路闻过则喜，这也叫做投降吗？因此我希望吾兄再三长思也。

以一个生性革命的人，从小就有革命历史，大革命时代更有光荣历史，且为革命同人所共知共谅，而当此真正大革命时代，而仍如小孩子意气用事，客气好胜，埋没了一生，我想这是不该的，可惜的，不革命的。若真这样下去，即以前所谓革命，恐怕尚有问题也。邵力子兄、张治中兄亦常以兄为念，兄前所领导之琪翔、其伟，及四战区之同事，大半都在今日革命战线之内，兄何又独个人固执如是。此我又所不解。他们昔日追随你，可知认你是可以革命的，同情革命的，何以到了今日，真真实在的翻天覆地大革命时，你又退缩不前，这恐你也无以自解罢！至盼你毅然决然，表明是不赞成蒋介石反革命，赞成今日毛主席领导的革命，即孙总理所主张的革命，至所盼祷者耳。

一切托其伟夫人面及。连夜书此，即颂康健！

　　　　　　　　　　　　　　　　　　弟济深上
　　　　　　　　　　　　　　　　　　七·一九

其伟，当指吴奇伟，张发奎的战友和老部下，曾参加北伐、抗日诸役。1949年2月在香港通电起义，后回到大陆。李济深的这封信，由奇伟夫人面交张发奎。信中，李济深现身说法，情词恳切，但对张发奎仍然没有发生作用。

1956年11月，蔡廷锴受周恩来委托，继续做张发奎的工作。蔡托其子绍昌带了一封信给张发奎，函云：

向公赐鉴：

久不致候，殊多渴念。小儿绍昌来京，得悉我公佳况，至以为慰。兹藉小儿南归回港之便，特嘱其前往问好，并祝起居。

　　　　　　　　　　　　　　　　　　晚蔡廷锴
　　　　　　　　　　　　　　　　　　一九五六年十一月十六日

显然，蔡廷锴总结了此前的经验，信中不谈政治，他还通过其子给张发奎带去了口讯：尽管彼此的政治观点不同，但私人关系不应该改变。此外，蔡绍昌还带着李朗如的一封信：

向兄：

蔡贤初先生此次由京到粤，系承周恩来总理嘱托，对兄传送周总理意见，请兄回祖国观察一下，并请兄有所指教。弟对于周总理此举，十分赞成，敬希兄回国一行，兹特托贤公令郎绍昌世兄致函，对兄表达弟意，并致敬礼！

　　　　　　　　　　　　　　　　　　弟李朗如敬启
　　　　　　　　　　　　　　　　　　十一月二十一日

向公赐鉴 久未致候 殊
多渴念 小兄绍恩驻高雄
为虑我 公信况至以为慰
兹藉小兄南返回港之便特
嘱其前往问好並祝
起居 晚
　　　蔡廷锴卅五年十月十六日

蔡廷锴致张发奎函手迹

贤初、贤公，均指蔡廷锴。李信转达了周恩来的邀请"回祖国观察一下"，讲究策略，委婉而不强人所难，恰是周恩来风格的表现。

　　在蔡廷锴之后，受命继续做张发奎工作的是程思远。程转达了周恩来的问候，并说，周希望张能想起一张照片：抗战期间在汉口，合影者为郭沫若、陈铭枢、叶挺、黄琪翔、张发奎——周称之为"五虎将"——五个人站得很靠近，手互相搭在肩上，看上去非常亲密。周称，除了叶挺故去，张发奎在香港外，其他三人都在大陆。

　　周恩来的记忆力是惊人的，他所提到的这张照片摄于1938年春，今天我们还可以见到。但是，张发奎已经完全想不起这张照片，他也不愿意改变多年来形成的立场和观点。在程思远之后，似乎就没有人继续动员张发奎回归了。

附：访美漫记

我早就知道，美国哥伦比亚大学东亚研究所长期从事近代中国名人的口述历史工作，成绩突出，而且积累了大量资料。1986年12月，我在翠亨村参加"孙中山和他的时代"国际讨论会，见到主持该项工作的韦慕庭教授。韦教授是美国有名的中国近代史专家，治学严谨，成绩卓著。这时已过古稀之年，退休多时。见面之后，我向他打听哥大口述历史的情况，蒙他热情相告。回国后又蒙他惠赠《中国的国民革命》(*The Nationalist Revolution in China*) 等著作及《张发奎回忆》缩微胶片，又蒙他和我的好友、弗吉尼亚理工学院和州立大学教授汪荣祖联名，向美中学术交流委员会申请，邀我赴美访问。经过了一些周折之后，终于在1990年3月31日成行。

纽约100天

我到达纽约机场的时候已是深夜，圣若望大学的李又宁教授正在等我。李教授是韦慕庭教授的高足，1989年来华访问时相识。她治学蹊径独辟，多有独到之见，文笔优美，待人热情，我在美访问期间，始终得到她细心、周到的照顾。4月2日上午，由李又宁教授陪同，去哥大东亚所拜会曾小萍（Madeleine Zelin）教授，她研究清前期历史，近年来研究四川自贡盐业史，均取得了令人瞩目的成就。过了一两天，又会见了该所的黎安友（Anderw J. Nathan）教授，他研究中国政治，正当盛年，是美国中国学界正在上升的一颗明星。我在东亚研究所期间，也得到了他们二位热情的帮助。韦慕庭教授已经迁居宾州的一所老人院，特意偕夫人于4月10日专程来纽约，主持了欢迎我和台湾张朋园教授的宴会。同月19日，我在该所作了关于中山舰事件的学术报告。

哥大有一所很好的中文图书馆——东方图书馆。该馆不仅藏书丰富，而且大概是世界上最开放的图书馆。无论何人，无须办理任何手续，均可自由入馆阅览。哥大还有一个珍本和手稿图书馆，中国口述历史及其资料就收藏在那里。

哥大的中国口述历史工作开始于1958年，由何廉及韦慕庭两位教授主持。其入选范围为：1.政府高级官员；2.军事领导者；3.反对党领导人；4.社会有影响的人士。根据上述原则，哥大东亚研究所对17个民国时期的人物进行采访，整理了他们的口述回忆。其情况是：张发奎，1000页。陈光甫，167页。陈立夫，尚未完成。蔡增基（Choy Jun-ke），341页。何廉，450页。胡适，786页。沈亦云，489页。顾维钧，11000页。孔祥熙，147页。李双魂，239页。李璜，1013页。李书华，243页。李宗仁，1000页。蒋廷黻，250页。左舜生，304页。刘瑞恒，未完成。吴国桢，391页。上述诸人中，胡适、沈亦云、蒋廷黻、李璜的回忆已在台湾出版；何廉、顾维钧、李宗仁三人的回忆已在大陆出版；张发奎的回忆则在美国以缩微胶片的形式出版。

哥大珍本和手稿图书馆还藏有其他近代中国名人自传手稿，如：张嘉璈，199页。陈启天，238页。王正廷，258页。陈公博，260页。对于研究中国近代史的学者说来，哥大收藏的这些近代中国名人传记的重要性是不言而喻的。但是，我以为，价值更高的却是这些名人的档案资料。珍本和手稿图书馆这方面的收藏有：

张发奎文件：缩微胶卷。由张发奎的访问者夏莲荫拍摄。文件时间自1935年至1953年前后,系张自大陆带到香港者。内容有张1937～1947年的日记、抗战时期第四战区文件、《桂林会战至日本投降军事史稿》(1944～1945年8月)、胡志明给张的信函、海南岛资源与建设计划、1949年以后组织第三种力量的文件等。

陈光甫文件:由陈本人捐献,约计3000件。第一部分为1936年至1942年陈所参加的对外借款、贸易谈判文件,如1936年的白银谈判、1938年的中美桐油借款谈判等。第二部分为陈的日记(1942～1950)、回忆、笔记等。

蒋廷黻文件:数量不大,时间自1947年至1964年,内容有官方和私人通讯、剪报等。

熊式辉档案:由熊的遗孀及其子女捐献,约500件,均为中文。内容有日记(1930～1974)、自传(1907～1950)、江西省文件、中华民国驻苏俄军事代表团交涉报告书(1945～1946)、蒋介石致熊式辉函(1930～1948)等。

胡适日记:缩微胶卷,抗战期间胡适任驻美大使时所摄。华盛顿国会图书馆也存有一份。现台湾已影印出版。但哥大所藏仍有影印本所未收者。此外,胶卷中并有胡适父亲的著作及生平资料多种,如《铁花先生遗著手稿》、《铁花公履历》、《铁花公家传》、《铁花公闻见杂录》、《铁花公行述》等。

黄郛文件:缩微胶卷,据黄郛夫人沈亦云提供的文件拍摄。最早的文件为1913年,但绝大部分文件为1924年以后与段祺瑞、陈炯明、冯玉祥、章炳麟、张群、唐有壬、蒋作宾、谭延闿、杨永泰、何应钦、汪精卫、蒋介石等著名人物的往来函电。涉及的重要历史事件有北京政变(1924)、宁案交涉、济案交涉、《塘沽协定》及其善后谈判等。

顾维钧文件:约9万件,是该馆仅次于杜鲁门的第二大档。内容有顾的日记、函电、回忆、手稿、讲演稿、印刷品、照片等。20年代以前的文件较少,大部分文件为1932年至1956年期间的产物。

孔祥熙文件:孔曾将他收藏的部分文件带到美国,夏莲荫从其中选择了一部分摄成缩微胶卷。最有价值的为西安事变来往电稿,约在600件以上，其他重要文件有驻外使节报告（1936~1944），行政院工作报告，行政院会议议事日程、议事录、大事记（1938~1943）、国民党中常会第134次会议报告事项、记录，军事委员会国际问题研究所机密情报摘录，工业发展计划，海防计划，民国财政总检讨，蒋孔之间的通讯等。

李璜文件：李璜本人捐赠。文件时间自1922年至1971年，内容有李的著作、论文，1945年在美国的日记等。

李书华文件：李书华本人捐赠。内容为1922年至1972年期间各方给李的信件，包含大量名人手迹。其中以李石曾的信件最多，200余通，其次为吴稚晖，约60通，此外为蔡元培、胡适等。

李宗仁文件：大部分为1949年至1951年期间李宗仁及其私人代表甘介侯与美国政府及各方的函件。

李汉魂文件：均为复印件。内容有李汉魂自1926年至1946年期间的日记、回忆录初稿（1949）等。

在口述历史项目之外，珍本和手稿图书馆还藏有梁启超、孙中山、宋庆龄、伍廷芳、蒋介石、陈洁如、宋美龄、胡适、毛泽东等人的资料。有一种中国的旧式账簿，自1842年至1925年，应是研究中国近代经济史的好资料。

近年来，台湾近代史研究所也大力从事口述历史的记录和整理，成绩显著，著名的历史学家郭廷以、沈云龙等都曾参与其事。其在1961年至1965年期间完成者曾作为礼物赠送给哥大，计41人，名单如下：张其煌、张知本、张廷锷、张维翰、赵恒惕、陈肇英、戢翼翘、秦德纯、周庸能、钟伯毅、傅秉常、贺国光、向瑞彝、熊斌、胡宗铎、龚浩、雷殷、李鸿文、李品仙、李文彬、李毓万、刘景山、刘航琛、刘茂恩、刘士毅、马超俊、梅乔林、莫纪彭、白瑜、沈鸿烈、石敬亭、孙连仲、万耀煌、汪崇屏、吴开先、杨森、袁同畴、张嘉璈、陈启天、徐恩曾、王正廷。上述诸人的口述历史，除徐恩曾外，均为中文，但附英文提要。另有5人，无口述历史，但有照片、纪念册一类物品，为邓家彦、陈光甫、陈果夫、孔祥熙、莫德惠。

哥大的上述收藏使我有如入宝山，目不暇接之感。可以说，每次阅览，都有重要发现；每天出馆，都有一种丰收的喜悦。特别值得称赞的是工作人员的服务态度，不仅认真负责，彬彬有礼，而且多方关心读者。例如，有一次，我从柜台上取复印件，工作人员特别为我加了塑料包装，并提醒我说：外面下雨了。

我原定在哥大停留一个月，由于珍本和手稿图书馆的资料太丰富了，我不得不改变计划。黎安友、曾小萍教授及时而有效地帮助了我，争取到美国国际教育协会（Institute of International Education）的支持，这样，我就将在哥大的时间延长为三个月。一直到7月4日，才恋恋不舍地离开纽约，飞赴波士顿。9月1日，我从华盛顿返回纽约，准备西行，又抓紧时间，到珍本和手稿图书馆阅览了几天。

我在纽约共生活了一百多天。未到纽约之前，印象中的纽约是座很不安全的恐怖城市。我曾问李又宁教授，是否如此。李教授笑着说，没有那么严重，接着说了一句英语："Enjoy Yourself!"鼓励我在纽约快乐地生活。不过，大部分时间都用在图书馆里了，只在哥大博士候选人孙跃峰先生等陪同下，浏览过几次市容。给我的印象是，纽约确实很繁华，摩天大楼挨肩擦背地耸立着，处处显示出这个社会的高度发展水平，但是，贫穷现象也确实存在，经常可见伸手要钱的乞丐。不过，要讨论起美国的乞丐现象的成因，那就复杂了。

一个美国教授对我说过：美国既不是天堂，也不是地狱。这是正确的。

哈佛紧张的两周

人民大学清史研究所的孔祥吉教授在哈佛大学访问，我到波士顿的时候，承他到机场相迎。他乡遇故知，倍感亲切。

7月5日，会见哈佛燕京学社吴文津馆长。吴馆长既是图书馆学家，又是中国近代史专家，承他相告并惠允阅读馆藏胡汉民晚年往来函电。这是一批珍存于保险柜中的未刊资料。粗粗翻阅之后，我立即被这批材料迷住了，感觉到它包含着30年代中国政坛的大量秘密，但是，它使用了许多隐语、化名，很难读懂。这倒激起了我强烈的兴趣。于是，一边阅读，一边揣摩，幸而大部分破译，举例如下：

门，门神，蒋门神，均指蒋介石，取《水浒》中武松醉打蒋门神之义。

不，不孤，均指李宗仁，取《论语》中"德不孤，必有邻"之义（李字德邻）。

水云，指汪精卫。宋代词人汪元量有《水云词》，故由此取义。

香山后人，指白崇禧。唐代诗人白居易字香山，故由此取义。

渊，指张继，取《礼记》"溥溥渊泉，时而出之"之义（张字溥泉）。

远，指邓泽如，邓字远秋，从中取一远字。

马，马鸣，均指萧佛成，佛教有马鸣菩萨，由此取义。

跛兄，跛哥，均指陈铭枢。1931年陈在香港，所住旅馆失火，陈从窗口跳下，自此不良于行，故以此称之。

矮，矮子，指李济深；有时指日本。

其他如马二先生指冯玉祥，八字脚指共产党，都是容易想到的。随着化名的破译，有关函电的内容也就豁然贯通。终于从这批函电中发现了一个迄今为止不为人知的秘密——胡汉民曾几次准备发动军事起义，推翻以蒋介石为代表的南京政府。

资料读懂了，就有个复印、抄录的问题。由于来不及征求胡氏后人的同意，不能复印；加上我在哈佛又只有两周停留时间，机票早就作了一揽子的安排，无法更改。这样，就只能抓紧时间手抄了。经过极为紧张的工作。终于在离开波士顿前对主要内容作了摘录。

哈佛燕京学社是美国有名的中文图书馆，馆藏丰富，精品很多。善本室主任戴廉先生向我介绍，仅《永乐大典》就有十数册，但我实在无暇分心。善本室还藏有不少明代小说，其中有些已是孤本。这些我倒是翻了翻。多年以前，我曾经和人合作，想写一本《中国小说史话》，写了一半，彼此都忙于他事，就扔下了。

我的房东是一位美国老太太，到中国访问过，对中国和中国人都怀着美好的感情。为了帮助我提高美语听说能力，每天晚上都安排一个话题，和我聊天。有一天，还驾车陪我参观波士顿郊外的历史古迹，并说：和您的国家比起来，我们的历史太短了。

做客布莱克斯堡

7月18日，离开波士顿南飞，在华盛顿换机，转飞弗吉尼亚州的罗诺克。汪荣祖教授约定在那里接我。步出机场，汪教授及其夫人陆善仪女士、新从哥大毕业来此执教的蔡慧玉博士都来了。汪教授工作的弗吉尼亚理工学院及州立大学在布莱克斯堡，离机场还有几十公里，于是登车继续旅行。

学人见面总离不了谈学术。从走出机场起，我们就纵论起历史来。汪荣祖教授和我谈起了他在陶成章和宋教仁之死以及陈炯明事件等问题上的新看法，此后，我们几乎天天谈，极尽促膝论学之乐。

汪荣祖教授原来就读于台湾大学历史系，毕业后赴美，在西雅图华盛顿大学萧公权门下继续深造，毕业后至弗吉尼亚任教至今。弗吉尼亚理工学院及州立大学名实相副，以理工为主，学校图书馆收藏的中国书只有二十四史和《鲁迅全集》。汪教授凭着个人的力量收集了十几万册书，写作并出版了《史家陈寅恪传》、《康（有为）章（炳麟）合论》、《史传通说》等多部著作，使人不得不为之叹服。尤其难得的是汪教授通识广闻，中学、西学都有很深的造诣。他的《史传通说》追步钱钟书先生的《谈艺录》和《管锥篇》，熔东西史学于一炉而共冶，是史论中少有的渊博之作。他还是诗人，写了不少清丽可诵的旧体诗。

布莱克斯堡是座大学城，除学校外，镇上人口不多。每家都有很大的一片绿地，围以高大的乔木，使人有"人家尽在绿树中"的感觉，汪教授的住宅前后就有很大的一块草坪，与白色的三层小楼相掩映，宛如一座乡间别墅。但是，当地又完全不像乡间。有一天晚上，汪教授夫妇陪我逛商场，那规模、气魄与商品的丰富，丝毫不亚于纽约的大商店。

美国东海岸各地绿化得都很好。有一天，蔡慧玉博士陪我去参观美国开发时期的一座磨坊，驱车几十里，完全穿行于苍翠欲滴的树海中。我多次在弗吉尼亚上空飞行，从机上俯视，只见一片郁郁葱葱，无涯无际，看不见裸露的石头和黄土。

我在汪荣祖教授家里住了两周，受到殷勤招待，过了一段极清闲的生活。当时正是盛夏，但布莱克斯堡却凉爽得很。我对汪荣祖夫妇说：我这是避暑来了。

8月1日，离开布莱克斯堡，飞赴华盛顿D.C.。

华盛顿D.C.印象

华盛顿D.C.是美国的首都，整齐、静谧，完全不同于纽约的喧闹、繁华。由于美国国会图书馆居蜜博士的安排，我住在图书馆后的一位美国老太太的家里，走不了几分钟，就是以国会山为主的建筑群。

说是国会山，其实并不建筑在山上，只不过基础很高，须拾级而上，顶部为圆穹形，高入云天，望之如山而已。国会大厦纯用白色，周围是广阔的绿地，在蓝天的映衬之下，显得分外壮丽。国会大厦的东侧是国会图书馆和法院大厦，西侧则是倒影池、草地，草地两侧分别排列着国家艺术馆、自然博物馆、历史博物馆、航天博物馆、植物园、威尔逊中心等建筑，远处则是高耸的华盛顿纪念碑，碑后又是倒影池，最西端则是开放式的建筑——林肯纪念堂，从东到西，形成以国会大厦为主的中轴线。白宫则被置于中轴线的西北侧，是一组以两层为主的建筑，和巍峨的国会大厦比，显得既矮且小。这一设计，和明清时代的北京以紫禁城为中心迥异，反映出两种不同社会制度下形成的不同观念。

国会图书馆中文部藏有丰富的中文典籍，善本也很多。有一幅朱熹的手迹引起了我的注意。其他善本，因非研究兴趣所在，时间又紧，没有阅览。我在该馆主要的查找目标是有关胡汉民的各种资料，收获不少，有几种小册子是他处难以见到的。胡汉民晚年在香港创办的《三民主义月刊》，该馆有完整的微卷，也是研究胡汉民的重要资料。

国会图书馆手稿部收藏有大量美国人的手稿，但我却在那里意外地发现了宋庆龄的一封信。

国会图书馆中文部的工作人员都是中国人，对我都很友善。中文、朝文部主任王冀博士是已故东北军将领王树常先生的公子，很健谈，正在为张学良写回忆录。居蜜博士是居正先生的孙女，清史专家。她正在研究西山会议派，有很新颖的观点和视角，曾专门和我讨论过。蒙她盛情，8月7日为我举行了一次午餐会，邀请华盛顿D.C.地区的中国学专家与会，由我介绍了自己的研究工作状况。

薛君度先生在马里兰大学任教，也见过一面，他向我介绍了新成立的黄兴基金会的情况。

美国国家档案馆也在以国会大厦为主的中轴线附近。阅览和利用都极为方便。我去时填了一张小表，登记了护照号码和阅览范围，几分钟后就得到了有效期长达两年的阅览证。

在美国各公私单位中，国家档案馆收藏的中国资料数量最大，质量也最高。除总馆外，还有13个地方分馆。总馆的档案分为民事档案和军事档案两部。其中，民事档案部又分为立法与外交，司法、财政与社会，科学、经济与自然资源，综合等分部；军事档案部又分为海军与早期陆军，近代陆军司令部，近代陆军战场等分部。关于中国问题的档案主要保存于外交分部，种类繁多，分类办法也比较复杂。其他各分部有关中国的档案也很多。该馆工作人员为我签发两年有效的阅览证是有道理的，他哪里知道，我在美国的整个访问期不过三个月，延长之后也才半年呢！

和纽约一样，华盛顿的乞丐以及无家可归者较多。我去国会图书馆的路上，有一棵大树，树下住着一个老太太，睡在简单的卧具上，虽刮风下雨亦不例外，其他如以路边的椅子为家，从垃圾桶内寻找食物等情况，也偶有所见。

由于喜爱国会山附近的景色，我常常在晚间出来散步，遵从到过美国的有些中国学者的教导，兜里放着20元美金，准备在遇到不测事件时交出。据说，一点钱交不出，就有可能被伤害了。不过，我这20元钱始终没有派过用场。

9月1日，返回纽约。

在斯坦福大学

我到达加州以后，住在离斯坦福大学比较远的乡村里。9月11日晨，我出门上路。原以为可以像在东海岸时一样，边走边打听，岂知加州乡间绝少行人，走着走着，就迷了路。一位公共汽车司机让我上车，送给我一张地图，车开到一个地方停下，嘱咐我在此换车。但左等右等，不见车来。我向一位高个子的过路人打听，这位过路人便热心地为我解说。俗话说，人生地不熟。我越听越糊涂。过路人见我着急，便回去将自己的车开来，一直将我送到斯坦福大学。——我在美国见过许多普通人，都很热心，乐于助人。这只是一个例子，

斯坦福大学有一所东亚研究中心，还有一所胡佛研究所，都很有名。

在我到达斯坦福大学之前，黎安友教授早已为我作了介绍，因此，我一进东亚研究中心，访问学者证以至收信盒等都已准备好了。中心的傅得道（Theodore Nicholas Foss）先生并立即陪我到胡佛图书馆会见张陈富美博士，领取了阅览证。当日下午，又见到了中心主任范力沛（Lyman P. V. Slyke）教授——一位有着广阔研究视野的中国近代史专家。4点钟，我就坐到了胡佛图书馆的阅读器前，开始读《少年中国晨报》的微卷。

辛亥革命前后，旧金山是中国维新派和革命党人在美洲的活动中心，两派在当地都创办过许多报纸。对于这些报纸的现存情况，有心人编了一本《美、加图书馆庋藏北美洲中文报联合目录》（*Chinese Newspapers Published in North America 1854~1975*）。根据这份目录，我在胡佛图书馆查阅了《华西申报》（1853）、《旧金山唐人新闻纸》（1874）、《文记印字馆报》（1891）、《华洋新报》（1893）、《文兴日报》（1903）、《美洲少年报》（1910）、《少年中国晨报》等几种报纸，这些均已摄成

微卷，可惜的是除《少年中国晨报》外，都已留存不多。我查了另一种工具书《欧洲图书馆所存中文报刊目录》（*A Bibliography of Chinese Newspapers and Periodicals in European Libraries*），留存更少，看来，它们大都已从天壤间消失了。

我的大部分时间都在胡佛研究所档案馆看档案。该馆以收藏共产主义资料闻名于世。我一进馆，管理员就送给我厚厚的两本打印目录，一本是馆藏共产主义资料目录，另一本是馆藏中国资料目录。有了这两本目录，对该馆的藏品情况就可以了然于胸了。

该馆收藏的中国近代名人档案主要有：

张君劢文件，内容为1947年张致马歇尔和魏德迈的函件。

张歆海文件，内容为1941年至1947年期间的函件、著作、剪报，涉及中美关系与第二次世界大战等方面。

张嘉璈文件，内容为1945年至1957年期间张的日记、信件、报告等，涉及二次大战结束时中国东北的经济形势，中、苏关于收回东北的谈判等方面。

赵恒惕文件，内容为1921年致谭延闿函。

何其采文件，内容为何1930至1972年间的日记、通讯、报告、备忘录、照片等，涉及这一时期中国的政治事件及中美、中苏关系。

黄郛文件，不开放，内容当与哥伦比亚大学珍本和手稿图书馆所藏同。

黄仁霖文件，内容为回忆、演讲、剪报、照片，涉及中国民族运动、二次大战、战后台湾等方面。

金问泗文件，内容为谈话记录、备忘录、报告，涉及中国与荷兰、挪威、丹麦、波兰、捷克等国的关系及中日战争等。

毛炳文文件，内容为自传概略，涉及抗日战争及1945至1949年的国内战争。

梅贻琦文件，内容为梅1949至1956年间的日记、通讯，涉及这一时期台湾的政治与教育。

宋子文文件，内容为宋30年代与40年代的函电、著作、备忘录、报告、照片等，是该馆中国近代名人中最有价值的档案，惜目前大部分不开放。

曾昭抡文件，内容为1946年曾所著《中国民主同盟的非常时刻》。

陈洁如文件，内容为陈与蒋介石结婚及婚后至离异的回忆。

颜惠庆文件，内容为英文自传打字稿（台湾已出版）。

该馆收藏的美国来华人士的档案则因数量太多，难以一一介绍。其重要者有：史迪威（Joseph W. Stilwell）、陈纳德（Claire Lee Chennault）、梅乐斯（Milton E. Miles）、魏德迈（Alhert C. Wedemeyer）、杨格（Arthur N. Young）、司徒雷登（John Leighton Stuart）、拉斯冯（Nathanile Peter Rathvon）、荷马里（Lee Homer）、布斯（C. B. Boothe）、林百克（Paul Myron Wentworth Linebarger）、谢泼德（George W. Shepherd）、威廉（Maurice William）等。

我在斯坦福大学访问期间，还见到了两位学者。一位是柳无忌，一位是谢幼田。柳无忌教授是柳亚子先生的公子，住在斯坦福大学附近的孟乐公园，已经八十多岁，但老骥伏枥，壮心不减。近年来组织国际南社研究会，出版《国际南社学会丛刊》和《国际南社丛书》。我和王学庄教授共同编著的《南社史长编》亦蒙列入。谢幼田教授是国民党元老谢持先生的哲孙，正在胡佛研究所访问。他根据谢持未刊日记等资料完成《谢惠生先生年谱长编》一书，台湾国民党党史会准备出版，但不同意书中的若干观点，将以加注的形式表示异议。此书出版后，必将引起学界的注意。

亚洲学会年会与华李大学的"在野党"讨论会

在美期间，我参加过两次学术讨论会，都留下了深刻的印象。

一次是亚洲学会第42届年会。

亚洲学会（Association for Asian Studies）是美国学术界和教育界的权威学术组织，会员近5000人，绝大多数为在美国各大学任教的学者，会址设于密西根大学。

亚洲学会每年举行一次年会，当年的年会为第42届。4月6日，我和李又宁教授一起飞赴芝加哥参加会议。会议在帕玛之家大饭店（The Palmer House Hotel）举行，有美国、中国、日本、韩国、东南亚和欧洲等地的千余名学者参加。会期四天，安排了105场报告和讨论，其中35场讨论中国问题。关于现实的论题有《现代化理论与中国的现实》、《中国的法律改革》、《中国的法律与经济》、《改革下的中国地方政府》、《中国的大众文化》、《向苏联"老大哥"学习与中国的社会科学》、《重新检讨我们对中国政治的理解》、《台湾的政治与经济变革：指导式的民主化呢？还是由下而上的压力？》等。关于历史的论题有《蒙古人统治下的中国》、《晚明的金钱与道德》、《戴震的哲学》、《晚清华南与东南地区的暴力和重建》、《近代中国的教会学校》等。在关于中国历史的讨论中，有两场讨论会特别引人入胜。一是李又宁教授主持的《胡适和他的朋友》，台湾的张朋园、美国的周质平等教授都提出了很出色的论文。李又宁教授提出的论文是《胡适和韦莲丝》，阐述胡适留学时期和一位才貌双全的美国女郎的友谊和爱情。胡适为什么没有和这位美国女郎结婚，却和一位小脚女人过了一辈子呢？论文提出的问题引起了与会者的强烈兴趣。李又宁教授近年来倡导组织国际胡适研究会，出版胡适研究丛书。就在亚洲学会举行年会期间，胡适研究会召开了成立会。《胡适和他的朋友》的专场讨论实际上是胡适研究会的活动。另一场引起人们兴趣的讨论是加州大学柏克莱分校魏克曼（Frederic E. Wakeman）教授主持的《民国时代的上海文化》，宣读的几篇论文都很有深度。

年会同时举办书展，美国各大学出版社都展出了近年来出版的新书。我国也有一个展台，展出的书却有点不伦不类，看来有关部门不懂行。

我参加的另一次讨论会是"二十世纪中国的'在野党'"研讨会。该会在弗吉尼亚州的历史名镇莱克辛顿举行，由当地华李大学（Washington and Lee University）的金若杰（Roger B. Jeans）教授主持。我已经离开东海岸，到了斯坦福大学，由于金若杰教授的盛情邀请，于是，又于9月20日东飞，重返弗吉尼亚。下机时，与魏克曼教授和胡佛研究所的墨子刻（Thomas A. Metzger）教授相遇，都是来开会的。墨子刻教授身材魁梧,雄辩健谈,在去莱克辛顿的路上就和我谈起中国革命中的乌托邦问题。魏克曼教授曾任美国社会科学联合会主席,是美国研究中国学的权威之一,但却毫无架子,平易近人。我原以为他比我年龄大,结果谈起来,我却成了"兄长"。

这是一次小型的学术会议,参加者五十余人。提交会议的论文有《张君劢和南京时期的中国国家社会党》、《罗隆基和三十年代的反对政治》、《自由主义的最后据点:储安平和他的〈自由论坛〉(1945~1949)》、《作为一个政党的救国会》、《邓演达和第三党》、《黄炎培和中华职业教育社》、《梁漱溟和乡村建设派》、《晏阳初与平民教育运动》、《1943年至1949年的吴晗和民主同盟》、《二十年代的安那其分子对布尔什维克主义的批判》等。

会议也有几位来自美国之外的学者:加拿大新布朗士威克大学的徐乃力教授,论文为《国民参政会的小党派》;苏联社会科学院东方研究所研究员伊凡诺夫,论文为《杂谈1949年与1950年之间的中国政界》;澳大利亚格利夫斯大学教授冯兆基,论文为《中国青年党:在国民政府中作为忠实反对党的另一种方式》。我向会议提交的论文为《50年代在香港和北美的第三种力量》。陈炯明的公子和张君劢的女公子都参加了会议。陈炯明的公子且多次插话。显然,他对孙中山与陈炯明的关系持有独特的看法。

会议于9月22日下午结束,我搭乘亚利桑那大学麦金农教授的便车到华盛顿D.C.,在那里继续做了半个月研究。10月7日,返回加州。

黎安友教授曾经告诉我,阅读胡佛档案馆的资料没有一年的时间不行。我粗粗涉猎之后,确有同感。10月12日,斯坦福大学东亚研究中心在一座幽静的庭院中举行招待会,会后得知胡佛档案馆藏有我寻找多时的资料,李又宁教授也从东海岸打电话来劝我再住一段时间,但来华进修的哥大博士生季家珍(Joan E. Judge)女士正在北京等我,日本庆应大学的山田辰雄教授和京都大学的狭间直树教授又邀请我途经日本时停留几天,日程已经作了安排,不便改变了。10月15日,告别旧金山,踏上了归国的旅程。

图书在版编目（CIP）数据

追寻历史的印迹：杨天石解读海外秘档 / 杨天石著. -- 重庆：重庆出版社，2016.1

ISBN 978-7-229-09650-2—01

Ⅰ.①追… Ⅱ.①杨… Ⅲ.①历史人物—人物研究—中国—近现代 Ⅳ.①K820.5

中国版本图书馆CIP数据核字（2015）第069607号

追寻历史的印迹：杨天石解读海外秘档
ZHUIXUN LISHIDEYINJI: YANGTIANSHI JIEDU HAIWAIMIDANG

杨天石　著

策　　划：	华章同人
出版监制：	徐宪江
责任编辑：	徐宪江　李　翔
营销编辑：	史青苗　刘晓艳
责任印制：	杨　宁
封面设计：	潘振宇774038217@qq.com

重庆出版集团
重庆出版社　出版
（重庆市南岸区南滨路162号1幢）

投稿邮箱：bjhztr@vip.163.com

北京温林源印刷有限公司　印刷
重庆出版集团图书发行有限公司　发行
邮购电话：010-85869375/76/77转810

重庆出版社天猫旗舰店
cqcbs.tmall.com

全国新华书店经销

开本：787mm×1092mm　1/16　印张：34　字数：500千
2016年1月第1版　2020年4月第2次印刷
定价：69.80元

如有印装质量问题，请致电023-61520678

版权所有，侵权必究